"十四五"规划教材·课程思政融合系列

审计学

崔海红　黄良杰／主　编
任丽英　霍乃可　郭一恒／副主编

图书在版编目(CIP)数据

审计学／崔海红，黄良杰主编．—上海：立信会计出版社，2024.4(2025.1重印)
ISBN 978-7-5429-7509-6

Ⅰ．①审… Ⅱ．①崔… ②黄… Ⅲ．①审计学 Ⅳ．①F239.0

中国国家版本馆 CIP 数据核字(2024)第 007342 号

策划编辑　　孙　勇
责任编辑　　孙　勇
美术编辑　　吴博闻

审计学
SHENJIXUE

出版发行	立信会计出版社			
地　　址	上海市中山西路 2230 号	邮政编码	200235	
电　　话	(021)64411389	传　　真	(021)64411325	
网　　址	www.lixinaph.com	电子邮箱	lixinaph2019@126.com	
网上书店	http://lixin.jd.com		http://lxkjcbs.tmall.com	
经　　销	各地新华书店			
印　　刷	浙江临安曙光印务有限公司			
开　　本	787 毫米×1092 毫米　1/16			
印　　张	21.5			
字　　数	523 千字			
版　　次	2024 年 4 月第 1 版			
印　　次	2025 年 1 月第 3 次			
书　　号	ISBN 978-7-5429-7509-6/F			
定　　价	49.00 元			

如有印订差错，请与本社联系调换

大数据时代背景下,审计环境发生了翻天覆地的变化,审计的对象和内容也随之发生了改变。财政部于2010年发布38项中国注册会计师审计准则;于2016年发布并修订12项审计准则;于2019年发布并修订18项审计准则,并发布了应用指南;于2021年修订3项相应准则;于2022年又修订了11项相应准则。近日,中国注册会计师协会发布了关于财政部修订发布《中国注册会计师审计准则第1211号——重大错报风险的识别和评估》等25项审计准则的通知,并于2023年7月1日起施行,进一步规范和指导了审计业务的发展。审计理论和实践日新月异,社会对复合型审计人才的需求日益增加。这就要求审计学课程必须结合专业建设与人才培养的现实需要,不断创新课程内容和教学模式,以提高学生分析、解决问题的能力,为其顺利就业及做好人生规划打下坚实基础。但由于专业特征所限,审计学教材涉及较多枯燥的概念、原则、策略和方法和大量晦涩难懂的理论,这些可能成为学生自学和预习的主要障碍,从而影响学习效果。为了改变这一现状,进一步满足审计学教学需要,我们总结了多年教学经验,编写了本书。

本书主要有以下特色。

1. 教材内容与时俱进

为了增强教材的实用性和实效性,教材内容根据最新审计准则及相应政策进行编写,主要包括审计基本理论知识、审计实务以及大数据环境下的审计。

2. 课程思政贯穿始终

积极贯彻"思政进课堂"的理念,结合章节内容,在引例及案例分析环节适时加入思政讨论,帮助同学们树立正确的世界观、人生观、价值观。

3. 章节结构设置合理

为了充分发挥教师的作用,调动学生学习的积极性、主动性,变"要我学"为"我要学",改善学习效果,提高教学水平和教学质量,提高学生的职业能力和就业竞争力。在章节结构上,我们做了以下努力:在每一章前设置了知识框架,提出具体的学习目标;以通俗易懂的引例导入理论学习,便于学生理解本章所讨论的问题,引起学生的学习兴趣;在各章中穿插安排密切联系实际的同步思考及习题,帮助学生掌握不易理解的知识点,让学生及时了解实务中的处理方式,帮助学生逐渐形成审计思路,还便于教师讲课时与学生共同探讨、互动。

全书共十五章,第一章至第七章是审计基本理论知识,第八章至第十二章是审计实务,第十三章至第十四章是审计完成和审计报告,第十五章是大数据环境下的审计。本教材由崔海红、黄良杰任主编,任丽英、霍乃可、郭一恒任副主编,李洋宇、肖瑞利、常茂松参编。其中,第一章由黄良杰编写,第五、第六章由崔海红编写,第三、第七、第十二章由霍乃可编写,第八、九章由任丽英编写,第十、第十一章由李洋宇编写,第四、第十三章由郭一恒编写,第二、第十四章由常茂松编写,第十五章由肖瑞利编写。全书由崔海红、黄良杰总纂,黄良杰在章节结构的设计和安排中做了大量工作。

  本书的编写参考了注册会计师考试大纲以及诸多审计学著作,本书的出版得到了立信会计出版社的大力支持,谨在此一并表示衷心的感谢!由于作者经验和水平有限,书中若有疏漏和不当之处,敬请读者批评指正。

崔海红 黄良杰
2024 年 4 月

目录 Contents

第一章　总论	1
第一节　审计的起源、产生与发展	2
第二节　审计的概念、对象和特征	7
第三节　审计的职能和作用	10
第四节　审计的分类	12
第五节　审计机构和审计人员	15
课堂测试	19
第二章　审计职业道德规范与法律责任	23
第一节　中国注册会计师执业准则体系	24
第二节　会计师事务所质量管理准则	26
第三节　注册会计师职业道德规范	35
第四节　注册会计师法律责任	40
课堂测试	47
第三章　审计重要性和审计风险	51
第一节　审计重要性	52
第二节　审计风险	60
课堂测试	63
第四章　审计目标、审计过程、审计业务约定书与审计方法	67
第一节　审计目标	68
第二节　审计过程	72
第三节　审计业务约定书	77
第四节　审计方法	78
课堂测试	85
第五章　审计证据、审计抽样与审计工作底稿	89
第一节　审计证据	90
第二节　审计抽样	97

第三节　审计工作底稿 ………………………………………………………………… 105
课堂测试 …………………………………………………………………………………… 113

第六章　风险评估程序 …………………………………………………………………… 117
第一节　风险评估程序概述 …………………………………………………………… 119
第二节　了解被审计单位及其环境 …………………………………………………… 123
第三节　了解被审计单位的内部控制 ………………………………………………… 130
第四节　风险评估的结果 ……………………………………………………………… 139
课堂测试 …………………………………………………………………………………… 145

第七章　进一步审计程序 ………………………………………………………………… 149
第一节　总体应对措施 ………………………………………………………………… 150
第二节　进一步审计程序的性质、时间和范围 ……………………………………… 152
第三节　控制测试 ……………………………………………………………………… 157
第四节　实质性程序 …………………………………………………………………… 165
课堂测试 …………………………………………………………………………………… 173

第八章　销售与收款循环审计 …………………………………………………………… 177
第一节　销售与收款循环的特性 ……………………………………………………… 180
第二节　控制测试和交易的实质性程序 ……………………………………………… 184
第三节　营业收入审计 ………………………………………………………………… 194
第四节　应收账款审计 ………………………………………………………………… 198
课堂测试 …………………………………………………………………………………… 205

第九章　采购与付款循环审计 …………………………………………………………… 207
第一节　采购与付款循环的特性 ……………………………………………………… 208
第二节　控制测试和交易的实质性程序 ……………………………………………… 212
第三节　应付账款审计 ………………………………………………………………… 220
第四节　固定资产审计 ………………………………………………………………… 223
课堂测试 …………………………………………………………………………………… 229

第十章　生产与存货循环审计 …………………………………………………………… 233
第一节　生产与存货循环的特性 ……………………………………………………… 234
第二节　生产与存货循环的重大错报风险和控制测试 ……………………………… 239
第三节　存货审计 ……………………………………………………………………… 242
课堂测试 …………………………………………………………………………………… 249

第十一章　货币资金审计 253
第一节　货币资金概述 254
第二节　货币资金内部控制测试 255
第三节　库存现金审计 261
第四节　银行存款审计 264
第五节　其他货币资金审计 267
课堂测试 269

第十二章　舞弊审计 273
第一节　舞弊概述 274
第二节　治理层、管理层和注册会计师的责任 276
第三节　舞弊审计的程序和技术 278
课堂测试 287

第十三章　审计业务的完成与复核 289
第一节　对或有事项和期后事项的审计 290
第二节　对持续经营假设的评估 295
第三节　审计客户管理当局声明书 297
第四节　审计工作的复核 299
课堂测试 301

第十四章　审计报告的编制 305
第一节　审计报告概述 306
第二节　审计意见的形成与审计意见的类型 308
第三节　审计报告的基本内容 311
第四节　审计报告的参考格式 314
课堂测试 323

第十五章　大数据环境下的审计 327
第一节　大数据审计概述 328
第二节　大数据环境对传统审计的影响 329
第三节　区块链与审计 333
第四节　展望 334

参考文献 335

第一章

总　　论

知识导航

```
        ┌ 审计的起源、产生与发展 ┬ 审计的起源
        │                        └ 审计的产生与发展
        │                        ┌ 审计的概念
        │ 审计的概念、对象和特征 ┼ 审计的对象
        │                        └ 审计的特征
  总论 ─┤ 审计的职能和作用 ┬ 审计的职能
        │                  └ 审计的作用
        │ 审计的分类 ┬ 审计的基本分类
        │            └ 审计的其他分类
        └ 审计机构和审计人员 ┬ 审计机构
                              └ 审计人员
```

学习目标

1. 了解审计的产生与发展。
2. 理解审计的概念、对象和特征。
3. 熟悉审计的职能和作用。
4. 熟悉审计的分类。
5. 了解审计机构和审计人员。

思政课堂

理解审计

在日常生活中，很多人认为审计就是查账。事实真是如此吗？请看以下事例。

事例一：当你准备购买海山公司股票时，该公司会不断地介绍相关的信息，其目的只有一个，让你认为该公司具有投资前景与投资价值，且当前的估值与定价是合理的，你的投资行为物有所值。当然，你可能对其所披露的信息表示怀疑，难以决定是否进行投资，但此时若有第三方介入，并表示该公司所披露的信息是合规、可靠的，你可能很快作出投资决定。

事例二：庐山公司向长江银行提出贷款申请，长江银行要求该公司提供与贷款相关的信息，如公司历史沿革、行业及产品分析、商业模式介绍、财务状况、资金预算及公司前景等信息，以判断贷款的风险。庐山公司按要求提供了相关资料，但银行还需要第三方对该公司资料的鉴证文件，以判断这些资料的可靠性。

事例三：王海担任某县县长已经5年，刚刚获得调令去另一地区任职，在其离任前，有关部门需要对其任职以来的经济责任进行判断。因此，有关部门委托审计部门对王海任职期间相关经济责任进行调查，并出具了相关的报告。

事例四：2022年2月，黄河公司根据股东大会要求，安排公司内部审计人员对公司2021年度预算及各项计划完成情况进行了审计，并对公司2021年度基建项目进行了决算。

……

思考：
1. 上述各项事例简要地反映了当前审计的基本职能，那么什么是审计呢？
2. 审计的基本职能是什么？审计有什么特征？我们应该如何理解审计？

第一节 审计的起源、产生与发展

一、审计的起源

审计作为一种社会现象，是由人参与的一种社会活动。一般认为，审计是因经济监督的需要而产生的。审计产生的根本原因在于社会生产力的发展。促进审计产生与发展的直接原因或客观基础是由生产力的发展所导致的财产所有权与经营管理权的分离。两权分离使得经济活动出现了委托方与受托方，委托方需要对受托方的行为及其后果进行监督与评价，对其受托责任进行鉴证，因此产生了审计。所以，审计因受托责任的产生而产生，又因受托责任的发展而发展。

由生产力发展引起的社会分工使审计的产生成为可能。在人类社会发展的早期，由于社会生产力水平较低，经济体制为公有制，几乎没有剩余财产，每个社会成员都必须参与生产，人们没有可能从事其他任何活动。但由于人们对自然界认识的提高，社会生产力得到发展，社会劳动效率提高，使社会财产开始有了剩余，从而促使一部分人脱离生产劳动而从事其他社会活动，如早期人类三次大的社会分工。一部分人逐步脱离农业而分别从事畜牧业、手工业生产直至商业出现，到后来又逐渐出现脑力劳动和体力劳动分工，出现了手工作坊与交易市场。有了作坊与市场，就有了生产集中，这使得财产所有权与经营权分离成为可能，由此产生了受托责任。于是就有了管理，就需要监督，就需要明确经济责任，这是审计产生的前提。私有制的出现为审计的产生奠定了客观基础。私有制的出现使少数人可以通过占有生产资料所有权而获取、剥削别人的劳动成果，从而加深了社会矛盾，使人们之间产生了根本利益冲突，社会的贫富差距日益加大，最终导致了社会两极分化和阶级的产生，从而产生了国家。国家最高统治者拥有天下的一切，但由于国家过于庞大，国家最高统治者不可能亲自管理一切，从而产生了分权管理，分封一些官吏代为管理各方事务,出现了不同政权层次之间的受托代理关系,进而出现了财产所有权与经营权的分离。国家最高统治者为了巩固其政权、维护其财产权益,就必须定期对那些受托代理的官吏进行监督检查,这就为官厅审计(国家审计或政府审计)的产生奠定了客观基础。

在民间,随着社会生产力的发展,私有经济的发展也取得了较大的进步。随着个人财富的不断聚集、增多,私有经济规模越来越大。资本持有人追求超额垄断利润的欲望日益强烈,生产社会化与生产资料私人占有之间的矛盾不断加深,经济竞争越来越激烈,经济规模扩张与资金不足的矛盾也更加突出,经营风险和财务风险不断加大,因而产生了股份制企业。不是所有的财产所有者都具备管理能力,因而又出现了新的分工,即专门从事管理的经营者。因此,在财产所有者与经营者之间出现了委托与受托的代理关系,两者之间产生了一种经济责任。财产所有者将其财产委托给经营者经营、保管、支配、使用,受托的经营者对所受托管理的财产负有保值增值的责任,并根据协议定期向财产所有者报告其履行经济责任的情况,这就对会计信息提出较高的要求。财产所有者有权对经营者履行经济责任的情况进行检查监督,经营者为了明确其所承担的经济责任,在客观上也需要有人对其经营活动作出评价。这种受托经济责任关系是不断演进的,也是民间审计(社会审计)产生的客观基础。

随着社会的发展,经济个体(企事业单位)的规模越来越大,经济活动内容日益丰富、复杂,经济个体管理层分工也日益明确,高层管理者不再负责具体管理事务,主要负责经济单位的发展战略管理,而日常事务性管理则委托给中低层管理者。以企业为例,企业内部也出现了多层级的委托代理经济关系,企业高层管理者也需要对中低层管理者的日常经济活动进行监督检查,以加强对经济活动的控制,确保企业经营目标的实现。同样,中低层管理者需要明确自身的经济责任,也需要接受内部监督检查,这就为内部审计的产生奠定了客观基础。

二、审计的产生与发展

(一)国家(政府)审计的产生与发展

在审计史上,最早产生的审计就是官厅审计,即国家(政府)审计。我国是世界上最早实行国家审计制度的国家之一。早在西周时期,我国国家财政机构分为两个体系:一是地官大司徒体系,掌管财政收入;二是天官冢宰体系,掌管财政支出。天官所属中大夫司会,为主宰之长,主天下之大计,本为分掌王朝财政经济收支的全面核算,而司会又总司审计监督大权,审核和监督财政收支。凡周王所用的开支,都要接受司会检查。司会每旬、每月、每年都要对下级报送上来的报告加以考核,以判断每一个地方官吏定期所制的报告是否真实、可靠,再由周王据此决定赏罚。这是西周内部审计的形成过程。我国政府审计起源于西周的宰夫。月终、年终的财政报告先由宰夫命令督促各部门官吏整理上报,宰夫就地稽核,发现违法乱纪者,可越级向天官冢宰或周王报告,加以处罚。由此可见,宰夫是独立于财政部门之外的管理者,早在西周时期我国政府审计就已产生。

秦朝时期设"御史大夫"一职,其主要职责是主管监察全国的民政和财政,其中就包括审计,并实施"上计制度"。"上计制度"是指皇帝亲自参加听取和审核各级地方官吏的财政会计报告,以决定赏罚的制度。汉承秦制,并把"上计制度"用法律条文规定下来,称为

"上计律"。御史制度是秦汉时期审计建制的重要组成部分,秦汉时期的御史大夫不仅行使政治、军事的监察之权,还行使经济监督之权,控制和监督财政收支活动,勾覆财政收入情况。需要注意的是,秦汉时期审计制度虽已确立,但仍属初步发展阶段。隋唐时期设比部,隶属刑部,拥有司法监督之权,主要负责审计事宜,这是我国最早的审计机构。据唐书记载,唐朝朝廷内外的一切收支都由"比部"审计,即使是军费开支、工程建设也要经过比部审计;并要求审计人员"明于勘复、稽失无隐",即对有关问题要审查核实清楚,客观公正地审查各种错弊,不得隐瞒真实情况。总之,秦、汉、隋、唐对审计比较重视,审计的地位也比较高,审计工作具有较高的独立性和权威性。

至宋代,财政监督机构的变化较大。宋太祖时设立度支、户部和盐铁三司,既管财物经营,又管财物监督,实行的是"财审合一"体制。宋太宗淳化三年(公元992年)正式设立审计司(院),但不久就将其撤销了,这是"审计"一词首次在我国历史上出现,从此,"审计"便成为财政监督的专用名词。宋神宗元丰改制时(公元1080年)又设审计司。由于宋代的审计建制几经反复,经济监督力度薄弱,审计的监督作用并没有充分发挥出来。但是,宋代审计机构的设置及其称谓对后世审计建制等确有深远影响。

元、明、清各代,君主专制日益强化,审计虽有发展,但总体上是停滞不前的。元代取消比部,户部兼管会计报告的审核,独立的审计机构也随之取消。明初设比部,不久即取消,洪武十五年(公元1382年)设置都察院,以左右都御史为长官,审察中央财政。清承明制,设置都察院,职责为"对君主进行规谏,对政务进行评价,对大小官吏进行纠弹",成为最高的监察、监督、弹劾和建议机关。虽然明清时期的都察院制度有所加强,但其行使审计职能,却具有一揽子性质。由于取消了比部这样的独立审计组织,其财政监督和政府审计职能严重削弱,与隋唐时期行使司法审计监督职能的比部相比,后退了一大步。

1912年,中华民国成立。在国务院下设审计处,1914年北洋政府改为审计院,同年颁布了《审计法》。民国政府于1920年也设立了审计院,并在全国各省要求设立审计处,且可根据需要在各地或部门设审计办事处,分别对中央和地方各级行政机关及其事业单位的财政和财务收支实行审计监督。1928年,国家颁布了《审计法》和实施细则,同年还颁布了《审计组织法》,审计人员有审计、协审、稽查等职称。但由于政治的腐败,审计监督没有起到应有的作用。第二次国内革命战争时期,在当时解放区的中华苏维埃政府就设置了审计委员会,开展了一定的审计工作。中华人民共和国成立之后相当长的一段时期内,国家并没有设置独立的审计机构,而是通过不定期的会计检查对企业的财税等情况进行监督。直到1982年修改了宪法,才规定实行国家审计监督制度。随后1983年9月成立了中华人民共和国审计署,县以上各级人民政府也先后成立了各级审计机关。1985年《国务院关于审计工作的暂行规定》的发布,1988年《中华人民共和国审计条例》的发布,1994年《中华人民共和国审计法》的发布,从法律上进一步确立了国家审计的地位,为有效地发挥国家审计的监督作用提供了有力保障。

西方政府(官厅)审计最早起源于几个首先进入私有制社会的文明古国。古罗马在公元前443年曾设立财物官和审计官,协助元老院处理日常财政事务,开创了西方官厅审计的先河。在古埃及的奴隶主王宫里就设有监督官,对受托负责经管财物的官吏的账目进行检查。古希腊雅典城邦曾出现"即将卸任的官员所经管的财物账目由公民选出的代表审查后方可离任"的规定。

(二)民间审计的产生与发展

民间审计起源于意大利合伙企业制度,形成于英国股份制企业制度,发展和完善于美国发达的资本市场,是伴随着商品经济的发展而产生与发展起来的。

16世纪,地中海沿岸的商业城市已经比较繁荣,而威尼斯是地中海沿岸国家航海贸易最发达的地区,是东西方贸易的枢纽,其商业贸易经营规模不断扩大。由于单个业主难以向企业投入巨额资金,为满足其筹集大量资金的需要,合伙制企业应运而生。合伙经营方式促使了企业所有权与经营权的分离。两权分离不仅催生了会计主体这一概念,促进了复式簿记在意大利的产生与发展,而且在客观上产生了对一个与任何一方均无利害关系的第三者监督、检查合伙制企业的需求。因此,人们开始聘用会计专家来担任查账和公证的工作,慢慢地,这些人将查账和公证当成了职业。这就是民间审计的起源,也就是注册会计师审计的起源。1581年在威尼斯成立的威尼斯会计协会是世界上第一个会计职业团体,其后,米兰等城市也成立了类似的职业会计师组织。

虽然民间审计起源于意大利,但这对后来的民间审计的形成和发展所起作用并不大,民间审计的职业形成和传播主要是在英国。18世纪下半叶,英国的资本主义经济得到了迅速发展,企业的所有权与经营权进一步分离,企业主希望有外部的会计师来检查他们所雇用的管理人员是否存在贪污、盗窃和其他舞弊行为,于是英国出现了第一批以查账为职业的独立会计师。他们接受企业主的委托,对企业会计账目逐笔检查,目的是查错防弊,检查结果也只向企业主报告。因为是否聘请独立会计师进行查账由企业主自主决定,所以这一时期的独立审计尚为任意审计。

随着股份有限公司的兴起和发展,企业的所有权和经营权进一步分离,绝大多数股东已完全脱离经营管理。出于对自身利益的考虑,他们非常关心公司的经营成果。另外,随着证券市场的建立、金融资本对产业资本的渗透,证券潜在投资人和企业债权人同样特别关心公司的财务状况及经营成果,以判断其自身的风险。而公司的经营成果主要通过财务报表来反映,因此,在客观上产生了由独立会计师对公司财务报表进行审计,以保证财务报表真实可靠的需求。1721年,英国的"南海公司事件"成为民间审计(注册会计师审计)的"催产剂"。当时的南海公司以虚假的会计信息欺骗投资人,最终导致公司破产,广大投资人损失惨重。英国议会聘请会计师查尔斯·斯耐尔对南海公司进行审计。斯耐尔以"会计师"的名义出具了查账报告书,从而宣告了独立会计师——注册会计师的诞生。

依据审计报告,英国议会没收了南海公司所有董事的个人财产,将主要责任人逮捕入狱,其依据便是有史以来的第一份审计报告—查尔斯·斯耐尔的题为《伦敦市霍斯特·莱恩学校的习字教师兼会计师查尔斯·斯耐尔对索布里奇商社会计账簿检查的意见》的查账报告。南海公司泡沫的破灭让神圣的政府信用也随之崩塌,从此英国股票无人问津,导致英国股票市场沉寂了百年。英国政府颁布的《泡沫公司取缔法》,主要目的是防止不正常的股份投机行为,对股份公司的成立严加限制,以保持资本市场的稳定,保护投资者及债权人的利益不受侵害。

通过英国南海公司破产审计案例可以看出,股份公司的存在需要民间审计及公司立法,民间审计的发展对公司立法同样有着客观要求。1720年,英国南海公司破产案件之后,英国政府开始重视对股份公司的规范。1814年,英国第一次出现经济危机,而后每隔3~10年重演一次,每次都有大批股份公司倒闭,大量股东和债权人蒙受损失。

为了保护投资者、债权人的利益,防止公司的经营管理者徇私舞弊,避免"南海公司事件"重演,1844年,英国政府颁布了《公司法》,规定股份公司必须设监察人,负责审查公司的账目。1844年,英国政府又对《公司法》进行了修订,规定股份公司的账目必须经董事以外的人员审计。于是,独立会计师业务得到迅速发展,从事该行业的人也越来越多,为了规范该行业,英国政府制定了资格确认准入制度。1843年,苏格兰爱丁堡创立了第一个注册会计师的专业团体——爱丁堡会计师协会。爱丁堡会计师协会的成立标志着注册会计师职业的诞生。1862年,英国《公司法》确定注册会计师为法定的破产清算人,奠定了注册会计师审计的法律地位。1844年至20世纪初,是注册会计师审计的形成时期。这一时期的英国法律规定使英国注册会计师审计得到了迅速发展,并对当时欧洲、美国及日本等产生了重要影响。这一时期英国注册会计师审计的主要特点是:注册会计师审计的法律地位得到了法律确认;审计的目的是查错防弊,保护企业资产的安全和完整;审计的方法是对会计账目进行详细审计;审计报告使用人主要为企业股东等。

进入20世纪后,全球经济发展重心逐步由欧洲转向美国,因此,美国注册会计师审计得到了迅速发展,对注册会计师职业在全球的迅速发展起到了重要作用。1887年,美国公共会计师协会(the American Institute of Public Accountants)成立,1916年该协会改名为美国注册会计师协会。注册会计师审计逐步渗透到社会经济领域的不同层面。更为重要的是,20世纪初期,由于金融资本对产业资本更为广泛的渗透,企业同银行的利益关系更为密切,银行逐渐把企业资产负债表作为判断企业信用的主要依据,因而在美国产生了帮助贷款人及其他债权人了解企业信用的资产负债表审计,即美国式注册会计师审计。审计方法也逐步从单纯的详细审计过渡到初期的抽样审计。这一时期美国式注册会计师审计的主要特点是:审计对象由会计账目扩大到资产负债表;审计的主要目的是通过对资产负债表数据的检查,判断企业的信用状况;审计方法从详细审计初步转向抽样审计;审计报告使用人由企业投资人扩大到企业债权人。

1929—1933年的经济危机过后,西方社会的经济实力受到了重创,企业的投资人和债权人蒙受了巨大的经济损失。这在客观上促使企业利益相关者从只关心企业财务状况转变到更加关心企业盈利水平,从而产生了对企业利润表进行审计的客观要求。美国《1933年证券法》规定,在证券交易所上市的企业财务报表必须接受注册会计师审计,向社会公众公布注册会计师出具的审计报告。由此,审计报告使用人扩大到社会公众。这一时期注册会计师审计的特点是:审计对象由资产负债表转变为整个财务报表及其相关资料;审计的主要目的是对财务报表发表审计意见,以确定财务报表的可信性;审计的范围已扩大到测试相关的内部控制,并以控制测试为基础进行抽样审计;审计报告使用人扩大到企业外部所有利益关系人;审计准则开始拟订,审计工作向标准化、规范化过渡;推行注册会计师资格考试制度,注册会计师专业素质普遍提高;并且随着经济、科学技术的进步,审计技术也在不断发展,抽样审计方法得到普遍运用,风险导向审计方法得到推广,计算机辅助审计技术得到广泛采用。

自辛亥革命后,我国才开始有了民间审计,1918年北洋政府农商部颁布了《会计师暂行章程》,准许私人进行执业审计,并于同年批准著名会计学家谢霖先生为我国第一位注册会计师,谢霖先生创办的我国第一家会计师事务所——正则会计师事务所也获准成立。

中国会计泰斗潘序伦博士于1927年在上海创建立信会计师事务所,这是当时有较大影响力的会计师事务所之一;于1928年成立立信会计专科学校(现上海立信会计金融学院),培养了一大批会计、审计方面的专业人才;于1941年创办立信会计图书用品社(现立信会计出版社),编写和出版了大量的会计、审计方面的著作。到了1947年,我国已拥有注册会计师2619人,这一时期的民间审计的主要业务是为企业设计会计制度、代理纳税申报以及清查账目等。党的十一届三中全会以来,随着改革开放的不断发展,我国商品经济逐步恢复,同时民间审计制度也得到了逐步恢复。1980年12月,财政部发布了《关于成立会计顾问处的暂行规定》,并在各地成立了一批会计师事务所。1986年7月,国务院颁布了《中华人民共和国注册会计师条例》。1988年年底,中国注册会计师协会(CICPA)成立。财政部决定于1991年开始举行注册会计师资格全国统一考试。1993年10月,第八届全国人民代表大会常务委员会第四次会议通过了《中华人民共和国注册会计师法》。2006年年初,我国审计实现与国际审计准则趋同,建立起既适应我国经济发展要求,又与国际审计准则趋同的审计准则体系。2010年,我国对38项审计准则进行了修订,并于2012年1月1日正式开始实施,进一步保持与国际审计准则趋同。2016年12月,财政部印发了《在审计报告中沟通关键审计事项》等12项中国注册会计师审计准则。2019年财政部修订了《中国注册会计师审计准则第1101号——注册会计师的总体目标和审计工作的基本要求》等18项准则。这些都为我国民间审计工作的开展提供了有力保障。

（三）内部审计的产生与发展

内部审计早在中世纪时就已经得到了启蒙,当时内部审计的主要形式为寺院审计、庄园审计、行会审计、城市审计等。英国1844年通过的《公司法》中,明确要求企业设立监事一职,进行内部审计,从而初步确立了近代内部审计制度。至20世纪初,随着企业规模的不断扩大以及企业间竞争的不断加剧,企业管理人员的经济责任不断加重,需要对企业内部管理加强内部监控,以明确经济责任,确保企业经营目标的实现,这就促成了近代内部审计的产生。第二次世界大战以后,跨国公司迅猛发展,对企业内部控制的要求越来越高,企业的绩效考核被提上企业内部管理日程,这些都对现代内部审计提出了新要求,并促进了现代内部审计的发展。

第二节 审计的概念、对象和特征

一、审计的概念

随着社会经济的发展,审计经过不断的发展,逐步形成了一套比较完备的学科体系。人们对审计概念的认识也越来越深刻,不同学术团体和学者对审计概念的表述有所不同。这里简单列举以下几个观点。

中国审计学会于1989年给出的概念为"审计是由专职机构和人员,依法对被审单位的财政、财务收支及其有关经济活动的真实性、合法性和效益性进行审查,评价经济责任,用以维护财经法纪、改善经营管理、提高经济效益、促进宏观调控的独立性经济监督活动";随后又在1994年将其修订为"审计是独立检查会计账目,监督财政、财务收支真实、合法、效益的行为"。

美国会计学会(AAA)在1972年给审计下了一个广义的概念:"审计是一个客观地获取并评价与各种经济活动及事项的声明有关的系统过程,以便查明这些声明与既定标准之间的符合程度,并将其结果传达给各有关利害关系人。"

美国注册会计师协会(AICPA)在《审计准则公告第一号》中,给审计下了一个较为狭义的概念:"独立人员对财务报表加以检查,搜集必要证据。其目的是对这些财务报表是否按照公认会计原则公允地反映财务状况、经营成果和财务状况变化情况表示意见。"

上述各项概念所包括的共同含义是:独立性是审计监督的本质特征;审核检查反映经济活动的信息是审计工作的核心;审计对象必须明确;审计工作过程是收集和整理证据,以确定实际情况;审计工作必须有对照的标准和依据,注册会计师才能从中得出审计结论;审计结果应向各有关利害关系人报告。综上所述,审计是一项独立的经济监督活动,是独立的机构或人员在接受委托或授权的前提下,对委托或授权监督对象的事项及资料进行鉴证、评价,并对其公允性、合规性或经济责任等发表意见的活动。

二、审计的对象

审计的对象是审计什么或者对什么进行审计,而不是审计谁的问题。正确认识审计的对象,有利于正确理解审计的概念、正确运用审计的方法、进一步发挥审计的职能。

目前,关于审计的对象有三种观点:会计信息论、经济活动论和经济责任论。会计信息论认为:审计的对象是会计,是被审计单位的资金活动。换句话说,审计就是查账。经济活动论认为:审计的对象是被审计单位的经济活动的合法性、真实性和公允性。经济责任论认为:审计的对象是被审计单位的会计责任,或受托经济责任。

需要注意的是,会计信息论忽视了审计的本质内容,只说明了现象,而现代审计的对象早已超出了会计的范畴;经济活动论说明了审计的本质,但范畴过大,审计的对象并非所有经济活动;经济责任论则过于模糊。我们从上述三种观点中可以总结出:审计的对象表面上是与会计相关的资料和其他资料,实质上是被审计单位的经济活动中涉及受托经济责任的那部分。

审计的对象是指审计监督的客体,即对审计监督内容和范围的概括。也可以说,审计的对象是指被审计单位有关的经济活动及其信息载体。审计的对象是随着审计职能的发展而不断扩展的。现代审计的对象主要有以下两个方面。

1. 被审计单位的财政、财务收支及其有关的经营管理活动

审计人员在审计中需要根据审计的目的,对被审计单位经济活动的有关方面进行适当的审计,对经济活动的合法性、有效性和有关经济信息的真实性、可靠性等作出评判。对于不同的审计主体,审计的对象有所不同:国家审计的对象主要是国有企业、国家政府部门、国家金融机构等的财政、财务收支情况,以及国家建设项目预算的执行和决算情况;内部审计的对象主要是本部门、本单位的财务收支及有关的经营管理活动;民间审计的对象一般是指法律规定的各项审计业务和有关的会计咨询、会计服务业务,如对企业会计报表进行鉴证、验证企业资本等。

2. 各种信息载体的会计资料和其他有关资料

具体来讲,审计的对象主要包括记载和反映被审计单位财政、财务收支和有关经济管

理活动情况的会计资料和其他资料,如会计凭证、会计账簿、会计报表以及有关的计划、预算、合同、会议记录等;电子计算机的磁带、磁盘等会计信息载体等。

综上所述,审计对象包括被审计单位的财务收支及其有关的经营管理活动以及作为提供这些经济活动信息载体的会计报表和其他有关资料。而会计报表和其他有关资料是审计对象的载体,其所反映的被审计单位的财务收支及其有关的经营管理活动才是审计对象的本质。

三、审计的特征

审计的特征表现在独立性、权威性、公正性三个方面。

(一)独立性

独立性是审计的本质特征,也是保证审计工作顺利进行的必要条件。国内外审计的实践经验表明,要做到审计独立,必须做到组织独立、工作独立、经济独立。为确保审计机构独立地行使审计监督权,审计机构必须是独立的专职机构,应单独设置,并且与被审计单位没有组织上的隶属关系。为确保审计人员能够实事求是地检查、客观公正地评价与报告,审计人员与被审计单位应当不存在任何经济利益关系,不参与被审计单位的经营管理活动;如果审计人员与被审计单位或者审计事项有利害关系,应当回避。审计人员依法行使审计职权应当受到国家法律保护。审计机构和审计人员应依法独立行使审计监督权,必须按照规定的审计目标、审计内容、审计程序,并严格遵循审计准则、审计标准的要求,收集证明资料,作出审计判断,表达审计意见,出具审计报告。审计机构和审计人员应保持职业精神的独立性,不受其他行政机关、社会团体或个人的干涉。审计机构应有自己专门的经费来源或一定的经济收入,以保证有足够的经费能够独立自主地进行审计工作,不受被审计单位的牵制。审计监督虽说也是经济监督,但又不同于其他专业经济监督。审计监督是专设的部门实行的监督,审计部门无任何经济管理职能,不参与被审计单位及审计委托单位的任何管理活动,具有超脱性。

在现代审计体系中,审计的独立性在民间审计中表现得最为充分。民间审计的独立性是指注册会计师在执行审计业务、出具审计报告时,应当在实质上和形式上独立于委托单位和其他机构。实质上的独立,是要求注册会计师与委托单位之间必须实实在在地毫无利害关系。注册会计师只有与委托单位保持实质上的独立,才能够以客观、公正的心态发表审计意见。形式上的独立,是对第三者而言的。注册会计师必须在第三者面前呈现一种独立于委托单位和被审计单位的身份,即在他人看来注册会计师是独立的。由于注册会计师的审计意见是相关利害关系人的决策依据,因此,注册会计师除保持实质上的独立外,还必须保持形式上的独立,只有这样才会得到社会公众的信任。

(二)权威性

审计的权威性,是保证有效行使审计权的必要条件。审计的权威性总是与独立性相关,它离不开审计组织的独立地位与审计人员的独立执业。各国法律对实行审计制度、建立审计机关以及审计机构的地位和权力都作了明确规定,以保证审计组织具有法律的权威性。我国实行审计监督制度,在《中华人民共和国宪法》中作了明文规定的同时,在《中华人民共和国审计法》中又进一步规定:国家实行审计监督制度;国务院和县级以上地方人民政府设立审计机关;审计机关依照法律规定的职权和程序进行审计监督。

审计人员依法履行职务,受法律保护。任何组织和个人不得拒绝、阻碍审计人员依法执行职务,不得打击报复审计人员。审计机关负责人在没有违法失职或者其他不符合任职条件的情况下,不得随意撤换。审计机关有要求报送资料权,检查权,调查取证权,采取临时强制措施权,建议主管部门纠正其有关规定权,通报、公布审计结果权,对被审计单位拒绝、阻碍审计工作的处理、处罚权,对被审计单位违反预算或者其他违反国家规定的财政收支行为的处理权,对被审计单位违反国家规定的财务收支行为的处理、处罚权,给予被审计单位有关责任人员行政处分的建议权等。我国审计人员在依法行使独立审计权时受法律保护,当被审计单位拒绝、阻碍审计,或有违反国家规定的财政财务收支行为时,审计机关有权作出处理、处罚的决定或建议,这更加体现了我国审计的权威性。审计人员应当具备与其从事的审计工作相适应的专业知识和业务能力。审计人员应当执行回避制度和负有保密的义务,审计人员办理审计事项应当客观公正、实事求是、廉洁奉公、保守秘密。审计人员滥用职权、徇私舞弊、玩忽职守,构成犯罪的,依法追究刑事责任;不构成犯罪的,给予行政处分。这样不仅有利于保证审计执业的独立性、准确性和科学性,而且有利于提高审计报告与结论的权威性。各国为了保障审计的权威性,分别通过公司法、证券交易法、商法等,从法律上赋予审计超脱的地位及监督、评价、鉴证职能。一些国际性的组织为了提高审计的权威性,也通过协调各国的审计制度、准则以及制定统一的标准,使审计成为一项世界性的、权威的专业服务。

(三) 公正性

与权威性密切相关的是审计的公正性。从某种意义上说,没有公正性,也就不存在权威性。审计的公正性,反映了审计工作的基本要求。审计人员理应站在第三方的立场上,进行实事求是地检查,作出不带任何偏见的、符合客观实际的判断,并作出公正的评价,进行公正的处理,以正确地确定或解除被审计人的经济责任。

审计人员只有同时保持独立性、权威性和公正性,才能取信于审计授权者或委托者以及社会公众,才能真正树立审计权威的形象。

第三节 审计的职能和作用

一、审计的职能

审计的职能是指审计本身所固有的内在功能,是审计完成任务所需要具备的能力。审计的发展在一定程度上表现为审计职能的发展,而审计的职能是随着社会经济发展而逐步发展的。社会经济的发展对审计的要求越来越高,审计的范围不断扩大,这就要求审计以独立身份更多地参与社会经济事项,在这一过程中,审计的职能得以较好发展。

从发展角度来看,审计职能的发展大致经历了三个阶段。一是防护时期(18世纪初之前),这一时期审计的形式主要表现为官厅审计,审计主要审查政府的财政收支的真实性、正确性与合法性,主要进行事后监督。二是公正时期(18世纪初—20世纪40年代),这一时期由于委托经营的出现,审计范围由政府审计扩大到企业财务审计,审计在对财政、财务收支进行监督的基础上,发展到对企业的财务状况、经营成果等事项进行公正三是建设时期(20世纪40年代至今),这一时期政府和企业为了提高经济活动的效益和效率,对经济活动的合理性、合法性及经济性的要求有所提高,为适应这一要求,审计的范围进一步扩展,出现了经营审计、管理审计、绩效审计以及管理咨询等新领域,审计发挥了建设性职能。

到目前为止,理论界和实务界通常认为审计具有经济监督、经济评价和经济鉴证三个方面的职能。

（一）经济监督

经济监督是指审计人员监察和督促被审计单位的全部经济活动或某一特定方面,以确保其在规定范围以内、在正常轨道上进行。经济监督职能是审计最基本的职能。审计的本质特征就在于它是一种具有独立性的经济监督活动。通过审计监督,一方面可以查清被审计单位财政、财务收支等经济活动的真实情况,查处违法乱纪事项,促进经济效益的提高;另一方面可以促进被审计单位正确处理有关方面的经济利益关系,促进其履行经济责任。要使审计发挥其经济监督职能,必须具备两个条件:一是监督必须由权力机关实施。二是要有严格的客观标准和明确的是非界线。

（二）经济评价

经济评价是指通过审核检查,评定被审计单位的计划、预算、决策、方案是否先进可行,经济活动是否按照既定的决策和目标进行,经济责任是否履行,经济效益的高低优劣,以及内部控制制度是否健全、有效等,从而有针对性地提出意见和建议,以促使其改善经营管理,提高经济效益。经济评价职能是审计基本职能的延伸和发展。一方面,对被审计单位经济活动的评价要建立在对有关数据资料审查核实的基础上,只有数据资料真实可靠,评价结果才有意义。另一方面,经济评价还必须依照规定的标准,这些标准必须是公认的、能够作为判断经济效益高低的依据,能够作为判断经济责任履行是否适当的依据。要使审计发挥其经济评价职能,应当具备两个条件:一是不断提高审计人员的素质和能力。二是力求评价方法先进可行。

（三）经济鉴证

经济鉴证是指通过对被审计单位的财务报表及有关经济资料所反映的财务收支和有关经济活动的公允性、合法性的审核检查,确定其可信赖程度,并作出书面证明,以取得审计委托人或其他有关方面的信任。经济鉴证职能也是审计基本职能的延伸。履行该职能的基本步骤是:首先,审查和核实被审计事项的有关资料的有效性、合法性,并搜集审计证据;其次,对照有关标准,对其财务信息的真实性和公允性进行评判;最后,根据审计结果,发表审计鉴证意见。经济鉴证职能的发挥应当具备两个条件:一是审计组织的权威性。二是审计组织要有良好的信誉。审计组织的权威和信誉是互为前提、相辅相成的。

二、审计的作用

审计的作用是指履行审计职能、实现审计目标过程中所产生的社会效果。通过履行审计职能、完成审计目标,审计的作用就显现出来了。总结古今中外的审计实践,审计具有制约、促进和证明三大作用。

1. 制约作用

审计的制约作用主要表现为：通过对被审计单位的财务收支及其有关经营管理活动的审核、检查，对被审计单位的财务收支及经营管理活动进行监督和鉴证，以揭示其差错和弊端，保护财产安全、堵塞漏洞，防止损失。在审查取证、揭示各种违法行为的基础上，通过对过失人或犯罪者的查处，提交司法、监察部门进行处理，有助于纠正或防止违法行为，维护财经法纪。

2. 促进作用

审计的促进作用主要表现为：通过审查取证、评价，揭示被审计单位经营管理中的问题和管理制度上的薄弱环节，提出改进建议，促进其改善经营管理。同时，通过对被审计单位财务收支及其有关经营管理活动效益性的审查，评价受托经济责任，总结经验，指出影响其经济效益的不足之处，并提出改进建议，以改进被审计单位的生产和经营管理工作，促进其提高经济效益。

3. 证明作用

审计的证明作用是在完成经济鉴证职能所赋予的任务后发挥出来的，主要表现为：通过审核检查，对被审计单位经济活动的真相有所了解，然后以审计报告的形式将审查结果反映出来。审计报告能起到证明被审计单位某些经济情况、经济行为、经济事实真相的作用。同时审计报告也能证明审计工作自身的质量以及审计责任的履行情况。

第四节 审计的分类

审计的分类是按照一定标准对审计作出的科学分类。研究审计分类的意义在于从不同角度加深对审计的认识，以便有效地组织和运用各种类型的审计，充分发挥审计的职能和作用，并不断探索和开拓新的审计领域，有利于建立和完善我国审计理论、组织和工作体系。审计的分类标准很多，相应的审计类型也很多。参照国际审计分类的惯例，结合我国经济类型和审计监督的特点，审计可以分为基本分类和其他分类两大类。

一、审计的基本分类

审计基本分类是指说明审计本质的分类。审计的基本分类包括：按审计主体分类、按审计内容和目的分类。基本分类中的审计类型，分别从不同角度说明了审计本质。

（一）按审计主体分类

审计主体是指审计的执行人，即执行审计的一方。根据审计的发展和现状，审计按其主体的不同，可分为政府审计、民间审计和内部审计。

（1）政府审计是指由政府审计机关所进行的审计，也称为国家审计。依照我国宪法的规定，国务院设审计署，各省（自治区、直辖市）、县（自治县、市）地方各级人民政府设审计厅（局），组成政府审计机关。政府审计主要是依法对国务院各部门和地方各级人民政府、国家金融机构、全民所有制企事业单位，以及其他有国家资产的单位的财政、财务收支及其经济效益等情况进行审计监督。

（2）民间审计是指由经国家有关部门审核批准成立民间审计组织（如会计师事务所）

所进行的审计,也称为社会审计、注册会计师审计。民间审计是受托审计。民间审计接受委托人委托,根据委托人的要求和双方达成的协议,依法对被审计单位的财政、财务收支及经济效益等进行审计,并提供受托的其他专业服务。

(3) 内部审计是指由各主管部门和企事业单位内部独立的审计机构或专职的审计人员所实施的审计。它是在本部门、本单位主要负责人的直接领导下,审查和监督本部门、本单位各项政策、计划、财经法纪等执行情况,以及会计资料及有关信息的真实性、可靠性,还要审查和监督经营管理工作的效率、资产安全完整性、内部控制的健全完整性、经济效益好坏等,其目的是查错防弊、改进管理方式、提高效率。内部审计的范围涉及部门管理和单位生产经营活动的各方面。

政府审计、民间审计和内部审计共同构成了我国的审计监督体系。本教材的后续章节主要介绍民间审计(注册会计师审计)的基本原理与程序。

(二) 按审计内容和目的分类

审计按其内容和目的的不同,可分为财政财务审计、财经法纪审计和经济效益审计。

(1) 财政财务审计是一种传统审计或常规审计。它是对被审计单位会计资料及相关资料的公允性及其所反映的财政收支、财务收支的合法性和合规性所进行的审计。就其内容来看,又可分为财政审计和财务收支审计。财政审计是指由国家审计机关对国务院各部门和地方政府的财政收支、财政预决算等所进行的审计。财务收支审计是指审计机关对国家金融机构、企事业单位以及其他有国家资产的单位的财务收支活动和财务状况、财务成果等所进行的审计。财政财务审计的主要内容包括两个方面:一是检查会计处理上的技术差错,这是形式上的审计。二是验证被审计单位受托经济责任的履行情况,这是实质性审计。

(2) 财经法纪审计是指审计机关对被审计单位或个人严重侵占国家资产、严重浪费,失职、渎职以及其他严重侵害国家和集体经济利益等违反财政法规和财经纪律等行为所进行的审计。它一般是对重大经济事件所进行的专案审计,是我国审计监督的一种重要形式。

(3) 经济效益审计是指审计机构对被审计单位有关经济效益方面的情况所实施的审计。其审查的重点主要包括两个方面:一是对被审计单位预算、计划和预测、决策方案的效益性进行审查和分析。二是对被审计单位预算或计划执行情况的效益性进行审查和分析。

二、审计的其他分类

(一) 按审计范围分类

审计按其范围的不同,可分为全面审计、局部审计和专题审计。

(1) 全面审计是指对本审计单位一定时期内的全部经济活动进行审查。这种审计工作量大、范围广,涉及企业供、产、销各部门、各环节的所有经济活动,以及被审计单位会计资料及有关资料所反映的各项信息。这种审计便于对被审计单位进行全面审查和评价,但费时费力,花费较大,主要适用于规模小、业务简单、资料较少的企事业单位,或内部控制及会计核算工作质量较差的被审计单位。

(2) 局部审计也称为部分审计,是指对被审计单位一定时期内的部分经济活动所进行的审查。这种审计的业务范围较窄,是有目的、有重点地选取部分业务或部门进行审计,如采购业务审计、成本审计、纳税情况审计等。局部审计一般是根据授权人或委托人的要求,以及被审计单位的具体情况来进行的。这种审计时间短、耗费少,能及时发现和纠正问题,达到预定的审计目的和要求,但也容易遗漏问题,所以具有一定的局限性。

(3)专题审计又称为专项审计,是指对某一特定项目所进行的审计。这种审计业务范围要比局部审计要小,如企业某一基建项目审计等。这种审计省时省力,重点突出,有利于为被审计单位作出经济决策服务。从审计范围来看,它仍属于局部审计范畴。

(二)按审计实施时间分类

审计按其实施时间的不同,可分为事前审计、事中审计和事后审计。

(1)事前审计是指在被审计单位经济活动发生之前所进行的审计,如对计划、预算、决策方案等所进行的审计。事前审计可以达到预防错弊、防患于未然、保证被审计单位经济活动的合理性和有效性的目的。

(2)事中审计是指在被审计单位经济业务执行过程中所进行的审计。通过对被审计单位的费用预算、费用开支标准、材料消耗定额以及计划执行等经济业务执行过程中进行事中审计,有利于及时发现和纠正偏差,保证被审计单位经济活动的合法性、合理性和有效性。

(3)事后审计是指在被审计单位经济活动结束之后,对其经济活动的结果所进行的审计,如企业年度财务决算审计、财政年度决算审计等。事后审计适用范围广,主要是针对企事业单位的经济活动、财政财务收支情况的合法性、合理性及有效性进行审计。

另外,审计按其实施时间的不同还可以分为定期审计和不定期审计。定期审计是指按照预先计划的时间进行的审计,如企业年度报表审计等。不定期审计是出于日常工作需要而临时安排的审计,如财经法纪审计等。

(三)按审计执行地点分类

审计按其执行地点的不同,可分为报送审计和就地审计。

(1)报送审计又称送达审计,是指被审计单位按照审计机构要求,将被审计的全部资料送到审计机构接受审计的行为。它主要用于行政事业单位的定期审计。这种审计方式的优点在于省时省力,缺点是不易从送到的资料中发现被审计单位的实际问题。

(2)就地审计是指审计人员直接到被审计单位所在地进行的审计。就地审计可以深入被审单位的实地进行调查研究,有利于全面掌握被审计单位的实际情况,有利于审计人员准确发表审计意见。按照就地审计具体方式的不同,就地审计又可分为常驻审计、专程审计和巡回审计三种。常驻审计是指审计机构委派人员常驻在被审计单位所进行的审计。专程审计是指审计机构为查明某些问题委派人员专程到被审计单位所进行的审计。巡回审计是指审计机构委派审计人员轮流对被审计单位所进行的就地审计。

(四)按审计动机分类

审计按其动机的不同,可分为强制审计和任意审计。

(1)强制审计是指根据国家法律法规的规定对被审计单位行使审计监督权力的审计。根据我国法律法规的规定,我国审计机构有权对国务院各部门及地方各级人民政府的财政收支、国家金融机构和企事业单位的财务收支情况依法进行审计监督,任何人不得进行干涉。

(2) 任意审计是指根据被审计单位自身的需求,委托审计机构对其进行的审计。这种审计的审计目的、审计形式、审计对象等均由被审计单位根据自身需求而定。但需要说明的是,尽管任意审计是由被审计单位根据自身需求而定的,但也需要依法进行委托、依法进行审计,其任意性是相对于强制审计而言的。

(五) 按审计是否通知被审计单位分类

审计按其在实施前是否预先告知被审计单位进行分类,可分为预告审计和突击审计。

(1) 预告审计是指在审计之前,就把审计目的、审计对象及内容和审计日期事先通知给被审计单位的一种审计方式。采用这种审计方式可以使被审计单位有充分时间进行准备,有利于审计工作的开展。通常,年度财务报表审计、经济效益审计等多采用预告审计的方式,审计机构事前均会向被审计单位下达审计通知书或审计业务约定书。

(2) 突击审计是指在对被审计单位进行审计之前,不把审计目的、时间等告知被审计单位而进行的审计。其目的在于防止被审计单位在审计过程中弄虚作假、掩盖事实真相,以利于取得好的审计效果。突击审计主要适用于财经法纪审计等。

(六) 按审计使用的技术和方法分类

审计按其使用的技术和方法的不同,可分为账表导向审计、制度基础导向审计和风险导向审计。

(1) 账表导向审计是指审计人员在审计过程中以账表为审计起点而展开的审计,如企业资产负债表审计等。这种审计的主要目的是对账表所反映的信息真实性、可靠性作出判断并发表审计意见,以达到查错防弊的目的。

(2) 制度基础导向审计是指审计人员在审计过程中以判断被审计单位内部控制是否完善为起点而进行的审计。这种审计通过判断被审计单位内部控制是否完善,以及在评价内部控制基础上的抽样,来确定财务报表重要问题及审计重点领域、鉴证财务报表的公允性和合法性、确定已审财务报表的可靠程度,从而节省审计时间,提高审计效率,有利于审计质量的提高。所以,在现代审计中,制度基础导向审计被广泛采用,但这种审计方式对审计人员的自身素质要求较高。

(3) 风险导向审计是指在审计过程中审计人员以重大错报风险的识别、评估和应对为审计主线,确定重点领域,有针对性地设计并实施进一步程序的审计。其目的在于提高审计效率、改善审计效果。在现代审计过程中,由于被审计单位规模较大、业务复杂,审计人员较少以及时间有限,使得审计人员很难将被审计单位存在的所有问题均通过审计得以发现,从而给审计人员带来较大的审计风险,许多审计人员因此还承担了法律责任。因此,在审计过程中,审计人员必须合理、科学地对审计风险作出判断,以确定审计工作是否可行、审计重点领域在何处,达到降低审计人员的审计风险的目的。

第五节 审计机构和审计人员

审计机构泛指根据国家有关法规规定的权力或职能开展审计工作的部门或机构。审计机构按其地位和对象的不同,可分为政府审计机关、内部审计机构和民间审计组织三种。在我国审计制度建立初期,审计组织体系表现为"一主两翼"或"一主两辅"。随着经济体制改革的逐步深入,我国审计组织体系逐步演变为政府审计、内部审计和民间审计各自独立、相互配合、"三位一体"的格局。

通常,审计机构的设置应满足以下两个要求:一是审计机构的设置必须保证其拥有较强的独立性。二是审计机构的设置必须保证其拥有较高的权威性。

一、审计机构

(一) 政府审计机关

目前,全世界已有140多个国家根据自己的国情设立了各自的审计机关。这些审计机关的隶属关系主要包括以下三类。

1. 隶属于议会

这种类型的政府审计机关是依照国家赋予的法律权力,对政府的财政收支活动等实施审计,如美国的审计总署、加拿大的审计总署、英国的审计总署等。这些审计机关都是独立行使自己的职权,直接向议会报告审计工作,属于立法型审计机关,其地位高、独立性强,不受行政当局的控制和干预,世界上大多数国家的政府审计机关属于此类。

2. 隶属于政府

这种类型的政府审计机关是依照国家赋予的法律权力,对各级政府的财政收支活动、各部门和各单位的财政预算和决算以及财务收支活动等实施审计。审计机关直接对政府负责,其目的是保证政府的财经政策、法令等能正确实施。这种隶属关系下的政府审计机关具有一定的独立性和权威性。

3. 隶属于财政部门

这种类型的政府审计机关是依照国家赋予的法律权力,对各部门和各单位的财政预算和决算以及财务收支活动等实施审计。例如,瑞典国家审计局、波兰最高监察院等都隶属于财政部门,其独立性和权威性相对较小。

(二) 内部审计机构

1941年,美国内部审计师协会正式成立,标志着传统内部审计工作开始向现代内部审计发展。1944年,美国内部审计师协会在加拿大多伦多设立分会,开始跨越国境开展活动。随后,1948年,美国内部审计师协会又在伦敦设立分会,到20世纪40年代逐步发展成为国际性组织。1987年,中国内部审计学会以国家分会形式加入该组织。从此,中国内部审计学会成为国际内部审计师协会的成员国,标志着中国内部审计步入了国际化的轨道。

从当今各国内部审计机构的设置情况来看,内部审计机构的设置方式主要有:一是受本单位董事会及其下设的审计委员会领导;二是受本单位总裁或总经理领导;三是受本单位主计长(相当于我国企业的总会计师,一般由主管财务的副总裁兼任)领导;四是受本单位董事会下设的审计委员会和主计长双重领导,其中,领导内部审计的层次越高,越能保证内部审计的独立性和权威性,其审计监督职能就发挥得越充分。

(三) 民间审计组织

民间审计组织是指根据国家法律或条例的规定,经政府有关部门审核、注册登记的会计师事务所。从世界范围看,民间审计的组织形式主要表现为:一是独资会计师事务所,由具有注册会计师职业资格的个人独立开业,承担无限责任。二是普通合伙制会计师事务所,由两位或两位以上注册会计师组成合伙组织,合伙人以各自的财产对其合伙组织的债务承担无限连带责任。三是有限公司制会计师事务所,由符合条件的注册会计师认购会计师事务所的股份,并以认购的股份为限对会计师事务所承担有限责任。四是有限责任合伙制会计师事务所,因为这种组织形式不要求无过失的合伙人对其他合伙人的过失或不当执业行为承担责任,吸收了普通合伙制和有限责任公司制的优点,又克服了各自的缺点,所以它是当今注册会计师职业组织形式发展的新趋势。

目前,我国民间审计组织依照 2014 年修订的《中华人民共和国注册会计师法》有以下几种组织形式可供选择:有限责任制、合伙制、有限责任合伙制、个人执业、中外合作。但我国不允许设立个人独资和股份公司制会计师事务所组织。

二、审计人员

为了完成审计任务,各类审计机构都必须配备适当的审计人员。与我国审计机构体系相配套,我国审计人员也分为政府审计人员、内部审计人员和民间审计人员。政府审计人员和内部审计人员是由政府审计机关和内部审机构依据有关规定确定的,民间审计人员主要是指注册会计师。目前,在我国社会公众主要通过考试取得注册会计师资格,注册后方可执业。

课 堂 测 试

班级_____ 姓名_____ 学号_____ 日期_____ 分数_____

一、单项选择题(每题 5 分,共计 50 分)

1. 民间审计最显著的特点是(　　)。
   A. 独立性　　　　　　　　　　B. 强制性
   C. 广泛性　　　　　　　　　　D. 针对性

2. 保证审计监督发挥作用的是审计组织的(　　)。
   A. 权威性　　　　　　　　　　B. 独立性
   C. 客观性　　　　　　　　　　D. 合法性

3. 下列有关财务报表审计业务三方关系人的说法中,错误的是(　　)。
   A. 某些情况下,管理层和预期使用者可能来自同一企业,但并不意味着两者就是同一方
   B. 注册会计师不属于财务报表预期使用者
   C. 某项业务如果不存在除责任方之外的其他预期使用者,该业务将不构成审计业务
   D. 财务报表审计可以减轻管理层或治理层的责任

4. 审计行为产生和发展的根本动力在于评价(　　)。
   A. 剥削
   B. 统治
   C. 受托经济责任
   D. 经济利益

5. 下列有关风险导向审计模式的说法中,错误的是(　　)。
   A. 一旦决定接受业务委托,注册会计师应当与客户就审计约定条款达成一致意见
   B. 计划审计工作不是审计业务的一个孤立阶段,而是一个持续的、不断修正的过程,贯穿整个审计过程的始终
   C. 了解被审计单位及其环境实际上是一个连续和动态地收集、更新与分析信息的过程,贯穿整个审计过程的始终
   D. 注册会计师实施风险评估程序,足以为发表审计意见提供充分、适当的审计证据

6. 在审计工作中揭示审计对象的差错和弊端,属于审计的(　　)。
   A. 制约性作用
   B. 促进性作用
   C. 建设性作用
   D. 宏观调控作用

7. 宋代审计司的建立是我国审计的正式命名,从此审计一词便被称为(　　)。
   A. 财会审核

B. 经济司法

C. 经济执法

D. 财政监督

8. 元明清各朝君主专制日益强化审计在总体上可以说是(　　)。

　　A. 停滞不前

　　B. 不断演进

　　C. 日益振兴

　　D. 最终消亡

9. 审计最基本的职能是(　　)。

　　A. 经济评价

　　B. 经济监察

　　C. 经济监督

　　D. 经济司法

10. 下列各项中,属于审计主体的是(　　)。

　　A. 被审计单位

　　B. 被审计单位的财政财务活动

　　C. 专职审计机构或人员

　　D. 有关的法规和审计标准

二、多项选择题(每题10分,共50分)

1. 下列关于注册会计师审计和政府审计的说法中,正确的有(　　)。

　　A. 审计目标和对象不同

　　B. 审计标准不同

　　C. 取证权限相同

　　D. 对发现问题的处理方式相同

2. 民间审计发展经历的阶段有(　　)。

　　A. 利润表审计阶段

　　B. 查错防弊阶段

　　C. 资产负债表审计阶段

　　D. 财务报表审计阶段

3. 审计的促进作用可以概括为(　　)。

　　A. 揭示错误和弊端

　　B. 维护财经法纪

　　C. 改善经营管理

　　D. 提高经济效益

4. 秦汉时期是我国审计的确立阶段,主要表现在(　　)。

　　A. 初步形成了统一的审计模式

　　B. 上级制度日趋完善

　　C. 审计地位提高

　　D. 职权扩大

5. 我国的审计监督体系主要包括（　　）。
   A. 事前审计
   B. 民间审计
   C. 内部审计
   D. 政府审计

第二章

审计职业道德规范与法律责任

知识导航

```
                          ┌ 中国注册会计师    ┌ 中国注册会计师执业准则体系的基本框架
                          │ 执业准则体系      │ 鉴证业务基本准则
                          │                  └ 相关服务准则
                          │
                          │                  ┌ 质量管理体系要素
                          │                  │ 会计师事务所的风险评估程序
                          │                  │ 治理和领导层
                          │ 会计师事务所      │ 相关职业道德规范
审计职业道德 ─────────────┤ 质量管理准则      │ 客户关系和具体业务的接受与保持
规范与法律责任             │                  │ 业务执行
                          │                  │ 资源
                          │                  │ 信息与沟通
                          │                  └ 监控和整改程序
                          │
                          │ 注册会计师        ┌ 审计职业道德的含义和制定目的
                          │ 职业道德规范      │ 注册会计师职业道德的基本原则
                          │                  └ 其他与职业道德相关的具体要求
                          │
                          │ 注册会计师        ┌ 注册会计师法律责任的成因
                          └ 法律责任          │ 中国注册会计师承担法律责任的种类
                                             └ 注册会计师避免法律诉讼的对策
```

学习目标

1. 了解中国注册会计师执业准则体系的基本框架。
2. 了解会计师事务所质量管理准则。
3. 掌握注册会计师职业道德规范的基本原则及其他相关的具体要求。
4. 掌握注册会计师法律责任的成因及种类。

思政课堂

审计人员的良心债

注册会计师张明被诚信会计师事务所指派到一个国有性质的电影公司审计。在审计过程中,张明发现被审计单位货币资金的内部控制形同虚设,管理层经常凌驾于内部控制之上,将放映电影的收入挪用至娱乐和私人消费中。当张明与管理层交流审计意见,准备出具否定意见审计报告时,管理层立即提出愿意支付张明个人 10 万元,只要出具的审计报告好看些就行。张明当时因买房正急缺现金,就默认了。

思考:
1. 张明的做法符合审计职业道德规范吗?
2. 张明侵犯了谁的利益?
3. 张明应该怎么做?

第一节 中国注册会计师执业准则体系

执业准则是用来规范审计人员执行审计业务、获取审计证据、形成审计结论、出具审计报告的专业标准。审计执业准则按审计主体的不同可分为国家审计准则体系、内部审计准则体系和注册会计师执业准则体系。本章主要阐述中国注册会计师执业准则体系。

一、中国注册会计师执业准则体系的基本框架

中国注册会计师执业准则体系受注册会计师执业道德守则统御,由注册会计师业务准则(图 2-1)和会计师事务所质量控制准则两大部分构成。中国注册会计师执业准则体系分为鉴证业务准则、相关服务准则和会计师事务所质量控制准则。第一部分审计准则、审阅准则与其他鉴证业务准则(45 个),具体包括中国注册会计师鉴证业务基本准则(1 个)、中国注册会计师审计准则(41 个)、中国注册会计师审阅准则(1 个)、中国注册会计师其他鉴证业务准则(2 个);第二部分相关服务准则(2 个);第三部分会计师事务所质量管理准则(1 个),共计 48 项准则。

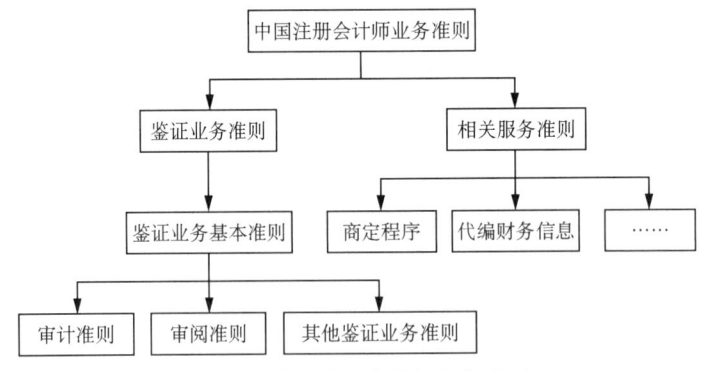

图 2-1 中国注册会计师业务准则

按照鉴证业务提供的保证程度和鉴证对象的不同,分为中国注册会计师审计准则、中国注册会计师审阅准则和中国注册会计师其他鉴证业务准则(分别简称审计准则、审阅准则和其他鉴证业务准则)。其中,审计准则是整个执业准则体系的核心。审计准则用以规范注册会计师执行历史财务信息的审计业务。在提供审计服务时,注册会计师对所审计信息是否

不存在重大错报提供合理保证,并以积极方式提出结论。审阅准则用以规范注册会计师执行历史财务信息的审阅业务。在提供审阅服务时,注册会计师对所审阅信息是否不存在重大错报提供有限保证,并以消极方式提出结论;其他鉴证业务准则用以规范注册会计师执行历史财务信息审计或审阅以外的其他鉴证业务,根据鉴证业务的性质和业务约定的要求,提供有限保证或合理保证;相关服务准则用以规范注册会计师代编财务信息、执行商定程序、提供管理咨询等其他服务。在提供相关服务时,注册会计师不提供任何程度的保证。

质量管理准则用以规范会计师事务所在执行各类业务时应当遵守的质量控制政策和程序,是对会计师事务所质量控制提出的制度要求。

二、鉴证业务基本准则

按照鉴证业务提供的保证程度和鉴证对象的不同,鉴证业务基本准则分为中国注册会计师审计准则、中国注册会计师审阅准则和中国注册会计师其他鉴证业务准则(分别简称审计准则、审阅准则和其他鉴证业务准则)。

(一)审计准则

审计准则是执业准则体系的核心内容,用来规范注册会计师执行历史财务信息的审计业务,要求注册会计师综合使用审计方法,对财务报表是否存在重大错报提供合理保证。

(二)审阅准则

审阅准则用来规范注册会计师在执行历史财务信息时的审阅业务,要求注册会计师主要使用询问和分析程序,对审阅后的财务报表提供有限的保证。财务报表审阅的目标,是注册会计师在实施审阅程序的基础上,说明是否注意到某些事项,使其相信财务报表没有按照适用的会计准则和相关会计制度的规定编制,未能在所有重大方面公允地反映被审阅单位的财务状况、经营成果和现金流量。

(三)其他鉴证业务准则

其他鉴证业务准则用来规范注册会计师执行除历史财务信息审计和审阅以外的非历史财务信息的鉴证业务。

1. 历史财务信息审计或审阅以外的鉴证业务

其他鉴证业务的保证程度分为合理保证和有限保证。合理保证其他鉴证业务的目标是注册会计师将鉴证业务风险降低到该业务环境下可接受的低水平,以此作为采用积极方式提出结论的基础。有限保证其他鉴证业务的目标是注册会计师将鉴证业务风险降到该业务环境下可接受的水平,以此作为采用消极方式提出结论的基础。一般来说,有限保证其他鉴证业务的风险水平高于合理保证其他鉴证业务的风险水平。

在准则中,像会计师事务所承接或保持其他鉴证业务应当符合的条件,计划其他鉴证业务工作时应当考虑的主要因素,适当的鉴证对象、评估标准应当具备的条件,利用专家工作的情况,以及获取证据、考虑期后事项、形成工作记录、编制鉴证报告方面的相关内容都是针对该部分作出的相关规定。

2. 预测性财务信息的审核

预测是管理层在最佳估计假设的基础上编制的预测性财务信息。最佳估计假设是截至编制预测性财务信息日,管理层对预期未来发生的事项和采取的行动作出的假设。预测性财务信息是被审计单位依据对未来可能发生的事项或采取行动的假设而编制的财务信息。预测性财务信息可以表现为预测、规划或两者的结合,可能包括财务报表整体或财务报表的一项、多项要素。

在执行预测财务信息审核业务时,注册会计师应当就下列事项获取充分、适当的证据:①管理层编制预测性财务信息所依据的最佳估计假设并非不合理;在依据推测性假设的情况下,推测性假设与信息的编制目的是相适应的。②预测性财务信息是在假设的基础上恰当编制的。③预测性财务信息已恰当列报,所有重大假设已充分披露,包括说明采用的是推测性假设还是最佳估计假设。④预测性财务信息的编制基础与历史报表一致,并选用了恰当的会计政策。

三、相关服务准则

相关服务准则用以规范注册会计师代编财务信息、执行商定程序、管理咨询、税务咨询等其他服务。由于业务性质属于代理和咨询服务,注册会计师不得提供任何程度的保证。下面详细介绍代编财务信息和执行商定程序。

(一)代编财务信息

代编财务信息是注册会计师运用会计而非审计的专业知识和技能,代客户编制一套完整的或非完整的财务报表,或者代为收集、分类和汇总其他财务信息。注册会计师在执行代编业务时,应当遵守相关职业道德规范,恪守客观、公正的原则,保持专业胜任能力和应有的关注,对执业过程中获取的相关信息保守秘密。

(二)执行商定程序

执行商定程序特指对财务信息执行商定程序。注册会计师对特定的财务数据、单一财务报表或整套财务报表等财务信息执行与特定主体商定的具有审计性质的程序,并根据执行的商定程序和结果出具相关报告。该部分中的特定主体是指委托人和业务约定书中指明的报告送达对象。

注册会计师执行商定程序业务时只需报告执行的商定程序和结果,无须提供鉴证结论。报告使用者对注册会计师执行的商定程序和结果自行作出评价,并根据注册会计师的工作得出自己的结论。注册会计师执行商定程序业务时,应当与特定主体进行沟通,确保其已经清楚理解要执行的商定程序和业务约定的条款;合理制订工作计划,有效地执行商定程序业务;将执行商定程序时获取的证据作为最终报告的基础。商定程序业务报告应当详细说明业务的目的和商定程序,让报告使用者了解所执行工作的性质和范围。

注册会计师在执行商定程序业务时同样应该严格遵守相关职业道德规范,恪守客观、公正原则,并对执业过程中获知的信息保守秘密。

第二节 会计师事务所质量管理准则

审计质量管理旨在规范会计师事务所建立并保持有关财务报表审计和审阅、其他鉴证和相关服务业务的质量控制,明确会计师事务所及其人员的控制责任。它是保证审计准则能够得到遵守和落实的重要手段,是会计师事务所内部控制体系的核心内容,也是会计师事务所生存和发展的基本条件。

一、质量管理体系要素

会计师事务所质量管理体系均应包括针对下列要素而制定的政策和程序：①会计师事务所的风险评估程序。②治理和领导层。③相关职业道德规范。④客户关系和具体业务的接受与保持。⑤业务执行。⑥资源。⑦信息与沟通。⑧监控和整改程序。为了规范质量管理政策和程序，便于质量管理政策和程序的执行，会计师事务所应当将质量管理政策和程序形成书面文件，传达给全体人员。

二、会计师事务所的风险评估程序

会计师事务所应当设计和实施风险评估程序，以设定质量目标，识别和评估质量风险，并设计和采取应对措施以应对质量风险。

会计师事务所应当识别和评估质量风险，为设计和采取应对措施奠定基础。在识别和评估质量风险时，会计师事务所应当：

（一）了解可能对实现质量目标产生不利影响的事项或情况

这些事项或情况包括下列方面：

1. 会计师事务所的性质和具体情况

（1）会计师事务所的复杂程度和经营特征。

（2）会计师事务所在战略和运营方面的决策与行动、业务流程及业务模式。

（3）领导层的特征和管理风格。

（4）会计师事务所的资源，包括由服务提供商提供的资源。

（5）法律法规、职业准则的规定以及会计师事务所运营所处的环境。

（6）网络要求和网络服务的性质和范围（如适用）。

2. 会计师事务所业务的性质和具体情况

（1）会计师事务所执行的业务的类型和出具报告的类型；

（2）业务执行对象属于哪种类型的实体。

（二）对风险评估程序的动态调整

在某些情况下，由于会计师事务所或其业务的性质和具体情况发生变化，可能需要设定额外的质量目标、评估额外的质量风险，也可能需要调整之前评估的质量风险或采取的应对措施。会计师事务所应当制定政策和程序，以识别表明存在这些情况的信息。如果识别出这些信息，会计师事务所应当加以考虑，并在适当时采取下列措施：

（1）设定额外的质量目标或调整之前设定的额外质量目标。

（2）识别和评估额外的质量风险，调整已评估的质量风险或重新评估质量风险。

（3）设计和采取额外的应对措施，或调整已采取的应对措施。

三、治理和领导层

（一）相关质量目标

治理和领导层应当为质量管理体系的设计、实施和运行营造良好的环境，以为该体系

提供支持。针对治理和领导层,会计师事务所应当设定下列质量目标:

(1)会计师事务所在全所范围内形成一种质量至上的文化,树立质量意识,这种文化认同和强调下列方面:

① 会计师事务所有责任通过持续高质量地执行业务服务于公众利益;

② 职业价值观、职业道德和职业态度的重要性;

③ 会计师事务所所有人员都对其执行业务的质量承担责任,或对质量管理体系中执行活动的质量承担责任,并且这些人员的行为应当得当;

④ 会计师事务所的战略决策和行动,包括会计师事务所在财务和运营方面对优先事项的安排,都不能以牺牲质量为代价。

(2)会计师事务所领导层对质量负责。

(3)会计师事务所领导层通过实际行动展示其对质量的重视。

(4)会计师事务所领导层向会计师事务所人员传递质量至上的执业理念,培育以质量为导向的文化。

(5)会计师事务所的组织结构以及对相关人员角色、职责、权限的分配是恰当的,能够满足质量管理体系设计、实施和运行的需要。

(6)会计师事务所的资源(包括财务资源)需求有计划,并且资源的取得和分配能够保障会计师事务所履行其对质量的承诺。

(二)会计师事务所质量管理领导层

会计师事务所应当根据本所及业务的具体情况,设计适合本所的质量管理领导层框架,明确责任,并确保其切实有效地发挥作用。在设计时,会计师事务所可以参照示例设定相关角色和职能,也可以对示例中的角色和职能进行适当合并和调整,但应当涵盖对本所而言必要的所有角色和职能,并明确落实到具体的岗位或人员。

(三)人员管理

会计师事务所应当加强对合伙人晋升、培训、考核、分配、转入、退出的管理,体现以质量为导向的文化,确保合伙人能够按照质量管理体系的要求,切实履行其在质量管理方面的责任,防范业务风险。

会计师事务所应当加强对其员工(包括外部转入人员)晋升合伙人的管理,综合考虑拟晋升人员的执业理念、职业价值观、职业道德、专业胜任能力和执业诚信记录,建立以质量为导向的晋升机制,不得以承接和执行业务的收入或利润作为晋升合伙人的首要指标。会计师事务所应当针对合伙人晋升建立和实施质量一票否决制度。

会计师事务所应当在全所范围内统一进行合伙人考核和收益分配。会计师事务所对合伙人的考核和收益分配,应当综合考虑合伙人的执业质量、管理能力、经营业绩、社会声誉等指标,不得以承接和执行业务的收入或利润作为首要指标,不得直接或变相以分所、部门、合伙人所在团队作为利润中心进行收益分配。

四、相关职业道德要求

(一)相关质量目标

针对相关人员按照相关职业道德要求(包括独立性要求)履行职责,会计师事务所应

当设定下列质量目标:

(1) 会计师事务所及其人员充分了解规范会计师事务所及其业务的职业道德要求,并严格按照这些职业道德要求履行职责。

(2) 受职业道德要求约束的其他组织或人员,包括网络、网络事务所、网络或网络事务所中的人员、服务提供商,充分了解与其相关的职业道德要求,并严格按照这些职业道德要求履行职责。

针对相关职业道德要求,会计师事务所应当制定下列政策和程序:

(1) 识别、评价和应对对遵守相关职业道德要求的不利影响。

(2) 识别、沟通、评价和报告任何违反相关职业道德要求的情况,并针对这些情况的原因和后果及时作出适当应对。

(3) 至少每年一次向所有需要按照相关职业道德要求保持独立性的人员获取其已遵守独立性要求的书面确认。

(二) 关键审计合伙人轮换机制

会计师事务所应当按照相关职业道德要求,建立并完善与公众利益实体审计业务有关的关键审计合伙人轮换机制,明确轮换要求,确保做到实质性轮换,防止流于形式。会计师事务所应当完善利益分配机制,保证全所的人力资源和客户资源实现一体化统筹管理,避免某合伙人或项目组的利益与特定客户长期直接挂钩,影响独立性。会计师事务所应当定期评价利益分配机制的设计和执行情况。

针对公众利益实体审计业务,会计师事务所应当对关键审计合伙人的轮换情况进行实时监控,通过建立关键审计合伙人服务年限清单等方式,管理关键审计合伙人相关信息,每年对轮换情况实施复核,并在全所范围内统一进行轮换。

五、客户关系和具体业务的接受与保持

会计师事务所应当对新客户作出评价,并对老客户进行经常性的检查。在决定接受或保留某客户时,无论是新接受还是连续接受委托,会计师事务所都应考虑其独立性,是否有能力完成审计委托,以及委托人的主要管理人员是否正直、诚实等情况。

(一) 相关质量目标

针对客户关系和具体业务的接受与保持,会计师事务所应当设定下列质量目标:

1. 会计师事务所就是否接受或保持某项客户关系或具体业务所作出的判断是适当的,充分考虑了下列方面:

(1) 会计师事务所是否针对业务的性质和具体情况以及客户(包括客户的管理层和治理层)的诚信和道德价值观获取了足以支持上述判断的充分信息;

(2) 会计师事务所是否具备按照适用的法律法规和职业准则的规定执行业务的能力。

2. 会计师事务所在财务和运营方面对优先事项的安排,并不会导致对是否接受或保持客户关系或具体业务作出不恰当的判断。

会计师事务所应当制定与下列情形相关的政策和程序:

(1) 会计师事务所在接受或保持某一客户关系或具体业务后知悉了某些信息,而这些信息如果在接受或保持该客户关系或具体业务之前知悉,将会导致其拒绝接受该客户

关系或业务;

(2)根据法律法规的规定,会计师事务所有义务接受某项客户关系或具体业务。

(二)树立风险意识

会计师事务所应当在客户关系和具体业务的接受与保持方面树立风险意识,确保项目风险评估真实、到位。对于在客户关系和具体业务的接受与保持方面具有较高风险的客户,会计师事务所应当设计和实施专门的质量管理程序,如加强与前任注册会计师的沟通、与相关监管机构沟通、访谈拟承接客户以了解有关情况、加强内部质量复核等。

对于从其他会计师事务所转入人员带来的客户,会计师事务所应当严格执行与客户关系和具体业务的接受与保持相关的程序,审慎承接新客户。会计师事务所应当制定政策和程序,针对客户关系和具体业务的接受与保持(如适用),在全所范围内统一决策。对于会计师事务所认定存在高风险的业务,应当经质量管理主管合伙人(或类似职位的人员)或其授权的人员审批。在决策时,会计师事务所应当充分考虑相关职业道德要求、管理层和治理层(如适用)的诚信状况、业务风险以及是否具备执行业务必要的时间和资源,审慎作出承接与保持的决策。

六、业务执行

业务执行是编制和实施业务计划、形成和报告业务结果的总称。业务执行对业务质量有直接的影响,会计师事务所应当确定全面质量控制政策,并据此合理制定和有效实施相应的全面质量管理。

(一)相关质量指标

针对业务执行,会计师事务所应当设定下列质量目标:

(1)项目组了解并履行其与所执行业务相关的责任,包括项目合伙人对项目管理和项目质量承担总体责任,并充分、适当地参与项目全过程。

(2)基于项目的性质和具体情况、向项目组分配的资源以及项目组可获得的资源,对项目组进行的指导和监督以及对项目组已执行的工作进行的复核是恰当的,并且由经验较为丰富的项目组成员对经验较为缺乏的项目组成员的工作进行指导、监督和复核。

(3)项目组恰当运用职业判断并保持职业怀疑(如适用)。

(4)对困难或有争议的事项进行了咨询,并已按照达成的一致意见执行。

(5)项目组内部、项目组与项目质量复核人员之间(如适用),以及项目组与会计师事务所内负责执行质量管理体系相关活动的人员之间存在的意见分歧,能够得到会计师事务所的关注并予以解决。

(6)业务工作底稿能够在业务报告日之后及时得到整理,并得到妥善的保存和维护,以遵守法律法规、相关职业道德要求和其他职业准则的规定,并满足会计师事务所自身的需要。

(二)项目质量复核

会计师事务所应当就项目质量复核制定政策和程序,并对下列业务实施项目质量复核:

(1)上市实体财务报表审计业务。

(2) 法律法规要求实施项目质量复核的审计业务或其他业务。

(3) 会计师事务所认为,为应对一项或多项质量风险,有必要实施项目质量复核的审计业务或其他业务。

(三) 对项目合伙人的要求

会计师事务所应当制定政策和程序,在全所范围内统一委派具有足够专业胜任能力、时间,并且无不良执业诚信记录的项目合伙人执行业务。其中,对专业胜任能力的评价应当包括下列方面:

(1) 该人员是否充分了解相关法律法规和监管要求。

(2) 该人员是否能够熟练掌握和运用相关职业准则的规定。

(3) 该人员是否充分了解客户所在行业的业务特点、发展趋势、重大风险,以及该行业对信息技术的运用情况等。

会计师事务所应当按照质量管理体系的要求对上述委派进行复核。

(三) 意见分歧

会计师事务所应当制定与解决意见分歧相关的政策和程序,包括下列方面:

(1) 明确要求项目合伙人和项目质量复核人员(如有)复核并评价项目组是否已就疑难问题或涉及意见分歧的事项进行适当咨询,以及咨询得出的结论是否得到执行。

(2) 明确要求在业务工作底稿中适当记录意见分歧的解决过程和结论。如果项目质量复核人员(如有)、项目组成员以外的其他人员参与形成业务报告中的专业意见,也应当在业务工作底稿中作出适当记录。

(3) 确保所执行的项目在意见分歧解决后才能出具业务报告。

(四) 投诉和指控

会计师事务所应当制定政策和程序,以接收、调查、解决由于未能按照适用的法律法规、职业准则的要求执行业务,或由于未能遵守会计师事务所按照本准则要求制定的政策和程序,而引发的投诉和指控。

七、资源

(一) 相关质量目标

会计师事务所应当设定下列质量目标,以及时且适当地获取、开发、利用、维护和分配资源,支持质量管理体系的设计、实施和运行:

(1) 会计师事务所招聘、培养和留住在下列方面具备胜任能力的人员:

① 具备与会计师事务所执行的业务相关的知识和经验,能够持续高质量地执行业务。

② 执行与质量管理体系运行相关的活动或承担与质量管理体系相关的责任。

(2) 会计师事务所人员通过其行为展示出对质量的重视不断培养和保持适当的胜任能力以履行其职责。会计师事务所通过及时的业绩评价、薪酬调整、晋升和其他奖惩措施对这些人员进行问责或认可。

(3) 当会计师事务所在质量管理体系的运行方面缺乏充分、适当的人员时,能够从外部(如网络、网络事务所或服务提供商)获取必要的人力资源支持。

(4) 会计师事务所为每项业务分派具有适当胜任能力的项目合伙人和其他项目组成员,并保证其有充足的时间持续高质量地执行业务。

(5) 会计师事务所分派具有适当胜任能力的人员执行质量管理体系内的各项活动,并保证其有充足的时间执行这些活动。

(6) 会计师事务所获取、开发、维护、利用适当的技术资源,以支持质量管理体系的运行和业务的执行。

(7) 会计师事务所获取、开发、维护、利用适当的知识资源,以为质量管理体系的运行和高质量业务的持续执行提供支持,并且这些知识资源符合相关法律法规(如适用)和职业准则的规定。

(8) 结合上述第(4)项至第(7)项所述的质量目标,从服务提供商获取的人力资源、技术资源或知识资源能够适用于质量管理体系的运行和业务的执行。

(二) 与资源相关的政策和程序

会计师事务所应当制定政策和程序,合理保证拥有足够的具有胜任能力和必要素质并承诺遵守职业道德要求的人员。

(1) 投入足够资源打造一支专业性强、经验丰富、运作规范的质量管理体系团队,以维持质量管理体系的日常运行。

(2) 建立与专业技术支持相关的政策和程序,配备具备相应专业胜任能力、时间和权威性的技术支持人员,确保相关业务能够获得必要的专业技术支持。

(3) 建立和运行完善的工时管理系统,确保相关人员投入足够的时间执行业务,并为业绩评价提供依据。

(4) 建立和完善与业务操作规程、业务软件等有关的指引,把职业准则的要求从实质上执行到位,避免执业人员仅简单勾画程序表格、未实质性执行程序、程序与目标不一致、程序执行不到位、业务工作底稿记录不完整等问题,确保执业人员恰当记录判断过程、程序执行情况及得出的结论。

八、信息与沟通

(一) 相关质量指标

针对获取、生成和利用与质量管理体系有关的信息,并及时在会计师事务所内部或与外部各方沟通信息,会计师事务所应当设定下列质量目标,以支持质量管理体系的设计、实施和运行:

(1) 会计师事务所的信息系统能够识别、获取、处理和维护来自内部或外部的相关、可靠的信息,为质量管理体系提供支持。

(2) 会计师事务所的文化认同并强化会计师事务所人员与会计师事务所之间,以及这些人员彼此之间交换信息的责任。

(3) 会计师事务所内部以及各项目组之间能够交换相关、可靠的信息,包括:

① 会计师事务所向相关人员和项目组传递信息,传递的性质、时间安排和范围足以使其理解和履行与执行业务或质量管理体系各项活动相关的责任;

② 会计师事务所人员和项目组在执行业务或质量管理体系各项活动的过程中向会计师事务所传递信息。

(4) 会计师事务所向外部各方传递相关、可靠的信息,包括：

① 会计师事务所向网络、在网络中或向服务提供商（如有）传递信息,使该网络或服务提供商能够履行其与网络要求、网络服务或提供资源相关的责任；

② 会计师事务所根据相关法律法规或职业准则的规定向外部传递信息,或为了帮助外部各方了解质量管理体系而向外部传递信息。

（二）与信息与沟通相关的政策和程序

会计师事务所应当制定与下列方面相关的政策和程序：

（1）会计师事务所在执行上市实体财务报表审计业务时,应当与治理层沟通质量管理体系是如何为持续高质量地执行业务提供支撑的。

（2）会计师事务所在何种情况下向外部各方沟通与质量管理体系相关的信息是适当的。

（3）会计师事务所按照上述第(1)项和第(2)项的规定进行外部沟通时应当沟通哪些信息,以及沟通的性质、时间安排、范围和适当形式。

九、监控和整改程序

（一）相关质量指标

会计师事务所应当建立在全所范围内统一的监控和整改程序,并开展实质性监控,以实现下列质量目标：

（1）就质量管理体系的设计、实施和运行情况提供相关、可靠、及时的信息。

（2）采取适当的行动以应对识别出的质量管理体系的缺陷,以使该缺陷能够及时得到整改。

（二）监控活动

会计师事务所应当设计和实施监控活动,包括定期和持续的监控活动,以为识别质量管理体系的缺陷奠定基础。

在确定监控活动的性质、时间安排和范围时,会计师事务所应当考虑下列方面：

（1）相关质量风险的评估结果及得出该评估结果的理由。

（2）应对措施的设计。

（3）会计师事务所风险评估程序以及监控和整改程序的设计。

（4）质量管理体系发生的变化。

（5）以前实施监控活动的结果,包括以前实施的监控活动是否仍然与评价质量管理体系相关,以及为应对以前识别出的缺陷所采取的整改措施是否有效。

（6）其他相关信息,包括：由于未能按照适用的法律法规、职业准则执行业务,或者由于未能遵守会计师事务所的政策和程序而引发的投诉或指控；从外部检查和服务提供商获取的信息。

会计师事务所的监控活动应当包括对已完成项目的检查,并应当确定选择哪些项目和哪些项目合伙人进行检查。在确定时,会计师事务所应当考虑下列方面：

（1）会计师事务所实施的其他监控活动的性质、时间安排和范围,以及这些监控活动所针对的项目和项目合伙人。

(2) 周期性地选取已完成的项目进行检查。在每个周期内,对每个项目合伙人,至少选择一项已完成的项目进行检查。对承接上市实体审计业务的每个项目合伙人,检查周期最长不得超过 3 年。

（三）整改措施

会计师事务所应当根据对根本原因的调查结果,设计和采取整改措施,以应对识别出的缺陷。

对监控和整改程序的运行承担责任的人员应当评价整改措施是否得到恰当的设计,以应对识别出的缺陷及其根本原因,并确定这些程序是否已得到实施。该人员还应当评价针对以前识别出的缺陷采取的整改措施是否有效。

如果上述评价表明整改措施并未得到恰当的设计和执行,或未达到预期效果,则对监控和整改程序的运行承担责任的人员应当采取适当措施以确保对这些整改措施已作出必要调整以使其能够达到预期效果。

如果发现的情况表明某项业务在执行过程中遗漏了应当实施的程序,或者出具的报告可能不适当,会计师事务所应当予以应对。会计师事务所采取的应对措施应当包括下列方面:

(1) 采取适当行动,以遵守适用的法律法规和职业准则的规定。

(2) 当认为出具的报告不适当时,考虑其影响并采取适当的行动,包括考虑是否需要征询法律意见。

案例 2-1

背景与情境:ABC 会计师事务是一家新成立的事务所,最近制定了业务质量管理制度,有关内容摘录如下:

(1) 合伙人考核和晋升制度规定,连续 3 年业务收入额排名前三位的高级经理晋级为合伙人,连续 3 年业务收入额排名后三位的合伙人降级为高级经理。

(2) 内部业务检查制度规定,以每 3 年为一个周期,选择以已完成的业务进行检查,如果事务所当年接受相关部门的外部检查,则当年暂停对所有业务的内部检查。

(3) 项目质量管理复核制度规定,除上市公司审计业务外,其他需要实施质量控制复核的审计业务由审计项目组负责人执业项目质量管理复核。

(4) 工作底稿保管制度规定,推行业务档案电子化,将纸质工作底稿经电子扫描后,存为业务电子档案,同时销毁纸质工作底稿。

(5) 独立性政策规定,每年需要保持独立性的人员提供关于独立性要求的培训,并要求高级经理以上(含高级经理)的人员每年签署遵守独立性要求的书面确认函。

(6) 分所管理制度规定,分所可以根据自身的实际情况,自行制定业务质量管理制度。

问题:针对上述第(1)项至第(6)项,分别指出 ABC 会计师事务所业务质量控制制度是否符合会计师事务所质量管理准则的规定,并简要说明理由。

分析提示:

(1) 不符合事务所质量管理准则规定。会计师事务所制定的业绩评价、工薪及晋升程序应当强调,提高业务质量及遵守职业道德规范是晋升更高职位的主要途径,而不应当以业务收入额作为标准和途径。

(2) 不符合事务所质量管理准则规定。会计师事务所应当周期性地选取已完成的业务进行检查,周期最长不得超过 3 年。在确定检查范围时,会计师事务所可以考虑外部独立检查的范围或结论,但这些检查不能替代自身的内部监控。

(3) 不符合事务所质量管理准则规定。项目质量控制复核,是指会计师事务所挑选不参与该业务的人员,在出具报告前,对项目组作出的重大判断和在准备报告时形成的结论作出客观评价的过程。因此,审计项目组负责人不能作为复核人员执行本项目的质量控制复核工作。

(4) 不符合事务所质量管理准则规定。如果原纸质记录经电子扫描后存入业务档案,会计师事务所应当保留已扫描的原纸质记录。

(5) 不符合事务所质量管理准则规定。会计师事务所应当每年至少一次向所有受独立性要求约束的人员获取其遵守独立性政策和程序的书面确认函,而不是仅要求高级经理以上(含高级经理)的人员每年签署遵守独立性要求的书面确认函。

(6) 不符合事务所质量管理准则规定。根据会计师事务所质量控制准则第五条,会计师事务所在制定质量控制政策和程序时,应当考虑自身规模和业务特征等因素。相关的质量控制制度是事务所整体(含分所)都要遵守的。

第三节 注册会计师职业道德规范

审计职业道德是指审计人员在审计实践活动中应遵循的行为规范。审计人员的职业性质决定了其应承担的责任。为了使注册会计师切实担负起对社会公众的职责,为社会公众提供高质量的、可信赖的专业服务,在社会公众中树立良好的职业形象和职业信誉;规范注册会计师职业道德行为,提高注册会计师职业道德水准,实行注册会计师制度的国家,大都制定了本国的注册会计师职业道德准则。

一、审计职业道德的含义和制定目的

(一) 审计职业道德的含义

审计职业道德规范是审计人员在审计实践活动中应当遵循的行为规范,是对审计人员思想意识、品德修养等方面所规定的基本要求,注册会计师职业道德是对注册会计师的职业品德、职业纪律、专业胜任能力及职业审计责任等的总称。

(二) 审计职业道德的制定目的

制定审计职业道德的基本目的是规范审计职业道德行为,提高审计人员职业道德水准,维护审计职业形象,保护社会公众利益。具体目的概括为以下三个方面:①确立衡量注册会计师行为的道德标准,约束注册会计师职业行为,促使注册会计师恪守独立、客观、公正的原则,以应有的职业谨慎态度提供各种专业服务,有效发挥注册会计师的鉴证与服务作用。②明确注册会计师的职业要求和职业纪律,促使会计师事务所和注册会计师遵守独立审计准则及相关的职业准则,不断提高技术技能和道德水准,维护和提升注册会计师的职业形象。③明确注册会计师的职业责任,维护注册会计师的正当权益,维护社会公众利益,保护投资者和其他利害关系人的合法权益,促进社会主义市场经济的健康发展。

二、注册会计师职业道德的基本原则

注册会计师职业道德的基本原则是对注册会计师应该具备的职业道德作出的原则性要求,也是整个职业道德准则中最重要的要求。我国注册会计师在职业道德方面应当遵循以下基本原则:诚信;独立性;客观公正;专业胜任能力和勤勉尽责;保密;良好职业行为。

（一）诚信

注册会计师应当遵循诚信原则,在所有的职业活动中保持正直、诚实守信。诚信是我国社会主义核心价值观的重要组成部分,是社会主义道德建设的重要内容,是构建社会主义和谐社会的重要纽带,同时也是社会主义市场经济运行的基础。对注册会计师行业来说,诚信是注册会计师行业存在和发展的基石,在职业道德基本原则中居于首要地位。注册会计师如果认为业务报告、申报资料、沟通函件或其他方面的信息含有虚假记载、误导性陈述;含有缺乏充分根据的陈述或信息;存在遗漏或含糊其辞的信息,不得与这些有问题的信息发生关联。注册会计师如果注意到已与有问题的信息发生关联,应当采取措施消除关联。在鉴证业务中,如果存在上述情形,注册会计师依据职业准则的规定出具了恰当的非无保留意见审计报告,则不被视为违反该条的规定。

（二）独立性

独立性原则要求注册会计师在执行审计和审阅业务以及其他鉴证业务时,必须保持独立性,否则将难以取信于社会公众。注册会计师的独立性体现在两个方面,即实质性独立和形式性独立。注册会计师执行审计和审阅业务以及其他鉴证业务时,应当在实质上和形式上保持独立性,不得因任何利害关系影响其客观公正。会计师事务所在承办审计和审阅业务以及其他鉴证业务时,应当从整体层面和具体业务层面采取措施,保持会计师事务所和项目组的独立性。

（三）客观公正

注册会计师应遵循客观公正原则,公正处事,实事求是,不得由于偏见、利益冲突或他人不当影响而损害自己的职业判断。如果存在对职业判断产生过度不当影响的情形,注册会计师不得从事与之相关的职业活动。客观公正原则适用于注册会计师提供的各种专业服务,应当是注册会计师职业道德方面追求的最高目标,也是注册会计师保持独立性的重要原因。对职业人员提出这两方面的要求是十分必要的,这将有助于职业人员形成良好的道德观,有利于职业道德准则中其他条款的贯彻实施。

（四）专业胜任能力和勤勉尽责

注册会计师应当通过教育、培训和执业实践获取和保持专业胜任能力。应当持续了解并掌握当前法律、技术和实务的发展变化,将专业知识和技能始终保持在应有的水平。在运用专业知识和技能时,注册会计师应当合理运用职业判断。注册会计师应当勤勉尽责,遵守职业准则的要求并保持应有的职业怀疑,认真、全面、及时地完成工作任务。注册会计师应当采取适当措施,确保在其授权下从事专业服务的人员得到应有的培训

和督导。在适当时,注册会计师应当使客户或专业服务的其他使用者了解专业服务的固有局限。

（五）保密

注册会计师应当遵循保密原则,对职业活动中获知的涉密信息保密。注册会计师应当遵守下列要求：警觉无意中泄密的可能性,包括在社会交往中无意中泄密的可能性,特别要警觉无意中向关系密切的商业伙伴或近亲属泄密的可能性；对所在会计师事务所内部的涉密信息保密；对职业活动中获知的涉及国家安全的信息保密；对拟承接的客户向其披露的涉密信息保密；在未经许可的情况下,不得向会计师事务所以外的第三方披露其所获知的涉密信息,除非法律法规或职业准则规定注册会计师在这种情况下有权利或义务进行披露；不得利用因职业关系而获知的涉密信息为自己或第三方谋取利益；不得在职业关系结束后利用或披露因该职业关系获知的涉密信息；采取适当措施,确保下级员工以及为注册会计师提供建议和帮助的人员履行保密义务。

在下列情况下,注册会计师可能会被要求披露涉密信息,或者披露涉密信息是适当的而不被视为违反保密原则：

（1）法律法规要求披露,如为法律诉讼准备文件或提供其他证据,或者向适当机构报告发现的违反法律法规行为。

（2）法律法规允许披露,并取得了客户的授权。

（3）注册会计师有职业义务或权利进行披露,且法律法规未予禁止,主要包括下列情形：①接受注册会计师协会或监管机构的执业质量检查。②答复注册会计师协会或监管机构的询问或调查。③在法律诉讼、仲裁中维护自身的合法权益。④遵守职业准则的要求,包括职业道德要求。⑤法律法规和职业准则规定的其他情形。

（六）良好职业行为

注册会计师应当遵循良好职业行为原则,爱岗敬业,遵守相关法律法规,避免发生任何可能损害职业声誉的行为。注册会计师不得在明知的情况下,从事任何可能损害诚信原则、客观公正原则或良好职业声誉,从而可能违反职业道德基本原则的业务、职务或活动。如果一个理性且掌握充分信息的第三方很可能认为某种行为将对良好的职业声誉产生负面影响,则这种行为属于可能损害职业声誉的行为。注册会计师在向公众传递信息以及推介自己和工作时,应当客观、真实、得体,不得损害职业形象。注册会计师应当诚实、实事求是,不得有下列行为：夸大宣传提供的服务、拥有的资质或获得的经验；贬低或无根据地比较他人的工作。

三、其他与职业道德相关的具体要求

（一）收费与佣金

注册会计师运用专业技能和知识为客户提供专业服务,会计师事务所有权获得报酬。在市场经济条件下,注册会计师行业的竞争是客观存在的。由于注册会计师提供服务的高度专业性,消费者无法作出类似的评价和判断——至少不能同等程度上作出类似评价或判断。因此,注册会计师的竞争与其他商业竞争是不同的。在这种情况下,注册会计师行业的过度竞争——特别是低价竞争,使得注册会计师面临很大的时间和预算压力,往往

导致服务质量达不到标准,降低其服务质量,而且有可能削弱注册会计师的独立性。因此,许多国家都禁止低价竞争。

1. 收费

注册会计师收费的多少,应以服务性质、工作量大小、参加人员层次的高低等为主要依据,按照规定标准合理收费。在确定收费时,会计师事务所应当考虑以下因素,以客观反映为客户提供专业服务的价值:①专业服务所需的知识和技能。②所需专业人员的水平和经验。③每一专业人员提供服务所需的时间。④提供专业服务所需承担的责任。

或有收费是指收费与否或收费多少以鉴证工作结果或实现特定目的为条件。或有收费分为收费与否型的或有收费和收费水平型的或有收费。审计客户要求注册会计师发表标准审计报告,否则就不付费,这属于收费与否型的或有收费;审计客户按照审计后的净利润水平高低付费,这属于收费水平型的或有收费。会计师事务所如果以或有收费方式提供鉴证服务,往往会发表不恰当的意见,作出有违社会公众利益的行为。

除法规允许外,会计师事务所不得以或有收费方式提供鉴证服务,收费与否或多少不得以鉴证工作结果或实现特定目的为条件。如果是经法院或其他公共管理机构确定的收费,则不应视为或有收费。除得到法律认可或作为某种专业服务的公认做法而被职业组织认可外,按照百分比或其他类似基础收取费用应被视为或有收费。

2. 佣金

佣金也是影响注册会计师服务质量和行业形象的一个重要因素。一方面,如果会计师事务所和注册会计师为了招揽业务而向推荐方支付佣金,或因向第三方推荐客户而收取佣金,就相当于支付佣金的一方的业务收费降低,从而影响执业质量。另一方面,如果会计师事务所和注册会计师因宣传他人的产品或服务而收取佣金,很容易导致形式上的不独立,从而降低行业在社会公众心目中的形象。注册会计师及其所在会计师事务所不得以向他人支付佣金等不正当方式招揽业务;不得因向第三方推荐客户而收取佣金;也不得向客户或通过客户获取服务费之外的任何利益,包括经济利益和非经济利益。会计师事务所和注册会计师不得因宣传他人的产品或服务而收取佣金。

(二) 接任前任注册会计师的审计业务

根据《中国注册会计师审计准则第1153号——前任注册会计师和后任注册会计师的沟通》的规定,前任注册会计师,是指已对被审计单位上期财务报表进行审计,但被现任注册会计师接替的其他会计师事务所的注册会计师;接受委托但未完成审计工作,已经或可能与委托人解除业务约定的注册会计师,也视为前任注册会计师。后任注册会计师,是指正在考虑接受委托或已经接受委托,接替前任注册会计师对被审计单位本期财务报表进行审计的注册会计师。如果被审计单位委托注册会计师对已审计财务报表进行重新审计,正在考虑接受委托或已经接受委托的注册会计师也视为后任注册会计师。前后任注册会计师的关系,仅限于审计业务。委托单位变更会计师事务所,后任注册会计师应与前任注册会计师取得联系,相互了解和介绍变更委托的情况和原因,前任注册会计师应对后任注册会计师的工作给予支持和合作。在接受委托前,后任注册会计师应当与前任注册会计师进行必要沟通,并对沟通结果进行评价,以确定是否接受委托。后任注册会计师在接任前任注册会计师的审计业务时,不得蓄意侵害前任注册会计师的合法权益。接受委托后,如果需要查阅前任注册会计师的工作底稿,后任注册会计师应当征得被审计单位同意,并与前任注册会计师进行沟通。

(三)广告、业务招揽和宣传

这里所说的广告是指为招揽业务,会计师事务所将其服务和技能等方面的信息向社会公众进行传播,而刊登设立、合并、分立、解算、迁址、名称变更、招聘员工等信息以及注册会计师协会为会员所作的统一宣传不在此列。业务招揽是指会计师事务所和注册会计师与非客户接触以争取业务。宣传是指会计师事务所和注册会计师向社会公众告知有关事实,其目的不是抬高自己。

1. 广告

《中华人民共和国注册会计师法》和《中国注册会计师职业道德守则》规定,会计师事务所不得利用新闻媒体对其能力进行广告宣传。其主要有三条理由:一是注册会计师的服务质量及能力无法由广告内容加以评估。二是广告可能威胁专业服务的精神。三是广告可能导致同行之间的不正当竞争。

2. 业务招揽

会计师事务所和注册会计师不得采用强迫、欺诈、利诱或骚扰等方式招揽业务。

3. 宣传

在不允许做广告的情况下,会计师事务所和注册会计师所做的宣传如果符合下列条件,则是可以接受的:宣传的目的是向公众或有关部门告知事实,且这种告知没有采取错误、误导或欺骗的方式;宣传具有高品位;维护了职业尊严;避免经常重复或不恰当地突出执行业务的注册会计师的姓名。

案例 2-2

背景与情境:上市公司甲公司系 ABC 会计师事务所的常年审计客户。2023 年 4 月 1 日,ABC 会计师事务所与甲公司续签了 2023 年度财务报表审计业务约定书。XYZ 会计师事务所和 ABC 会计师事务所使用同一品牌,共享重要的专业资源。ABC 会计师事务所遇到下列与职业道德有关的事项:

(1) ABC 会计师事务所委派 A 注册会计师担任甲公司 2022 年度财务报表审计项目合伙人。A 注册会计师曾担任甲公司 2017 年度至 2021 年度财务报表审计项目合伙人,但未担任甲公司 2022 年度财务报表审计项目合伙人。

(2) 2023 年 9 月 14 日,甲公司收购了乙公司 80% 的股权,乙公司成为其控股子公司。A 注册会计师自 2022 年 1 月 1 日起担任乙公司的独立董事,任期 4 年。

(3) B 注册会计师系 ABC 会计师事务所的合伙人,与 A 注册会计师同处一个业务部门。2023 年 3 月 1 日,B 注册会计师购买了甲公司股票 4 000 股,每股 10 元,由于尚未出售该股票,ABC 会计师事务所未委派 B 注册会计师担任甲公司审计项目组成员。

(4) 丙公司系甲公司的母公司,甲公司审计项目组成员 C 的妻子在丙公司担任财务总监。

(5) 甲公司审计项目组成员 D 曾在甲公司人力资源部负责员工培训工作,于 2023 年 2 月 10 日离开甲公司后,加入 ABC 会计师事务所。

(6) 2023 年 2 月 24 日,XYZ 会计师事务所接受甲公司委托,提供内部控制审计服务。

问题: 针对上述第(1)项至第(6)项,逐项指出 ABC 会计师事务所及其人员是否违反《中国注册会计师职业道德守则》,并简要说明理由。

分析提示:

(1) 违反。A 注册会计师担任关键审计合伙人 4 年轮换后,再次担任该客户的关键审计合伙人需要在 2 年后,否则将因自我评价违反职业道德守则。

(2) 违反。因企业合并导致乙公司成为 ABC 事务所的审计客户,A 注册会计师担任审计客户(乙公司)的独立董事,因自我评价违反职业道德守则。

(3) 违反。A 注册会计师所在分部的其他合伙人在审计客户中拥有直接经济利益,因经济利益违反职业道德守则。

(4) 违反。审计项目组成员 C 的主要近亲属(其妻子)是审计客户的高级管理人员,其岗位职责对财务报表产生重大影响,因密切关系违反职业道德守则。

(5) 不违反。审计项目组成员 D 曾在审计客户(甲公司)负责员工的培训工作,其岗位职责对财务报表不产生重大影响,不存在密切关系违反职业道德守则。

(6) 违反。ABC 会计师事务所和 XYZ 会计师事务所属于网络事务所,XYZ 会计师事务所承担内部控制审计服务属于承担审计客户管理层职责,因自我评价违反职业道德守则。

第四节 注册会计师法律责任

法律责任是注册会计师在执业过程中违反法律法规所应承担的责任。注册会计师在履行其审计职责过程中,如果因违约、过失或欺诈而导致委托人、被审计单位和有关的第三者经济损失,那么就必须承担由此引起的法律责任,包括行政责任、民事责任和刑事责任。

一、注册会计师法律责任的成因

在现代社会,注册会计师法律责任的成因来自多个方面,包括环境方面的原因,以及审计委托受托双方的原因。

(一) 社会成因

从目前看,注册会计师涉及法律诉讼的数量和金额起呈上升趋势,这可能基于以下原因:①法院对注册会计师法律责任的看法与注册会计师界看法不同。②"深口袋"理论的盛行。社会日益赞同受害的一方向有能力提供赔偿的一方提起诉讼,而不论错在哪一方。③注册会计师败诉的案例日益增多。民事法庭在审理起诉会计师事务所的案件中,会计师事务所败诉的案例日益增多。④在审计功能与作用的认识上,审计职业界与社会公众的期望存在差异。⑤会计信息质量日益受到重视。⑥财务报表使用者对注册会计师的责任日趋了解。⑦政府监管部门保护投资者的意识日益加强,监管措施日益完善,处罚力度日益增大。⑧由于审计环境发生很大变化,企业规模扩大,业务全球化以及企业经营的错综复杂性,使会计业务更加复杂,审计风险变大。

(二) 被审计单位的原因

1. 经营失败

被审计单位在经营失败时,也可能会连累注册会计师。很多会计和法律专业人员认为,财务报表使用者控告会计师事务所的主要原因之一,是不理解经营失败和审计失败之间的差别。

经营失败是指企业由于经济或经营条件的变化而无法满足投资者的预期。例如,经济萧条、没有获得重要的合同、诉讼失败、不当的管理决策或出现意料之外的行业竞争等情况就可能导致经营失败。经营失败的极端情况是企业申请破产。经营风险是导致企业经营失败的主要原因之一。

审计失败则是指注册会计师由于没有遵守审计准则的要求而发表了错误的审计意见。例如,注册会计师可能指派了不合格的助理人员去执行审计任务,未能发现应当发现的财务报表中存在的重大错报。审计风险是财务报表中存在重大错报,而审计人员发表不恰当审计意见的可能性。这种可能性是客观存在的,是导致审计失败的主要原因之一。

经营失败不等于审计失败,但经营失败容易导致审计失败。对于有经营失败迹象的被审计单位,注册会计师应保持应有的职业谨慎。因为在绝大多数情况下,审计失败的诱因是注册会计师在审计过程中没有尽到应有的职业谨慎。在这种情况下,法律通常允许因注册会计师未尽到应有的职业谨慎而遭受损失的各方,获得由审计失败导致的部分或全部损失的补偿。但是,由于审计业务的复杂性,判断注册会计师是否未能尽到应有的谨慎也是一件困难的工作。尽管如此,注册会计师如果未能恪守应有的职业谨慎,通常由此承担责任,并可能致使会计师事务所也遭受损失。

2. 错误、舞弊和违法行为

错误是指会计报表中存在的非故意的错报或漏报,即被审计单位由于疏忽、错误等,在注册会计师所审计的会计报表中产生了错报或漏报。错误强调的是被审计单位的非故意错报或漏报行为。错误主要包括:①原始记录和会计数据的计算、抄写错误。②对事实的疏忽和误解。③对会计政策的误用。

舞弊是指导致会计报表产生不实反映的故意行为,即被审计单位故意在注册会计师所审计的会计报表中造成错报或漏报。此处强调的是被审计单位的故意或漏报错报行为。舞弊主要包括:①伪造、变造记录或凭证。②侵占资产。③隐瞒或删除交易或事项。④记录虚假的交易或事项。⑤蓄意使用不当的会计政策。

违法行为是指被审计单位故意或非故意地违反除《企业会计准则》及国家其他有关财会法规以外的国家法律、行政法规、部门规章和地方性法规、规章的行为。

注册会计师如果未能发现或揭露被审计单位的严重错误、舞弊和违法行为,可能给财务报表使用者造成损失,注册会计师可能因此受到控告。当然,由于审计的固有限制,即使严格按照审计准则的规定恰当地计划和实施审计工作,注册会计师也不能对财务报表整体不存在重大错报提供绝对保证。因此,不能要求注册会计师对所有未查出的会计报表中的错误与舞弊情况负责,但是,这也不意味着注册会计师对未能查出的会计报表中的重大错误与舞弊没有任何责任,关键要看未能查出的原因是否源自注册会计师本身的过错。

(三)会计师事务所和注册会计师的原因

除了被审计单位的原因,还有些原因来自会计师事务所和注册会计师本身,包括:对被审计单位经营情况了解不够;职业道德素质低下;注册会计师受制于买方市场压力,同业竞争激烈,削价求售,品质下降;专业胜任能力不够;审计程序不妥;未能保持应有的职业谨慎;所搜集的证据明显不足;未能将审计证据恰当地记录于工作底稿;对客户舞弊的研究和重视不够。因会计师事务所和注册会计师本身存在上述原因而出现违约、过失或欺诈等情形时,将追究其法律责任。

1. 违约

违约是指合同的一方或几方未能达到合同条款的要求。当违约造成损失时,注册会计师应负违约责任。例如,会计师事务所在商定的期间内,未能提交纳税申报表,或违反了与被审计单位订立的保密协议等。

2. 过失

过失是指在一定条件下,缺少应具有的合理的谨慎。评价注册会计师的过失,是以其他合格注册会计师在相同条件下可做到的谨慎为标准的。当过失给他人造成的损失时,注册会计师应负过失责任。通常将过失按其程度不同分为普通过失和重大过失。

普通过失又称为一般过失,通常是指没有保持职业上应有的合理的谨慎;对注册会计师而言,则是指没有完全遵循专业准则的要求。例如,未按特定审计项目取得必要和充分的审计证据就出具审计报告的情况,可视为普通过失。

重大过失是指连起码的职业谨慎都不保持,对业务或事务不加考虑,满不在乎;对注册会计师而言,则是指根本没有遵循专业准则或没有按专业准则的基本要求执行审计。

另外,还有一种过失称为共同过失,即对他人过失,受害方自己未能保持合理的谨慎,因而蒙受损失。例如,被审计单位未能向注册会计师提供编制纳税申报表所必要的信息,后来又控告注册会计师未能妥当地编制纳税申报表,这种情况可能使法院判定被审计单位有共同过失。又如,在审计中未能发现现金等资产短少时,被审计单位可以过失为由控告注册会计师,而注册会计师又可以说现金等问题是由缺乏适当的内部控制造成的,并以此为由来反击被审计单位的诉讼。

注册会计师过失程度的大小没有特别严格的界限,在实务中也往往很难界定。上述各种过失行为的主要区别,具体到每一个案例则由法院根据具体情况给予解释。

3. 欺诈

欺诈又称舞弊,是以欺骗或坑害他人为目的的一种故意的错误行为。对于注册会计师而言,欺诈就是为了欺骗他人,明知委托单位的财务报表有重大错报,却加以虚伪的陈述,出具无保留意见的审计报告。与欺诈相关的另一个概念是"推定欺诈",又称"涉嫌欺诈",是指虽无故意欺诈或坑害他人的动机,但却存在极端或异常的过失。推定欺诈和重大过失这两个概念的界限往往很难界定,美国许多法院曾经将注册会计师的重大过失解释为推定欺诈,特别是近年来有些法院放宽了"欺诈"一词的范围,使得推定欺诈在法律上成为与重大过失等效的概念。这样,具有重大过失的注册会计师的法律责任就进一步加大了。

二、中国注册会计师承担法律责任的种类

注册会计师因违约、过失或欺诈给被审计单位或其他利害关系人造成损失的,按照有关法律规定,可能被判负行政责任、民事责任或刑事责任。这三种责任可单处,也可并处。

在信息风险广泛存在的现代社会里,针对注册会计师的社会角色与承担的责任,有两种观点比较盛行:一是认为注册会计师是"信息风险降低者"。二是认为注册会计师是"信

息风险分摊者"。

"信息风险降低论"认为,注册会计师的作用之一在于通过审计减少会计信息中可能存在的故意或非故意的错报,降低信息使用人的信息风险。这种观点的理论依据主要来源于"信息论"和"保险论"的结合。信息风险的复杂性决定了注册会计师只能是降低信息风险,而无法完全分担这种信息风险。

"信息风险分摊论"则认为,注册会计师要对欺诈和错误行为承担足够的责任。审计行为被视为分担社会风险的过程,这就使得注册会计师的社会责任压力过重,从而使得这种审计期望成为不现实。

实际上,注册会计师无论多么勤勉尽职,也无法保证其审计后的会计数据绝对真实公允。注册会计师的定位不能仅仅迎合人们的主观愿望。注册会计师不是警察,他们并不具有警察那样大的强制性,注册会计师的作用不能被盲目夸大。因此,注册会计师在现代社会中应当扮演"信息风险降低者"的角色,同时也应承担相应的社会责任。

（一）行政责任

行政责任是指注册会计师由于行政违法而应承担的法律后果。行政责任的具体表现是依据法律规定,承受一定的制裁。行政制裁是国家行政机关、行业管理部门对行政违法行为追究行政责任所给予的制裁,分为行政处罚和纪律处分两种。其中,行政处罚对注册会计师个人来说,包括警告、没收违法所得、罚款、暂停执业（暂停执业的最长期限为12个月）、吊销有关执业许可证、吊销注册会计师证书;对会计师事务所而言,包括警告、没收违法所得、罚款、暂停执业（暂停执业的最长期限为12个月）、吊销有关执业许可证、撤销等。

《中华人民共和国注册会计师法》第三十九条规定:"会计师事务所违反本法第二十条、第二十一条规定的,由省级以上人民政府财政部门给予警告,没收违法所得,可以并处违法所得一倍以上五倍以下的罚款;情节严重的,并可以由省级以上人民政府财政部门暂停其经营业务或者予以撤销。注册会计师违反本法第二十条、第二十一条规定的,由省级以上人民政府财政部门给予警告;情节严重的,可以由省级以上人民政府财政部门暂停其执行业务或者吊销注册会计师证书。"

《中华人民共和国证券法》第二百一十三条规定:"证券服务机构违反本法第一百六十三条的规定,未勤勉尽责,所制作、出具的文件有虚假记载、误导性陈述或者重大遗漏的,责令改正,没收业务收入,并处以业务收入一倍以上十倍以下的罚款,没有业务收入或者业务收入不足五十万元的,处以五十万元以上五百万元以下的罚款;情节严重的,并处暂停或者禁止从事证券服务业务。对直接负责的主管人员和其他直接责任人员给予警告,并处以二十万元以上二百万元以下的罚款。"第二百一十四条规定:"发行人、证券登记结算机构、证券公司、证券服务机构未按照规定保存有关文件和资料的,责令改正,给予警告,并处以十万元以上一百万元以下的罚款;泄露、隐匿、伪造、篡改或者毁损有关文件和资料的,给予警告,并处以二十万元以上二百万元以下的罚款;情节严重的,处以五十万元以上五百万元以下的罚款,并处暂停、撤销相关业务许可或者禁止从事相关业务。对直接负责的主管人员和其他直接责任人员给予警告,并处以十万元以上一百万元以下的罚款。"

《中华人民共和国公司法》第二百零七条规定:"承担资产评估、验资或者验证的机构提供虚假材料的,由公司登记机关没收违法所得,处以违法所得一倍以上五倍以下的罚款,并可以由有关主管部门依法责令该机构停业、吊销直接责任人员的资格证书、吊销营业执照。承担资产评估、验资或者验证的机构因过失提供有重大遗漏的报告的,由公司登记机关责令改正,情节较重的,处以所得收入一倍以上五倍以下的罚款,并可以由有关主管部门依法责令该机构停业、吊销直接责任人员的资格证书、吊销营业执照。"

(二)民事责任

民事责任是指注册会计师由于民事违法而应承担的法律后果。承担民事责任的方式一般包括停止侵害、消除影响、赔偿损失等。对注册会计师来说,承担民事责任的方式主要有赔偿受害人损失、支付违约金等。

《中华人民共和国注册会计师法》在第六章"法律责任"中规定了注册会计师行政、民事和刑事责任。其中关于民事责任的条款是第四十二条:"会计师事务所违反本法规定,给委托人、其他利害关系人造成损失的,应当依法承担赔偿责任"。

《中华人民共和国公司法》第二百零七条规定:"承担资产评估、验资或者验证的机构因出具的评估结果、验资或者验证证明不实,给公司债权人造成损失的,除能够证明自己没有过错外,在其评估或者证明不实的金额范围内承担赔偿责任。"

《中华人民共和国证券法》第一百六十三条规定:"证券服务机构为证券的发行、上市、交易等证券业务活动制作、出具审计报告及其他鉴证报告、资产评估报告、财务顾问报告、资信评级报告或者法律意见书等文件,应当勤勉尽责,对所依据的文件资料内容的真实性、准确性、完整性进行核查和验证。其制作、出具的文件有虚假记载、误导性陈述或者重大遗漏,给他人造成损失的,应当与委托人承担连带赔偿责任,但是能够证明自己没有过错的除外。"

(三)刑事责任

刑事责任是指注册会计师由于违反国家的法律法规,情节严重,构成刑事犯罪行为而应承担的法律后果。刑事责任的表现是按有关法律程序判处一定的徒刑或附带罚金。一般来说,违约和过失可能使注册会计师负行政责任和民事责任,欺诈可能会使注册会计师负民事责任和刑事责任。

《中华人民共和国注册会计师法》第三十九条规定:"会计师事务所、注册会计师违反本法第二十条、第二十一条的规定,故意出具虚假的审计报告、验资报告、构成犯罪的,依法追究刑事责任。"《中华人民共和国证券法》第二百三十一条规定:"违反本法规定,构成犯罪的,依法追究刑事责任。"《中华人民共和国公司法》第二百一十六条规定:"违反本法规定,构成犯罪的,依法追究刑事责任。"

案例 2-3

背景与情境:甲、乙、丙三位出资人共同投资设立丁有限责任公司(以下简称丁公司)。甲、乙出资人按照出资协议的约定按期缴纳了出资额,丙出资人通过与银行串通编造虚假的银行进账单,虚构了出资。ABC 会计师事务所的分支机构接受委托对拟设立的丁公司的注册资本进行审验,并委派 A 注册会计师担任项目组负责人。审验过程中,A 注册会计师按照执业准则的要求,实施了检查文件记录、向银行函证等必要的程序,保持了应有的职业谨慎,但未能发现丙出资人的虚假出资情况。A 注册会计师在出具的验资报告中认为,各出资人已全部缴足出资额,并在验资报告的说明段中注明"本报告仅供工商登记使用"。丁公司注册登记半年后,丙出资人补足虚构的出资额。一年后,乙出资人抽逃其全部出资额。两年后,丁公司因资金短缺和经营不善等原因而资不抵债,无力偿付戊供应商的材料款。戊供应商以 ABC 会计师事务所出具不实验资报告为由,向法院提起民事诉讼,要求 ABC 会计师事务所承担连带赔偿责任。ABC 会计师事务所提出三项抗辩理由,要求免于承担民事责任:一是审验工作乃分支机构所为,与本会计师事务所无关。二是戊供应商与本会计师事务所及分支机构不存在合约关系,因而不是利害关系人。三是验资报告已经注明"仅供工商登记使用",戊供应商因不当使用验资报告而遭受损失与本会计师事务所无关。

问题:
(1) 戊供应商可以对哪些单位或个人提起民事诉讼?
(2) ABC 会计师事务所提供的抗辩理由是否成立?

分析提示:
(1) 戊供应商可以对丁公司、乙出资人、ABC 会计师事务所的分支机构以及 ABC 会计师事务所提起民事诉讼。

理由:利害关系人可以对会计师事务所提起诉讼,同时如果利害关系人未对被审计单位提起诉讼而直接对会计师事务所提起诉讼的,应当将被审计单位作为共同被告参加诉讼。被审计单位出资人虚假出资或出资不实、抽逃出资,且事后未补足的,人民法院可以将该出资人列为第三人参加诉讼。乙出资人抽逃出资且事后未补足,可以对他提起民事诉讼。丙出资人虽然有虚假出资,但是事后已经补足,不用作为第三人参加诉讼。利害关系人对会计师事务所的分支机构提起诉讼的,人民法院可以将该会计师事务所列为共同被告参加诉讼。

(2) ABC 会计师事务所提供的三条抗辩理由都不能成立。

理由1:利害关系人如果对会计师事务所的分支机构提起诉讼,人民法院可以将该会计师事务所列为共同被告参加诉讼。本题中利害关系人直接对 A 会计师事务所提起诉讼是可以的。

理由2:判断是否是利害关系人不以是否存在合约关系为前提。因合理信赖或者使用会计师事务所出具的不实报告,与被审计单位进行交易或者从事与被审计单位的股票、债券等有关的交易而遭受损失的自然人、法人或者其他组织都属于利害关系人。所以戊供应商属于利害关系人。

理由3:准则规定,在验资报告已经注明"仅供工商登记使用"等内容不能作为免责事由。

进一步问题: ABC 会计师事务所是否可以免于承担民事责任?

分析提示:
ABC 会计师事务所可以免于承担民事责任。

理由:会计师事务所能够证明存在下列情况,则可以不用承担民事责任:

审计业务所必须依赖的金融机构等单位提供虚假或者不实的证明文件,会计师事务所在保持必要的职业谨慎下仍未能发现虚假或者不实;

已经遵照验资程序进行审核并出具报告,但被审计单位在注册登记之后抽逃出资;

为登记时未出资或者未足额出资的出资人出具不实报告,但出资人在登记后已补足出资。

三、注册会计师避免法律诉讼的对策

注册会计师的职业性质决定了它是一个容易遭受法律诉讼的职业。蒙受损失的受害人总想通过起诉注册会计师的方式,尽可能使损失得到补偿。因此,法律诉讼一直是困扰着西方国家会计师职业界的一大难题,注册会计师行业每年不得不为此付出大量的精力、支付巨额的赔偿金、购买高昂的保险费。如何避免法律诉讼已成为我国注册会计师非常关注的问题。

为了解决注册会计师的法律责任界定问题,政府财政部门和注册会计师协会、注册会计师和会计师事务所应共同努力,尽量避免法律诉讼。具体对策包括以下两个方面。

(一)政府财政部门和注册会计师协会从改善职业环境方面采取的措施

由于法律责任是注册会计师职业的一项重要话题,关系到注册会计师会员的利益、行业的声誉以及社会对行业的信任。因此,作为行业的管理者,政府财政部门和注册会计师协会必须尽其所能,避免法律诉讼的发生。通常情况下,政府财政部门和注册会计师协会需要做好以下几项工作:①进一步开展审计理论研究,完善执业审计准则建设。②改善法律层面的环境,帮助法律界理解注册会计师责任。③积极宣传注册会计师职能,缩小公众对注册会计师工作的期望差。④培养注册会计师职业道德意识,注重后续教育。⑤加强行业监督制度。注册会计师行业的同业互查制度,以及对不称职注册会计师的行政处罚制度是保障鉴证业务质量的好方法。严格监督制度的实施,有助于防止其流于形式并防患于未然。

(二)注册会计师和会计师事务所避免法律诉讼的具体措施

注册会计师和会计师事务所避免法律诉讼的具体措施主要包括:①谨慎选择合伙人。②审慎选择被审计单位。③招收合格的助审人员,并予适当的培训和监督。④恪守职业道德和专业标准,保持必要的谨慎。⑤建立、健全会计师事务所质量控制制度。⑥与委托人签订业务约定书。⑦深入了解被审计单位的业务。⑧提取风险基金或购买责任保险。⑨聘请熟悉注册会计师法律责任的律师。⑩注册会计师减少过失和防止欺诈。注册会计师要避免法律诉讼,就必须在执行审计业务时坚持独立性,保持职业谨慎,强化执行监督,尽量减少过失行为,防止欺诈行为,尽可能不发生过失或欺诈。

课 堂 测 试

班级_____ 姓名_____ 学号_____ 日期_____ 分数_____

一、单项选择题(每题 5 分,共计 50 分)

1. 下列有关职业怀疑的说法中,错误的是(　　)。
   A. 职业怀疑在本质上要求注册会计师秉持一种质疑的理念
   B. 如果存在相互矛盾的审计证据,注册会计师应保持警觉
   C. 注册会计师需要在审计成本与信息的可靠性之间进行权衡,但审计中的困难等不能作为省略不可替代的审计程序的理由
   D. 如果注册会计师认为管理层和治理层是正直、诚实的,可以适当降低保持职业怀疑的要求

2. 下列有关合理运用职业判断的说法中,错误的是(　　)。
   A. 职业判断是注册会计师行业的精髓
   B. 注册会计师职业判断需要在相关法律法规、职业标准的框架下作出,并以具体事实和情况为依据
   C. 职业判断涉及注册会计师执业的各个环节
   D. 确定实际执行的重要性无须合理运用职业判断

3. 下列有关收费的说法中,错误的是(　　)。
   A. 如果报价水平过低,以致注册会计师难以按照适用的职业准则执行业务,可能因自身利益对专业胜任能力和勤勉尽责原则产生不利影响
   B. 除法律法规允许外,注册会计师不得以或有收费方式提供鉴证服务,收费与否或收费多少不得以鉴证工作结果或实现特定目的为条件
   C. 注册会计师不得收取与客户相关的介绍费或佣金
   D. 特定情形下,注册会计师可以向客户或其他方支付少量业务介绍费

4. 下列有关应对违反法律法规行为的说法中,错误的是(　　)。
   A. 当注册会计师知悉或怀疑存在违反或涉嫌违反法律法规的行为时,可能因自身利益或外在压力对诚信和良好职业行为原则产生不利影响
   B. 如果注册会计师知悉违反法律法规或涉嫌违反法律法规行为,应当及时采取行动
   C. 注册会计师可以在遵循保密原则的前提下,向会计师事务所、网络事务所或专业机构的其他人员或者法律顾问进行咨询
   D. 如果注册会计师识别出或怀疑存在已经发生或可能发生的违反法律法规行为,可以与适当级别的管理层和治理层沟通

5. 下列各项中,不属于在应对违反法律法规或涉嫌违反法律法规行为时注册会计师的目标的是(　　)。
   A. 采取有助于维护公众利益的进一步措施

B. 遵循诚信和良好职业行为原则

C. 与客户的管理层和治理层保持良好关系

D. 提醒客户的管理层或治理层(如适用),使其能够纠正违反法律法规或涉嫌违反法律法规行为或减轻其可能造成的后果,或者阻止尚未发生的违反法律法规行为

6. 下列各项中,属于注册会计师可以存在的行为的是(　　)。

  A. 客观、真实、得体地向公众传递信息以及推介自己和工作

  B. 贬低他人的工作

  C. 夸大宣传提供的服务、拥有的资质或获得的经验

  D. 无根据地比较他人的工作

7. 下列各项中,不属于注册会计师应当确定是否有理由拒绝承接该项业务的是(　　)。

  A. 考虑以投标方式接替另一注册会计师执行的业务

  B. 潜在客户要求其取代另一注册会计师

  C. 考虑执行某些工作作为对另一注册会计师工作的补充

  D. 以招投标方式择优选择注册会计师执行当年度审计业务

8. 下列各项中,应当对质量管理体系承担最终责任的是(　　)。

  A. 质量管理主管合伙人　　　　B. 职业道德主管合伙人

  C. 独立性主管合伙人　　　　　D. 会计师事务所主要负责人

9. 会计师事务所在作出是否承接与保持客户关系和具体业务的决策时,应当优先考虑的是(　　)。

  A. 相关职业道德要求

  B. 质量方面的因素

  C. 商业利益

  D. 是否具备执行业务所必需的时间和资源

10. 下列各项中,关于项目质量复核和项目组内部复核的说法中,正确的是(　　)。

  A. 项目质量复核应由会计师事务所外部人员执行

  B. 项目组内部复核仅适用于上市实体财务报表审计业务

  C. 项目质量复核涉及项目的各个方面

  D. 项目质量复核的主要内容包括项目组作出的重大判断和根据重大判断得出的结论

二、多项选择题(每题 10 分,共 50 分)

1. 下列各项中,属于鉴证业务的有(　　)。

  A. 内部控制审计　　　　　　　B. 财务报表审阅

  C. 对财务信息执行商定程序　　D. 预测性财务信息审核

2. 下列各项中,属于注册会计师应当遵循的职业道德的基本原则的有(　　)。

  A. 保密　　　　　　　　　　　B. 专业胜任能力和勤勉尽责

  C. 客观公正　　　　　　　　　D. 诚信

3. 下列各项中,属于财务报表审计基本要求的有(　　)。

  A. 遵守职业道德守则　　　　　B. 合理运用职业判断

  C. 保持职业怀疑　　　　　　　D. 遵守审计准则

4. 下列各项中,注册会计师提高职业判断质量应具有的特征包括(　　)。
   A. 保持适当的职业怀疑　　　　　　　　B. 客观公正
   C. 丰富的知识、经验和良好的专业技能　　D. 独立性
5. 下列各项中,属于注册会计师应当遵守的保密要求的有(　　)。
   A. 警觉无意中泄密的可能性
   B. 不得在职业关系结束后利用或披露因该职业关系获知的涉密信息
   C. 不得利用因职业关系而获知的涉密信息为自己或第三方谋取利益
   D. 对所在会计师事务所、工作单位内部的涉密信息保密

第三章

审计重要性和审计风险

知识导航

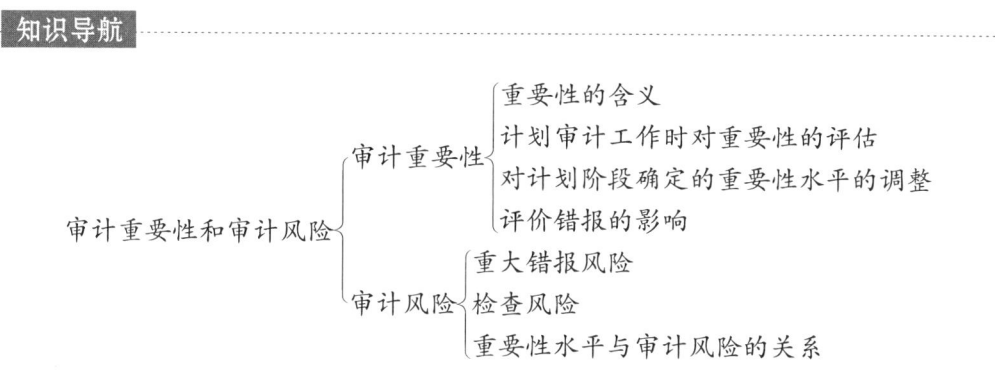

学习目标

1. 理解重要性水平和审计风险的概念、内容及关系。
2. 掌握在审计过程中对重要性的考虑。
3. 理解审计风险模型以及审计风险的识别和评估。

思政课堂

审计风险与法律责任

注册会计师肖明隶属于 A 会计师事务所,其对 B 公司 2022 年度财务报表进行审计后发表了无保留意见。数月后,B 公司宣告破产,其原因为无法按时偿还巨额债务。其股东与债权人以 B 公司 2022 年度的财务报表中存在重大错报,而 A 会计师事务所发表了无保留意见,从而误导报表使用者为诉讼理由,对审计 B 公司的 A 会计师事务所进行集体上诉。针对此诉讼,A 会计师事务所提出抗辩:认为在审计过程中,其审计人员发现的被审计单位 B 公司财务报表中存在的重大错报都已要求 B 公司调整,且 B 公司也接受了调整建议;仍存在的未调整的错报是不重大的,且在审计报告中发表审计意见时的表述为"B 公司 2022 年度财务报表在所有重大方面公允反映了 B 公司 2022 年 12 月 31 日的财务状况以及 2022 年度的经营成果和现金流量"。经过调查取证,法院最终认定 B 公司 2022 年度财务报表确实存在计算错误,从而造成 2022 年度的财务报表上产品销售收入多算了 0.9 万元。但对于 B 公司——这个资产和年销售额均近千万元的企业来说,这些仍存在的错报从金额和性质这两方面来说都不算重大,法院最终判定 A 会计师事务所不

应承担法律责任。

思考：

法院最终认为财务报表虽然存在错误但不重大，因而会计师事务所不承担法律责任。那么应该如何判断错误是否重大呢？

第一节 审计重要性

审计重要性是审计的一个基本概念。对审计重要性概念的运用贯穿整个审计过程。在计划审计工作时，注册会计师应当考虑导致财务报表发生重大错报的原因，并应当在了解被审计单位及其环境的基础上，确定一个可接受的重要性水平，即首先为财务报表层次确定重要性水平，以发现在金额上重大的错报。同时，注册会计师还应当评估各类交易、账户余额及列报认定层次的重要性，以便确定进一步审计程序的性质、时间和范围，将审计风险降至可接受的低水平。在确定审计意见类型时，注册会计师也需要考虑重要性水平。

一、重要性的含义

重要性取决于在具体环境下对错报金额和性质的判断。如果一项错报单独或连同其他错报可能影响财务报表使用者依据财务报表作出的经济决策，则该项错报是重大的。

财务报告编制基础通常从编制和列报财务报表的角度阐释重要性概念。财务报告编制基础可能以不同的术语解释重要性，但通常而言，可以从以下方面理解重要性的含义：①如果合理预期错报（包括漏报）单独或汇总起来可能影响财务报表使用者依据财务报表作出的经济政策，则通常认为错报是重大的。②对重要性的判断是根据具体环境作出的，并受错报的金额或性质的影响，或受两者共同作用的影响。③判断某事项对财务报表使用者是否重大，是在考虑财务报表使用者整体共同的财务信息需求的基础上作出的。不同财务报表使用者对财务信息的需求可能差异很大，因此不考虑错报对个别财务报表使用者可能产生的影响。

二、计划审计工作时对重要性的评估

在计划审计工作时，注册会计师应当确定一个可接受的重要性水平，以发现在金额上重大的错报。注册会计师在确定计划的重要性水平时需要考虑对被审计单位及其环境的了解、审计的目标、财务报表各项目的性质及其相互关系、财务报表项目的金额及其波动幅度。同时，还应当从性质和数量两个方面合理确定重要性水平。

（一）确定计划的重要性水平时应考虑的因素

注册会计师在确定计划的重要性水平时，需要考虑以下主要因素：①对被审计单位及其环境的了解。被审计单位的行业状况、法律环境与监管环境等其他外部因素，以及被审计单位业务的性质、对会计政策的选择和应用、被审计单位的目标、战略及相关的经营风险、被审计单位的内部控制等因素，都将影响注册会计师对重要性水平的判断。②审计的目标,包括特定报告要求。信息使用者的要求等因素影响注册会计师对重要性水平的确定。例如,对特定报表项目进行审计的业务,其重要性水平可能需要以该项目金额,而不是以财务报表的一些汇总性财务数据为基础加以确定。③财务报表各项目的性质及其相互关系。财务报表使用者对不同的报表项目的关心程度不同。一般而言,财务报表使用者十分关心流动性较高的项目,注册会计师应当对此从严制定重要性水平。由于财务报表各项目之间是相互联系的,注册会计师在确定重要性水平时,需要考虑这种相互关系。④财务报表项目的金额及其波动幅度。财务报表项目的金额及其波动幅度可能促使财务报表使用者作出不同的反应。因此,注册会计师在确定重要性水平时,应当深入研究这些项目的金额及其波动幅度。

此外,注册会计师应当考虑较小金额错报的累计结果可能对财务报表产生重大影响。总之,只要是影响财务报表预期使用者决策的因素,都可能对重要性水平产生影响。注册会计师应当在计划审计阶段充分考虑这些因素,并采用合理的方法,确定重要性水平。

(二)从数量方面考虑重要性

注册会计师应当从数量方面考虑重要性。重要性的数量即重要性水平,针对的是错报的金额大小。重要性水平是一个经验值,注册会计师只能通过职业判断确定重要性水平。在审计过程中,注册会计师应当考虑财务报表层次和各类交易、账户余额及列报认定层次的重要性水平。

1. 财务报表层次的重要性水平

财务报表审计的目标是注册会计师通过执行审计工作对财务报表发表审计意见。注册会计师在制定总体审计策略时,应当确定财务报表层次的重要性水平。

确定多大错报会影响到财务报表使用者所作的决策,是注册会计师运用职业判断的结果。很多注册会计师会根据所在会计师事务所的惯例及自己的经验考虑重要性水平。注册会计师通常先选择一个恰当基准,再选用适当的百分比乘以该基准,从而得出财务报表层次的重要性水平。

在实务中,有许多汇总性财务数据可以用作确定财务报表层次的重要性水平的基准,如总资产、净资产、销售收入、费用总额、毛利、净利润等。在选择适当的基准时,注册会计师应当考虑的因素包括:①财务报表的要素(如资产、负债、所有者权益、收入、费用和利润等)、适用的会计准则和相关会计制度所概念的财务报表指标(如财务状况、经营成果和现金流量),以及适用的会计准则和相关会计制度提出的其他具体要求。②对某被审计单位而言,是否存在财务报表使用者特别关注的报表项目(如特别关注与评价经营成果相关的信息)。③被审计单位的性质及所在行业。④被审计单位的规模、所有权性质以及融资方式。

注册会计师对基准的选择依赖于被审计单位的性质和环境。例如,对于以盈利为目的的被审计单位而言,来自经常性业务的税前利润或税后净利润可能是一个适当的基准;而对于收益不稳定的被审计单位来说,选择税前利润或税后净利润作为判断重要性水平的基准就不合适;对于资产管理公司来说,净资产可能是一个适当的基准。注册会计师通常选择一个相对稳定、可预测且能够反映被审计单位正常规模的基准。由于销售收入和总资产具有相对稳定性,注册会计师经常将其用作确定计划重要性水平的基准。

在确定恰当的基准后,注册会计师通常运用职业判断合理选择百分比,据以确定重要性水平。注册会计师执行具体审计业务时,为了更有效地实现审计目标,可以根据被审计单位的具体情况作出职业判断,采用比上述百分比更高或更低的比例也是适当的。因为这些百分比只是一般的经验数值。

此外,注册会计师在确定重要性水平时,通常会考虑以前期间的经营成果和财务状况、本期的经营成果和财务状况、本期的预算和预测结果、被审计单位情况的重大变化(如重大的企业并购)以及宏观经济环境和所在行业环境发生的相关变化。例如,注册会计师在将净利润作为确定某被审计单位重要性水平的基准时,因情况变化使该单位本年利润出现意外的增加或减少,注册会计师可能认为选择近几年的平均净利润作为重要性水平的基准更加合理。

案例 3-1

背景与情境: A 和 B 注册会计师在对 XYZ 股份有限公司 2023 年度财务报表进行审计时发现,其未经审计的有关财务报表项目金额如下:资产总计 180 000 万元,股东权益合计 88 000 万元,营业收入 240 000 万元,利润总额 36 000 万元,净利润 24 120 万元。

问题: 如果以资产总额、净资产(股东权益)、营业收入和净利润作为判断基础,采用固定比率法,并假定资产总额、净资产、营业收入和净利润的固定百分比数值分别为 0.5%、1%、0.5% 和 5%,计算 XYZ 股份有限公司 2022 年度财务报表层次的重要性水平。

分析提示:

180 000 × 0.5% = 900(万元)
88 000 × 1% = 880(万元)
240 000 × 0.5% = 1 200(万元)
24 120 × 5% = 1 206(万元)

XYZ 股份有限公司 2023 年度财务报表层次的重要性水平为 880 万元。

2. 各类交易、账户余额及列报认定层次的重要性水平

由于财务报表提供的信息由各类交易、账户余额及列报认定层次的信息汇集加工而成,注册会计师只有通过对各类交易、账户余额及列报认定实施审计,才能得出财务报表是否公允反映的结论。因此,注册会计师还应当考虑各类交易、账户余额、列报认定层次的重要性水平。

各类交易、账户余额及列报认定层次的重要性水平称为"可容忍错报"。可容忍错报的确定以注册会计师对财务报表层次重要性水平的初步评估为基础。它是在不导致财务报表存在重大错报的情况下,注册会计师对各类交易、账户余额及列报确定的可接受的最大错报。

在确定各类交易、账户余额及列报认定层次的重要性水平时,注册会计师应当考虑以下主要因素:①各类交易、账户余额及列报层次的重要性水平与财务报表层次的重要性水平的关系。②各类交易、账户余额、列报的性质及错报的可能性。③审计成本的高低。

不同账户的审查难度不同,有些账户审查起来难度大、手续复杂、耗费时间长,审计费用高,而有的账户审查起来就相对容易些。在保证审计证据的充分性和适当性的前提下,可以考虑对那些审查容易的项目少分配一些重要性额度,而对那些余额大、审查难度大的账户,可适当多分配一些重要性额度。

由于为各类交易、账户余额及列报确定的重要性水平,即可容忍错报对审计证据数量有直接的影响,注册会计师应当合理确定可容忍错报。在确定各类交易、账户余额及列报的重要性水平时,要注意各类交易、账户余额及列报的重要性水平的总和不能超过财务报表层次的重要性水平。

(三) 从性质方面考虑重要性

注册会计师还应从性质方面考虑重要性。从金额上看不重要的错报从性质上看有可能是重要的。注册会计师在判断错报的性质是否重要时,应该考虑的具体因素包括:①错报对遵守法律法规要求的影响程度。②错报对遵守债务契约或其他合同要求的影响程度。③错报掩盖收益或其他趋势变化的程度(尤其在联系宏观经济背景和行业状况进行考虑时)。④错报对于评价被审计单位财务状况、经营成果或现金流量的有关比率的影响程度。⑤错报对财务报表中列报的分部信息的影响程度。例如,错报事项对分部或被审计单位其他经营部分的重要程度,而这些分部或经营部分对被审计单位的经营或盈利有重大影响。⑥错报对增加管理层报酬的影响程度。例如,管理层通过错报来达到有关奖金或其他激励政策规定的要求,从而增加其报酬。⑦错报对某些账户之间错误分类的影响程度,这些错误分类影响到财务报表中应单独披露的项目。例如,经营收益和非经营收益之间的错误分类,非营利单位的受到限制资源和非限制资源的错误分类。⑧相对于注册会计师所了解的以前向报表使用者传达的信息(如盈利预测)而言错报的重大程度。⑨错报是否与涉及特定方的项目相关。例如,与被审计单位发生交易的外部单位是否与被审计单位管理层的成员有关联。⑩错报对信息漏报的影响程度。在有些情况下,适用的会计准则和相关会计制度并未对该信息作出具体要求,但是注册会计师运用职业判断,认为该信息对财务报表使用者了解被审计单位的财务状况、经营成果或现金流量很重要。错报对与已审计财务报表一同披露的其他信息的影响程度,该影响程度能被合理预期将对财务报表者作出经济决策产生影响。

需要指出是,这些因素只是举例,不可能包括所有情况,也并非所有审计都会出现上述全部因素,注册会计师也不能以存在这些因素为由而必然认为错报是重大的。

(四) 实际执行的重要性

实际执行的重要性是指注册会计师确定的低于财务报表整体重要性的一个或多个金额,旨在将未更正和未发现错报的汇总数超过财务报表整体的重要性的可能性降至适当的低水平。

确定实际执行的重要性并非简单机械的计算,需要注册会计师运用职业判断,并考虑下列因素的影响:①对被审计单位的了解(这些了解在实施风险评估程序的过程中得到更新)。②前期审计工作中识别出错报的性质和范围。③根据前期识别出的错报对本期错报作出预期。

通常而言,实际执行的重要性通常为财务报表整体重要性的50%~70%。接近财务报表整体重要性50%的情况包括:①连续审计项目,以前年度审计调整较多;②项目总体风险较高(如处于高风险行业,经常面临较大市场压力);③首次接受委托的审计项目。接近财务报表整体重要性75%的情况包括:①连续审计项目,以前年度审计调整较少;②项目总体风险较低(如处于低风险行业,市场压力较小);③以前期间的审计经验表明内部控制运行有效;④存在或预期存在值得关注的内部控制缺陷。

案例 3-2

背景与情境：东方工业股份有限公司(以下简称东方公司)以生产及销售 W 型电机设备为其主营业务。该公司的原料来自全国各地以及欧洲、南北美洲国家,其主要生产设备为新型流水线,一般在 10 年内无须大修。为保障原料供应,东方公司于 3 年前与沈阳一家国有企业签订了期限 40 年的投资及供货协议。该国有企业接受东方公司投资后,生产经营稳定,效益较高。北京中信泰会计师事务所的注册会计师周琳接受事务所指派,担任东方公司 2022 年度财务报表审计业务的项目负责人。根据以往经验,周琳确定以东方公司资产总额的 1‰为财务报表层的重要性水平,采用分配的方法确定资产类各项目、交易层次的重要性。

问题：请结合东方公司的具体情况及各账户的性质,回答下列问题：

(1) 表 3-1 所列各资产账户有哪些一般特性? 周琳在确定各账户的重要性水平时,应如何具体考虑各账户、交易的性质及错报、漏报的可能性?

(2) 各个重要性分配方案如表 3-1 所示。逐一分析表 3-1 所列的各个重要性分配方案,指出有无明显不足之处。如没有,请简要说明理由;如有,请针对该方案指出最具代表性的一条。

表 3-1　　　　　　　　　各个重要性分配方案　　　　　　　　单位:万元

项目	金额	方案 A	方案 B	方案 C	方案 D
库存现金	1 000	10	1	0	2
应收账款	6 000	60	90	99	130
存货	10 000	100	144	140	120
固定资产	100 000	100	40	40	30
长期股权投资	3 000	30	4	1	18
合计	300 000	300	300	300	300

分析提示：

(1) 周琳在确定各账户的重要性水平时,既应考虑账户的一般特性,又应结合具体情况,分别考虑各账户的性质、错报、漏报的可能性。

库存现金账户敏感性高、流动性强、性质严重,注册会计师应从严确定该项目的重要性水平。

应收账款属于制造业企业的重要账户,占资产总额比例较高、发生频繁,存在错误的可能性较高。可适当调高该项目的重要性水平。

存货具有占资产比例较大、收发频繁、种类繁多等特点,是较难审计、耗费时间较多的项目。具体到东方公司,供货方为数众多、分布很广,有些甚至远在国外,这就需要花费更多的审计时间。为节省时间,周琳应适当提高该项目的重要性水平。

固定资产与长期股权投资项目的共同特点是业务发生的笔数少、变动较少、所需审计时间较少。东方公司被审计年度内没有新增业务,可适当降低这两个项目的重要性水平。

(2)除方案 B 外,其他各方案均存在明显的不足之处。

方案 A 存在缺陷:对各账户按同一比例分配重要性水平,这意味着没有考虑各账户、交易的性质和错弊的可能性。

方案 B 没有明显的不足之处:较好地结合了东方公司的具体情况,降低了性质最强的库存现金项目和问题较少的固定资产、长期股权投资项目的重要性水平,提高了应收账款、存货项目的重要性水平。

方案 C 存在缺陷:将现金项目的重要性水平降低到零,这对于以公允性为特征的当代审计而言,是难以达到的、不现实的。

方案 D 存在缺陷:分配给应收账款的重要性水平高于分配给存货项目的重要性水平。事实上,东方公司存货项目所需的审计时间要高于应收账款项目,因而分配给存货项目的重要性水平应高于分配给应收账款的重要性水平。

三、对计划阶段确定的重要性水平的调整

在审计执行阶段,随着审计过程的推进,注册会计师应当及时评价计划阶段确定的重要性水平是否仍然合理,并根据具体环境的变化或在审计执行过程中进一步获取的信息,调整计划阶段确定的重要性水平,进而修改进一步审计程序的性质、时间和范围。例如,随着审计证据的累积,注册会计师可能认为初始选用的重要性判断基准并不恰当,需要选用其他的基准来计算重要性水平。

在确定审计程序后,如果注册会计师决定接受更低的重要性水平,审计风险将增加。注册会计师应当选用下列方法将审计风险降至可接受的低水平:

(1)如有可能,通过扩大控制测试范围或实施追加的控制测试,降低评估的重大错报风险,并支持降低后的重大错报风险水平。

(2)通过修改计划实施的实质性程序的性质、时间和范围,降低检查风险。

四、评价错报的影响

错报是指某一财务报表项目的金额、分类、列报或披露,与按照适用的财务报告编制基础应当列示的金额、分类、列报或披露之间存在的差异;或根据注册会计师的判断,为使财务报表在所有重大方面实现公允反映,需要对金额、分类、列报或披露作出的必要调整。错报可能是错误或舞弊导致的,具体包括:①收集或处理用以编制财务报表的数据时出现错误。②遗漏某项金额或披露。③疏忽或明显误解有关事实导致作出不正确的会计估计;注册会计师认为管理层对会计估计作出不合理的判断或对会计政策作出不恰当的选择和运用。

(一)尚未更正错报的汇总数

尚未更正错报的汇总数包括已经识别的具体错报和推断误差,对两者的说明如下。

1. 已经识别的具体错报

已经识别的具体错报是指注册会计师在审计过程中发现的能够准确计量的错报,包括以下两类:①对事实的错报。这类错报产生于被审计单位收集和处理数据的错误,对事实的忽略或误解,或故意舞弊行为。例如,注册会计师在审计测试中发现最近购入存货的

实际价值为 14 000 元,但账面记录的金额却为 10 000 元。因此,存货和应付账款分别被低估了 4 000 元,这里被低估的 4 000 元就是已识别的对事实的具体错报。②涉及主观决策的错报。这类错报产生于两种情况:一是管理层和注册会计师对会计估计值的判断差异。例如,包含在财务报表中的管理层作出的估计值超出了注册会计师确定的一个合理范围,导致出现判断差异。二是管理层和注册会计师对选择和运用会计政策的判断差异。例如,注册会计师认为管理层选用会计政策造成错报,管理层却认为选用会计政策适当,导致出现判断差异。在任何情况下,注册会计师都应当要求管理层就已识别的错报调整财务报表。

2. 推断误差

推断误差也称为"可能误差",是注册会计师对不能明确、具体地识别的其他错报的最佳估计数。推断误差通常包括:①通过测试样本估计出的总体的错报减去在测试中发现的已经识别的具体错报。例如,应收账款年末余额为 2 000 万元,注册会计师抽查 10% 样本发现金额有 100 万元的高估,高估部分为账面金额的 20%,据此注册会计师推断总体的错报金额为 400 万元(2 000×20%),那么上述 100 万元就是已识别的具体错报,其余 300 万元为推断误差。②通过实质性分析程序推断出估计错报。例如,注册会计师根据客户的预算资料及行业趋势等要素,对客户年度销售费用独立作出估计,并与客户账面金额比较,发现两者间存在 40% 的差异;考虑到估计的精确性有限,注册会计师根据经验认为 10% 的差异通常是可接受的,而剩余 30% 的差异需要有合理解释并取得佐证,则该部分差异金额即为推断误差。

(二)评价尚未更正错报的汇总数的影响

注册会计师应当根据重要性评估在审计过程中已识别但尚未更正错报的汇总数是否重大。注册会计师需要在出具审计报告之前,评估尚未更正错报单独或累计的影响是否重大。在评估时,注册会计师应当从特定的某类交易、账户余额及列报认定层次和财务报表层次考虑这些错报的金额和性质,以及这些错报发生的特定环境。

注册会计师应当分别考虑每项错报对相关交易、账户余额及列报的影响,包括错报是否超过之前为特定交易、账户余额及列报所设定的较之财务报表层次重要性水平更低的可容忍错报。此外,如果某项错报是(或可能是)由舞弊造成的,无论其金额大小,注册会计师均应当按照《中国注册会计师审计准则第 1141 号——财务报表审计中与舞弊相关的责任》的规定,考虑其对整个财务报表审计的影响。考虑到某些错报发生的环境,即使其金额低于计划的重要性水平,注册会计师仍可能认为其单独或连同其他错报从性质上看是重大的。

注册会计师在评估尚未更正错报是否重大时,不仅需要考虑每项错报对财务报表的单独影响,而且需要考虑所有错报对财务报表的累积影响及其形成原因,尤其是一些金额较小的错报。虽然单个错报看起来并不重大,但是其累计数却可能对财务报表产生重大的影响。例如,某个月末发生的错报可能并不重要,但是如果每个月末都发生相同的错报,其累计数就有可能对财务报表产生重大影响。为全面地评价错报的影响,注册会计师应将审计过程中已经识别的具体错报和推断误差进行汇总。

将尚未更正错报的汇总数与财务报表层次的重要性水平相比,可能出现以下三种情况:①尚未更正错报的汇总数低于重要性水平(并且特定项目的尚未更正错报也低于考虑其性质所设定的更低的重要性水平,下同)。如果尚未更正错报的汇总数低于重要性水平,则对财务报表的影响不重大,注册会计师可以发表无保留意见的审计报告。②尚未更正错报的汇总数超过重要性水平。如果尚未更正错报的汇总数超过了重要性水平,则对财务报表的影响可能是重大的,注册会计师应当考虑通过扩大审计程序的范围或要求管理层就已识别的错报调整财务报表。如果管理层拒绝调整财务报表,并且扩大审计程序范围的结果不能使注册会计师认为尚未更正错报的汇总数不重大,注册会计师应当考虑出具非无保留意见的审计报告。③尚未更正错报的汇总数接近重要性水平。如果已识别但尚未更正错报的汇总数接近重要性水平,注册会计师应当考虑该汇总数连同尚未发现的错报是否可能超过重要性水平,并考虑通过实施追加的审计程序,或要求管理层调整财务报表降低审计风险。

在评价审计程序结果时,注册会计师确定的重要性和审计风险可能与计划审计工作时评估的重要性和审计风险存在差异。在这种情况下,注册会计师应当考虑实施的审计程序是否充分。

案例 3-3

背景与情境: H 注册会计师在审查 S 公司 2023 年度的财务报表时,确定该公司财务报表的重要性水平为 180 万元,同时确定该公司部分财务报表项目的重要性水平如表 3-2 所示。审查确认除在表中各项目内发现若干笔业务的错报金额外,在财务报表其他项目均未发现有错报和漏报的情况。

表 3-2　　　　　　　　部分会计报表项目的重要性水平　　　　　　　单位:万元

项目名称	重要性水平	错报金额	错报金额合计
应收账款	50	70,30,24,14,4	142
存货	40	28,20,14,2	64
固定资产	45	10,10,4,3,2	29
长期股权投资	30	90,7,3	100
银行存款	3	2,1,1,1	5
短期借款	2	1	1
管理费用	5	1	1
盈余公积	5	2,1	3
合计	180	340	340

问题:

(1) H 注册会计师应如何根据各项目的重要性水平建议 S 公司调整其错报和漏报,并确定建议调整的错报总金额的下限?

(2) 如果考虑审计重要性水平,S 公司拒绝 H 注册会计师提出的相应的处理建议,H 注册会计师分别应发表何种审计意见?

分析提示：

（1）若不考虑财务报表层次的重要性，H注册会计师根据各项目的重要性水平建议S公司调整其错报和漏报时，应选择大额的错报和漏报依此建议S公司调整，直至该项目中剩余的未建议调整的错报金额合计低于该项目的重要性水平。因此，H注册会计师建议S公司调整的错报金额为221万元（70+30+28+90+2+1）。

（2）如果考虑审计重要性水平，S公司拒绝H注册会计师提出的相应的处理建议，由于汇总的错报总数为340万元，远大于公司财务报表的重要性水平180万元，H注册会计师应发表否定意见的审计报告。

第二节　审计风险

历史财务信息审计业务要求注册会计师将审计风险降至可接受的低水平，对所审计信息是否不存在重大错报提供合理保证，并以积极方式提出结论。合理保证意味着审计风险始终存在，注册会计师应当通过计划和实施审计工作，获取充分、适当的审计证据，将审计风险降至可接受的低水平。

审计风险是指财务报表存在重大错报而注册会计师发表不恰当审计意见的可能性。需要注意的是，审计风险并不包含下面这种情况，即财务报表不含有重大错报，而注册会计师错误地发表了财务报表含有重大错报的审计意见的风险。

可接受的审计风险的确定，需要考虑会计师事务所对审计风险的态度、审计失败对会计师事务所可能造成的损失大小等因素。其中，审计失败对会计师事务所可能造成的损失大小又受到所审计财务报表的用途、使用者的范围等因素的影响。但必须注意，审计业务是一种保证程度高的鉴证业务，可接受的审计风险应当足够低，以使注册会计师能够合理保证所审计财务报表不含有重大错报。可见，合理保证与审计风险互为补数，即合理保证与审计风险之和等于"1"。如果注册会计师将审计风险降至可接受的低水平，则对财务报表不存在重大错报获取了合理保证。

审计风险取决于重大错报风险和检查风险。注册会计师应当实施审计程序，评估重大错报风险，并根据评估结果设计和实施进一步审计程序，以控制检查风险。

一、重大错报风险

重大错报风险是指财务报表在审计前存在重大错报的可能性。在设计审计程序以确定财务报表整体是否存在重大错报时，注册会计师应当从财务报表层次和各类交易、账户余额及列报认定层次考虑重大错报风险。《中国注册会计师审计准则第1211号——重大错报风险的识别和评估》对注册会计师如何评估财务报表层次和认定层次的重大错报风险提出了详细的要求。

（一）两个层次的重大错报风险

财务报表层次重大错报风险与财务报表整体存在广泛联系，可能影响多项认定。此类风险通常与控制环境有关，如管理层缺乏诚信、治理层形同虚设而不能对管理层进行有效监督等；但也可能与其他因素有关，如经济萧条。此类风险难以界定于某类交易、账户余额及列报的具体认定;相反,此类风险增大了任何数目的不同认定发生重大错报的可能性。此类风险与注册会计师考虑由舞弊引起的风险特别相关。

注册会计师评估财务报表层次重大错报风险的措施包括:①考虑审计项目组承担重大责任的人员的学识、技术和能力,是否需要专家介入。②考虑给予业务助理人员适当程度的监督指导。③考虑是否存在导致注册会计师怀疑被审计单位持续经营假设合理性的事项或情况。

注册会计师同时考虑各类交易、账户余额及列报认定层次的重大错报风险,考虑的结果直接有助于注册会计师确定认定层次上实施的进一步审计程序的性质、时间和范围。注册会计师在各类交易、账户余额及列报认定层次获取审计证据,以便能够在审计工作完成时,以可接受的低审计风险水平对财务报表整体发表审计意见。《中国注册会计师审计准则第1231号——针对评估的重大错报风险采取的应对措施》对注册会计师如何针对评估的认定层次重大错报风险设计和执行进一步的审计程序,提出了详细的要求。

(二)固有风险和控制风险

认定层次的重大错报风险又可以进一步细分为固有风险和控制风险。

固有风险是指假设不存在相关的内部控制,某一认定发生重大错报的可能性,无论该错报单独考虑,还是连同其他错报构成重大错报。某些类别的交易、账户余额、列报及其认定,固有风险较高。例如,复杂的计算比简单的计算更可能出错;受重大计量不确定性影响的会计估计发生错报的可能性较大。此外,产生经营风险的外部因素也可能影响固有风险。例如,技术进步可能导致某项产品陈旧,进而导致存货易于发生高估错报(计价认定)。被审计单位及其环境中的某些因素还可能与多个甚至所有类别的交易、账户余额及列报有关,进而影响多个认定的固有风险。这些因素包括维持经营的流动资金匮乏、被审计单位处于夕阳行业等。

控制风险是指某项认定发生了重大错报,无论该错报单独考虑,还是连同其他错报构成重大错报,而该错报没有被企业内部控制及时防止、发现和纠正的可能性。控制风险取决于与财务报表编制有关的内部控制的设计和运行的有效性。由于控制的固有局限性,某些程序的控制风险始终存在。

二、检查风险

(一)检查风险的概念

检查风险是指某一认定存在错报,该错报单独或连同其他错报是重大的,但注册会计师未能发现这种错报的可能性。检查风险取决于审计程序设计的合理性和执行的有效性。由于注册会计师通常并不对所有的交易、账户余额及列报进行检查,以及其他原因,检查风险不可能降低为零。其他原因包括:注册会计师可能选择了不恰当的审计程序、审计过程执行不当,或者错误解读了审计结论。这些其他原因导致的风险问题可以通过适当计划、在项目组成员之间进行恰当的职责分配、保持职业怀疑态度以及监督、指导和复核项目组成员所执行的审计工作得以解决。

(二)检查风险与重大错报风险的反向关系

在既定的审计风险水平下,可接受的检查风险水平与认定层次重大错报风险的评估结果呈反向关系。评估的重大错报风险越高,可接受的检查风险越低;评估的重大错报风险越低,可接受的检查风险越高。检查风险与重大错报风险的反向关系可以用如下数学模型表示:

$$审计风险 = 重大错报风险 \times 检查风险$$

这个模型也就是审计风险模型。假设针对某一认定,注册会计师将可接受的审计风险水平设定为5%,注册会计师实施风险评估程序后将重大错报风险评估为25%,则根据这一模型可知,可接受的检查风险为20%。当然,实务中,注册会计师不一定用绝对数量表达这些风险水平,而选用"高""中""低"等文字对其进行描述。

注册会计师应当合理设计审计程序的性质、时间安排和范围,并有效执行审计程序,以控制检查风险。上例中,注册会计师根据确定的可接受的检查风险(20%),设计审计程序的性质、时间安排和范围。审计计划在很大程度上是围绕确定审计程序的性质、时间安排和范围而展开的。

三、重要性水平与审计风险的关系

重要性水平与审计风险之间存在反向关系。重要性水平越高,审计风险越低;重要性水平越低,审计风险则越高。这里所说的重要性水平高低指的是金额的大小。通常,6 000元的重要性水平比4 000元的重要性水平高。在理解两者之间的关系时必须注意,重要性水平是注册会计师从财务报表使用者的角度进行判断的结果。如果重要性水平是6 000元,则意味着低于6 000元的错报不会影响到财务报表使用者的决策,此时注册会计师需要通过执行有关审计程序合理保证能发现高于6 000元的错报。如果重要性水平是4 000元,则金额在4 000元以上的错报就会影响财务报表使用者的决策,此时注册会计师需要通过执行有关审计程序合理保证能发现金额在4 000元以上的错报。显然,重要性水平为4 000元时的审计风险要比重要性水平为6 000元时的审计风险高。

值得注意的是,注册会计师不能通过不合理地人为调高重要性水平,降低审计风险。因为重要性水平是依据重要性概念中所述的判断标准确定的,而不是由主观期望的审计风险水平决定的。

因为重要性水平和审计风险存在上述反向关系,而且这种关系对注册会计师将要执行的审计程序的性质、时间安排和范围有直接的影响,所以注册会计师应当综合考虑各种因素,合理确定重要性水平。

课 堂 测 试

班级_____ 姓名_____ 学号_____ 日期_____ 分数_____

一、单项选择题(每题 5 分,共计 50 分)

1. 下列有关错报的说法中,错误的是(   )。
   A. 错报可能是错误或舞弊导致的
   B. 错报分为事实错报、判断错报和推断错报
   C. 确定未更正错报的汇总数时,应当包括明显微小错报
   D. 明显微小错报可以不累积

2. 下列有关重要性的说法中,错误的是(   )。
   A. 如果合理预期错报(包括漏报)单独或汇总起来可能影响财务报表使用者依据财务报表作出的经济决策,则通常认为错报是重大的
   B. 对重要性的判断是根据具体环境作出的,并受错报的金额或性质的影响,或受两者共同作用的影响
   C. 确定重要性不需要运用职业判断
   D. 判断某事项对财务报表使用者是否重大,是在考虑财务报表使用者整体共同的财务信息需求的基础上作出的

3. 下列各项中,注册会计师并非在每项审计业务中都需确定的是(   )。
   A. 财务报表整体的重要性
   B. 实际执行的重要性
   C. 特定类别交易、账户余额或披露的重要性
   D. 明显微小错报的临界值

4. 下列有关对财务报表整体重要性的基准选择的说法中,错误的是(   )。
   A. 对于盈利水平保持稳定的企业,以经常性业务的税前利润作为基准
   B. 对于公益性质的基金会,一般以捐赠收入或捐赠支出总额作为基准
   C. 对于近年来经营状况大幅波动、盈利和亏损交替发生的企业,可以采用过去 3~5 年经常性业务的平均税前利润或亏损(取绝对值)作为基准
   D. 对于侧重于抢占市场份额的新兴行业,以资产总额作为基准

5. 下列有关财务报表整体重要性的说法中,错误的是(   )。
   A. 在确定重要性水平时,应当考虑与具体项目计量相关的固有不确定性
   B. 经常性业务的税前利润对应的百分比通常比营业收入对应的百分比要高
   C. 通常先选定一个基准,再乘以某一百分比作为财务报表整体的重要性
   D. 对于以营利为目的的实体,通常以经常性业务的税前利润作为基准

6. 下列有关实际执行的重要性的说法中,错误的是(   )。
   A. 确定实际执行的重要性,旨在将未更正和未发现错报的汇总数超过财务报表整体

的重要性的可能性降至适当的低水平
　　B. 注册会计师可以根据实际执行的重要性确定需要对哪些类型的交易、账户余额或披露实施进一步审计程序
　　C. 以前年度审计调整越多,评估的项目总体风险越高,实际执行的重要性越接近财务报表整体的重要性
　　D. 注册会计师应当确定实际执行的重要性,以确定进一步审计程序的性质、时间安排和范围
7. 注册会计师首次承接被审计单位2023年度财务报表审计业务,确定的被审计单位财务报表整体的重要性水平为100万元,则应以(　　)万元作为实际执行的重要性水平最为适当。
　　A. 90　　　　　　B. 50　　　　　　C. 15　　　　　　D. 75
8. 下列有关审计风险的说法中,正确的是(　　)。
　　A. 检查风险是指如果存在某一错报,该错报单独或连同其他错报可能是重大的,注册会计师为将审计风险降至可接受的低水平而实施程序后没有发现这种错报的风险
　　B. 重大错报风险是指财务报表在审计后存在重大错报的可能性
　　C. 注册会计师可以通过实施审计程序,将重大错报风险降低至适当的低水平
　　D. 固有风险和控制风险不可分割地交织在一起,无法单独进行评估
9. 下列有关重大错报风险的说法中,错误的是(　　)。
　　A. 重大错报风险是指财务报表在审计后存在重大错报的可能性
　　B. 重大错报风险独立于财务报表审计而存在
　　C. 财务报表层次重大错报风险与财务报表整体存在广泛联系,可能影响多项认定
　　D. 重大错报风险水平可以选用"高""中""低"等文字进行定性描述
10. 下列有关控制检查风险的措施中,正确的是(　　)。
　　A. 调高重要性水平
　　B. 测试内部控制的有效性,以降低控制风险
　　C. 进行穿行测试,以降低固有风险
　　D. 合理设计和有效实施进一步审计程序

二、多项选择题(每题10分,共计50分)

1. 下列有关重要性的说法中,正确的有(　　)。
　　A. 计划审计工作时,注册会计师应当确定一个合理的重要性水平,以发现金额上的重大错报
　　B. 注册会计师应当在制定总体审计策略时确定财务报表整体的重要性
　　C. 确定一项错报是否重大,只需要考虑金额
　　D. 注册会计师在确定实际执行的重要性时需要考虑对被审计单位的了解
2. 下列各项中,属于使用财务报表整体重要性水平的目的的有(　　)。
　　A. 识别和评估重大错报风险
　　B. 决定风险评估程序的性质、时间安排和范围
　　C. 确定进一步审计程序的性质、时间安排和范围

D. 评价已识别的错报对财务报表的影响和对审计报告中审计意见的影响
3. 下列各项中,属于注册会计师对重要性概念运用的有(　　)。
   A. 财务报表整体的重要性
   B. 实际执行的重要性
   C. 特定类别交易、账户余额或披露的重要性水平
   D. 明显微小错报的临界值
4. 下列有关审计风险的说法中,正确的有(　　)。
   A. 审计风险是指注册会计师执行业务的法律后果
   B. 在既定的审计风险水平下,可接受的检查风险水平与认定层次重大错报风险的评估结果呈反向关系
   C. 审计风险是指当财务报表存在重大错报时,注册会计师发表不恰当审计意见的可能性
   D. 注册会计师将可接受的审计风险水平设定为5%,重大错报风险评估为25%,根据审计风险模型,则可接受的检查风险为20%
5. 下列有关审计风险模型"审计风险＝重大错报风险×检查风险"的说法中,正确的有(　　)。
   A. 如果重大错报风险较高,说明审计风险一定高
   B. 如果重大错报风险较高,注册会计师就要多做程序
   C. 检查风险取决于审计程序设计的合理性和执行的有效性
   D. 当可接受的检查风险降低时,注册会计师需要将实施实质性程序的时间从期中移至期末

第四章

审计目标、审计过程、审计业务约定书与审计方法

知识导航

审计目标、审计过程、审计业务约定书与审计方法
- 审计目标
  - 审计目标的概念
  - 财务报表审计的总体目标
  - 财务报表审计的具体目标
- 审计过程
  - 开展初步业务活动与签订审计业务约定书
  - 计划审计工作
  - 实施风险评估程序
  - 实施控制测试和实质性程序
  - 完成审计工作和编制审计报告
- 审计业务约定书
  - 审计业务约定书的概念与作用
  - 审计业务约定书的内容
- 审计方法
  - 主要的审计方法
  - 运用审计方法时应注意的问题

学习目标

1. 掌握审计的总体目标和具体审计目标。
2. 理解审计的整体过程。
3. 熟悉审计的具体方法。

思政课堂

审计过程中如何与客户沟通

2021年12月,龙兴公司为了筹措资金,决定向银行贷款。银行要求公司提供注册会计师审计后的财务报表,以作出是否给其贷款的决定。龙兴公司以前从未接受过审计,于是决定聘请宝信会计师事务所进行审计。

审计开始就不太顺利,注册会计师王星到龙兴公司后发现,该公司会计账册不齐,而且账也未轧平,于是花费一个星期的时间帮助公司会计整理账簿。但公司会计人员却向财务经理抱怨,认为注册会计师王星太苛刻,妨碍其正常工作。第二周,当王星向会计人

员索要客户有关资料以便对应收账款询证时,会计人员以这些资料系公司机密为由加以拒绝。接着,王星又要求,公司在2021年12月31日停止生产,以便对存货进行盘点。但龙兴公司又以生产任务忙为由,也加以拒绝。王星无奈之下,只得向事务所的合伙人汇报。合伙人张明立即与龙兴公司总经理接洽,告知如果无法进行询证或盘点,将迫使注册会计师无法对财务报表发表意见。总经理非常生气,不但命令注册会计师马上离开龙兴公司,而且拒绝支付注册会计师前两周的审计费用。合伙人张明也很生气,他严肃地告诉龙兴公司总经理,除非付清所有的审计费用;否则,前期由王星代编的会计账册将不予归还。

思考:
宝信会计师事务所的做法是否妥当?

第一节 审计目标

一、审计目标的概念

审计目标是指人们在特定的社会历史环境中,期望通过审计实践活动达到的最终结果,或者说是指审计活动的目的与要求。

一般来说,各类审计目标都必须满足其服务领域的特殊需要。无论是国家审计、内部审计还是民间(注册会计师)审计,都具有各自相对独立的审计目标。审计目标的确定,除受审计对象的制约以外,还取决于审计社会属性、审计基本职能和审计授权者或委托者对审计工作的要求。同时,审计目标规定了审计的基本任务,决定了审计的基本过程和应办理的审计手续。由于本教材主要介绍注册会计审计原理及程序,在此主要介绍财务报表的审计目标,包括财务报表审计的总体目标及与各类交易、账户余额及列报相关的具体审计目标两个层次。

财务报表的审计目标对注册会计师的审计工作发挥着导向作用,界定了注册会计师的责任范围,直接影响注册会计师计划和实施审计程序的性质、时间安排和范围,决定了注册会计师如何发表审计意见。例如,由于财务报表的审计目标是对财务报表整体发表审计意见,注册会计师就可以只关注与财务报表编制和审计有关的内部控制,而不对内部控制本身发表鉴证意见。同样,注册会计师关注被审计单位的违反法规行为,是因为这些行为影响到财务报表,而不是对被审计单位是否存在违反法规行为提供鉴证。

二、财务报表审计的总体目标

目前,理论界关于审计目标的研究较多,实务中各国对审计目标的表述也不尽相同。美国注册会计师协会公布的第一号《审计准则说明书》将财务报表审计的总体目标表述如下:"独立注册会计师对财务报表实施一般检查的目标是对财务报表的编制是否符合公认会计原则、公允的反映财务状况、经营成果和现金流动状况表达意见。"国际审计准则规定,财务报表审计的目的在于使审计人员能够对财务报表编制中所确认的会计政策结构表示意见。英国《公司法》对审计目标的表述是,审计是对企业财务报表的独立检查,目的是对这些财务报表的反映是否真实和公允并符合相关法规表示意见。通过比较可以看出,各国都认为审计目标是要对财务报表发表意见,不同之处在于对财务报表的要求不同,是只强调财务报表反映的公允性,还是除公允性外,还要求真实性、合法性?审计目标的确定,除受审计对象的制约以外,还取决于审计主体的性质和审计授权者或委托者的要求,应反映社会政治经济生活对审计的客观需要。各种影响因素不同,对审计目标的定位也就不同。

从我国的实际情况来看,将审计目标定位于合法性、公允性更为恰当。《中国注册会计师审计准则第1101号——注册会计师的总体目标和审计工作的基本要求》规定,在执行财务报表审计工作时,注册会计师的总体目标包括:①对财务报表整体是否不存在由于舞弊或错误导致的重大错报获取合理保证,使得注册会计师能够对财务报表是否在所有重大方面按照适用的财务报告编制基础编制发表审计意见。②按照审计准则的规定,根据审计结果对财务报表出具审计报告,并与管理层和治理层沟通。

但是注册会计师在实际执业时关注的重点是财务报表"不合法"和"不公允"的情形。其中,"不合法"表面上是指财务报表不符合适用的会计准则和相关会计制度,实质上就是"审计差异"。"审计差异"按是否需要调整账户记录可分为核算误差和重分类误差。

在任何情况下,如果不能获取合理保证,并且在审计报告中发表保留意见也不足以实现向财务报表预期使用者报告的目的,注册会计师应当按照审计准则的规定出具无法表示意见的审计报告,或者在法律法规允许的情况下终止审计业务或解除业务约定。

三、财务报表审计的具体目标

（一）被审计单位管理层的认定

1. 认定的概念

认定是指被审计单位管理层对财务报表组成要素的确认、计量、列报作出的明确或隐含的表达。审计目标与被审计单位管理层的认定密切相关,注册会计师的基本职责就在于确定被审计单位管理层对其财务报表的认定是否恰当。

被审计单位管理层在财务报表上的认定有些是明确的表达,有些则是隐含的表达。例如,被审计单位管理层在资产负债表列报固定资产及其金额100万元,意味着作出了下列明确的认定:①100万元对应的固定资产数量是存在的。②固定资产以恰当的金额100万元包括在财务报表中,与之相关的计价或分摊调整已恰当记录。同时,被审计单位管理层也作出了下列隐含的认定:①所有应报告的固定资产均已包括在内。②所有记录的固定资产均由被审单位拥有。

2. 认定的内容

在被审计单位财务报表的形成过程中,从经济业务发生到入账,再到编制报表,管理层作了下列三个方面的认定:

(1) 与各类交易和事项相关的认定。注册会计师对所审计期间的各类交易和事项运用的认定通常分为下列类别:①发生:记录的交易和事项已发生,且与被审计单位有关。②完整性:所有应当记录的交易和事项均已记录。③准确性:与交易和事项有关的金额及其其他数据已恰当记录。④截止:交易和事项已记录于正确的会计期间。⑤分类:交易和事项已记录于恰当的账户。

(2) 与期末账户余额相关的认定。注册会计师对期末账户余额运用的认定通常分为下列类别：①存在：记录的资产、负债和所有者权益是存在的。②权利和义务：记录的资产由被审计单位拥有或控制，记录的负债是被审计单位应当履行的偿还义务。③完整性：所有应当记录的资产、负债和所有者权益均已记录。④计价和分摊：资产、负债和所有者权益以恰当的金额包括在财务报表中，与之相关的计价或分摊调整已恰当记录。

(3) 与列报相关的认定。注册会计师对列报运用的认定通常分为下列类别：①发生以及权利和义务：披露的交易、事项和其他情况已发生，且与被审计单位有关。②完整性：所有应当包括在财务报表中的披露均已包括。③分类和可理解性：财务信息已被恰当地列报和描述，且披露内容表述清楚。④准确性和计价：财务信息和其他信息已公允披露，且金额恰当。

3. 具体审计目标及其确定

既然具体审计目标与审计的总体目标有关，与被审计单位管理层对财务报表的认定有关，而且审计本身就是对被审计单位管理层认定的再认定，那么，具体审计目标就是根据审计的总体目标和被审计单位管理层对财务报表的认定确定的。

1) 与各类交易和事项相关的审计目标

第一，发生。由发生认定推导的审计目标是确认已记录的交易是真实的。例如，如果没有发生的销售交易，但在销售记日记账中记录了一笔销售，则违反了该目标。发生认定所要解决的问题是管理层是否把那些不曾发生的项目列入财务报表，它主要与财务报表组成要素的高估有关，通常使用逆查法对其进行审计。逆查法又称倒查法，是指在检查过程中逆着记账程序进行检查的方法。通常先从记账程序的终端检查，从会计报表或账簿上发现线索、寻找疑点，然后逆着记账程序追根求源进行检查(如从会计报表查到会计账簿，再查到记账凭证，最后查到原始凭证)。例如，注册会计师小王在了解 A 公司的过程中，通过分析性程序发现该公司的销售收入有异常，怀疑该公司账面的收入不真实，小王应如何安排下一步的审计程序？小王怀疑 A 公司账面的收入不真实，就是说 A 公司账面收入有可能多记，因此，小王此时的具体审计目标应该是收入的真实性。那么，多记的收入在哪儿能找到呢？一定被混在真实的收入中，也就是说在销售明细账中。小王应该以销售明细账为起点，抽取一定量的样本，然后追查至记账凭证和原始凭证。比如，抽取的凭证账面显示取得收入 80 万元，查看凭证后附的原始单据发票、货运单据以及销售合同，如果货运单据或者销售合同注明是在下个年度交货，则此笔 80 万元的收入就可以认定是不真实的。

第二，完整性。由完整性认定推导的审计目标是确认已发生的交易确认已经记录。例如，如果发生了销售交易，但没有在销售明细账和总账中记录，则违反了该目标。需要注意的是，发生和完整性两者强调的是相反的关注点。发生目标针对潜在的高估，而完整性目标则针对漏计交易(低估)。通常使用顺查法对完整性审计。顺查法又称为正查法，是指按照会计业务处理的先后顺序依次进行查证的方法。即从检查原始凭证开始，以原始凭证为依据，核对检查记账凭证，再以记账凭证和记账凭证汇总表等为依据，核对检查日记账、明细分类账和总分类账，最后根据会计账簿核对检查会计报表。

第三，准确性。由准确性认定推导出的审计目标是确认已记录的交易是按正确金额反映的。例如，如果在销售交易中，发出商品的数量与账单上的数量不符，或是开账单时使用了错误的销售价格,或是账单中的乘积或加总有误,或是在销售明细账中记录了错误的金额,则违反了该目标。准确性与发生、完整性之间存在区别。例如,若记录的销售交易是不应当记录(如发生的商品是寄销商品),则即使发票金额是准确计算的,仍违反了发生目标。又如,若已入账的销售交易是对正确发生的商品的记录,但金额计算错误,则违反了准确性目标,但没有违反发生目标。在完整性与准确性之间也存在同样的关系。

第四,截止。由截止认定推导出的审计目标是确认接近资产负债表日的交易记录于恰当的期间。例如,如果本期交易推迟到下期,或下期交易提前到本期,均违反了截止目标。

第五,分类。由分类认定推导的审计目标是确认被审计单位记录的交易经过适当分类。例如,如果将现销记录为赊销,将销售经营性固定资产所得的收入记录为营业收入,导致交易分类的错误,则违反了分类的目标。

2) 与期末账户余额相关的审计目标

第一,存在。由存在认定推导的审计目标是确认记录的金额确实存在。例如,如果不存在某顾客的应收账款,在应收账款明细表中却列入了对顾客的应收账款,则违反了存在性目标。

第二,权利和义务。由权利和义务认定推导的审计目标是确定资产属于被审计单位的权利,负债属于被审计单位的义务。例如,将他人寄售商品列入审计单位的存货中,违反了权利目标;将不属于被审计单位的债务记入账内,违反了义务目标。

第三,完整性。由完整性认定推导的审计目标是确认已存在的金额均已记录。例如,如果存在某顾客的应收账款,在应收账款明细表中却没有列入对该顾客的应收账款,则违反了完整性目标。

第四,计价和分摊。资产、负债和所有权益以恰当的金额包括在财务报表中,与之相关的计价或分摊调整已恰当记录。

3) 与列报相关的审计目标

各类交易和账户余额的认定正确只是为列报正确打下必要的基础,财务报表还可能因被审计单位误解有关列报的规定或舞弊等而产生错误。另外,还可能因被审计单位没有遵守一些专门的披露要求而导致财务报表错误。因此,即使注册会计师审计了各类交易和账户余额的认定,实现了各类交易和账户余额的具体审计目标,也不意味着获取了足以对财务报表发表审计意见的充分、适当的审计证据。因此,注册会计师还应当对各类交易、账户余额及相关事项在财务报表中列报的正确性实施审计。

第一,发生及权利和义务。将没有发生的交易、事项、或与被审计单位无关的交易和事项包括在财务报表中,则违反该目标。例如,复核董事会会议记录中是否记录了固定资产抵押等事项,询问管理层固定资产是否被抵押,即是对列报的权利认定的运用。如果抵押固定资产则需要在财务报表中列报,说明其权利受到限制。

第二,完整性。如果应当披露的事项没有包括在财务报表中,则违反该目标。例如,检查关联方和关联交易,以验证其在财务报表中是否得到充分披露,即是对列报的完整性认定的运用。

第三,分类和可理解性。财务信息已被恰当地列报和描述,且披露内容表述清楚。例如,检查存货的主要类别是否已被披露,是否将一年内到期的长期负债列为流动负债,即是对列报的分类和可理解性认定的运用。

第四,准确性和计价。财务信息和其他信息已被披露,且金额恰当。例如,检查财务报表附注是否分别对原材料、在产品和产成品等存货成本核算方法做了恰当说明,即是对列报的准确性和计价认定的运用。

4. 认定、具体审计目标、审计证据与审计程序之间的关系

注册会计师为了证明会计报表项目的各种认定,要设置不同的具体审计目标(以便于收集审计证据);为了实现具体审计目标,需要收集各种审计证据;为了获取审计证据,需采用各种审计程序。即四者的关系要放在"认定→具体审计目标→证据→程序"这个框架中去理解。

在审计过程中,为了实现由管理当局会计报表认定推论出的众多具体审计目标,注册会计师就要使用各种审计程序来获取各类审计证据。通常一种审计程序可产生多种审计证据,而要获取某类证据,也可选用多种审计程序。因此,审计程序同审计证据之间并不是一一对应关系。

第二节 审计过程

注册会计师在确定审计目标后,围绕审计目标搜集审计证据,以便对财务报表的合法性和公允性发表意见,而审计证据又是在审计过程中搜集的,因此,审计目标的实现与审计过程密切相关。审计过程是指审计项目从开始到结束的过程中,审计人员所采取的系统性的工作步骤。一般包括开展初步业务活动与签订审计业务约定书、计划审计工作、实施风险评估程序、实施控制测试和实质性程序,以及完成审计工作和编制审计报告。

一、开展初步业务活动与签订审计业务约定书

注册会计师在计划审计工作前,需要开展初步业务活动。根据质量控制准则的要求,注册会计师要针对保持客户关系和具体审计业务实施相应的质量控制程序,特别是评价客户诚信度,并根据《中国注册会计师职业道德规范指导意见》的要求,评价自身是否具备独立性和专业胜任能力,就业务约定书条款与被审计单位达成一致意见。

(一)谨慎承接业务

会计师事务所谨慎承接业务,是控制审计风险的关键一步。这应当从以下四个方面来进行控制:①委派有经验的注册会计师与客户洽谈业务,并由风险控制专家小组讨论是否承接业务,以避免注册会计师个人私自承接业务,同时也能有效地防止企业经营风险转移给会计师事务所。②重视对客户及其项目的了解。对于大项目,会计师事务所应当专门委派注册会计师做前期的审慎调查,以确定是否承接业务,也为制定审计计划做准备;对于一般项目,注册会计师也应当广泛地收集相关资料和信息,初步了解客户的诚信程度及其审计风险。③关注客户的一些特殊事项,如更换会计师事务所、审计委托的特殊要求以及客户及其管理层面临的压力等。④不与不诚信或面临较大经营困难的客户打交道。

在实务中,当注册会计师发现客户存在以下情形时,应该谨慎承接业务:①公司重组后业绩发生惊人变化。②公司所处行业与该公司的获利水平长期不相称。③公司的经营

水平与其产能不相称。④当地政府或部门对公司的干预或"关心"过多,如通过税收优惠、减免、"拉郎配"重组等方式干预公司的经营。⑤公司面临突变的市场或政策时,存在需要保持原有业绩的压力。

案例 4-1

背景与情境: 注册会计师张凡是诚信会计师事务所的出资人之一,其业务专长是对工业企业,尤其是国有工业企业进行会计报表审计。2022年2月3日,张凡接到好朋友李杰的电话,说有一个亲戚开办的华东高科技公司拟委托会计师事务所审计2021年度的会计报表,正在寻找合适的会计师事务所。李杰希望张凡能够承接对该公司的审计。张凡非常爽快地答应了,并于2022年2月6日亲自带领审计小组到华东高科技公司实施审计。华东高科技公司属于私营公司,主营计算机软件开发,兼营计算机硬件、配件等,开业4年来业务发展很好,但从没有接受过注册会计师审计。

问题: 张凡承接此项业务是否合适?为什么?

分析提示: 承接业务前,张凡没能评价自身的独立性和专业胜任能力就接受了委托,是不合适的,这种做法容易导致审计失败。从独立性的角度看,根据《中国注册会计师职业道德规范指导意见》的规定,当注册会计师与委托单位负责人和主管人员、董事或委托事项当事人存在近亲关系时,应当回避。其次,从专业胜任能力的角度看,张凡对高新科技这一特殊行业进行审计的能力存在疑问。因此,诚信会计师事务所如果要接受该公司的审计委托,从独立性和专业胜任能力方面考虑,不能委派张凡承担该项审计业务,应当委派熟悉计算机行业,并具有丰富的软件开发审计经验的其他注册会计师承接该项业务,同时应当提请注册会计师在审计中注意华东高科技公司属于私营公司和以前年度没有接受过注册会计师审计这两个方面带来的审计风险。

(二)签订或修改审计业务约定书

在作出接受或不接受保持客户关系及具体审计业务的决策后,注册会计师应当按照《中国注册会计师审计准则第1111号——就审计业务约定条款达成一致意见》的规定,在审计业务开始前,与被审计单位就审计业务约定条款达成一致意见,签订或修改审计业务约定书,以避免双方对审计业务的理解产生分歧。

二、计划审计工作

根据审计准则的规定,计划审计工作是注册会计师必须做的工作。不合理的计划不仅导致盲目实施审计程序,无法获取充分、适当的审计证据以将审计风险降至可接受的低水平,影响审计目标的实现,而且还会浪费有限的审计资源,增加不必要的审计成本,影响审计工作的效率。因此,对任何一项审计业务,注册会计师在执行具体审计程序之前,都必须根据具体情况制定科学、合理的计划,使审计业务以有效的方式得到执行。一般来说,计划审计工作包括针对审计业务制定总体审计策略和具体审计计划。

(一)制定总体审计策略

注册会计师应当为审计工作制定总体审计策略。总体审计策略用以确定审计范围、时间和方向,并指导具体审计计划的制定。在制定总体审计策略时,注册会计师应当考虑以下事项。

1. 审计范围

注册会计师应当确定审计业务的特征,包括采用的会计准则和相关会计制度、特定行业的报告要求以及审计单位组成部分的分布等,以界定审计范围,包括需审计的集团内组成部分的数量及所在地点、母公司和集团内其他组成部分之间存在的控制关系的性质、编制合并财务报表的范围等。

2. 报告目标、时间安排及所需沟通的性质

总体审计策略的制定应当包括明确审计业务的报告目标,以及计划审计的时间安排和所需沟通的性质,包括提交审计报告的时间要求、预期与管理层和治理层沟通的重要目标等。

3. 审计方向

制定总体审计策略时,应当考虑影响审计业务的重要因素,以确定项目组的工作方向,包括确定适当的重要性水平,初步识别可能存在较高的重大错报风险的领域,初步识别重要的组成部分和账户余额,评价是否需要针对内部控制的有效性获取审计证据,识别被审计单位所处行业、财务报告要求及其他相关方面最近发生的重大变化等。

在确定审计方向时,注册会计师需要考虑下列因素:①重要性水平,包括制定报表层的重要性水平以便在审计过程中考虑重要性。②重大错报风险较高的审计领域。③评估的财务报表层次的重大错报风险对指导、监督及复核的影响。④项目组人员的选择(必要时应包括项目质量控制复核人员)和工作分工,包括向重大错报风险较高的审计领域分派具备适当经验的人员。⑤项目预算,包括考虑为重大错报风险可能较高的审计领域分配适当的工作时间。

注册会计师还应当根据实施风险评估程序的结果对上述内容予以调整。总体审计策略一经制定,注册会计师应当针对总体审计策略中识别的不同事项,制定具体审计计划,并考虑通过有效利用审计资源以实现审计目标。总体审计策略的详略程度应当随被审计单位的规模及该项审计业务的复杂程度的不同而变化。例如,在小型被审计单位审计中,全部审计工作可能由一个较小的审计项目组执行,项目组成员间容易沟通和协调,此时总体审计策略可以相对简单。审计计划的具体格式如表4-1所示。

表 4-1　　　　　　　　　　　**审计计划的具体格式**

审计计划工作底稿

被审计单位:B国有企业　　　　　　编制人:李豪　　　　　　索引号:27/1/2021
会计期间和截止日:2020年12月31日　　复核人:王一　　　　　　页次:28/1/2021

一、委托审计的目的、范围 　　审计B企业2020年12月31日资产负债表和该年度损益表和现金流量表
二、审计策略(是否实施预审,是否进行符合性测试;实质性测试按业务循环还是按报表项目等)由于B企业是常年客户,不进行全面符合性测试,但对于变动较大的项目实施双重目的测试;按会计报表项目进行实质性测试。
三、评价内部控制和审计风险 　　内部控制制度尚健全,但由于本年度企业由盈转亏,可能存在某种程度的财务问题,审计风险较大。

(续表)

四、重要会计问题及重点审计领域 　1. 营业收入、营业成本项目 　2. 影响利润的其他业务利润、费用、营业外支出项目 　3. 应收账款项目 　4. 存货项目 　5. 在建工程项目
五、重要性标准初步估计 　采用总收入法： 　按前三年平均营业收入 38 088×0.4‰＝190.44(万元) 　按 2020 年营业收入 28 399×0.4‰＝141.99(万元) 　综合考虑 B 企业的审计风险，B 企业报表总体重要性水平可初步评价为 120 万元。
六、计划审计日期 　外勤工作自 2021 年 1 月 26 日至 2021 年 2 月 2 日，共计 8 天 48 人次 　编写报告自 2021 年 2 月 3 日至 2 月 10 日
七、审计小组组成及人员分工 　姓名职务或职称分工备注 　王一，副主任会计师，审批审计计划、复核底稿 　李豪，注册会计师，编制审计计划、综合类底稿、复核底稿项目小组组长 　王景，注册会计师，损益类项目 　张雷，注册会计师，资产类、负债类项目 　赵华，助理人员，盘点、协助张雷审计资产类项目 　周文，助理人员，发函证、协助张雷审计负债类项目
八、修订计划记录

（二）制定具体审计计划

注册会计师应当针对总体审计策略中所识别的不同事项，制定具体审计计划。具体审计计划应比总体审计策略更加详细，包括为获取充分、适当的审计证据以将审计风险降至可接受的低水平，项目组成员拟实施的审计程序的性质、时间安排和范围。具体审计计划的内容有以下几个方面。

1. 风险评估程序

具体审计计划应当包括按照《中国注册会计师审计准则第 1211 号——通过了解被审计单位及其环境识别和评估重大错报风险》的规定，为了足够识别和评估财务报表重大错报风险，注册会计师计划实施的风险评估程序的性质、时间安排和范围。

2. 计划实施的进一步审计程序

具体审计计划应当包括按照《中国注册会计师审计准则第 1231 号——针对评估的重大错报风险采取的应对措施》的规定，针对评估的认定层次的重大错报风险，注册会计师计划实施的进一步审计程序的性质、时间和范围。

需要强调的是，随着审计工作的推进，对审计程序的计划会一步步深入，并贯穿于整个审计过程。例如，计划风险评估程序通常在审计开始阶段进行，计划实施的进一步审计程序则需要依据风险评估程序的结果进行。因此，为达到制定具体审计计划的要求，注册会计师需要完成风险评估程序，识别和评估重大错报风险，并针对评估的认定层次的重大错报风险,确定计划实施进一步审计程序的性质、时间安排和范围。

3. 计划的其他审计程序

具体审计计划应当包括根据审计准则的规定,注册会计师针对审计业务需要实施的其他审计程序。计划的其他审计程序可以包括上述进一步程序的计划中没有涵盖的、根据其他审计准则的要求注册会计师应当执行的既定程序。例如,对舞弊、持续经营问题以及关联方交易的考虑等。当然,由于被审计单位所处行业、环境各不相同,特别项目可能也有所不同。例如,有些企业可能涉及环境事项、电子商务等,在实务中注册会计师应根据被审计单位的具体情况确定特定项目并执行相应的审计程序。

(三)审计过程中对计划的更改

计划审计工作并非审计业务的一个孤立阶段,而是一个持续的、不断修正的过程,贯穿整个审计业务的始终。由于未预期事项、条件的变化或在实施审计程序中获取的审计证据等,注册会计师在必要时应当对总体审计策略和具体审计计划作出更新和修改。

审计过程可被分为不同阶段,前面阶段的工作结果通常会对后面阶段的工作计划产生一定的影响,因此,注册会计师有可能需要对后面阶段的工作过程中已制定的相关计划进行相应的更新和修改。通常来讲,这些更新和修改涉及比较重要的事项。例如,对重要性水平的修改,对某类交易、账户余额和列报的重大错报风险的评估和进一步审计程序(包括总体方案和拟实施的具体审计程序)的更新和修改等。一旦计划被更新和修改,审计工作也就应当被相应地修正。例如,如果在制定审计计划时,注册会计师基于对材料采购交易的相关控制的设计和执行获取的审计证据,认为相关控制设计合理并得以执行,因此,未将其评价为高风险领域并且计划执行控制测试。但是在执行控制测试时获得的审计证据与审计计划阶段获得的审计证据相矛盾,注册会计师认为该交易的控制没有得到有效执行,此时,注册会计师可能需要修正对该类交易的风险评估,并基于修正的评估风险修改计划的审计方案,如采用实质性方案。

三、实施风险评估程序

风险导向审计的核心内容即是实施风险评估程序,并将其贯穿于整个审计过程。审计准则规定,注册会计师必须实施风险评估程序,以此作为评估财务报表层次和认定层次重大错误风险的基础。

风险评估程序是指注册会计师实施的了解被审计单位及其环境并识别和评估财务报表重大错报风险的程序。风险评估是必要程序,了解被审计单位及其环境为注册会计师在许多关键环节作出职业判断提供了重要基础。了解被审计单位及其环境实际上是一个连续和动态地收集、更新与分析信息的过程,贯穿整个审计过程的始终。注册会计师应当运用职业判断确定需要了解被审计单位及其环境的程序。一般来说,实施风险评估程序的主要工作有:了解被审计单位及其环境;识别和评估财务报表层次以及各类交易、账户余额、列报认定层次的重大错报风险,包括确定需要特别考虑的重大错报风险(即特别风险)以及通过实施实质性程序无法应对的重大错报风险等。

四、实施控制测试和实质性程序

注册会计师实施风险评估程序本身并不足以为发表审计意见提供充分、适当的审计证据,注册会计师还应当实施进一步审计程序,包括实施控制测试(必要时或决定测试时)和实质性程序。因此,注册会计师在评估财务报表重大错报风险后,应当运用职业判断,针对评估的财务报表层次重大错报风险确定总体应对措施,并针对评估的认定层次重大错报风险设计和实施进一步审计程序,以将审计风险降至可接受的低水平。

由于注册会计师对重大错报风险的评估是一种判断,并且内部控制存在固有局限性,因此,无论评估的重大错报风险结果如何,注册会计师均应当针对所有重大的各类交易、账户余额、列报实施实质性程序,以获取充分、适当的审计证据。

由此可见,风险评估程序和实质性程序是每次财务报表审计都应实施的必要程序,而控制测试则不是。在财务报表审计业务中,注册会计师必须通过实施风险评估程序、控制测试(必要时或决定测试时)和实质性程序,才能获取充分、适当的审计证据,得出合理的审计结论,作为形成审计意见的基础。

五、完成审计工作和编制审计报告

注册会计师在完成财务报表所有循环的进一步审计程序后,还应当按照有关审计准则的规定做好审计完成阶段的工作,并根据获取的各种证据,合理运用专业判断,形成适当的审计意见。审计完成阶段的主要工作有:①审计期初余额、比较数据、期后事项和或有事项。②考虑持续经营问题和获取管理层声明。③汇总审计差异,并提请被审计单位调整或披露。④复核审计工作底稿和财务报表。⑤与管理层和治理层沟通。⑥评价所有审计证据,形成审计意见。⑦编制审计报告等。

第三节 审计业务约定书

一、审计业务约定书的概念与作用

(一)审计业务约定书的概念

审计业务约定书是指会计师事务所与被审计单位签订的,用以记录和确认审计业务的委托与受托关系、审计目标和范围、双方的责任以及报告的格式等事项的书面协议。注册会计师应当在审计业务开始前,与被审计单位就审计业务约定条款达成一致意见,并签订审计业务约定书,以避免双方对审计业务的理解产生分歧。会计师事务所承接任何审计业务,都应与被审计单位签订审计业务约定书。如果被审计单位不是委托人,在签订审计业务约定书前,注册会计师应当与委托人、被审计单位就审计业务约定相关条款进行充分沟通,并达成一致意见。

(二)审计业务约定书的作用

签订审计业务约定书是为了明确约定各方的权利和责任义务,促使各方遵守约定事项并加强合作,保护签约各方的正当利益。审计业务约定书的作用主要包括:①增进会

师事务所与委托人之间的了解。②可作为被审计单位鉴定审计业务完成情况,以及会计师事务所检查被审计单位履行约定义务情况的依据。③当出现法律诉讼时,可作为确定双方应负责任的重要依据。

(三)签订审计业务约定书之前应做的工作

会计师事务所在签订审计业务约定书前,应当指派注册会计师对被审计单位基本情况进行了解,并就审计业务约定书相关条款,特别是委托目的、审计范围、审计收费、被审计单位应提供的资料和信息以及必要工作条件与协助等进行充分沟通,并达成一致意见。

二、审计业务约定书的内容

会计师事务所就上述事项与被审计单位协商一致后,即可指派人员起草审计业务约定书。起草完毕的审计业务约定书一式两份。审计业务约定书在审计约定事项完成后,归入审计业务档案。

审计业务约定书的具体内容可能因被审计单位的不同而存在差异,但应当包括下列几个方面:

(1) 财务报表审计的目标。
(2) 管理层对财务报表的责任。
(3) 管理层编制财务报表采用的会计准则和相关会计制度。
(4) 审计范围,包括在执行财务报表审计业务时应遵守的中国注册会计师审计准则。
(5) 执行审计工作的安排,包括出具审计报告的时间要求。
(6) 审计报告格式和对审计结果的其他沟通形式。
(7) 由于测试的性质和审计的其他固有限制,以及内部控制的固有局限性,不可避免地存在着某些重大错报可能仍然未被发现的风险。
(8) 管理层为注册会计师提供必要的工作条件和协助。
(9) 注册会计师不受限制地接触任何与审计有关的记录、文件和所需要的其他信息。
(10) 管理层对其作出的与审计有关的声明予以书面确认。
(11) 注册会计师对执业过程中获知的信息保密。
(12) 审计收费,包括收费的计算基础和收费安排。
(13) 违约责任。
(14) 解决争议的方法。
(15) 签约双方法定代表人或其授权代表的签字盖章,以及签约双方加盖的公章。

第四节 审计方法

在实施风险评估程序、控制测试或实质性程序时,注册会计师可根据需要单独或综合运用以下审计程序,以获取充分、适当的审计证据。

一、主要的审计方法

(一) 检查

1. 检查记录或文件

检查记录或文件是指注册会计师对被审计单位内部或外部生成的,以纸质、电子或其他介质形式存在的记录或文件进行审查。

检查记录或文件的目的是对财务报表所包含或应包含的信息进行验证。例如,被审计单位通常会对每一笔销售交易都保留一份顾客订单、一张发货单和一份销售发票副本。这些凭证对于注册会计师验证被审计单位记录的销售交易的正确性可作为有用的证据。

检查记录或文件可提供可靠程度不同的审计证据。审计证据的可靠性取决于记录或文件的来源和性质。外部记录或文件通常被认为比内部记录或文件可靠,因为外部凭证经被审计单位的客户出具,又经被审计单位认可,表明交易双方都对凭证上记录的信息和条款达成一致意见。另外,某些外部凭证的编制过程非常谨慎,通常由律师或有资格的专家进行复核,因而具有较高的可靠性,如土地使用权证、保险单、契约和合同等。

2. 检查有形资产

检查有形资产是指注册会计师对资产实物进行审查。检查有形资产主要适用于存货和现金,也适用于有价证券、应收票据和固定资产等。检查有形资产可为其存在性提供可靠的审计证据,但不一定能够为权利和义务或计价认定提供可靠的审计证据。检查有形资产是验证资产确实存在的直接手段,也是认定资产数量和规格的一种客观手段。某些情况下,检查有形资产还是评价资产状况和质量的一种有用方法,但是要验证存在的资产确实为被审计单位所有,在财务报表中列报的金额计价准确,还需要通过其他审计程序获得充分适当的审计证据。

(二) 观察

观察是指注册会计师察看相关人员正在从事的活动或执行的程序。例如,对客户执行的存货盘点或控制活动进行观察。观察提供的审计证据仅限于观察发生的时点,并且相关人员已知被观察,其从事活动或执行程序的做法可能与日常不同,从而影响注册会计师对真实情况的了解。因此,注册会计师有必要获取其他类型的佐证证据。

(三) 询问

询问是指注册会计师以书面或口头方式,向被审计单位内部或外部的知情人员获取财务信息和非财务信息,并对答复进行评价的过程。知情人员对询问的答复可能为注册会计师提供尚未获悉的信息或佐证证据,也可能提供与已获悉信息存在重大差异的信息;注册会计师应当根据询问结果考虑修改审计程序或实施追加的审计程序。询问本身不足以发现认定层次存在的重大错报,也不足以测试内部控制运行的有效性,注册会计师还应当实施其他审计程序,以获取充分、适当的审计证据。

(四) 函证

函证是指注册会计师为了获取影响财务报表或相关披露认定的项目的信息,通过直接来自第三方对有关信息和现存状况的声明,获取和评价审计证据的过程。例如,对应收账款余额或银行存款的函证。

函证来自独立于被审计单位的第三方,通过函证获取的证据可靠性较高,因此,函证是受到高度重视并经常被使用的一种重要程序。注册会计师应当对银行存款、借款(包括零余额账户和在本期内注销的账户)及与金融机构往来的其他重要信息实施函证。注册会计师应当对应收账款实施函证,除非有充分证据表明应收账款对财务报表不重要,或函证很可能无效。如果不对应收账款函证,注册会计师应当在工作底稿中说明理由。如果认为函证很可能无效,注册会计师应当实施替代审计程序,以获取充分、适当的审计证据。

注册会计师可采用积极的或消极的函证方式实施函证,也可将两种方式结合使用。如果采用积极的函证方式,注册会计师应当要求被询证者在所有情况下必须回函,确认询证函所列示信息是否正确,或填列询证函要求的信息。如果采用消极的函证方式,注册会计师只要求被询证者仅在不同意询证函列示信息的情况下才予以回函。

(五)重新计算

重新计算是指注册会计师以人工方式或使用计算机辅助审计技术,对记录或文件中的数据计算的准确性进行核对。重新计算通常包括计算销售发票和存货的总金额、加总日记账和明细账、检查新旧费用和预付费用的计算、检查应纳税额的计算等。

一般而言,重新计算不仅包括对被审计单位的凭证、账簿和报表中有关数字的验算,而且还包括对会计资料中有关项目的加总或其他运算。在财务报表审计中,注册会计师往往需要大量地运用加总技术来获取必要的审计证据。

当然,注册会计师在重新计算时并不一定按照被审计单位原先的计算形式和顺序进行,而且在注意计算结果是否一致的同时,还要对某些其他可能的差错予以关注。

(六)重新执行

重新执行是指注册会计师以人工方式或使用计算机辅助审计技术,重新独立执行作为被审计单位内部控制组成部分的程序或控制。例如,注册会计师利用被审计单位的银行存款日记账和银行对账单,重新编制银行存款余额调节表,并与被审计单位编制的银行存款余额调节表进行比较。

(七)分析程序

分析程序是指注册会计师通过研究不同财务数据之间,以及财务数据与非财务数据之间的内在关系,对财务信息作出评价。分析程序还包括调查识别出的、与其他相关信息不一致或与预期数据严重偏离的波动和关系。例如,注册会计师可以对被审计单位的财务报表及相关资料中的重要比率和变动趋势执行分析性复核程序,以发现其中变动异常的项目,并考虑对变动异常的项目采用适当的审计方法,以获取相应的审计证据。

 案例 4-2

背景与情境: 沈阳蓝田股份有限公司(以下简称蓝田股份)造假丑闻的曝光,不是来自对蓝田进行常年年报审计的注册会计师,而是来自业外人士。2001年10月26日,中央财经大学教授刘姝威在《金融内参》上发表文章《应立即停止对蓝田股份发放贷款》,对蓝田股份的造假行为进行了揭露。刘姝威在对蓝田股份的资产结构、现金流情况和偿债能力作了详尽分析后,得出的结论是蓝田股份业绩有惊人的虚假成分,公司已经无力归还

20亿元贷款。问题包括：①蓝田股份已无力还债。2000年蓝田的流动比率是0.77,这说明短期可转换成现金的流动资产,不足以偿还到期流动负债;速动比率是0.34,这说明扣除存货后,流动资产只能偿还34%的到期流动负债;净营运资金－1.3亿元,这说明蓝田将不能按时偿还1.3亿元的到期流动负债。②12.7亿元农副水产品收入有造假嫌疑。③蓝田股份的资产结构是虚假的。2000年蓝田股份的流动资产占资产百分比约是同业平均值的1/3;而存货占流动资产百分比约高于同业平均值3倍;固定资产占资产百分比高于同业平均值1倍多;在产品占存货百分比高于同业平均值1倍;在产品绝对值高于同业平均值3倍;存货占流动资产百分比高于同业平均值1倍。

问题：此案例对我们的启示是什么？

分析提示：此案例对我们的启示是：注册会计师只要认真执行分析性复核程序,便可以轻易发现蓝田股份的造假问题,刘姝威就是这样发现的,但事实上,注册会计师却没有查出任何问题,这说明注册会计师存在失职行为。

1. 分析程序的具体运用方法

注册会计师在实施分析程序时可以使用不同的方法,包括从简单的比较到使用高级统计技术的复杂分析。在实务中,可使用的方法主要有下列几种。

1）趋势分析法

趋势分析法主要是通过对比两期或连续数期的财务或非财务数据,确定其增减变动的方向、数额或幅度,以掌握有关数据的变动趋势或发现异常的变动。典型的趋势分析是将本期数据与上期数据进行比较,更为复杂的趋势分析则涉及多个会计期间的比较。

用于趋势分析的数据既可以是绝对值,也可以是以比率表示的相对值。当被审计单位处于稳定经营环境时,趋势分析法最适用。当被审计单位业务或经营环境变化较大或会计政策变更较大时,趋势分析法就不再适用。这是因为趋势分析法中涉及的会计期间的期数,有赖于被审计单位经营环境的稳定性。经营环境愈稳定,数据关系的可预测性愈强,进行多个会计期间的数据比较愈为实用。

2）比率分析法

比率分析法主要结合其他有关信息,将同一财务报表内部或不同财务报表间的相关项目联系起来,通过计算比率,反映数据之间的关系,用以评价被审计单位的财务信息。例如,应收账款周转率反映赊销销售收入与应收账款平均余额之间的比率,这一比率变小可能说明应收账款回收速度放慢,需要计提更多的坏账准备,也可能说明本期赊销售收入与期末应收账款余额存在错报。

当财务报表项目之间的关系稳定并可直接预测时,比率分析法最为适用。

3）合理性测试法

合理性测试法通过彼此相关联的项目或造成某种变化的各种变量,测试某种项目金额是否合理。例如,注册会计师在对制造企业的营业收入进行分析时,可以考虑产品销售量与被审计单位可供销售产品数量（仓储能力、生产能力）的关系,并考虑被审计单位生产能力的利用情况等因素,将营业收入与运费、电费、水费、办公经费、销售人员工资等联系起来做配比分析。

4) 回归分析法

回归分析法是在掌握大量观察数据的基础上,利用统计方法建立因变量与自变量之间回归关系的函数表达式(即回归方程式),并利用回归方程式进行分析。例如,产品销售收入与广告费用之间通常存在正相关关系,注册会计师可以建立两者之间的回归模型,并根据模型估计某一年度产品销售收入的预期值。

回归分析法理论上能够考虑所有因素的影响,如相关经营数据、经营情况、经济环境的变化等,预测精度较高,适用于中、短期预测。回归分析法的一个突出优点在于以可计量的风险和准确性水平,量化注册会计师的预期值。但注册会计师在选择适当关系时将耗费大量时间,审计成本较高。

2. 分析程序在审计不同阶段的运用

注册会计师应当将分析程序用作风险评估程序,以了解被审计单位及其环境,并在审计结束时运用分析程序对财务报表进行总体复核。注册会计师也可将分析程序用于实质性程序阶段和审计将要完成阶段。

1) 风险评估阶段

注册会计师在实施风险评估程序时运用分析程序是强制要求。准则规定,注册会计师可以将分析程序与询问、检查和观察程序结合使用,以获取对被审计单位及其环境的了解,识别和评估财务报表层次和认定层次的重大错报风险。分析程序可以帮助注册会计师发现财务报表中的异常变化,或者预期发生而未发生的变化,识别可能存在重大错报风险的领域。例如,注册会计师通过对被审计单位的了解,得知本期产品成本中占较大比重的原材料价格大幅下降,于是可以预期在销售收入没有较大变化情况下,销售毛利率应有较大幅度上升。但通过分析程序发现,本期毛利率与上期基本一致。据此可以把销售成本作为可能存在重大错报风险的领域,予以足够关注。当然,无须在实施风险评估程序的每一方面都运用分析程序。例如,在了解内部控制时,注册会计师一般不会运用分析程序。

2) 实质性程序阶段

分析程序在用作实质性程序时被称为实质性分析程序。当使用分析程序比使用细节测试能更有效地将认定层次的检查风险降至可接受的水平时,注册会计师可以考虑单独或结合细节测试,运用实质性分析程序。尽管在某些审计领域,实质性分析程序有特定作用。例如,当重大错报风险较低且数据之间具有稳定的预期关系时,注册会计师可以单独使用实质性分析程序获取充分、适当的审计证据,但实质性分析程序并非是在实施实质性程序时的必须程序。这是因为分析程序有其运用的前提和基础,它并不适用于所有的财务报表认定。况且,针对认定层次的重大错报风险,注册会计师实施细节测试而不实施分析程序,同样可能实现实施实质性程序的目的。实质性分析程序的应用包括以下步骤:①识别需要运用分析程序的账户余额或交易。②估计期望值(估计可能的结果),期望值在审计中使用分析性复核程序的基本假定是:在没有反证的情况下,数据之间预计继续存在一定的关系,根据这个假定,注册会计师可以根据各种不同来源的数据估计期望值。会计和非会计资料均可用来估计期望值。估计期望值的过程需要很多判断和业务经营的专门知识,因此,通常由审计小组中的高级审计人员或经理来完成。③确定可接受的差异额。④识别需要进一步调查的差异。⑤调查异常数据关系。⑥评估分析程序的结果。需要强调的是,相对于细节测试而言,实质性分析程序能够达到的精确度可能受到种种限制,所提供的证据在很大程度上是间接证据,证明力相对较弱。从审计过程整体来看,注册会计师不能仅依赖实质性分析程序,而忽略对细节测试的运用。

3)总体复核阶段

在审计结束或临近结束时,注册会计师运用分析程序的目的是确定财务报表整体是否与其对被审计单位及其环境的了解一致,注册会计师应当围绕这一目的运用分析程序。这时运用分析程序是强制要求。在总体复核阶段执行分析程序,所进行的比较和使用的手段与风险评估程序阶段中使用的分析程序基本相同,但两者的目的不同。在总体复核阶段实施的分析程序主要强调并解释财务报表项目自上个会计期间以来发生的重大变化,以证实财务报表中列报的所有信息与注册会计师对被审计单位及其环境的了解一致,并且与注册会计师取得的审计证据一致。因此,在总体复核阶段和在风险评估程序阶段实施分析程序的主要差别在于实施分析程序的时间和重点不同,以及取得的数据的数量和质量不同。另外,因为在总体复核阶段实施的分析程序并非为了对特定账户余额和披露提供实质性的保证水平,因此,并不如实质性分析程序那样详细和具体,而往往集中在财务报表层次。在运用分析程序进行总体复核时,如果识别出以前未识别的重大错报风险,注册会计师应当重新考虑对全部或部分各类交易、账户余额、列报评估的风险是否恰当,并在此基础上重新评价之前计划的审计程序是否充分,判断是否有必要追加审计程序。

二、运用审计方法时应注意的问题

(一)对文件记录真伪的考虑

审计工作通常不涉及鉴定文件记录的真伪,注册会计师也不是鉴定文件真伪的专家,但应当考虑用作审计证据的信息的可靠性,并考虑与这些信息生成与维护相关的控制的有效性。

如果在审计过程中识别出的情况使其认为文件记录可能是伪造的,或文件记录中的某些条款已发生变动,注册会计师应当作出进一步调查,包括直接向第三方询证,或考虑利用专家以评价文件记录的真伪。

(二)应用成本效益原则时的考虑

注册会计师在审计中应当考虑获取审计证据的成本与所获取信息的有用性之间的关系,但不应将获取审计证据的成本高低和难易程度作为减少不可替代的审计程序的理由。

注册会计师在选择审计方法时,应考虑成本效益原则。例如,对于一张外地单位的巨额应收票据,注册会计师可采取以下两种方法来证明其是否可靠且能到期收回:①注册会计师直接向欠款单位发询证函,以获取票据金额、到期日和其他条件的书面证据。②注册会计师获准审查该欠款单位的会计报表,并向该欠款单位的开户银行调查其信用情况,以测试票据到期可兑现的可能性。显然,采用第二种方法获得的审计证据非常可靠,但相应地,其审计成本也将大大超过第一种方法。在这里,如果该应收票据为非重要的审计项目,注册会计师可采用第一种方法,但如果该应收票据为非常重要的审计项目,注册会计师不应将审计成本的高低或获取审计证据的难易程度作为减少必要审计程序的理由,而应当采用第二种方法。

（三）对审计过程中发现的、尚有疑虑的重要事项的考虑

对审计过程中发现的、尚有疑虑的重要事项,注册会计师应进一步获取审计证据,以证实或消除疑虑;如在实施必要的审计程序后,仍不能获取所需审计证据,或无法实施必要的审计程序,注册会计师应出具保留意见或无法表示意见的审计报告。

课 堂 测 试

班级_____ 姓名_____ 学号_____ 日期_____ 分数_____

一、单项选择题(每题 5 分,共计 50 分)

1. 下列各项认定中,与所审计期间各类交易、事项及相关披露相关的是( )。
   A. 存在 B. 准确性
   C. 准确性、计价和分摊 D. 权利和义务

2. 被审计单位于 2022 年 8 月 31 日委托某商场销售自产的电子书阅读器,按照销售额的一定比例支付手续费,在发出商品时账上记录了该笔销售,确认收入并结转成本,被审计单位的营业收入违反了( )认定。
   A. 准确性 B. 发生 C. 完整性 D. 截止

3. 针对被审计单位将对现销客户的销售折扣比例由原先的 4%提高到 7%这一情况,注册会计师最应关注由此导致营业收入项目( )认定的重大错报风险。
   A. 截止 B. 发生 C. 完整性 D. 准确性

4. "完整性"指所有应当记录的交易和事项均已记录,其目标主要针对( )。
   A. 数量 B. 金额 C. 高估 D. 低估

5. 为了适应产品的更新换代需要,被审计单位已支付大额资金引进全新的生产线代替原有设备,对新老设备进行实物检查后,注册会计师可能最需要关注被审计单位( )的重大错报风险。
   A. 应付账款的完整性 B. 固定资产的准确性、计价和分摊
   C. 营业成本的准确性 D. 固定资产的存在

6. 被审计单位由于市场竞争对手推出新产品,现有产品因滞销而导致大量积压,注册会计师最应当关注被审计单位( )的重大错报风险。
   A. 存货项目的准确性、计价和分摊认定
   B. 营业成本项目的准确性认定
   C. 营业收入项目的发生认定
   D. 应收账款的完整性认定

7. 下列各项中,不表明违反完整性认定的是( )。
   A. 甲公司 12 月 5 日采购原材料时,已收到材料,但发票账单一直未收到,甲公司至 12 月 31 日尚未进行账务处理
   B. 乙公司赊销一批产品给 A 公司,但由于财务人员休假,至 12 月 31 日尚未登记收入明细账
   C. 丙公司 12 月 29 日从银行提取现金 1 万元,并登记了现金日记账,至 12 月 31 日尚未登记银行存款明细账
   D. 丁公司 12 月份发生销售商品退回,12 月 15 日收到退回商品,由于盘点入库人员

离职,至12月31日尚未入账

8. 下列各项中,为获取审计证据而实施的审计程序与审计目标最相关的是(　　)。

  A. 从被审计单位销售发票中选取样本,追查至对应的发货单,以确定不存在遗漏

  B. 实地察看固定资产,以确定资产负债表中的固定资产确实为被审计单位拥有

  C. 比较上一年度最后几天和下一年度最初几天的发货单日期与记账日期,以确定销售业务是真实发生的

  D. 检查应收账款账龄分析表,以确定对应的坏账准备是否计提充足

9. 下列各项中,不属于初步业务活动的目的的是(　　)。

  A. 具备执行业务所需的独立性和能力

  B. 不存在因管理层诚信问题而可能影响注册会计师保持该项业务的意愿的事项

  C. 与被审计单位之间不存在对业务约定条款的误解

  D. 评价遵守相关职业道德要求的情况

10. 下列各项中,不属于审计业务约定书基本内容的是(　　)。

  A. 财务报表审计的目标与范围

  B. 指出用于编制财务报表所适用的财务报告编制基础

  C. 收费的计算基础和收费安排

  D. 提及注册会计师拟出具的审计报告预期形式和内容

二、多项选择题(每题10分,共计50分)

1. 下列各项中,与所审计期间各类交易、事项及相关披露和期末账户余额及相关披露均相关的认定有(　　)。

  A. 存在　　　　B. 准确性　　　　C. 完整性　　　　D. 分类

2. 被审计单位将赊销的一批560万元产品在入账时错记为650万元,注册会计师可能据此认为被审计单位违反了(　　)认定。

  A. 与所审计期间各类交易、事项及相关披露相关的"发生"认定

  B. 与所审计期间各类交易、事项及相关披露相关的"准确性"认定

  C. 与期末账户余额及相关披露相关的"存在"认定

  D. 与期末账户余额及相关披露相关的"准确性、计价和分摊"认定

3. 下列各项中,属于初步业务活动的内容的有(　　)。

  A. 评价遵守相关职业道德要求的情况

  B. 与被审计单位之间不存在对业务约定条款的误解

  C. 针对保持客户关系和具体审计业务实施相应的质量管理程序

  D. 就审计业务约定条款达成一致意见

4. 下列有关审计业务约定的相关说法中,正确的有(　　)。

  A. 会计师事务所承接任何审计业务,都应与被审计单位签订审计业务约定书

  B. 对于连续审计,注册会计师应当根据具体情况评估是否需要对审计业务约定条款作出修改,以及是否需要提醒被审计单位注意现有的条款

  C. 如果母公司的注册会计师同时也是组成部分注册会计师,应当考虑是否向组成部分单独致送审计业务约定书

  D. 向其他机构或人员提供审计工作底稿的义务,属于审计业务约定书的基本内容

5. 下列各项中,属于具体审计目标的有( )。
   A. 与期末账户余额相关的审计目标
   B. 各类交易和事项相关的审计目标
   C. 与列报相关的审计目标
   D. 发表审计意见

第五章

审计证据、审计抽样与审计工作底稿

知识导航

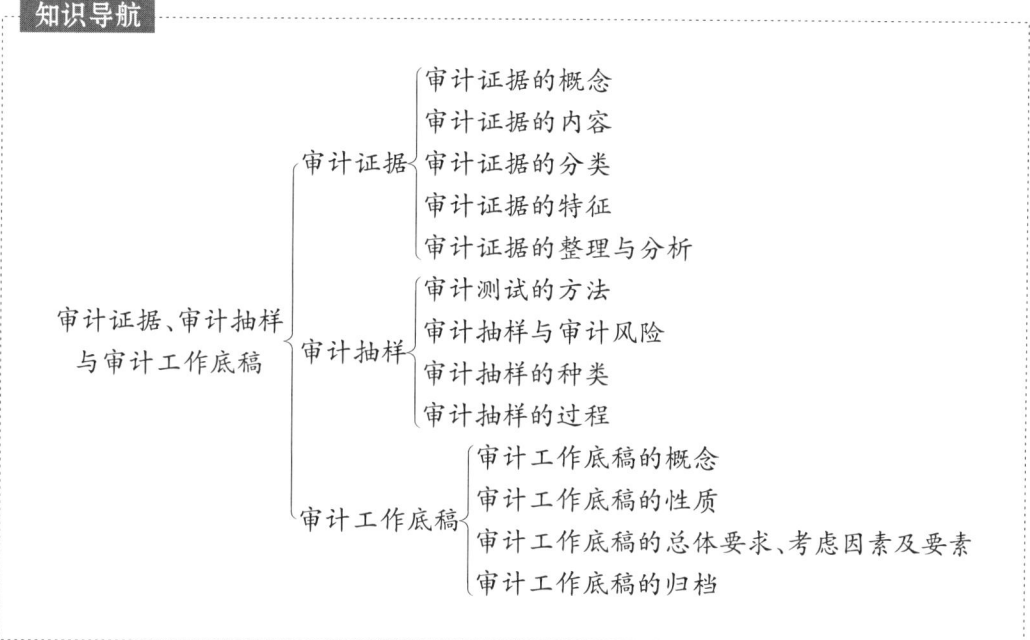

学习目标

1. 掌握审计证据的概念、分类和特征。
2. 理解审计抽样、抽样风险、非抽样风险、统计抽样、非统计抽样的概念。
3. 熟悉审计工作底稿的概念、格式及归档要求。

思政课堂

怎样获取证据才可靠

2016年4月,利安达会计师事务所(以下简称利安达)在对九好集团2013—2015年度的财务报表进行审计时,实施了函证程序,收到了数百份回函。这些回函就是审计证据。这些回函的证明力如何呢?答案是这些回函存在诸多虚假成分,也正是这些虚假的证据,导致注册会计师作出了错误的判断,发表了不恰当的审计意见。让我们回顾一下这些证据取得的过程吧!

九好集团总部的询证函快递单是由总部工作人员与审计项目组成员一起填写并寄出

的,子公司的询证函则由审计人员制好询证函后由集团下属子公司在各地自行寄出。审计人员要求九好集团将发函的快递底联全部寄回杭州并由九好集团转交利安达,或由九好集团子公司直接寄回利安达北京总部。从回函情况看,大量回函的快递单存在连号或号码接近、发函与回函快递单号接近的情形。回函还有以下情况:询证函回函供应商确认盖章不符、部分询证函回函供应商确认盖章用印为另一家供应商、数家供应商回函均留有同样的邮寄信息、不同供应商回函由同一快递员收件、询证函发函与回函地址不是同一个城市。

这些询证函的发出、收回和对回函的确认过程都存在不恰当之处,未保持对函证的有效控制,未充分关注函证回函的疑点,这正是注册会计师获取审计证据时所犯的错误,最终酿成苦果。

思考:
1. 注册会计师在审计过程中,需要获取哪些审计证据?
2. 怎样的审计证据才是适当的?
3. 如何在审计工作底稿中作出适当的记录?
4. 如何通过审计抽样获取适当的审计证据?

第一节　审　计　证　据

在确定审计目标后,就必须通过搜集和评价审计证据来实现审计目标。从某种程度而言,审计过程就是注册会计师搜集证据、鉴定证据、综合证据、评价证据,最后形成审计结论和审计意见的过程。换言之,注册会计师需要把审计证据作为支持审计结论和审计意见的根本依据,并把审计过程视为搜集证据和运用证据的有机统一。审计证据是审计中的一个核心概念,其包含的主要内容如图 5-1 所示。

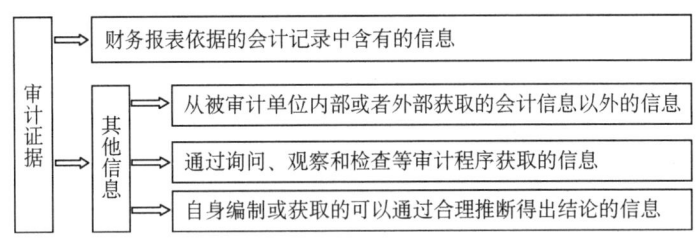

图 5-1　审计证据的内容

一、审计证据的概念

审计证据是指注册会计师为了得出审计结论、形成审计意见而使用的所有信息,包括财务报表依据的会计记录中含有的信息和其他信息。

二、审计证据的内容

审计证据的内容包括财务报表依据的会计记录中含有的信息和其他信息。

(一)会计记录中含有的信息

依据会计记录编制财务报表是被审计单位管理层的责任,注册会计师应当测试会计记录以获取审计证据。会计记录主要包括原始凭证、记账凭证、总分类账和明细分类账、未在记账凭证中反映的对财务报表的其他调整,以及支持成本分配、计算、调节和披露的手工计算表和电子数据表。上述会计记录是编制财务报表的基础,是构成注册会计师执行财务报表审计业务所需获取的审计证据的重要部分。这些会计记录通常是电子数据,因而要求注册会计师对被审计单位的内部控制予以充分关注,以获取这些会计记录的真实性、准确性和完整性。需要注意的是,电子形式的会计记录可能只能在特定时间获取,如果不存在备份文件,特定期间之后有可能无法再获取这些会计记录。

(二)其他信息

会计记录中含有的信息本身并不足以提供充分的审计证据作为注册会计师对财务报表发表审计意见的基础,注册会计师还应当获取用作审计证据的其他信息。可用作审计证据的其他信息包括:①注册会计师从被审计单位内部或外部获取的会计记录以外的信息,如被审计单位会议记录、内部控制手册、询证函的回复、分析师的报告、与竞争者的比较数据等。②通过询问、观察和检查等审计程序获取的信息,如通过检查存货获取存货存在性的证据等。③自身编制或获取的可以通过合理推断得出结论的信息,如注册会计师编制的各种计算表、分析表等。

(三)两种信息的关系

财务报表依据的会计记录中包含的信息和其他信息共同构成了审计证据,两者缺一不可。如果没有前者,审计工作将无法进行;如果没有后者,可能无法识别重大错报风险。只有将两者结合在一起,才能将审计风险降至可接受的低水平,为注册会计师发表审计意见奠定基础。

案例 5-1

背景与情境: XYZ 公司 2023 年 12 月 31 日财务报表显示,其应收账款余额为 20 万元,备抵坏账 0.6 万元。注册会计师小王运用所有的审计程序审核了上述两个账户,认为表述恰当,符合会计准则要求。但在 2024 年 1 月 14 日外勤工作尚未结束时,XYZ 公司的主要客户 ABC 公司因遭受火灾而无力偿还应付 XYZ 公司的债务。XYZ 公司 2023 年 12 月 31 日的账面显示,当时应收 ABC 公司的账款金额为 4.4 万元。现注册会计师小王与 XYZ 公司的财务经理讨论有关火灾情况。小王认为应在财务报表上调整这一火灾损失。而财务经理认为不应调整这一损失,因为火灾发生在 2023 年。

问题:

(1) 小王应如何取得审计证据证明这一损失发生在 2024 年,而不是在 2023 年?

(2) 哪些审计证据将成为调整 2023 年财务报表的依据?

分析提示:

(1) 注册会计师应通过取得有关部门(如消防保险及公安部门等)对火灾的鉴定报告,来证实火灾确实发生在 2024 年而不是在 2023 年。

(2) 根据这些报告日期,基本可以确认坏账发生在 2023 年的年度财务报表结算日之后,所以可确认 2023 年 XYZ 公司财务状况良好,欠款可以收回。故 2023 年不应增加提取坏账准备。但由于该项损失重大,XYZ 公司应在 2023 年财务报表的附注中予以说明,或者另行编制调整后的财务报表以供参考,揭露 ABC 公司无力偿债后对 XYZ 公司财务状况的影响。

三、审计证据的分类

一般情况下,注册会计师获取的审计证据按其外形特征可分为实物证据、书面证据、口头证据和环境证据四大类。

(一)实物证据

实物证据是指注册会计师通过实际观察或检查有形资产取得的、用以确定某些实物资产是否确实存在的证据。例如,库存现金的数额可以通过检查有形资产加以验证,各种存货和固定资产也可以通过检查有形资产的方式判定其是否确实存在。实物证据通常是证明实物资产是否存在的、非常有说服力的证据,但实物资产的存在并不完全能证实被审计单位对其拥有所有权。例如,年终盘点的存货可能包括其他企业寄售或委托加工的部分,或者已经销售而尚未发运的商品。另外,通过对某些实物资产的清点,虽然可以确定其实物数量,但其质量好坏有时难以判断,而质量的优劣往往会影响资产的计价。因此,对于取得实物证据的账面资产,还应就其所有权归属及其价值情况另行审计。

(二)书面证据

书面证据是注册会计师获取的各种以书面文件形式存在的一类证据,包括与审计有关的各种原始凭证、会计记录(记账凭证、会计账簿和各种明细表)、会议记录和文件、合同、通知书、报告书及函件等。在审计过程中,注册会计师往往要大量地获取和利用书面证据,因此,书面证据是审计证据的主要组成部分,又称为基本证据。

书面证据按其来源可分为外部证据和内部证据。

1. 外部证据

外部证据是指由被审计单位以外的组织机构或人士编制和处理的证据,如采购业务所取得的购货发票、函证回函等,一般具有较强的证明力,是一类非常重要的审计证据。

外部证据按照具体处理过程不同,又可划分为由被审计单位以外的组织机构或人士编制,并由其直接递交注册会计师的外部证据,以及由被审计单位以外的机构或人士编制,但为被审计单位持有并递交注册会计师的书面证据两种。前者如应收账款函证回函、被审计单位律师与其他独立的专家关于被审计单位资产所有权和或有负债等的证明函件、保险公司或证券经纪人的证明等,这类外部证据因未经被审计单位有关职员之手,排除了伪造、更改的可能,证明力最强;后者如银行对账单、购货发票、应收票据、顾客订购单及有关的契约、合同等,此类证据因已经被审计单位职员之手,有被涂改或加工伪造的可能性,证明力稍差。但一般情况下,外部证据仍被认为比内部证据更具有证明力。

此外,外部证据往往还包括注册会计师为证明某个事项而自己编制的各种计算表、分析表等。

2. 内部证据

内部证据是由被审计单位内部机构或职员编制和提供的书面证据,如被审计单位的会计记录、被审计单位管理当局声明书以及其他各种由被审计单位编制和提供的书面文件。

一般来说,内部证据不如外部证据可靠。但如果内部证据在外部流转,并获得其他单位或个人的承认(如销货发票、付款支票等),则具有较强的可靠性。即使只在被审计单位内部流转的书面证据,其可靠程度也因被审计单位内部控制的好坏而异。若内部证据(如收料单与发料单)预先都有连续编号并按序号依次处理,并经过被审计单位不同部门的审核、签章,则这些内部证据也具有较强的可靠性;相反,若被审计单位的内部控制不健全,注册会计师就不能过分地信赖其内部自制的书面证据。

(三) 口头证据

口头证据是被审计单位职员或其他有关人员对注册会计师的提问进行口头答复形成的一类证据。在审计过程中,注册会计师通常会向被审计单位有关人员询问会计记录、文件的存放地点,采用特别会计政策和方法的理由,收回逾期应收账款的可能性等。对于这些问题的口头答复,就构成了口头证据。

注册会计师应把在审计过程中获取的各种重要的口头证据尽快做成记录,并注明是何人、何时、在何种情况下所作的口头陈述,必要时还应获得被询问者的签名确认。一般情况下,口头证据本身并不足以证明事情的真相,而需得到其他相应证据的支持,当不同人员对同一问题所作的口头陈述相同时,口头证据具有较高的可靠性。注册会计师往往可以通过口头证据发掘出一些重要线索,从而有利于对某些需审核的情况作进一步调查,以搜集到更为可靠的证据。例如,注册会计师在对应收账款进行账龄分析后,可以询问应收账款负责人对收回逾期应收账款的可能性的意见。如果其意见与注册会计师自行估计的坏账损失基本一致,则这一口头证据就可成为证实注册会计师有关坏账损失判断的重要证据。

(四) 环境证据

环境证据又称状况证据,是指对被审计单位产生影响的各种环境事实。环境证据具体包括以下几种。

1. 有关被审计单位内部控制情况的证据

如果被审计单位有着良好的内部控制,且日常管理又一贯地遵守内部控制中的有关规定,就可认为被审计单位现行的内部控制为财务报表项目的可靠性提供了强有力的证据,即良好的内部控制增强了会计资料的可信赖程度。同时,被审计单位内部控制的完善程度还决定着注册会计师所需的从其他各种渠道搜集的审计证据的数量:内部控制愈健全、愈严密,所需的其他各类审计证据就愈少;否则,注册会计师就必须获取较大数量的其他审计证据。

2. 有关被审计单位管理人员素质的证据

被审计单位管理人员素质越高,其所提供的证据发生差错的可能性就越小,在该环境下获取的审计证据的可靠性就越高。例如,当被审计单位会计人员素质较高时,其会计记录就不容易发生错误。也就是说,会计人员的素质对会计资料的可靠性产生了影响。

3. 有关被审计单位各种管理条件和管理水平的证据

通常,在被审计单位良好的管理条件和较高的管理水平下提供的审计证据可靠性较强;反之,则可靠性相对较弱。

必须指出的是,环境证据一般不属于基本证据,但它可帮助注册会计师了解被审计单位及其经济活动所处的环境,是注册会计师进行判断所必须掌握的资料。

尽管各种不同的审计证据可用来实现不同的审计目标,但是对每一具体账户及其相关的认定来说,注册会计师应选择能以最低成本实现全部审计目标的证据,力求做到证据搜集既有效又经济。

四、审计证据的特征

审计证据的充分性和适当性是审计证据的两个基本特征,是审计证据具有说服力的具体表现。注册会计师应当保持职业怀疑态度,运用职业判断,评价审计证据的充分性和适当性。

(一)充分性

审计证据的充分性是对审计证据数量的衡量,主要与注册会计师确定的样本量有关。例如,注册会计师对某个审计项目实施某一选定的审计程序,从 300 个样本中获得的证据要比从 200 个样本中获得的证据更充分。充分性是对注册会计师形成审计意见所应当获取的审计证据的最低数量要求。

审计证据的数量要足够使得注册会计师形成客观公正的审计意见,而并非注册会计师搜集的审计证据越多越好。注册会计师需要获取的审计证据的数量受重大错报风险的影响:重大错报风险越高,需要获取的审计证据可能越多。具体来说,在可接受的审计风险水平一定的情况下,被评估的重大错报风险越高,注册会计师就应实施越多的测试工作,将检查风险降至可接受水平,从而将审计风险控制在可接受的低水平范围内。

审计证据要满足充分性,但审计证据未必是数量越多越好。在考虑审计证据的充分性时,必须考虑以下几个方面的因素:①重要性因素。这包括被审对象的重要性和审计证据自身的重要性,重要性程度高的被审对象对审计证据的充分性要求高。②风险性因素。审计风险取决于重大错报风险和检查风险,注册会计师应实施审计程序,评估重大错报风险,并根据评估结果设计和实施进一步审计程序,以控制检查风险。其中与审计证据直接相关的是重大错报风险。审计人员对审计项目的重大错报风险评估越高,应从实质性测试中获取的审计证据越多,当重大错报风险评估较高时,审计人员必须考虑实质性测试是否可以提供充分适当的审计证据,以降低审计风险至某一可接受水平。

评价审计证据的充分性还须考虑取得审计证据的经济性。原则上,审计人员取得的有说服力的审计证据越多则说明力越强,但从另一角度来讲,审计人员在决定审计证据之充分性时,也要考虑审计证据之效用与收集、评价这些审计证据的成本之间的关系。由此可见,审计证据的充分性不仅仅是对审计证据的纯数量上的要求。

(二)适当性

1. 适当性的概念

审计证据的适当性是对审计证据质量的衡量,即审计证据在支持各类交易、账户余额、列报的相关认定,或发现其中存在错报方面应具有相关性和可靠性。相关性是指审计证据应与审计目标相关联;可靠性是指审计证据能否如实地反映客观事实,即审计证据的可信程度。相关性和可靠性是审计证据适当性的核心内容,只有相关且可靠的审计证据才是高质量的审计证据。

2. 审计证据的相关性

审计证据要有证明力，必须与注册会计师确定的审计目标相关联。注册会计师也只有获取与审计目标相关联的审计证据，才能据以证明或否定被审计单位所认定的相关事项。例如，注册会计师在审计过程中怀疑被审计单位发出存货却没有给顾客开具发票，则需要确认销售是否完整。注册会计师应当从发货单中选取样本，追查与每张发货单相应的销售发票副本，以确定是否每张发货单均已开具发票。如果注册会计师从销售发票副本中选取样本，并追查至与每张发票相应的发货单，由此获得的证据与完整性目标就不相关。再如，通过存货监盘获得的审计证据只能证明存货的存在性，却不能证明存货的计价和所有权问题。

在确定审计证据的相关性时，注册会计师应当考虑：①特定的审计程序可能只为某些认定提供相关的审计证据，而与其他认定无关。例如，检查期后应收账款收回的记录和文件，可以提供有关存在和计价的审计证据，但是不一定与期末截止是否适当相关。②针对同一项认定可以从不同来源获取审计证据或获取不同性质的审计证据。例如，注册会计师可以分析应收账款的账龄和应收账款的期后回收情况，以获取与坏账准备计价有关的审计证据。③只与特定认定相关的审计证据并不能替代与其他认定相关的审计证据。例如，证实存货实物存在的审计证据并不能替代与存货计价相关的审计证据。

3. 审计证据的可靠性

只有如实反映客观事实的审计证据才值得信赖，才具有可靠性。审计证据的可靠性受其来源和性质的影响，并取决于获取审计证据的具体环境。

一般说来，审计证据的可靠程度可以根据以下标准判断：①外部证据比内部证据可靠，已获独立第三者确认的内部证据比未获独立第三者确认的内部证据可靠。②书面证据比口头证据可靠。③注册会计师自行获得的审计证据比由被审计单位提供的审计证据可靠。④内部控制较好时的内部证据比内部控制较差时的内部证据可靠。⑤不同来源或不同性质的审计证据能够相互印证时，审计证据较为可靠；反之，若通过某一来源获取的审计证据与通过其他来源获取的审计证据不相一致，或者不同性质的证据相互矛盾时，注册会计师就需要进一步审计。

4. 充分性和适当性的关系

充分性和适当性是审计证据的两个重要特征，两者缺一不可，只有充分且适当的审计证据才是有证明力的。

注册会计师需要获取的审计证据的数量也受审计证据质量的影响。审计证据质量越高，需要的审计证据可能越少。也就是说，审计证据的适当性会影响审计证据的充分性。例如，被审计单位内部控制健全时生成的审计证据更可靠，注册会计师只需获取适量的审计证据，就可以为发表审计意见提供合理保障。

需要注意的是，充分性和适当性相关，但如果审计证据的质量存在缺陷，注册会计师仅靠获取更多的审计证据可能无法弥补其质量上的缺陷。也就是说，审计证据的充分性不会影响审计证据的适当性。例如，注册会计师应当获取销售收入完整性相关的审计证据，实际获取到的却是有关销售收入真实性的审计证据，审计证据与完整性目标不相关，即使获得的审计证据再多，也证明不了收入的完整性。同样地，如果注册会计师获取的审计证据不可靠，那么审计证据数量再多也难以起到证明作用。

五、审计证据的整理与分析

注册会计师运用各种方法搜集到的审计证据往往是分散的。要使它们变成充分适当、具有证明力的审计证据,以正确评价被审计单位会计报表等有关会计资料是否恰当地反映了其财务状况、经营成果及资金变动情况,就必须采用一定的方法对审计证据进行分类整理与分析,使之系统化、条理化。只有这样,注册会计师才能对各种审计证据合理地进行审计小结,并在此基础上恰当地形成整体的审计意见。审计证据的搜集与整理分析并不是互不相关的独立存在的环节,相反,它们经常是交叉进行的,在搜集审计证据时就有了整理,而在整理过程中一方面能形成新的审计证据,另一方面还可发现审计证据之不足,以便进一步搜集证据。

(一) 审计证据整理与分析的方法

审计证据的整理与分析并没有一个固定的模式,审计目标不同,审计证据的种类不同,其整理与分析的方法也不尽相同。常见的整理、分析审计证据的方法主要有:①分类。是指将各种审计证据按其证明力的强弱,或按审计证据与审计目标的关系是否直接等,分门别类排列成序。②计算。是指按照一定的方法对数据方面的审计证据进行计算,并从计算中得出所需的新审计证据。③比较。包括两方面的内容:一方面是要将各种审计证据进行反复比较,从中分析出被审计单位经济业务的变动趋势及其特征;另一方面还要将审计证据与审计目标进行比较,判断其是否符合要求,如不符合要求,则需补充搜集有关的审计证据。④小结。是指注册会计师对审计证据在上述分类、计算和比较的基础上,对审计证据进行归纳、总结,进而得出具有说服力的局部的审计结论。⑤综合。是指注册会计师对各类审计证据及其形成的局部的审计结论进行综合分析,最终形成整体的审计意见。

(二) 审计证据整理与分析过程中应注意的几个问题

1. 审计证据的取舍

通常,注册会计师不必也不可能把审计证据反映的内容全部包括在审计报告中,必须舍弃无关紧要的审计证据,选择具有代表性的、典型的、重要的审计证据在审计报告中反映。审计证据的取舍标准主要有:①金额大小。一般来说,金额越大的审计证据越重要。因此,对于那些金额较大、足以对被审计单位财务状况或经营成果产生重大影响的审计证据,应被作为重要审计证据。②问题性质的严重程度。有些审计证据本身揭露的金额并不大,但其性质较为严重,可能导致其他重要问题的产生或与其他可能存在的重要问题有关,这类审计证据也应被看作是重要证据。

2. 分清现象与本质

某些审计证据反映的可能只是一种假象,注册会计师应对其认真研究,弄清事实本质。

3. 排除伪证

伪证是指审计证据的提供者出于某种动机而伪造的证据,或是有关方面基于主观或客观原因而提供的假证。这类审计证据若不排除,就会误导注册会计师得出错误的审计结论。

第二节 审计抽样

一、审计测试的方法

在设计审计程序时，审计人员应当确定用以选取测试项目的适当方法，以获取充分、适当的审计证据，实现审计程序的目标。审计人员可以使用的方法有：选取全部项目、选取特定项目和审计抽样等。审计人员可以根据具体情况，单独或综合使用选取测试项目的方法。在确定适当的选取测试项目的方法时，审计人员应考虑与测试认定有关的重大错报风险和审计效率。下面将介绍选取全部项目和选取特定项目。

（一）选取全部项目

选取全部项目意味着对总体中的全部项目进行检查。通常，当存在下列情形之一时，审计人员应当考虑选取全部项目进行测试：①总体由少量的大额项目构成。某类交易或账户余额中的所有项目的单个金额都较大时，审计人员可能需要测试所有项目，如长期投资和利润分配。②存在特别风险且其他方法未能提供充分、适当的审计证据。某类交易或账户余额中的所有项目的单个金额可能不大但存在特别风险，则审计人员也可能需要测试所有项目。存在特别风险的项目主要包括：管理层高度参与的，或错报可能性较大的交易事项或账户余额；非常规的交易事项或账户余额，特别是与关联方有关的交易或余额；长期不变的账户余额，如滞销的存货余额或账龄较长的应收账款余额；可疑的或非正常的项目，或明显不规范的项目；以前发生过错误的项目；期末人为调整的项目；其他存在特别风险的项目。③由于信息系统自动执行的计算或其他程序具有重复性，对全部项目进行检查符合成本效益原则。审计人员可运用计算机辅助审计技术选取全部项目进行测试。

（二）选取特定项目

根据对被审计单位的了解、评估的重大错报风险以及测试总体的特征等，审计人员可以从总体中选取特定项目进行针对性测试。选取的特定项目可能包括：①大额或关键项目。②超过某一金额的全部项目。③被用于获取某些信息的项目。④被用于测试控制活动的项目。例如，在测试现金的发生额时，审计人员可能首先将金额超过 2 000 元的明细账发生额作为特定项目选出，然后对金额不足 400 元的明细账余额实施分析程序。

需要注意的是，选取特定项目实施检查不属于审计抽样。这是因为，选取出的特定项目是在审计人员确定的标准范围内选择的，不符合审计人员选择标准的项目将没有机会被选取，非所有抽样单元都有被选取的机会，选取出的特定项目不能代表总体或某一子总体中全部项目的特征。因此，选取特定项目进行测试，审计人员不能根据测试项目中发现的误差推断审计对象总体的误差。

二、审计抽样与审计风险

（一）审计抽样的基本概念

审计抽样是指审计人员对某类交易或账户余额中低于百分之百的项目实施审计程

序,使所有抽样单元都有被选取的机会。其中,抽样单元是指构成总体的个体项目;总体是指审计人员从中选取样本并据此得出结论的整套数据。总体可分为多个层或子总体,每一层或子总体可予以分别检查。审计抽样使审计人员能够获取和评价与被选取项目的某些特征有关的审计证据,以形成或帮助形成对从中抽取样本的总体结论。

审计抽样应当具备以下三个基本特征:①对某类交易或账户余额中低于百分之百的项目实施审计程序。②所有抽样单元都有被选取的机会。③审计测试的目的是评价该账户余额或交易类型的某一特征。

审计人员获取审计证据时可能实施以下三种目的的审计程序:风险评估、控制测试和实质性程序。其中,哪些审计程序可以用审计抽样,哪些不宜用?①风险评估程序通常不涉及审计抽样。这是因为实施风险评估程序的目的是了解被审计单位及其环境,识别和评估重大错报风险,因此不需要获取对总体的结论性证据。②在控制测试中,对于留下运行轨迹的控制,审计人员可以考虑使用审计抽样实施控制测试;对于未留下运行轨迹的控制,审计人员通常实施询问、观察等审计程序,以获取有关控制运行有效性的审计证据,此时不涉及审计抽样。③实质性程序包括对各类交易、账户余额、列报的实质性细节测试,以及实质性分析程序。在实施实质性细节测试时,审计人员可以使用审计抽样获取审计证据,以验证有关财务报表金额的一项或多项认定(如交易的存在性),或对某些金额作出独立估计(如资产的价值)。在实施实质性分析程序时,审计人员不宜使用审计抽样。

在审计过程中,审计人员应如何选取审计测试的方法?在何种情况下适合用审计抽样的方法?下面将予以解答。

在审计过程中,审计人员如果知道某些账户余额和交易类型更可能发生错报,那么审计人员可以使用选择全部项目或选取特定项目的方法。然而,如果审计人员对于需要测试的账户余额或交易事项缺乏特别的了解,审计抽样会更有用。另外,当总体中项目数量太大而导致无法逐项审查,或者虽能逐项审查但需耗费大量成本时,审计人员也可能使用审计抽样方法。随着被审计单位规模的扩大和经营复杂程度的不断加深,为了控制审计成本、提高审计效率和保证审计效果,审计人员在审计业务中使用审计抽样愈加普遍。

从审计人员的角度看,对某类交易或账户余额中百分之百的项目实施审计程序,比只测试部分交易或账户余额出现错报的可能性小。但是如果对某类交易或账户余额中百分之百的项目实施审计程序,花费的成本大且时间长,此时则可以考虑接受一定的风险,进行审计抽样。

在获取审计证据时,审计人员需要运用职业判断去评估重大错报风险,并设计进一步审计程序,以确保将审计风险降至可接受的低水平。审计风险取决于重大错报风险和检查风险。抽样风险和非抽样风险可能影响重大错报风险的评估和检查风险的确定。

(二)抽样风险

抽样风险是指审计人员根据样本得出的结论,与对总体全部项目实施与样本同样的审计程序得出的结论存在差异的可能性。抽样风险分为下列两种类型:①影响审计效果的抽样风险,即在实施控制测试时,审计人员推断的控制有效性高于其实际有效性的风险;或在实施实质性程序时,审计人员推断某一重大错报不存在而实际上存在的风险。此类风险影响审计的效果,并可能导致审计人员发表不恰当的审计意见。②影响审计效率的抽样风险,即在实施控制测试时,审计人员推断的控制有效性低于其实际有效性的风险;或在实施实质性程序时,审计人员推断某一重大错报存在而实际上不存在的风险。此类风险将影响审计的效率。

在控制测试和实质性程序中,这两类抽样风险的表现形式有所不同。

在实施控制测试时,审计人员要关注的两类抽样风险是信赖过度风险和信赖不足风险。信赖过度风险是指推断的控制有效性高于其实际有效性的风险。信赖过度风险与审计的效果有关。如果审计人员评估的控制有效性高于其实际有效性,从而导致评估的重大错报风险水平偏低,审计人员可能会不适当地减少从实质性程序中获取的证据,因此,审计的有效性下降。对于审计人员而言,信赖过度风险更容易导致审计人员发表不恰当的审计意见,因而更应予以关注。相反,信赖不足风险是指推断的控制有效性低于其实际有效性的风险。信赖不足风险与审计的效率有关。当审计人员评估的控制有效性低于其实际有效性时,评估的重大错报风险水平偏高。为了弥补审计人员根据评估的控制有效性而对重大错报风险评估的高水平,审计人员可能会增加不必要的实质性程序。在这种情况下,审计效率可能降低。

在实施实质性程序时,审计人员也要关注两类抽样风险:误受风险和误拒风险。误受风险是指审计人员推断某一重大错报不存在而实际上存在的风险。例如,如果账面金额实际上存在重大错报而审计人员认为其没有存在重大错报,审计人员通常会停止对该账面金额继续进行测试,并根据样本结果得出账面金额无重大错报的结论。与信赖过度风险类似,误受风险影响审计效果,容易导致审计人员发表不恰当的审计意见,因此,审计人员更应予以关注。误拒风险是指审计人员推断某一重大错报存在而实际上不存在的风险。与信赖不足风险类似,误拒风险影响审计效率。例如,如果账面金额不存在重大错报而审计人员认为其存在重大错报,审计人员会扩大实施实质性程序的范围并考虑获取其他审计证据,最终审计人员会得出恰当的结论。在这种情况下,审计效率可能降低。

(三)非抽样风险

非抽样风险是指由于某些与样本规模无关的因素而导致审计人员得出错误结论的可能性。审计人员采用不适当的审计程序,或者误解审计证据而没有发现误差等,均可能导致非抽样风险。非抽样风险包括审计风险中不是由抽样所导致的所有风险。审计人员即使对某类交易或账户余额的所有项目实施某种审计程序,也可能仍未能发现重大错报或控制失效。在审计过程中,有以下几种可能导致非抽样风险的情况。

1. 人为错误

人为错误可能包括审计人员选择的总体不适合测试目标;审计人员未能适当地定义控制偏差或错报,导致审计人员未能发现样本中存在的偏差或错报;审计人员选择了不适于实现特定目标的审计程序。例如,审计人员依赖应收账款函证来揭露未入账的应收账款。人为错误还可能包括审计人员错误解读审计证据,从而导致没有发现误差。

2. 错误解释样本的结果

例如,审计人员对发现误差的重要性的判断有误,从而忽略了性质十分重要的误差,导致得出不恰当的结论。

3. 其他原因

在有些情况下,即使对总体中的所有项目实施检查,审计程序也可能无效。

非抽样风险无法量化,而且对审计的效果和效率都可能产生影响。在使用非统计抽样时,由于审计人员无法量化抽样风险,只能根据职业判断对其进行定性地评价和控制。非抽样风险是由人为错误造成的,因而可以降低、消除或防范。虽然在任何一种抽样方法中审计人员都不能量化非抽样风险,但通过采取适当的质量控制政策和程序,对审计工作进行适当的指导、监督和复核,以及适当改进审计人员的实务工作,可以将非抽样风险降至可以接受的水平。审计人员也可以通过仔细设计审计程序,以尽量降低非抽样风险。如果存在两种审计程序以供选择,且两种审计程序均以大致相同的成本提供相同程度的保证,审计人员应选择非抽样风险水平较低的审计程序。

三、审计抽样的种类

(一)统计抽样与非统计抽样

根据评价抽样结果方式的不同,审计抽样可以分为统计抽样与非统计抽样。审计人员执行审计抽样既可以采用统计抽样,也可以采用非统计抽样。

统计抽样是审计人员在计算正式抽样结果时采用统计推断技术的一种抽样方法。同时具备下列特征的抽样方法才是统计抽样:①随机选取样本。②运用概率论评价样本结果,包括计量抽样风险。一方面,即使审计人员严格按照随机原则选取样本,如果没有对样本结果进行统计评估,就不能认为其使用了统计抽样。另一方面,基于非随机选择的统计评估也是无效的。

非统计抽样是审计人员完全凭主观标准和个人经验来评价样本结果并对总体作出结论。采用非统计抽样不能量化抽样风险,这是非统计抽样与统计抽样的根本区别。

审计人员应当根据具体情况并运用职业判断,确定使用统计抽样或非统计抽样方法,以最有效地获取审计证据。例如,在控制测试中,与仅仅对偏差的发生进行定量分析相比,对偏差的性质和原因进行定性分析通常更为重要。在这种情况下,使用非统计抽样可能更为适当。另外,使用的抽样方法通常也不影响对选取的样本项目实施审计程序。

审计人员在统计抽样与非统计抽样方法之间进行选择时,应主要考虑成本效益。统计抽样的优点在于能够客观地计量抽样风险,并通过调整样本规模精确地控制风险。但统计抽样又可能产生额外的成本。非统计抽样如果设计适当,也能提供与设计适当的统计抽样方法同样有效的效果。审计人员使用非统计抽样时,必须考虑抽样风险并将其降至可接受水平,但不能精确地测定出抽样风险。

(二)属性抽样与变量抽样

按审计人员了解的总体特征的不同,可将审计抽样分为属性抽样和变量抽样。

属性抽样是指在精确度界限和可依赖程度一定的条件下,为了测定总体特征的发生概率而采用的一类方法。一般来说,在符合性测试中,按符合性测试的目的和特点,即估计总体中对既定控制的偏离率(次数)所采用的审计抽样被称为属性抽样。

变量抽样简称PPS抽样,是指用来估计总体金额而采用的一类方法。在进行变量抽样时,除了要满足属性抽样的条件外,还要满足大数法则要求的大样本要求,因此变量抽样的样本量一般都较大。人们通常将在实质性测试中按实质性测试的目的和特点(即估计总体的总金额或总错误金额)所常采用的抽样方法统称为变量抽样方法,当然这里不包括前述的货币单位抽样方法。

四、审计抽样的过程

注册会计师在控制测试和细节测试中实施的审计抽样,主要分为样本设计、样本选取和样本结果评价三个阶段。

(一)样本设计

在设计审计样本时,注册会计师应当考虑审计程序的目标和抽样总体的属性。也就是说,注册会计师首先应考虑拟实现的具体目标,并根据目标和总体的特点确定能够最好地实现该目标的审计程序组合,以及如何在实施审计程序时运用审计抽样。审计抽样的样本设计阶段的工作主要包括以下几个步骤。

1. 确定测试目标

审计抽样必须紧紧围绕审计测试的目标展开。因此,确定测试目标是样本设计阶段的第一项工作。一般而言,控制测试的目的是获取关于某项控制的设计或运行是否有效的证据,而细节测试的目的是确定某类交易或账户余额的金额是否正确,并获取与错报有关的证据。

2. 定义总体和抽样单元

在实施审计抽样之前,审计人员必须仔细定义总体,确定抽样总体的范围。总体可以包括构成某类交易或账户余额的所有项目,也可以只包括某类交易或账户余额中的部分项目。抽样中的总体该如何确定?以应收账款为例,如果应收账款中没有个别重大项目,审计人员直接对应收账款账面余额进行抽样,则总体应包括构成应收账款期末余额的所有项目。如果审计人员已使用选取特定项目的方法将应收账款中的个别重大项目挑选出来单独测试,只对剩余的应收账款余额进行抽样,则总体应只包括构成应收账款期末余额的部分项目。

抽样总体中的适当性该如何确定?在控制测试中,如果要测试用以保证所有发运商品都已开单的控制是否有效运行,审计人员从已开单的项目中抽取样本不能发现误差。这是因为该总体不包含那些已发运但未开单的项目。为发现这种误差,应将所有已发运的项目作为总体通常比较适当。例如,如果审计人员的目标是测试应付账款是否被高估,总体可以定义为应付账款清单;但在测试应付账款是否被低估时,总体就不是应付账款清单,而是后来支付的证明、未付款的发票、供货商的对账单、没有销售发票对应的收货报告,或能提供低估应付账款的审计证据的其他总体。

在定义抽样单元时,注册会计师应使其与审计测试目标保持一致。注册会计师在定义总体时通常都指明了适当的抽样单元。在控制测试中,抽样单元通常是能够提供控制运行证据的文件资料;而在细节测试中,抽样单元可能是一个账户余额、一笔交易或交易中的一项记录,甚至是每个货币单元。

在抽样的过程中,如果总体项目存在重大的变异性,审计人员应当考虑分层。分层是指将一个总体划分为多个子总体的过程。每个子总体由一组具有相同特征(通常为货币金额)的抽样单元组成。分层可以降低每一层中项目的变异性,从而在抽样风险没有成比例增加的前提下减小样本规模。审计人员可以考虑将总体分为若干个离散的、具有识别特征的子总体(层),以提高审计效率。审计人员应当仔细界定子总体,以使每一抽样单元只能属于一个层。需要注意的是,对某一层中的样本项目实施审计程序的结果,只能用于推断构成该层的项目。如果对整个总体作出结论,审计人员应当考虑与构成整个总体的其他层有关的重大错报风险。

在抽样过程中该如何对总体进行分层?以管理费用为例,在对财务报表进行审计时,审计人员可以将"管理费用——业务招待费"账户按其每次发生额的大小分为3层:账户金额在1 000元以下的、账户金额为1 000元~4 000元的,以及账户金额在4 000元以上的。然后,根据各层的重要性分别采取不同的选样方法。对于金额在4 000元以上的发生额,应进行全部审查;对于金额在4 000元以下的发生额,则可采用适当的选样方法选取样本。

(二)样本选取

1. 确定样本规模

样本规模是指从总体中选取样本项目的数量。在审计抽样中,如果样本规模过小,就不能反映出总体的特征,审计人员就无法获取充分的审计证据,其审计结论的可靠性就会大打折扣,甚至可能得出错误的审计结论;相反,如果样本规模过大,则会增加审计工作量,造成不必要的时间和人力的浪费,降低审计效率,失去审计抽样的意义。审计人员确定样本规模受到多种因素的影响,且在控制测试和实质性中有所不同。影响样本规模的因素包括以下几点。

1) 可接受的抽样风险

样本规模受审计人员可接受的抽样风险水平的影响。样本规模与可接受的抽样风险水平成反比。审计人员可接受的抽样风险水平越低,则需要的样本规模越大。反之,当审计人员愿意接受较高的抽样风险水平时,则需要的样本规模就越小。

2) 可容忍误差

可容忍误差是指审计人员能够容忍的最大误差。在其他因素既定的条件下,可容忍误差越大,所需的样本规模越小。

3) 预计总体误差

预计总体误差即审计人员预期在审计过程中发现的误差。预计总体误差越大,可容忍误差也应当越大。在既定的可容忍误差下,当预计总体误差增加时,所需的样本规模更大。预计总体误差越接近可容忍误差,审计人员越需要从样本中得到更精确的信息,以控制总体实际误差超出可容忍误差的风险,因而所需的样本规模越大。

4) 总体变异性

总体变异性是指总体的某一特征在各项目之间的差异程度。在控制测试中,审计人员在确定样本规模时一般不考虑总体变异性。在实质性测试中,审计人员在确定适当的样本规模时应考虑特征的变异性。总体项目的变异性越低,通常所需的样本规模越小。

5) 总体规模

除非总体非常小,一般而言总体规模对样本规模没有直接影响。审计人员通常将抽样单元超过4 000个的总体视为大规模总体。对大规模总体而言,总体的实际容量对样本规模几乎没有影响。对小规模总体而言,审计抽样比其他选择测试项目的方法的效率低。

2. 选取样本

在选取样本项目时,审计人员应当使总体中的所有抽样单元均有被选取的机会。在统计抽样中,审计人员应当随机选取样本项目,以使每一抽样单元以已知的机会被选中。在非统计抽样中,审计人员应当运用职业判断选取样本项目。

1) 随机选样

使用随机数表或计算机辅助审计技术选择的方法又称随机选样。应用随机数表选样的步骤如下:

(1) 对总体项目进行编号,建立总体中的项目与表中数字的一一对应关系。一般情况下,编号可利用总体项目中原有的某些编号,如凭证号、支票号、发票号等。

(2) 确定连续选取随机数的方法。即从随机数表中选择一个随机起点和一个选号路线,随机起点和选号路线可以任意选择,但一经选定就不得改变。

随机选样是如何做的?注册会计师需要从由 40 页、每页 40 行组成的应收账款明细表中抽取 10 个样本。可采用 4 位数字对其进行编号。前两位由 01 到 40 的整数组成,表示该记录在明细表中的页数;后两位数字由 01 到 40 的整数组成,表示该记录的行次。例如,编号 0434 表示第 4 页第 34 行的记录。从随机数表中任选一行或任何一栏开始,按照一定的方向(上下左右均可)依次查找,符合总体项目编号要求的数字,即为选中的号码,与此号码相对应的总体项目即为选取的样本项目,一直到选足相邻两列随机数合并使用,逐行向右查找,选中所需的样本量为止。如表 5-1 所示的随机数表中,从其第一行第一列开始,可以选中每本为编号 1027、3623、1412、1409、2447、2841、2018、3604、3421、1918 的 10 个记录。

表 5-1　　　　　　　　　　　　随机数表

编号	1	2	3	4	5	6	7	8	9	10	11	12	13	14	15	16	17	18	19	20	23	22	23	24	25
1	10	27	43	96	23	71	40	44	36	23	44	31	04	82	93	04	14	12	14	09	26	78	24	47	47
2	28	41	40	61	88	64	84	27	20	18	83	36	36	04	46	39	71	64	09	62	94	76	62	11	89
3	34	21	42	47	02	49	19	18	97	48	80	30	03	30	98	04	24	67	70	07	84	97	40	87	46

随机选样法不仅使总体中每个抽样单元被选取的概率相等,而且使相同数量的抽样单元组成的每种组合被选取的概率相等。随机选样法在统计抽样和非统计抽样中均适用。由于统计抽样要求审计人员能够计量实际样本被选取的概率,随机选样法尤其适用于统计抽样。

2) 系统选样

系统选样也称等距选样,是指按照相同的间隔从审计对象总体中等距离地选取样本的一种选样方法。采用系统选样法,首先要计算选样间距,确定选样起点,然后再根据间距,顺序地选取样本。选样间距的计算公式如下:

$$选样间距 = 总体规模 \div 样本规模$$

如何采用系统选样的方法抽取销售发票样本?假如销售发票的总体范围是 764~4 764 个,设定的样本量是 200,那么选样间距为 20[(4 764－764)÷200]。审计人员必须从 0 到 19 中选取一个随机数作为选样起点。如果选择的随机数是 6,那么第一个样本项目则是发票号码为 771(764＋6)的那一张,其余的 199 个项目是 791(771＋20),811(791＋20),……依此类推。

系统选样法的主要优点是使用方便,比其他选样方法节省时间。系统选样法可适用于非统计抽样中,在总体随机分布时也可适用于统计抽样。

3) 对样本实施审计程序

审计人员应当针对选取的每个样本项目,实施适合于具体审计目标的审计程序。对选取的样本项目实施审计程序旨在发现并记录样本中存在的误差。

审计人员通常对每一样本项目实施适合于特定审计目标的审计程序。如果选取的项目不适合实施审计程序,审计人员通常会使用替代项目。例如,对应收账款的积极式函证没有收到回函时,审计人员必须审查期后收款的情况,以证实应收账款的余额。如果审计人员无法或者没有执行替代审计程序,则应将该项目视为一项误差。

(三) 样本结果评价

审计人员对样本实施必要的审计程序之后,要分析样本误差、推断总体误差、形成审计结论。

1. 分析样本误差

审计人员应当考虑样本的结果、已识别的所有误差的性质和原因,以及其对具体审计目标和审计的其他方面可能产生的影响。

无论是统计抽样还是非统计抽样,对样本结果的定性评估和定量评估一样重要。即使样本的统计评价结果在可以接受的范围内,审计人员也应对样本中的所有误差(包括控制测试中的控制偏差和实质性中的金额错报)进行定性分析。

2. 推断总体误差

在实施控制测试时,由于样本的误差率就是整个总体的推断误差率,审计人员无须推断总体误差率。在控制测试中,审计人员将样本中发现的偏差数量除以样本规模,就计算出样本偏差率。无论使用统计抽样或非统计抽样方法,样本偏差率都是审计人员对总体偏差率的最佳估计,但审计人员必须考虑抽样风险。当实施实质性测试时,审计人员应当根据样本中发现的误差金额推断总体误差金额,并考虑推断误差对特定审计目标及审计的其他方面的影响。

3. 形成审计结论

审计人员应当评价样本结果,以确定对总体相关特征的评估是否能够得到证实或需要修正。

1) 控制测试中的样本结果评价

在控制测试中,审计人员应当将总体偏差率与可容忍偏差率比较,但必须考虑抽样风险。在统计抽样中,如果估计的总体偏差率上限低于可容忍偏差率,则总体可以接受。也就是说,被审计单位的内部控制可以依赖。如果估计的总体偏差率上限大于或等于可容忍偏差率,则总体不能接受。

2) 实质性程序中的样本结果评价

在实质性程序中,审计人员首先必须根据样本中发现的实际错报要求被审计单位调整账面记录金额,然后将尚未更正错报与该类交易或账户余额的可容忍错报相比较,但必须考虑抽样风险。

在统计抽样中,如果计算的总体错报上限低于可容忍错报,则总体可以接受。这时审计人员可以对总体作出所测试的交易或账户余额不存在重大错报的结论。如果计算的总体错报上限大于或等于可容忍错报,则总体不能接受。这时审计人员对总体作出所测试的交易或账户余额存在重大错报的结论。

案例 5-2

背景与情境:某注册会计师对样本企业进行了抽查,具体情况如表 5-2 所示。

表 5-2　　　　　　　　　　　　　样本企业抽查表

审查内容	样本及其容量	可容忍误差	推断误差	总体实际误差
未批准的赊销	销货发票副本 200 张	2%	1.4%	10%
假造应收账款(元)	向 140 户顾客发函	10 000	20 000	14 000
虚列现金支出	200 笔支出及凭证	1%	24%	0.4%
漏计应付账款(元)	材料验收单 100 张	4 000	8 670	3 000

问题:

(1) 在表 5-2 所列四种情况中,关于未批准赊销的情况属于哪种抽样风险?

(2) 在表 5-2 所列四种情况中,哪种情况可能使注册会计师给予相关内部控制制度的信赖程度低于应当给予的信赖程度?

(3) 在表 5-2 所列四种情况中,哪种情况的抽样结果未引起抽样风险?

(4) 在表 5-2 所列四种情况中,哪种情况直接影响实质性测试的效率,但不影响实质性测试的效果?

分析提示:

(1) 信赖过度风险。因为信赖过度风险是指抽样结果使注册会计师对内部控制的信赖程度超过了其实际上可予信赖程度的可能性。

(2) 虚列现金支出。因为总体实际误差远低于可容忍误差和推断误差,说明存在信赖不足风险。

(3) 假造应收账款。因为总体实际误差接近可容忍误差但低于推断误差,说明抽样结果未引起抽样风险。

(4) 漏计应付账款。因为可容忍误差和推断误差都大于总体实际误差,说明存在误拒风险。误拒风险直接影响实质性测试的效率,但不影响实质性测试的效果。

第三节　审计工作底稿

一、审计工作底稿的概念

审计工作底稿是指注册会计师对制订的审计计划、实施的审计程序、获取的相关审计证据,以及得出的审计结论作出的记录。审计工作底稿是审计证据的载体,是注册会计师在审计过程中形成的审计工作记录和获取的资料。审计工作底稿形成于审计过程,也反映了整个审计过程。

编制审计工作底稿的文字应当使用中文。少数民族自治地区可以同时使用少数民族文字。中国境内的中外合作会计师事务所、国际会计公司成员所和联系所可以同时使用某种外国文字。会计师事务所执行涉外业务时可以同时使用某种外国文字。

注册会计师编制审计工作底稿的目标是以便：①提供充分、适当的记录，作为出具审计报告的基础。②提供证据，证明注册会计师已按照审计准则和相关法律法规的规定，计划和执行了审计工作。

二、审计工作底稿的性质

（一）审计工作底稿的存在形式

审计工作底稿可以以纸质、电子或其他介质形式存在。随着信息技术的广泛应用，审计工作底稿的形式从传统的纸质形式扩展到电子或其他介质形式。但无论审计工作底稿以哪种形式存在，会计师事务所都应当针对审计工作底稿设计和实施适当的控制，以实现下列目的：①使审计工作底稿清晰地显示其生成、修改及复核的时间和人员。②在审计业务的所有阶段，尤其是在项目组成员共享信息或通过互联网将信息传递给其他人员时，保护信息的完整性和安全性。③防止未经授权改动审计工作底稿。④允许项目组和其他经授权的人员为适当履行职责而接触审计工作底稿。

在实务中，为便于复核，注册会计师可以将以电子或其他介质形式存在的审计工作底稿通过打印等方式，转换成纸质形式的审计工作底稿，并将其与其他纸质形式的审计工作底稿一并归档。同时，单独保存这些以电子或其他介质形式存在的审计工作底稿。

（二）审计工作底稿的内容

审计工作底稿通常包括总体审计策略、具体审计计划、分析表、问题备忘录、重大事项概要、询证函回函、管理层声明书、核对表、有关重大事项的往来信件（包括电子邮件），以及对被审计单位文件记录的摘要或复印件等。此外，审计工作底稿通常还包括审计业务约定书、管理建议书、项目组内部或项目组与被审计单位举行的会议记录、与其他人士的沟通文件及错误汇总表等。

一般情况下，分析表主要是指对被审计单位财务信息执行分析程序的记录，如记录对被审计单位本年各月收入与上一年度的同期数据进行比较的情况、记录对差异的分析等。

问题备忘表一般是指对某一事项或问题的概要的汇总记录。在问题备忘录中，注册会计师通常记录该事项或问题的基本情况、执行的审计程序或具体审计步骤，以及得出的审计结论，如有关存货监盘审计程序或审计过程中发现问题的备忘录。

核对表一般是指会计师事务所内部使用的、为便于核对某些特定审计工作或程序的完成情况的表格，如特定项目审计程序核对表、审计工作完成情况核对表等。核对表通常以列举的方式列出审计过程中注册会计师应当进行的审计工作或程序，以及特别需要注意的问题，并在适当情况下索引至其他审计工作底稿，以便注册会计师核对是否已按照审计准则的规定进行审计。

（三）审计工作底稿通常不包括的内容

审计工作底稿通常不包括已被取代的审计工作底稿的草稿或财务报表的草稿、对不全面或初步思考的记录、存在印刷错误或其他错误而作废的文本，以及重复的文件记录等。这些草稿涉及的错误的文本或重复的文件记录不直接构成审计结论和审计意见的支持性证据,因此,注册会计师通常无须保留这些记录。

三、审计工作底稿的总体要求、考虑因素及要素

(一)总体要求

注册会计师编制的审计工作底稿,应当使得未曾接触该项审计工作的有经验的专业人士清楚了解:①按照审计准则的规定实施的审计程序的性质、时间和范围。②实施审计程序的结果和获取的审计证据。③就重大事项得出的结论。

此处所指的有经验的专业人士是指对下列方面有合理了解的人士:①审计过程。②相关法律法规和审计准则的规定。③被审计单位所处的经营环境。④与被审计单位所处行业相关的会计和审计问题。

(二)考虑因素

在确定审计工作底稿的格式、内容和范围时,注册会计师应当考虑以下因素。

1. 实施审计程序的性质

通常,不同的审计程序会使得注册会计师获取不同性质的审计证据,由此注册会计师可能会编制不同格式、内容和范围的审计工作底稿。例如,注册会计师编制的函证程序的审计工作底稿和存货监盘程序的审计工作底稿在内容、格式及范围方面是不同的。

2. 已识别的重大错报风险

识别和评估的重大错报风险水平的不同,可能导致注册会计师实施的审计程序和获取的审计证据不尽相同。例如,如果注册会计师识别出应收账款存在较高的重大错报风险,而其他应收款存在的重大错报风险较低,则注册会计师可能对应收账款的记录会比对其他应收款的记录测试的内容多且范围广。

3. 在执行审计工作和评价审计结果时需要作出判断的范围

审计程序的选择和实施及审计结果的评价通常需要注册会计师运用不同程度的职业判断。例如,在运用非统计抽样的方法选取样本进行应收账款函证程序时,注册会计师可能基于应收账款账龄、以前的审计经验及是否为关联方欠款等因素,考虑哪些应收账款存在较高的重大错报风险,并运用职业判断在总体中选取样本,对作出职业判断时的考虑事项作出适当的记录。因此,在作出职业判断时所考虑的因素及范围的不同可能使注册会计师作出不同的内容和范围的记录。

4. 已获取审计证据的重要程度

注册会计师通过执行多项审计程序可能会获取不同的审计证据。有些审计证据的相关性和可靠性较高,有些审计证据的质量则较差。注册会计师可能区分不同的审计证据进行有选择性地记录。因此,审计证据的重要程度也会影响审计工作底稿的格式、内容和范围。

5. 已识别的例外事项的性质和范围

有时注册会计师在执行审计程序时会发现例外事项,由此可能导致审计工作底稿在格式、内容和范围方面的不同。例如,某个账户的函证回函表明其存在不符事项,如果在实施恰当的追查后发现该例外事项并未构成错报,注册会计师可能只在审计工作底稿中解释发生该例外事项的原因及影响;反之,如果该例外事项构成错报,注册会计师可能需

要执行额外的审计程序并获取更多的审计证据。由此编制的审计工作底稿在内容和范围方面可能有很大不同。

6. 记录结论或结论的基础的必要性

在某些情况下,特别是在涉及复杂的事项时,注册会计师仅将已执行的审计程序或获取的审计证据记录下来,并不容易使其他有经验的注册会计师通过合理的分析,得出审计结论或结论的基础。此时注册会计师应当考虑是否需要进一步说明并记录得出该结论的基础及该事项的结论。

7. 使用的审计方法和工具

使用的审计方法和工具的不同可能影响审计工作底稿的格式、内容和范围。例如,在使用计算机辅助审计技术对应收账款的账龄进行重新计算时,通常可以针对总体进行测试;而采用人工方式对应收账款的账龄进行重新计算时,则可能会针对样本进行测试,由此形成的审计工作底稿会在格式、内容和范围方面有所不同。

考虑以上因素有助于注册会计师确定审计工作底稿的格式、内容和范围是否恰当。注册会计师在考虑以上因素时需注意,根据不同情况确定审计工作底稿的格式、内容和范围均是为达到执业准则中所述的编制审计工作底稿的目的,特别是提供证据的目的。例如,细节测试和实质性分析程序的审计工作底稿记录的审计程序有所不同,但这两类审计工作底稿都应当充分、适当地反映注册会计师执行的审计程序。

(三) 审计工作底稿的要素

审计工作底稿通常包括下列全部或部分要素。

1. 审计工作底稿的标题

每张工作底稿应当包括被审计单位的名称、审计项目的名称以及资产负债表日或底稿覆盖的会计期间(如果与交易相关)。

2. 审计过程记录

在记录审计过程时,应当特别注意以下几个重点方面。

1) 具体项目或事项的识别特征

在记录实施审计程序的性质、时间安排和范围时,注册会计师应当记录测试的具体项目或事项的识别特征。记录测试的具体项目或事项的识别特征可以实现多种目的。例如,能够反映项目组履行职责的情况,也便于对例外事项或不符事项进行调查,以及对测试的项目或事项进行复核。

识别特征是指被测试的项目或事项表现出的征象或标志。识别特征因审计程序的性质和测试的项目或事项的不同而不同。对某一个具体项目或事项而言,其识别特征通常具有唯一性,这种特性可以使其他人员根据识别特征在总体中识别该项目或事项并重新执行该测试。为帮助理解,以下列举部分审计程序中所测试的样本的识别特征:

(1) 在对被审计单位生成的订购单进行细节测试时,注册会计师可以以订购单的日期或其唯一编号作为测试订购单的识别特征。需要注意的是,在以日期或编号作为识别特征时,注册会计师需要同时考虑被审计单位对订购单编号的方式。例如,若被审计单位按年对订购单依次编号,则识别特征是××年的××号;若被审计单位使用序列号进行编号,则可以直接将该号码作为识别特征。

(2) 对于需要选取或复核既定总体内一定金额以上的所有项目的审计程序,如银行存款日记账中一定余额以上的所有会计分录,注册会计师可以记录实施程序的范围并指明该总体。

(3) 对于需要系统化抽样的审计程序,注册会计师可能会通过记录样本的来源、抽样的起点及抽样间隔来识别已选取的样本。例如,若被审计单位对发运单按顺序编号,测试的发运单的识别特征可以是,对4月1日至9月30日的发运记录,从第12344号发运单开始每隔124号系统抽取发运单。

(4) 对于需要询问被审计单位中特定人员的审计程序,注册会计师可能会以询问的时间、被询问人的姓名及职位作为识别特征。

(5) 对于观察程序,注册会计师可以以观察的对象或观察过程、相关规定、观察人员及其各自的责任、观察的地点和时间作为识别特征。

2) 重大事项及相关重大职业判断

注册会计师应当根据具体情况判断某一事项是否属于重大事项。重大事项通常包括:①引起特别风险的事项;②实施审计程序的结果,该结果表明财务信息可能存在重大错报,或需要修正以前对重大错报风险的评估和针对这些风险拟采取的应对措施;③导致注册会计师难以实施必要审计程序的情形;④导致出具非标准审计报告的事项。

注册会计师应当记录与管理层、治理层和其他人员对重大事项的讨论,包括所讨论的重大事项的性质以及讨论的时间、地点和参加人员。

有关重大事项的记录可能分散在审计工作底稿的不同部分。将这些分散在审计工作底稿中的有关重大事项的记录汇总在重大事项概要中,不仅可以帮助注册会计师集中考虑重大事项对审计工作的影响,还便于审计工作的复核人员全面、快速地了解重大事项,从而提高复核工作的效率。对于大型、复杂的审计项目,重大事项概要的作用尤为重要。因此,注册会计师应当考虑编制重大事项概要,将其作为审计工作底稿的组成部分,以有效地复核和检查审计工作底稿,并评价重大事项的影响。

重大事项概要包括审计过程中识别的重大事项及其如何得到解决,或对其他支持性审计工作底稿的交叉索引。

注册会计师在执行审计工作和评价审计结果时运用职业判断的程度,是决定记录重大事项的审计工作底稿的格式、内容和范围的一项重要因素。在审计工作底稿中对重大职业判断进行记录,能够解释注册会计师得出的结论并提高职业判断的质量。这些记录对审计工作底稿的复核人员非常有帮助,同样也有助于执行以后期间审计的人员查阅具有持续重要性的事项(如根据实际结果对以前作出的会计估计进行复核)。

3) 针对重大事项如何处理不一致的情况

如果识别出的信息与针对某重大事项得出的最终结论不一致,注册会计师应当记录如何处理不一致的情况。

上述情况包括但不限于注册会计师针对该信息执行的审计程序、项目组成员对某事项的职业判断不同而向专业技术部门的咨询情况,以及项目组成员和被咨询人员不同意见(如项目组与专业技术部门的不同意见)的解决情况。

记录如何处理识别出的信息与针对重大事项得出的结论不一致的情况是非常必要的。这有助于注册会计师关注这些不一致,并对此执行必要的审计程序以恰当地解决这些不一致。

但这并不意味着注册会计师需要保留错误的或被取代的审计工作底稿。例如,某些信息初步显示与针对某重大事项得出的最终结论不一致,注册会计师发现这些信息是错误的或不完整的,并且初步显示的不一致可以通过获取正确或完整的信息得到满意的解决,则注册会计师无须保留这些错误的或不完整的信息。此外,对于职业判断的差异,若初步的判断意见基于不完整的资料或数据,则注册会计师也无须保留这些初步的判断意见。

3. 审计结论

审计工作的每一部分都应包含与已实施审计程序的结果及其是否实现既定审计目标相关的结论,还应包括审计程序识别出的例外情况和重大事项如何得到解决的结论。注册会计师恰当地记录审计结论非常重要。注册会计师需要根据实施的审计程序及获取的审计证据得出结论,并以此作为对财务报表发表审计意见的基础。注册会计师在记录审计结论时需注意,在审计工作底稿中记录的审计程序和审计证据是否足以支持得出的审计结论。

4. 审计标识及其说明

审计标识被用于与已实施审计程序相关的工作底稿。每张工作底稿都应包含对已实施程序的性质和范围所作的解释,以支持每一个标识的含义。审计工作底稿中可使用各种审计标识,但应说明其含义,并保持前后一致。以下是审计工作底稿中常见的审计标识及其说明,以供参考。在实务中,注册会计师也可以依据实际情况运用更多的审计标识。

5. 索引号及编号

通常,审计工作底稿需要注明索引号及顺序编号,相关审计工作底稿之间需要保持清晰的勾稽关系。为了汇总及便于交叉索引和复核,每个会计师事务所都会制定特定的审计工作底稿归档流程。因此,每张表或记录都应有一个索引号,如A1、D6等,以说明其在审计工作底稿中的放置位置。工作底稿中每张表所包含的信息都应当与另一张表中的相关信息进行交叉索引。例如,现金盘点表应当与列示所有现金余额的导表进行交叉索引。利用计算机编制工作底稿时,可以采用电子索引和链接。随着审计工作的推进,链接表还可予以自动更新。例如,审计调整表可以链接到试算平衡表,当新的调整分录编制完成后,计算机会自动更新试算平衡表,为相关调整分录插入索引号。同样,评估的固有风险或控制风险可以与针对特定风险领域设计的相关审计程序进行交叉索引。

6. 编制人员、复核人员及执行日期

为了明确责任,在各项完成与特定工作底稿相关的任务之后,编制者和复核者都应在工作底稿上签名并注明编制日期和复核日期。在记录已实施审计程序的性质、时间安排和范围时,注册会计师应当记录:①测试的具体项目或事项的识别特征。②审计工作的执行人员及完成审计工作的日期。③审计工作的复核人员及复核的日期和范围。

在需要进行项目质量控制复核的情况下,还需要注明项目质量控制复核人员及复核的日期。

通常,每张审计工作底稿上都需要注明执行审计工作的人员和复核人员、完成该项审计工作的日期以及完成复核的日期。

在实务中,如果若干页的审计工作底稿记录同一性质的具体审计程序或事项,并且编制在同一个索引号中,此时可以仅在审计工作底稿的第一页上记录审计工作的执行人员和复核人员并注明日期。

四、审计工作底稿的归档

对于每项具体审计业务,注册会计师应当将审计工作底稿归整为审计档案。审计工作底稿的归档期限为审计报告日后 60 天内。如果注册会计师未能完成审计业务,审计工作底稿的归档期限为审计业务中止后的 60 天内。

审计档案按其内容和使用期限可以分为永久性档案和当期档案。

(一)永久性档案

永久性档案是指那些记录内容相对稳定、具有长期使用价值,并对以后审计工作具有重要影响和直接作用的审计工作底稿所组成的审计档案,如被审计单位的组织结构、批准证书、营业执照、章程、重要资产的所有权或使用权证明文件复印件等。若永久性档案中的某些内容已发生变化,注册会计师应当及时予以更新。为保持资料的完整性,以便满足日后查阅历史资料的需要,永久性档案中被替换下的资料一般也需保留。例如,被审计单位因增加注册资本而变更了企业执照等法律文件,被替换的旧营业执照等文件可以汇总在一起,与其他有效的资料分开,作为单独部分归整在永久性档案中。

永久性档案包括审计业务约定书、审计计划、审计报告未定稿、审计总结及审计调整分录等综合性的审计工作记录和重要法律性文件、重要会议记录与纪要、重要经济合同与协议、企业营业执照、公司章程等的副本或复印件。

(二)当期档案

当期档案是指那些记录内容在各年度之间经常发生变化,只供当期审计使用和下期审计参考的审计工作底稿所组成的审计档案。这类工作底稿的基本内容经常变动,因此,只能用来说明被审计单位在该次审计时间范围内的经济活动情况,如审计工作日记、试算平衡表、纳税申报表、盘点表、应收账款账龄分析表、询证函、内部控制制度测试和评价表等在当期审计中形成的资料。

当然,根据审计工作底稿的性质和作用,也可将其分为综合类工作底稿、业务类工作底稿和备查类工作底稿三类。综合类工作底稿是指注册会计师在审计计划阶段和审计报告阶段,为规划、控制和总结整个审计工作,并发表审计意见所形成的审计工作底稿。主要包括审计业务约定书、审计计划、审计总结、未审计会计报表、试算平衡表、审计差异调整表、审计报告、管理建议书、被审计单位声明书以及注册会计师对整个审计工作进行组织管理的所有记录和资料。业务类工作底稿是指注册会计师在审计实施阶段为执行具体审计程序所形成的审计工作底稿。主要包括注册会计师对某一审计循环或审计项目所作控制测试或实质性程序的记录和资料。备查类工作底稿是指注册会计师在审计过程中形成的、对审计工作仅具有备查作用的审计工作底稿。主要包括被审计单位的设立批准证书、营业执照、合营合同、协议、章程、组织机构及管理层人员结构图、董事会会议纪要、重要经济合同、相关内部控制制度及其研究与评价记录、验资报告等资料的复印件或摘录文件。

课 堂 测 试

班级_____ 姓名_____ 学号_____ 日期_____ 分数_____

一、单项选择题(每题 5 分,共计 50 分)

1. 下列各项中,与获取审计证据所实施的审计程序与审计目标最相关的是( )。
    A. 从被审计单位销售发票中选取样本,追查至对应的发货单,以确定不存在遗漏
    B. 实地察看固定资产,以确定资产负债表中的固定资产确实为被审计单位拥有
    C. 比较上一年度最后几天和下一年度最初几天的发货单日期与记账日期,以确定销售业务是真实发生的
    D. 检查应收账款账龄分析表,以确定对应的坏账准备是否计提充足

2. 下列有关审计证据的说法中,错误的是( )。
    A. 审计证据的质量越高,需要的审计证据可能越多
    B. 审计客户规模越大,需要的审计证据可能越多
    C. 评估的重大错报风险越高,需要的审计证据可能越多
    D. 被审计单位业务越复杂,需要的审计证据可能越多

3. 下列有关审计证据适当性的说法中,错误的是( )。
    A. 相关且可靠的审计证据才是高质量的审计证据
    B. 审计证据适当性的核心内容是相关性和可靠性
    C. 审计证据的充分性是对审计证据质量的衡量
    D. 高质量的审计证据可能会减少注册会计师对审计证据数量的依赖

4. 下列有关抽样风险的说法中,错误的是( )。
    A. 抽样风险是由抽样引起的,与样本规模和抽样方法相关
    B. 控制测试中的抽样风险包括信赖过度风险和误拒风险
    C. 如果对总体中的所有项目都实施检查,就不存在抽样风险
    D. 无论是控制测试还是细节测试,均可以通过扩大样本规模降低抽样风险

5. 下列选样方法中,在实施控制测试时适用于统计抽样的是( )。
    A. 系统选样   B. 整群选样
    C. 随意选样   D. 货币单元抽样

6. 下列有关审计工作底稿的说法中,错误的是( )。
    A. 注册会计师获取的每个与审计结论相关的可靠审计证据都应当记录于审计工作底稿
    B. 每张审计工作底稿都能直接为财务报表是否存在重大错报提供直接证据
    C. 审计工作底稿是注册会计师对财务报表出具审计报告的基础
    D. 审计工作底稿能为注册会计师是否遵循了审计准则提供证据

7. 下列各项中,不属于在归档期间对审计工作底稿作出的事务性变动的是( )。

A. 删除被取代的审计工作底稿
B. 记录在审计报告日前获取的、与项目组相关成员进行讨论并达成一致意见的审计证据
C. 对审计工作底稿进行分类、整理和交叉索引
D. 在审计报告日后获取法院在审计报告日前已对被审计单位的诉讼、索赔事项作出最终判决结果的证据

8. 下列各项中,属于审计完成阶段工作底稿的是( )。
   A. 审计报告和经审计的财务报表　　　B. 审计工作完成情况核对表
   C. 集团注册会计师的指示　　　　　　D. 有关控制测试工作底稿

9. 下列有关审计工作底稿归档期限的说法中,正确的是( )。
   A. 如果完成审计业务,归档期限为审计报告日后六十天内
   B. 如果完成审计业务,归档期限为外勤审计工作结束日后六十天内
   C. 如果未能完成审计业务,归档期限为外勤审计工作中止日后三十天内
   D. 如果未能完成审计业务,归档期限为审计业务中止日后三十天内

10. 下列有关注册会计师在审计报告日后对审计工作底稿作出的变动的做法中,错误的是( )。
    A. 在归档期间废弃被取代的审计工作底稿
    B. 在归档期间对审计档案归整工作的完成核对表签字认可
    C. 以归档期间收到的询证函回函替换审计报告日前已实施的替代程序审计工作底稿
    D. 在完成最终审计档案的归整工作后,不应在规定的保存期限届满前删除或废弃任何性质的审计工作底稿

二、多项选择题(每题 10 分,共计 50 分)

1. 下列有关审计证据的说法中,正确的有( )。
   A. 被审计单位雇用的专家编制的信息可以作为审计证据
   B. 审计证据不包括会计师事务所接受与保持客户或业务时实施质量管理程序获取的信息
   C. 审计证据在性质上具有累积性
   D. 审计证据的可靠性受其来源和性质的影响,并取决于获取审计证据的具体环境

2. 下列情况中,需要审计人员收集更多的审计证据的有( )。
   A. 重要的审计项目　　　　　　　　　B. 控制风险较高
   C. 审计过程中发现存在错误行为　　　D. 计证据的相关与可靠程度较低

3. 注册会计师根据审计准则规定的目标评价认为没有获取充分、适当的审计证据,下列各项中,可以采取的措施有( )。
   A. 评价通过遵守其他审计准则是否已经获取进一步的相关审计证据
   B. 在执行一项或多项审计准则的要求时,扩大审计工作的范围
   C. 评价通过遵守其他审计准则是否将会获取进一步的相关审计证据
   D. 实施注册会计师根据具体情况认为必要的其他程序

4. 下列各项中,属于审计抽样的三个阶段的有( )。

A. 样本的设计 B. 样本的选取
C. 评价抽样结果 D. 样本的分析

5. 下列有关审计工作底稿的说法中,正确的有(   )。

   A. 审计工作底稿是指注册会计师对制订的审计计划、实施的审计程序、获取的相关审计证据,以及得出的审计结论作出的记录
   B. 审计证据是审计工作底稿的载体
   C. 审计工作底稿是出具审计报告的基础
   D. 审计工作底稿形成于审计过程,也反映了整个审计过程

第六章

风险评估程序

知识导航

风险评估程序
- 风险评估程序概述
  - 风险评估的概念及动因
  - 风险评估的总体要求
  - 评估程序和信息来源
  - 项目组内部讨论
- 了解被审计单位及其环境
  - 行业状况、法律环境与监管环境以及其他外部因素
  - 被审计单位的性质
  - 被审计单位会计政策的选择和运用
  - 被审计单位的目标、战略及相关经营风险
  - 被审计单位的财务业绩衡量与评价
- 了解被审计单位的内部控制
  - 内部控制的概念和要素
  - 控制环境
  - 被审计单位的风险评估过程
  - 信息与沟通
  - 控制活动
  - 对控制的监督
  - 与审计相关的控制
  - 内部控制的局限性
- 风险评估的结果
  - 识别和评估财务报表层次和认定层次的重大错报风险
  - 需要特别考虑的重大错报风险
  - 仅通过实质性程序无法应对的重大错报风险
  - 对风险评估的修正
  - 与治理层和管理层的沟通

学习目标

1. 掌握风险评估程序的总体要求。
2. 掌握风险评估程序的具体类型。
3. 熟悉风险评估程序中了解被审计单位及其环境的具体内容。
4. 熟悉内部控制的概念与要素构成。
5. 掌握识别的风险类型。

思政课堂

风险评估程序的实践应用

A公司所处行业的平均销售增长率是12%,其管理层实行年薪制,总体薪酬水平根据经营目标的完成情况上下波动。公司2023年与2022年生产经营对比情况如下:A公司销售量、主要业务收入和净利润与2022年相比,增长率为24%。

A公司所处行业2023年价格竞争激烈。近年来,原材料价格有较大幅度提高,水电煤等基础材料及人工成本呈现较快的增长趋势,这些涨价因素大大提高了企业的生产成本。A公司期末存货占资产的比例较大。A公司当年基本建设项目完工结转固定资产的占40%;由于统一管理的需要更换了财务软件。

根据上述资料,审计人员实施了以下风险评估程序:

(1)询问被审计单位和内部其他相关人员以下事项:管理层关注的新竞争对手、主要客户和供应商的流失、新的税收法规的实施以及经营目标或战略的变化等主要问题;可能影响财务报告的交易和事项、目前发生的重大会计处理问题;被审计单位发生的所有权结构、组织机构的变化以及内部控制的变化等。

(2)评价被审计单位财务报表发生重大错报的可能性:了解被审计单位内部控制的设计和实施情况,评价财务报表发生重大错报的可能性;评估内部控制缺陷,根据缺陷的重大性和重要性确定财务报表可能产生错报的项目。

(3)执行分析程序,确定被审计单位财务报表项目的关键领域:根据上述资料,可以确定A公司销售量、主营业务收入和净利润与2022年相比,增长率均为24%,但同行业2023年的平均销售增长率只有12%,因此,A公司比同行业其他公司的增长率要高。管理层的薪酬与销售增长指标挂钩,因此,管理层多计主营业务收入的错报风险很大,营业收入的发生认定和应收账款的存在认定应作为重要的审计领域。审计人员设计的有效审计程序包括:编制收入明细表,了解收入确认的时间分布、业务种类及重要客户等基本情况,同时抽取大额销售资料,再到销售合同、存货出库及应收账款,如果收入的确认集中在年末还需执行销售截止测试程序。

根据资料可以判定:第一,A公司期末存货的计价和分摊认定存在较大风险。应特别注意存货的质量,注意观察存货余额常年不动的账户,关注是否存在"冷背残次"的积压存货。第二,成本控制有风险,A公司面临原材料价格和人工成本上涨、竞争强度增大等困难,这些因素导致A公司成本上升,面临极大的成本控制风险。

基于上述资料可以判定A公司面临的主要潜在错报风险包括:新增固定资产计价、折旧足额计提的风险;由于工作人员对新软件运用不熟悉发生错报的风险。

综合以上情况,项目组可以确定A公司2023年财务报表审计的关键领域是销售收入、存货和固定资产。

思考:

项目组确定的关键审计领域是否恰当?

第一节 风险评估程序概述

一、风险评估的概念及动因

风险评估程序,是指注册会计师为识别、评估财务报表层次和认定层次的重大错报风险而设计和实施的审计程序。

随着经济全球化进程的加快、我国经济的飞速发展,以及企业经营环境的急速变化,我国审计行业面临着许多挑战。例如,审计行业面临的风险日益增加的趋势;现代审计实务不能有效应对财务报表层次重大错报风险等。特别是最近几年发生的一些知名公司财务舞弊事件,严重损害了社会公众对审计有效性的信心。因此,提高审计工作的效率与质量,已是审计界刻不容缓的任务。为了防止审计失败再次出现,注册会计师在审计过程中应调整审计思路,合理、科学地评估财务报表中的重大错报风险,并采取积极应对措施,以降低审计风险,达到提高审计效率与质量的目的。

二、风险评估的总体要求

注册会计师在开展审计工作时,应当了解被审计单位及其环境,以充分识别和评价财务报表层次重大错报风险,设计和实施进一步审计程序。了解被审计单位及其环境是必要程序,特别是为注册会计师在下列关键环节作出职业判断提供重要基础:①确定重要性水平,并随着审计工作的进程评估对重要性水平的判断是否仍然适当。②考虑会计政策的选择和运用是否恰当,以及财务报表的列报是否适当。③识别需要特别考虑的领域,包括关联交易、管理层运用持续经营假设的合理性。④确定在实施分析程序时所使用的预期值。⑤设计和实施进一步审计程序,以将审计风险降至可接受的低水平。⑥评价所获取审计证据的充分性和适当性。

了解被审计单位及其环境是一个连续和动态地收集、更新与分析信息的过程,贯穿整个审计过程的始终。注册会计师应当运用职业判断确定需要了解被审计单位及其环境的程度。评价对被审计单位及其环境了解的程度是否恰当,关键看注册会计师对被审计单位及其环境的了解是否足以识别和评估财务报表的重大错报风险。如果了解被审计单位及其环境时获得的信息足以识别和评价财务报表的重大错报风险、设计和实施进一步审计程序,那么这一了解程度就是恰当的,否则就需要进一步扩大了解范围。当然,注册会计师对被审计单位及其环境了解的程度往往低于管理层为经营管理企业而对被审计单位及其环境需要了解的程度。

三、评估程序和信息来源

(一)风险评估程序和信息来源

为了识别和评价财务报表层次重大错报风险,注册会计师应当了解被审计单位及其环境。为了解被审计单位及其环境而实施的程序称为"风险评估程序"。注册会计师应当依据风险评估程序获取的信息,评估重大错报风险,并将这些信息作为审计证据的一部分。注册会计师可能实施的风险评估程序包括：询问被审计单位管理层和内部其他相关人员；实施分析程序；观察和检查。

1. 询问被审计单位管理层和内部其他相关人员

询问被审计单位管理层和内部其他相关人员是注册会计师了解被审计单位及其环境的一个重要信息来源。注册会计师可以考虑向被审计单位管理层和财务负责人询问的事项包括：①管理层关注的主要问题，如新的竞争对手、主要客户和供应商的流失、新的税收法规的实施以及经营目标或战略的变化等。②被审计单位最近的财务状况、经营成果和现金流量。③可能影响财务报告的交易和事项，或者目前发生的重大会计处理问题，如重大的并购、投资等事宜。④被审计单位发生的其他重大变化，如所有权结构、组织结构以及内部控制等的变化。

尽管注册会计师询问管理层和财务负责人可以获取大部分信息，但询问被审计单位内部其他人员可能为注册会计师提供不同的信息，有助于注册会计师识别重大错报风险。因此，注册会计师除询问管理层和财务负责人外，还应考虑询问被审计单位内部其他人员，如内部审计人员、采购人员、生产人员、营销人员等，并考虑询问不同级别的员工，以获取对识别重大错报风险有用的信息。

注册会计师在确定对被审计单位哪些人员进行询问以及询问哪些问题时，应当考虑何种信息有利于识别和评估重大错报风险。例如，询问管理层，有助于注册会计师理解财务报表编制的环境；询问内部审计人员，有助于注册会计师了解其针对被审计单位内部控制设计和运行有效性而实施的工作，以及管理层对内部审计发现的问题是否采取适当的措施；询问参与生成、处理或记录复杂或异常交易的员工，有助于注册会计师评估被审计单位选择和运用会计政策的适当性；询问内部法律顾问，有助于注册会计师了解被审计单位法律法规的遵循情况、合同的安排情况以及诉讼情况等；询问营销人员，有助于注册会计师了解被审计单位的营销策略及其变化、销售趋势以及客户情况等；询问采购人员和生产人员，有助于注册会计师了解被审计单位的采购政策及情况、生产状况等；询问仓库人员，有助于注册会计师了解被审计单位存货的进出、保管和盘点等情况。

2. 实施分析程序

分析程序是指注册会计师通过研究不同财务数据之间，以及财务数据与非财务数据之间的内在关系，对财务信息作出判断和评价。分析程序还包括调查识别出的与其他相关信息不一致或与预期数据严重偏离的波动和关系。分析程序既可作为风险评估程序和实质性程序，也可用作对财务报表的总体复核。

实施分析程序有助于注册会计师识别被审计单位的异常交易或事项，以及对财务报表和审计产生影响的金额、比率和趋势。在实施分析程序时，注册会计师应当预期可能存在的合理关系，并将其与被审计单位记录的金额及依据记录金额计算的比率或趋势进行比较，以发现异常或未预期到的关系，并在识别重大错报风险时考虑这些比较结果。如果注册会计师在实施分析程序时使用了高度汇总的数据，这时分析程序结果有可能只初步显示财务报表存在重大错报风险，注册会计师应当将分析结果连同识别重大错报风险时获取的其他信息一并考虑。例如，被审计单位进行多种产品系列生产，而不同产品系列的毛利率之间又存在较大的差异，这时对被审计单位总体毛利率分析的结果可能仅初步显示销售成本存在重大错报风险。因此,注册会计师需要采用更为详细的分析程序,例如,对每一产品系列进行毛利率分析,或将总体毛利率分析结果连同其他信息一并考虑。

案例 6-1

背景与情境:项目组承接了 B 公司的年度报表审计工作。B 公司为私营企业,主营水泥制造业。由于近年来房地产项目的兴起,该行业盈利状况较好。公司内部控制不完善,其生产经营的重要环节由私营企业主指定的专人负责,公司的利润率低于同行业水平。所得税实行按季预缴,年终汇算清缴。每季末材料暂估入库余额大,但季末原材料余额远低于正常库存量。

问题:在风险评估中,项目组应如何运用分析程序确定重点风险领域?

分析提示:项目组针对 B 公司的实际情况,对其实施了实地检查和分析。私营企业利润率低于同行业,原因可能有二:少计收入和多计成本。项目组在实施详查中获取以下资料:①所得税实行按季预缴,年终汇算清缴。②每季末有大额的材料暂估入账记录,且暂估的材料均在当期耗用,导致每季度盈利水平远低于行业平均值、季末原材料余额远低于正常库存量。根据以上情况项目组确定存货认定审计是此次项目的重点风险领域。下一步的审计程序应当是:逆查到负债项目,检查暂估入库的账户有无冲回;向材料供货商发函询证,以证实 B 公司有无虚列材料采购、加大当期成本,以达到少计当期利润、少缴所得税的目的。

3. 观察和检查

观察和检查程序不仅可以提供有关被审计单位及其环境的信息,还可以印证管理层和其他相关人员的询问结果。注册会计师在审计过程中可以采用的观察和检查程序包括:①观察被审计单位的生产经营活动。例如,观察和检查被审计单位人员正在从事的生产活动,可以加深注册会计师对被审计单位如何进行生产经营活动的了解;观察被审计单位的内部控制活动,可以了解被审计单位如何开展内部控制。②检查被审计单位的文件、记录和内部控制手册等。通过这些程序可以了解被审计单位内部控制是否健全、完善。③阅读由管理层和治理层编制的报告。例如,阅读被审计单位的年度财务报表、董事会议等记录或纪要、管理层讨论的战略计划等内部报告或其他特殊目的的报告等,可以了解被审计单位自上一审计期结束至本次审计期间发生的一些重大事项。④实地观察被审计单位生产经营场所和设备。实施该程序有助于注册会计师了解被审计单位生产经营的性质和经营活动的内容,还有助于注册会计师对被审计单位的产能作出合理的判断,通过对被审计单位办公和经营场所的观察和调查,还有利于注册会计师与被审计单位管理层以及不同级次人员进行接触,以增进注册会计师对被审计单位经营活动和重大影响因素的了解。⑤实施穿行测试程序。穿行测试程序,即追踪交易在财务报告信息系统中的处理过程,是注册会计师了解被审计单位业务流程及其相关控制时经常采用的审计程序。穿行测试程序通过追踪某笔或几笔交易在业务流程中如何生成、记录、处理和报告,以及相关控制如何执行,确定被审计单位的交易流程和相关控制是否与之前通过其他程序所获得的信息一致,并确定相关控制是否得到执行,从而判断重大错报风险。

（二）其他审计程序和信息来源

1. 其他审计程序

除采用上述程序从被审计单位内部获取信息外，如果根据职业判断认为从被审计单位外部获取的信息有助于识别重大错报风险，注册会计师应当考虑实施其他审计程序来获取这些信息。可以实施的其他审计程序包括：①询问被审计单位聘请的外部法律顾问、专业评估师、投资顾问和财务顾问等。②阅读证券分析师、银行、评级机构出具的有关被审计单位及其所处行业的经济市场环境状况的报告等外部信息。这些外部信息还包括贸易与经济方面的期刊杂志、法规或金融出版物；政府或民间组织发布的行业报告和统计数据等。阅读外部信息也可能有助于注册会计师了解被审计单位及其环境。

2. 其他信息来源

注册会计师除采用上述审计程序搜集信息以识别重大错报风险外，还可以考虑其他信息来源，以据此对重大错报风险作出判断。这些其他信息来源包括：注册会计师在承接客户或续约过程中获取的信息；向被审计单位提供其他服务获得的经验等。一般地，注册会计师在承接业务时应当对被审计单位及其环境有一个初步了解，以确定是否承接该业务。即便是连续审计业务，注册会计师也应当在每年续约过程中对上年审计作出总体评价，并更新对被审计单位的了解和风险评估结果，以确定是否续约。对于连续审计业务，如果拟利用在以前期间获取的信息，注册会计师还应当确定被审计单位及其环境是否已发生变化，以及该变化是否可能影响以前期间获取的信息在本期审计中的相关性。例如，以前期间审计获取的有关内部控制或错报的审计证据，以及错报是否得到及时更正等，有助于注册会计师评估本期财务报表层次的重大错报风险。但值得注意的是，被审计单位及其环境的变化可能导致此类信息在本期审计中已不具有相关性。例如，被审计单位及其环境变化导致前期的有关内部控制在本期发生变化时，注册会计师应当实施询问或其他适当的审计程序（如穿行测试），来确定该变化是否能够影响此类信息在本期审计中的相关性。另外，注册会计师还应当考虑向被审计单位提供其他服务（如执行中期财务报表审阅业务等）所获得的经验是否有助于识别重大错报风险。

需要强调的是，尽管注册会计师可以从不同方面了解被审计单位及其环境，但注册会计师无须在了解每个方面都实施以上所有的风险评估程序。例如，注册会计师在了解被审计单位内部控制时，就不需要执行分析程序；但对被审计单位及其环境获取了解的整个过程中，注册会计师往往需要执行上述所有审计程序。

四、项目组内部讨论

注册会计师应当在计划和实施审计工作时保持应有的职业怀疑态度，充分考虑可能存在导致财务报表发生重大错报的情形。这就要求项目组随时对搜集的信息进行讨论。项目组在讨论时应当强调在整个审计过程中保持职业怀疑态度，警惕可能发生重大错报的迹象，并严格追踪这些迹象。通过讨论，项目组成员可以交流和分享在整个审计过程中获得的信息，包括可能对重大错报风险评估产生影响的信息，以及针对这些信息实施审计程序的信息。

（一）讨论的目标

项目组内部讨论为项目组成员提供了交流信息和分享见解的机会，有助于项目组成员更好地了解各自负责的领域是否存在由于舞弊或错误导致财务报表发生重大错报的可能性,同时也有助于项目组成员了解各自实施审计程序的结果如何影响审计的其他方面,如对确定进一步审计程序的性质、时间安排和范围的影响等。

（二）讨论的内容

项目组应当讨论被审计单位面临的经营风险、财务报表容易发生错报的领域以及发生错报的方式等内容,特别是由于舞弊导致重大错报的可能。当然,项目组还可以根据实际情况,讨论其他重要事项。

（三）参与讨论的人员

注册会计师应当运用职业判断确定参与项目组内部讨论的成员。项目组关键成员应当参与讨论；如果项目组需要拥有信息技术或其他特殊技能的专家,这些专家也应参与讨论。参与讨论人员的范围受项目组成员的职责、经验和信息需要的影响。需要说明的是,并不是每次讨论都需要所有项目组成员都参加,可以根据审计工作状况,结合职业判断来确定参与讨论的人员。

（四）讨论的时间和方式

项目组应当根据审计工作具体状况,在整个审计过程中持续交换有关财务报表发生重大错报可能性的信息。

案例 6-2

背景与情境：C 公司所处行业为粮油储运行业,因涉及行业改制,需进行三年的报表审计。该公司有进口粮油的外贸代理权,因此,近三年经济效益较好,前三年的利润情况在行业中处于平均水平。

问题：在风险评估中,项目组应如何综合运用各种风险评估程序来确定审计重点领域？

分析提示：项目组通过情况介绍和仔细审阅报表,作出了如下分析:由于该企业是储运企业,经营性资金净流量大,仓储及储运成本占营运成本比例大。因此,应当把成本的确认确定为财务报表的关键环节。在设计下一步审计程序时,应当抽查大量的历年储运成本凭证,并逆查到负债账户,检查相应的付款记录情况有无可靠的付款依据；还可以向收款方函证,以核实款项的收款情况。从而确认 C 公司是否有通过虚列负债,增加仓储费用、转移利润的情况。

第二节 了解被审计单位及其环境

注册会计师应当从下列方面了解被审计单位及其环境：①行业状况、法律环境与监管环境以及其他外部因素。②被审计单位的性质。③被审计单位对会计政策的选择和运用。④被审计单位的目标、战略以及相关经营风险。⑤被审计单位财务业绩的衡量和评价。⑥被审计单位的内部控制。通常,被审计单位的上述方面可能会互相影响。因此,注册会计师在对被审计单位及其环境的各方面进行了解和评估时,应当考虑各方面之间的相互关系。注册会计师针对上述方面实施风险评估程序的性质、时间安排和范围取决于审计业务的具体状况,如被审计单位的规模和复杂程度;注册会计师的相关审计经验,包括以前对被审计单位提供审计和相关服务获取的经验和对类似行业、类似企业的审计经验等。值得注意的是,识别被审计单位及其环境在上述方面与以前期间相比发生的重大变化,对于充分了解被审计单位及其环境、识别和评估重大错报风险尤为重要。

一、行业状况、法律环境与监管环境及其他外部因素

(一)行业状况

了解被审计单位所处行业状况,有助于注册会计师识别与被审计单位所处行业有关的重大错报风险。注册会计师应当了解的被审计单位行业状况主要包括:①所处行业的市场供求与竞争。②生产经营的季节性和周期性。③产品生产技术的变化。④能源供应与成本。⑤行业的关键指标和统计数据等。具体而言,上述情况包括:被审计单位所处行业的总体发展趋势;被审计单位所处发展阶段(如起步、成长、成熟或衰退阶段);被审计单位所处市场的需求、市场容量和价格竞争情况;被审计单位所处行业是否受经济周期波动的影响,以及为将波动产生的影响最小化而采取的行动;被审计单位所处行业受技术发展影响的程度,以及是否开发了新技术;被审计单位能源消耗在成本中所占比重,以及能源价格的变化对成本的影响;被审计单位的最重要竞争者各自所占的市场份额情况,以及被审计单位与其竞争者相比的主要竞争优势;被审计单位业务的增长率及财务业绩与行业的平均水平及主要竞争的比较情况,以及存在重大差异的原因;竞争者是否采取了某些行动,如并购活动、降低销售价格、开发新产品或新技术等,从而对被审计单位的经营活动产生影响等。

(二)法律环境与监管环境

注册会计师了解被审计单位法律环境及监管环境的主要原因包括:①某些法律法规或监管要求可能对被审计单位经营管理活动有重大影响,如不遵守将导致停业等严重后果。②某些法律法规或监管要求(如环保法规等)规定了被审计单位某些方面的责任和义务。③某些法律法规或监管要求决定了被审计单位需要遵循的行业惯例和核算要求。注册会计师应当了解的被审计单位法律环境及监管环境包括:①适用的会计准则、会计制度和行业特定惯例。②对经营活动产生重大影响的法律法规及监管活动。③对开展业务产生重大影响的政府政策,如货币、财政、税收和贸易政策等。④与被审计单位所处行业和所从事经营活动相关的环保要求。具体而言,注册会计师可能需要了解以下情况:一是国家对某一行业的企业是否有特殊的监管要求(如对银行、保险等行业的特殊监管要求);二是否存在新出台的法律法规(如新出台的有关产品责任、劳动安全或环境保护法律等)对被审计单位产生何种影响;三是国家货币、财政、税收和贸易等政策的变化是否会对被审计单位的经营活动产生影响;四是与被审计单位相关的税务法规是否发生变化等。

(三)其他外部因素

注册会计师应当了解影响被审计单位经营的其他外部因素。这些因素主要包括:宏观经济的景气度;利率和资金供求状况;通货膨胀水平及币值变动情况;国际经济环境和汇率变动情况等。具体而言,注册会计师可能需要了解:一是当前的宏观经济状况以及未

来的发展趋势;二是目前国内或本地区的经济状况(如增长率、通货膨胀、失业率、利率等)如何影响被审计单位的经营活动;三是被审计单位的经营活动是否受汇率波动或全球市场力量的影响。

(四) 了解的重点和程度

注册会计师对行业状况、法律环境与监管环境以及其他外部因素了解的范围和程度会因被审计单位所处行业、规模以及其他因素(如在市场中的地位)的不同而不同。例如,对从事化工等容易产生污染的行业,注册会计师可能更关注相关的环保法规;对从事计算机硬件制造的被审计单位,注册会计师可能更关心市场、竞争,以及技术进步情况;对金融机构,注册会计师可能更关心宏观经济走势,以及货币、财政等方面的宏观经济政策。因此,注册会计师应当考虑将了解的重点放在对被审计单位的经营活动可能产生重要影响的关键外部因素,以及与前期相比发生的重大变化上。

另外,注册会计师还应当考虑被审计单位所处行业的业务性质或监管程度是否可能导致特定的重大错报风险,同时应考虑项目组是否配备了具有相关知识和经验的成员。例如,建筑行业的长期合同涉及收入和成本的重大估计,可能导致重大错报风险;企业进行首次公开发行股票时,中国证券监督管理委员会(以下简称证监会)对财务数据有特别要求,不能满足这一要求的企业可能有操纵财务报表的动机。

二、被审计单位的性质

注册会计师应当主要从下列方面了解被审计单位的性质:①所有权结构。②治理结构。③组织结构。④经营活动。⑤投资活动。⑥筹资活动。了解被审计单位的性质有助于注册会计师理解预期在财务报表中反映的各类交易、账户余额、列报。

(一) 所有权结构

了解被审计单位的所有权结构有助于注册会计师识别关联方,以及了解被审计单位的决策过程。注册会计师应当了解被审计单位所有权结构及所有者与其他人员或单位之间的关系,并考虑关联方关系是否已经得到识别,以及关联方交易是否得到恰当核算。例如,在审计过程中,注册会计师应当了解被审计单位的企业类型,如国有企业、外商投资企业、民营企业,还是其他类型企业;同时,还应当了解其直接控股母公司、间接控股母公司、最终控股母公司和其他股东的构成,以及所有者与其他人员或单位(如控股母公司控制的其他公司)之间的关系。注册会计师应当遵循有关审计准则的规定,了解被审计单位识别关联方的程序、获取被审计单位提供的所有关联方信息,并考虑关联方关系是否已经得到识别、关联方交易是否得到恰当记录和充分披露。

另外,注册会计师可能需要对被审计单位控股母公司(或股东)作进一步的了解,包括其所有权性质、管理风格及其对被审计单位经营活动及财务报表可能产生的影响;控股母公司与被审计单位在资产、业务、人员、机构、财务等方面是否分开,是否存在占用资金、资产等情况;控股母公司是否施加压力,要求被审计单位达到其设定的财务业绩目标等。

(二) 治理结构

被审计单位的治理结构是否合理直接影响到被审计单位的经营和财务运作实施能否得到有效的监督,以降低财务报表发生重大错报的风险。注册会计师应当了解被审计单位的治理结构,如被审计单位董事会的构成情况、董事会内部是否有独立董事、被审计单位是否设有审计委员会或监事会等。注册会计师可以据此考虑治理层是否能够在独立于管理层的情况下,对被审计单位事务(包括财务报告)作出客观判断。

（三）组织结构

注册会计师应当了解被审计单位的组织结构,考虑复杂的组织结构可能导致的重大错报风险,如财务报表合并、商誉摊销和减值、长期股权投资核算以及特殊目的实体核算等。

复杂的组织结构可能导致某些特定重大错报风险。例如,在多个地区拥有子公司、合营企业、联营企业或其他成员机构,或存在多个业务分部或地区分部的被审计单位,不仅其编制合并财务报表的难度加大,还可能存在其他可能导致重大错报风险的复杂事项,包括对于子公司、合营企业、联营企业和其他股权投资类别的判断及其会计处理;商誉在不同业务分部间的减值等。

（四）经营活动

了解被审计单位的经营活动有助于注册会计师理解预期在财务报表中反映的各类交易、账户余额、列报。注册会计师应当了解的被审计单位经营活动主要包括:①主营业务的性质。即被审计单位是制造业还是商品流通企业,是银行业、保险业还是其他金融服务业,是公用事业、交通运输业还是提供技术产品和服务业等。②与生产产品或提供劳务相关的市场信息。这些信息包括被审计单位主要客户和合同、付款条件、利润率、市场份额、竞争者、出口、定价政策、产品声誉、质量保证、营销策略等。③业务的开展情况,如被审计单位业务分部的设立情况、产品和服务的交付情况、衰退或扩展的经营活动的详情等。④联盟、合营与外包情况。⑤从事电子商务的情况。即被审计单位是否通过互联网销售产品和提供服务以及从事营销活动。⑥地区与行业分布。即被审计单位是否涉及跨地区经营和多种经营,各个地区和行业分布的相对规模以及相互之间是否存在依赖关系。⑦生产设施、仓库的地理位置及办公地点。⑧关键客户。即被审计单位的销售是否高度集中,销售对象是少量的大客户还是众多的小客户;是否有被审计单位高度依赖的特定客户(如超过销售总额10%的顾客);是否有造成高回收性风险的若干客户或客户类别(如正处在一个衰退市场中的客户);是否与某些客户订立了不寻常的销售条款或条件等。⑨重要供应商。即被审计单位是否签订长期供应合同、原材料供应的可靠性和稳定性、付款条件,以及原材料是否受重大价格波动的影响等。⑩劳动用工情况。即分地区用工情况、劳动力供应情况、工资水平、退休金和其他福利、股权激励或其他奖金安排以及与劳动用工事项相关的法规、政策等。研究与开发活动及其支出。关联方交易。即被审计单位的有些客户或供应商是否为关联方;对关联方和非关联方是否采用不同的销售和采购条款;是否存在关联交易,对关联交易采用怎样的定价政策。

（五）投资活动

了解被审计单位投资活动有助于注册会计师关注被审计单位在经营策略和方向上的重大变化。注册会计师应当了解的被审计单位投资活动主要包括:①近期拟实施或已实施的并购活动与资产处置情况,包括业务重组或某些业务的终止。注册会计师应当了解并购活动如何与被审计单位目前的经营业务相协调,并考虑这种并购是否会引发被审单位进一步的经营风险。②证券投资、委托贷款的发生与处置。③资本性投资活动,包括固定资产和无形资产投资,以及近期或计划发生的变动、重大的资本承诺等。④不纳入合并范围的投资,如联营、合营或其他投资,以及近期计划投资的项目等。

（六）筹资活动

了解被审计单位筹资活动有助于注册会计师评估被审计单位在融资方面的压力,并可以进一步考虑被审计单位在可预见未来的持续经营能力。注册会计师应当了解的被审计单位筹资活动主要包括:①债务结构和相关条款,包括担保情况及表外融资。例如,被审计单位获得的信贷额度是否可以满足营运需要;得到的融资条件是否与竞争对手相似,如果不相似,其原因何在;是否存在违反借款合同中限制性条款的情况;是否承受重大的汇率与利率风险等。②固定资产的租赁,包括被审计单位的融资租赁和经营租赁等筹资活动。③关联方融资,如被审计单位关联方之间相互提供资金,并考虑是否存在特殊条款等。④实际受益股东。注册会计师应当考虑被审计单位的实际受益股东是国内的,还是国外的,其商业声誉和经验可能对被审计单位产生哪些影响。⑤衍生金融工具的运用。注册会计师应当关注被审计单位衍生金融工具的目的,适用于交易目的还是套期保值目的,以及其运用衍生金融工具的种类、范围和交易对手等。

三、被审计单位会计政策的选择和运用

在了解被审计单位对会计政策的选择和运用是否适当时,注册会计师应当关注以下重要事项。

（一）重要项目的会计政策和行业惯例

财务报表中重要项目的会计政策包括收入确认方法、存货计价方法、投资核算方法、固定资产折旧方法、借款费用处理方法、合并财务报表编制方法等。除会计政策外,某些行业可能还存在一些行业惯例,注册会计师应当熟悉这些行业惯例。当被审计单位采用与行业惯例不同的会计处理方法时,注册会计师应当了解其原因,并考虑采用与行业惯例不同的会计处理方法是否适当。

（二）重大和异常交易的会计处理方法

在实务中,由于经营的需要,企业有时会发生重大和异常交易,注册会计师应当关注这些交易的会计处理方法。例如,本期发生的企业合并的会计处理方法;某些被审计单位可能存在与其所处行业相关的重大交易,如银行向客户发放贷款、证券公司对外投资、医药企业的研究与开发活动等,注册会计师应当考虑被审计单位对重大和不经常发生的交易的会计处理方法是否适当。

（三）在新兴领域和缺乏权威性标准或共识的领域采用重要会计政策产生的影响

注册会计师应当关注被审计单位在新兴领域和缺乏权威性标准或共识的领域选用了哪些会计政策、为什么选用这些会计政策,以及选用这些会计政策产生的影响。

（四）会计政策的变更

如果被审计单位变更了重要的会计政策,注册会计师应当考虑变更的原因及其适当性:①会计政策变更是否是法律、行政法规或者适用的会计准则和相关会计制度要求的变

更。②会计政策变更是否能够提供更可靠、更相关的会计信息。除此之外,注册会计师还应当关注会计政策的变更是否得到充分披露。

除上述与会计政策的选择和运用相关的事项外,注册会计师还应对被审计单位下列与会计政策运用相关的情况予以关注:①是否采用激进的会计政策、方法、估计和判断。②财会人员是否拥有足够的运用会计准则的知识、经验和能力。③是否拥有足够的资源支持会计政策的运用,如人力资源及培训、信息技术的采用、数据和信息的采集等。

在上述基础上,注册会计师还应当考虑被审计单位是否按照适用的会计准则和相关会计制度的规定恰当地进行了列报,并披露了重要事项。列报和披露的主要内容包括:财务报表及其附注的格式、结构安排、内容;财务报表项目使用的术语;披露信息的明细程度;项目在财务报表中的分类以及列报信息的来源等。注册会计师也应当考虑被审计单位是否已对特定事项作了适当的列报和披露。

注册会计师应关注国家新颁布的财务报告准则及相关法律法规中对被审计单位会计政策选择方面的新要求,并关注被审计单位何时采用以及如何采用这些新规定。

四、被审计单位的目标、战略及相关经营风险

在审计过程中,注册会计师应当了解被审计单位的目标和战略,以及可能导致财务报表发生重大错报的相关经营风险。企业管理层或治理层一般会根据企业经营面临的外部和内部各种因素,制定合理可行的经营目标。战略是企业管理层为实现经营目标采用的方法。经营风险是指可能对被审计单位实现目标和实施战略的能力产生不利影响的重要状况、事项、情况而导致的风险,或由于制定不恰当的目标和战略而导致的风险。

(一)了解目标、战略与经营风险的内容

注册会计师应当了解被审计单位是否存在与下列方面有关的目标和战略,并考虑相应的经营风险:①行业发展,及其可能导致的被审计单位不具备足以应对行业变化的人力资源和业务专长等风险。②开发新产品或提供新服务,及其可能导致的被审计单位产品责任增加等风险。③业务扩张,及其可能导致的被审计单位对市场需求的估计不准确等风险。④新颁布的会计法规,及其可能导致的被审计单位执行法规不当或不完整,或会计处理成本增加等风险。⑤监管要求,及其可能导致的被审计单位法律责任增加等风险。⑥本期及未来的融资条件,及其可能导致的被审计单位由于无法满足融资条件而失去融资机会等风险。⑦信息技术的运用,及其可能导致的被审计单位信息系统与业务流程难以融合等风险。

(二)经营风险对重大错报风险的影响

注册会计师应当理解经营风险与财务报表重大错报风险是既有联系又相互区别的两个概念,前者比后者范围更广。注册会计师了解被审计单位的经营风险有助于其识别财务报表重大错报风险。但并非所有的经营风险都与财务报表相关,注册会计师没有责任识别或评估对财务报表没有影响的经营风险。

通常,多数经营风险最终都会产生财务后果,从而影响财务报表。但并非所有经营风险都会导致重大错报风险,注册会计师应当根据被审计单位的具体情况考虑该经营风险是否可能导致财务报表发生重大错报。经营风险可能对各类交易、账户余额,以及列报认定层次产生直接影响。例如,企业合并导致银行客户群减少,使银行信贷风险集中。由此

产生的经营风险可能增加与贷款计价认定有关的重大错报风险。在经济紧缩时,同样的风险可能具有更为长期的后果,注册会计师在评估持续经营假设的适当性时需要考虑这一问题。注册会计师应当根据被审计单位的具体情况考虑经营风险是否可能导致财务报表发生重大错报。

目标、战略、经营风险和重大错报风险之间的相互联系可举一例予以说明。某企业当前的目标是在某一特定期间内进入某一新的海外市场,该企业选择的战略是在当地成立合资公司。从该战略本身来看,是可以实现这一目标的。但是,成立合资公司可能会带来诸多经营风险。例如,该企业应当如何与当地合资方在经营活动、企业文化等各方面进行协调,如何在合资公司中获得控制权或共同控制权,当地市场情况是否会发生变化,当地政府对合资公司的税收和外汇管理等方面政策是否稳定,合资公司的利润是否可以汇回,是否存在汇率风险等。反映到财务报表中,这些经营风险可能会因对合资公司是否属于子公司、合营企业或联营企业的判断问题,投资核算问题,是否存在减值问题,对当地税收规定的理解问题,以及外币折算等问题产生影响,从而导致财务报表出现重大错报风险。

(三)被审计单位的风险评估过程

一般地,被审计单位管理层通常会制定识别和应对经营风险的策略,注册会计师应当了解被审计单位的这些风险评估过程。这些风险评估过程是被审计单位内部控制的组成部分。

(四)对小型被审计单位的考虑

小型被审计单位通常没有正式的计划和程序来确定其目标、战略并管理经营风险。注册会计师应当询问管理层或观察小型被审计单位如何应对这些事项,以获取信息,并评估重大错报风险。

五、被审计单位的财务业绩衡量与评价

(一)了解财务业绩衡量与评价

来自被审计单位内部或外部对财务业绩的衡量与评价可能对管理层产生压力,促使其采取行动,改善财务业绩或歪曲财务报表。注册会计师应当了解被审计单位财务业绩的衡量与评价情况,考虑这种压力是否可能导致管理层采取行动,以至于增加财务报表发生重大错报的风险。在了解被审计单位财务业绩的衡量与评价情况时,注册会计师应当关注下列信息:①关键业绩指标。②业绩趋势。③预测、预算和差异分析。④管理层和员工业绩考核与激励性报酬政策。⑤分部信息与不同层次部门的业绩报告。⑥与竞争对手的业绩比较。⑦外部机构提出的报告。

(二)考虑内部财务业绩衡量的结果及其可靠性

由于内部财务业绩衡量可能显示未预期到的结果或趋势。在这种情况下,管理层通常会进行调查并采取纠正措施。与内部财务业绩衡量相关的信息、可能显示财务报表存在错报风险,例如,内部财务业绩衡量可能显示被审计单位与同行业其他单位相比,具有异常高的增长率或盈利水平,如果将此类信息与业绩奖金或激励性报酬等因素结合起来考虑,可能显示管理层在编制财务报表时存在某种倾向的错报风险。因此,注册会计师应当关注被审计单位内部财务业绩衡量所显示的未预期到的结果或趋势、管理层的调查结

果和纠正措施,以及是否显示财务报表可能存在重大错报的相关信息。

在审计过程中,注册会计师如果拟利用被审计单位内部信息系统生成的财务业绩衡量指标,应当考虑相关信息是否可靠,以及利用这些信息是否足以实现审计目标。许多财务业绩衡量中使用的信息可能由被审计单位的内部信息系统生成。如果被审计单位管理层在没有合理基础的情况下,认为内部生成的衡量财务业绩的信息是准确的,而实际上信息有误,那么根据有误的信息得出的结论也可能是错误的。如果注册会计师计划在审计中(如在实施分析程序时)利用被审计单位财务业绩指标,应当考虑相关信息是否可靠,以及在实施审计程序时利用这些信息是否足以发现重大错报。

需要注意的是,小型被审计单位通常没有正式的财务业绩衡量与评价程序,其管理层往往将某些关键指标作为衡量财务业绩和采取适当行动的基础。此时,注册会计师应当了解管理层使用的关键指标。

需要强调的是,注册会计师了解被审计单位财务业绩的衡量与评价,是为了考虑管理层是否面临实现某些关键财务业绩指标的压力。这些压力既可能源于需要实现市场分析师或股东的预期,也可能源于需要实现获取股票期权,以及实现管理层和员工奖金的目标。受压力影响的人员可能是高级管理人员(如董事会),也可能是可以操纵财务报表的其他经理人员(如公司或分支机构管理人员)为实现奖金目标而操纵财务报表。在评价管理层是否存在歪曲财务报表的动机和压力时,注册会计师还应当考虑财务报表可能存在的其他情形。

第三节 了解被审计单位的内部控制

在审计中,注册会计师应当了解与审计相关的内部控制以识别潜在错报的类型,考虑导致重大错报风险的因素,以及设计和实施进一步审计程序的性质、时间安排和范围。

一、内部控制的概念和要素

内部控制是被审计单位为了合理保证财务报告的可靠性、经营的效率和效果以及对法律法规的遵守,由治理层、管理层和其他人员设计和执行的政策和程序。内部控制的目标是合理保证:①财务报表的可靠性,这一目标与管理层履行财务报表编制责任密切相关。②经营的效率和效果,即经济有效地使用企业资源,以最优方式实现企业的目标。③在所有经营活动中遵守法律法规的要求,即在法律法规的框架下从事经营活动。

设计和实施内部控制的责任主体是被审计单位治理层、管理层和其他人员,组织中的每一个人都对内部控制负有责任。实现内部控制目标的手段是设计和执行控制政策及程序。内部控制通常包括下列要素:①控制环境。②风险评估过程。③信息系统与沟通。④控制活动。⑤对控制的监督。内部控制包括上述五项要素,而控制则包括上述一项或多项要素,或要素表现出的各个方面。

二、控制环境

注册会计师在了解被审计单位的内部控制时,应了解其控制环境。

(一) 控制环境的概念

一般地,控制环境包括治理职能和管理职能,以及治理层和管理层对内部控制及其重要性的态度、认识和措施。控制环境设定了被审计单位的内部控制基调,影响员工对内部控制的认识和态度。良好的控制环境是实施有效内部控制的基础。防止或发现并纠正舞弊和错误是被审计单位治理层和管理层的责任。注册会计师在评价控制环境的设计和实施情况时,应当了解管理层在治理层的监督下,是否营造并保持了诚实守信和合乎道德的文化氛围,以及是否建立了防止或发现并纠正舞弊和错误的恰当控制。通常,在审计业务承接阶段,注册会计师就需要对控制环境作出初步了解和评价。注册会计师在评价控制环境的设计时,应当考虑构成控制环境的要素,以及这些要素如何被纳入被审计单位业务流程。这些要素包括:对诚信和道德价值观念的沟通与落实;对胜任能力的重视;治理层的参与程度;管理层的理念和经营风格;组织结构及职权与责任的分配;人力资源政策与实务。

案例 6-3

背景与情境: 常诚和王朝是一对好朋友,都是注册会计师,分别就职于不同的会计师事务所。有一天在共进午餐时,他们谈起了内部控制在决定应收集的审计证据的数量方面的重要性。常诚认为,在任何公司,不管其规模如何,都应该以类似的方式对其内部控制进行细致的调查和评价。他所在的会计师事务所要求在执行每一项审计业务时,都要使用事务所设计的标准内部控制调查问卷表,对于每类经济业务,都应该编制内部控制流程图。另外,事务所还要求注册会计师仔细评价企业的内部控制制度,根据其内部控制的强弱,调整拟收集的审计证据的数量。王朝则指出,他所审计的大量小规模企业,不可能有充分的、严密的内部控制。因此,他在从事审计时,通常假设内部控制不充分,从而忽略内部控制,直接进行大量的实质性测试。他说,"当我一开始就知道内部控制制度中存在各种各样的弱点时,我为什么要浪费大量的时间和精力去调查内部控制、评价控制风险?我宁愿把花在填写内部控制调查评价表格上的时间,用在测试财务报表的表述是否正确上。"

问题:
(1) 概括大型企业和小型企业内部控制制度的主要区别。
(2) 评价注册会计师常诚和王朝的观点。
(3) 在调查规模不同的企业的内部控制、评价其控制风险方面有何共性和区别?

分析提示:
(1) 相比大型企业,小型企业业务相对简单,人员较少,不相容职务分离较为不充分,业主或管理层更加积极地参与各种经济业务,因此,内部控制制度相对不健全、不严密。

(2) 常诚和王朝的观点都有些偏颇。常诚认为不管企业规模大小,都应该细致地对其内部控制制度进行调查和评价。这对于大部分小企业来说不适用。审计是需要成本的,当知道小企业内部控制制度不完善、不可能显著地降低控制风险时,还花大量的时间去了解其内部控制制度,不符合成本效益原则。

王朝认为小企业的内部控制不充分、不严密,不应该花时间去了解内部控制制度,而应该直接进行实质性测试。王朝忽略了虽然小企业内部控制一般都不够充分严密,但毕竟企业与企业之间情况不同,内部控制的不健全程度有差别,不是所有小企业的内部控制都不可信赖。而且,评价控制风险、设计恰当的实质性测试程序,不是调查企业内部控制制度的唯一目的。对小企业内部控制制度进行初步的调查和分析,有助于注册会计师评估财务报表的可信性、预测企业财务报表中的潜在错误、抓住审计重点。另外,注册会计师除对企业的财务报表发表审计意见外,还需要就其内部控制可以改进的方面向企业提出建议,这也要求注册会计师对企业内部控制有所了解。

(3) 共性:不管审计大企业还是小企业,都要对其内部控制进行调查。区别:根据企业的规模不同,对其进行内部控制调查的程度可能不同。大企业内部控制较健全、控制风险较低,因而注册会计师对其内部控制调查的程度较深。小企业内部控制相对不健全、控制风险较高甚至最高,因而注册会计师对其内部控制调查的程度较浅。

(二) 对诚信和道德价值观念的沟通与落实

被审计单位的诚信和道德价值观念是其控制环境的重要组成部分,影响其重要业务流程的设计和运行。内部控制是否有效直接依赖于负责创建、管理和监控内部控制的人员的诚信和道德价值观念。被审计单位是否存在道德行为规范,以及这些规范如何在被审计单位内部得到沟通和落实,决定了被审计单位相关人员是否能拥有诚信和道德的行为。对诚信和道德价值观念的沟通与落实既包括管理层如何处理不诚实、非法或不道德行为,也包括在被审计单位内部的行为规范以及高层管理人员的"身体力行",对诚信和道德价值观念的营造和保持。例如,某企业管理层在行为规范中指出,员工不允许从供货商那里获得超过一定金额的礼品,超过部分都须报告和退回。尽管该行为规范本身并不能绝对保证员工都照此执行,但至少意味着管理层已对此进行明示。被审计单位的行为规范连同其他程序,可能构成一个有效的预防机制。

(三) 对胜任能力的重视

胜任能力是指具备完成某一职位的工作所应有的知识和能力。企业管理层对胜任能力的重视包括对于特定工作所需的胜任能力水平的设定,以及对达到该水平所必需的知识和能力的要求。在审计中,注册会计师应当考虑企业主要管理人员和其他相关人员是否能够胜任其工作和职责。例如,财会人员是否对编制财务报表所适用的会计准则和相关会计制度有足够的了解并能正确运用。

(四) 治理层的参与程度

被审计单位的控制环境在很大程度上受治理层的影响。一般地,治理层的职责应在被审计单位的章程和政策中予以规定。治理层(董事会)通常通过其自身的活动,并在审计委员会或类似机构的支持下,监督被审计单位的财务报告政策和程序。因此,董事会、审计委员会或类似机构应关注被审计单位的财务报告,并监督被审计单位的会计政策以及内部、外部的审计工作和结果。治理层的职责还包括监督用于复核内部控制有效性的政策和程序设计是否合理、执行是否有效。

(五) 管理层的理念和经营风格

一般地,在企业管理过程中,管理层负责企业的运作以及经营策略和程序的制定、执行与监督。控制环境的每个方面在很大程度上都受管理层采取的措施和作出决策的影响,或在某些情况下受管理层不采取某些措施或不作出某种决策的影响。在有效的控制环境中,管理层的理念和经营风格可以创造一个积极的氛围,促进业务流程和内部控制的有效运行,同时也可以创造一个减少错报发生可能性的环境。当管理层以一个或少数几个人为主时,管理层的理念和经营风格对内部控制的影响尤为突出。

衡量管理层对企业内部控制重视程度的重要标准,是管理层收到有关内部控制缺陷及违规事件的报告时是否作出适当反应。如果管理层及时下达纠弊措施,则表明他们对内部控制的重视,这有利于加强企业内部的控制意识。此外,了解管理层的经营风格也很有必要。管理层的经营风格是指管理层所能接受的业务风险的性质。

（六）组织结构及职权与责任的分配

注册会计师应当考虑被审计单位组织结构中是否采用向个人或小组分配控制职责的方法、是否建立了执行特定职能（包括交易授权）的授权机制、是否确保每个人都清楚地了解报告关系和责任。注册会计师还需审查被审计单位对分散经营活动的监督是否充分。有效的权责分配制度有助于形成整体的控制意识。需要强调的是,注册会计师应当关注被审计单位的组织结构和权责分配方法的实质,而不是仅仅关注其形式。相应地,注册会计师应当考虑相关人员对政策与程序的整体认识水平和遵守程度,以及管理层对其实施监督的程度。此外,注册会计师对组织结构的审查,有助于其确定被审计单位的职责划分应该达到何种程度,也有助于其评价被审计单位在这方面的不足对整体审计策略产生的影响。

（七）人力资源政策与实务

企业的政策与程序（包括内部控制）是否有效,往往取决于其执行人。因此,被审计单位员工的能力与诚心是控制环境中不可缺少的因素。人力资源政策与实务涉及招聘、培训、考核、晋升和薪酬等方面。被审计单位是否有能力招聘并保留一定数量既有能力又有责任心的员工,在很大程度上取决于其人力资源政策与实务。例如,被审计单位的招聘录用标准强调员工的学历、经验、诚信和道德,这表明被审计单位希望录用有能力并值得信赖的人员。此外,被审计单位有关培训方面的政策要显示员工应达到的工作表现和业绩水准。通过定期考核的晋升政策也表明了被审计单位希望具备相应资格的人员承担更多的职责。

三、被审计单位的风险评估过程

（一）风险评估过程的概念

任何经济组织在经营活动中都会面临各种各样的风险,风险对其生存和竞争能力产生影响。很多风险并不为经济组织所控制,但管理层应当确定其可以承受的风险水平、识别这些风险并采取一定的应对措施。被审计单位可能产生风险的事项和情形包括:①监管及经营环境的变化。监管及经营环境的变化会导致竞争压力的变化以及重大的相关风险。②新员工的加入。新员工可能对内部控制有不同的认识和关注点。③新信息系统的使用或对原系统进行升级。信息系统的重大变化会改变与内部控制相关的风险。④业务快速发展。快速的业务扩张可能会使内部控制难以应对,从而增加内部控制失效的可能性。⑤新技术的运用。将新技术运用于生产过程和信息系统可能改变与内部控制相关的风险。⑥新生产型号、产品和业务活动。进入新的业务领域和发生新的交易可能带来新的与内部控制相关的风险。⑦企业重组。一般来说,企业重组可能会导致裁员以及企业管理职责的重新划分,这将影响与内部控制相关的风险。⑧发展海外经营。海外扩张或收购往往会带来新的、特别的风险(如外币交易的风险),进而可能影响内部控制。⑨新的会计准则。采用新的会计准则可能会增加财务报表发生重大错报的风险。

被审计单位的风险评估过程包括识别与财务报表相关的经营风险,以及针对这些风险采取的措施。注册会计师应当了解被审计单位的风险评估过程和结果。

（二）对风险评估过程的了解

注册会计师在评价被审计单位风险评估过程的设计和执行时,应当确定管理层如何识别与财务报表相关的经营风险、如何估计该风险的重要性、如何评估风险发生的可能性,以及如何采取措施管理这些风险。如果被审计单位的风险评估过程符合其具体情况,了解被审计单位的风险评估过程和结果有助于注册会计师识别财务报表重大错报风险。

注册会计师在对被审计单位整体层面的风险评估过程进行了解和评估时,应当考虑的因素包括(但不限于):①被审计单位是否已建立并沟通其整体目标,并辅以具体策略和业务流程层面的计划。②被审计单位是否已建立风险评估过程,包括识别风险、估计风险的重大性、评估风险发生的可能性,以及确定需要采取的应对措施。③被审计单位是否已建立某种机制,识别和应对可能对被审计单位产生重大且普遍影响的变化,如在金融机构中建立资产负债管理委员会、在制造型企业中建立期货交易风险管理组等。④会计部门是否建立了某种流程,以识别会计准则的重大变化。⑤当被审计单位业务操作发生变化并影响交易记录的流程时,是否存在沟通渠道以通知会计部门。⑥风险管理部门是否建立了某种流程,以识别经营环境和监管环境发生的重大变化。

在审计过程中,注册会计师还可以通过了解被审计单位及其环境的其他方面信息,评价被审计单位风险评估过程的有效性。例如,在了解被审计单位的业务情况时,发现了某些经营风险,注册会计师应当了解管理层是否也意识到这些风险,以及如何应对这些风险;在对业务流程的了解中,注册会计师还可能进一步获得被审计单位有关业务流程的风险评估过程的信息(如在销售循环中发现的销售的截止性错报的风险,注册会计师应当对其考虑管理层是否也识别了该错报风险,以及如何应对该风险)。

四、信息与沟通

（一）与财务报告相关的信息系统的概念

与财务报告相关的信息系统是指被审计单位用以生成、记录、处理和报告交易、事项和情况,对相关资产、负债和所有者权益履行经营管理责任的程序和记录。这里的交易可能通过人工或自动化程序生成。记录包括识别和收集与交易、事项有关的信息。处理包括编辑、核对、计量、估价,以及汇总和调节活动,可能由人工或自动化程序来执行。报告是指用电子或书面形式编制财务报表和其他信息,供被审计单位用于衡量和考核财务及其他方面的业绩。

被审计单位与财务报告相关的信息系统应当与其业务流程相适应。业务流程是指被审计单位开始采购、生产、销售、发送产品和提供服务,保证遵守法律法规、记录信息等一系列活动。与财务报告相关的信息系统所生成信息的质量,对管理层能否作出恰当的经营管理决策以及编制可靠的财务报告具有重大影响。与财务报告相关的信息系统通常具有以下职能：①识别与记录所有的有效交易。②及时、详细地描述交易，以便在财务报告中对交易作出恰当分类。③恰当计量交易，以便在财务报告中对交易的金额作出准确记录。④恰当确定交易生成的会计期间。⑤在财务报表中恰当列报交易。

（二）对与财务报告相关的信息系统的了解

在审计过程中，注册会计师应当从以下方面了解与财务报告相关的信息系统：①在被审计单位经营过程中，对财务报表具有重大影响的各类交易。②在信息技术和人工系统中，对交易生成、记录、处理和报告的程序。③与交易生成、记录、处理和报告有关的会计记录、支持性信息和财务报表中的特定项目。④信息系统如何获取除各类交易之外的对财务报表具有重大影响的事项和情况。⑤被审计单位编制财务报告的过程，包括作出的重大会计估计和披露。⑥管理层凌驾于账户记录控制之上的风险。

在了解与财务报告相关的信息系统时，注册会计师应当特别关注由于管理层凌驾于账户记录控制之上，或规避控制行为而产生的重大错报风险，并考虑被审计单位如何纠正不正确的交易处理。此外，自动化程序和控制可能降低了发生无意错误的风险，但是并没有消除个人凌驾于控制之上的风险。例如，某些高级管理人员可能篡改自动过入总分类账和财务报告系统的数据金额。当被审计单位运用信息技术进行数据的传递时，发生篡改可能不会留下痕迹或证据。

（三）与财务报告相关的沟通的概念

与财务报告相关的沟通包括使员工了解各自在与财务报告有关的内部控制方面的角色和职责、员工之间的工作联系，以及向适当级别的管理层报告例外事项的方式。公开的沟通渠道有助于确保例外事项得到报告和处理。与财务报告相关的沟通可以利用政策手册、会计和财务报告手册及备忘录等形式进行，也可以通过发送电子邮件、口头沟通和管理层的行动进行。

（四）对与财务报告相关的沟通的了解

注册会计师应当了解被审计单位内部如何对编制财务报告人员的岗位职责，以及与财务报告相关的重大事项进行沟通。注册会计师还应当了解管理层与治理层之间的沟通，以及被审计单位与外部的沟通。具体包括：①管理层就员工的职责和控制责任是否进行了有效沟通。②针对可疑的不恰当事项和行为是否建立了沟通渠道；组织内部沟通的充分性是否能够使人员有效地履行职责。③对于与客户、供应商、监管者和其他外部人士的沟通，管理层是否及时采取适当的进一步行动。④被审计单位是否受到某些监管机构发布的监管要求的约束；外部人士（如客户和供应商）在多大程度上获知被审计单位的行为守则。

五、控制活动

在审计过程中，注册会计师应当了解被审计单位的控制活动，以足够评估认定层次的重大错报风险和针对评估的风险设计进一步审计程序。

（一）控制活动的概念

控制活动是指有助于确保管理层的指令得以执行的政策和程序，包括与授权、业绩评价、信息处理、实物控制和职责分离等相关的活动。

授权包括一般授权和特别授权。授权的目的是保证交易在管理层授权范围内进行。

业绩评价主要包括被审计单位分析评价实际业绩与预算(或预测、前期业绩)的差异,综合分析财务数据与经营数据的内在关系,将内部数据与外部信息来源相比较,评价职能部门、分支机构或项目活动的业绩,以及对发现的异常差异或关系采取必要的调查与纠正措施。通常,通过调查非预期的结果和非正常的趋势,管理层可以识别可能影响经营目标实现的情形。管理层对业绩信息的使用,决定了业绩指标的分析是只用于经营目的,还是同时用于财务报告目的。

注册会计师应当了解与信息处理有关的控制活动。被审计单位通常执行各种措施,检查各种类型信息处理环境下的交易的准确性、完整性和授权。信息处理控制可以是人工的、自动化的,或是基于自动流程的人工控制。信息处理控制分为两类,即信息技术的一般控制和应用控制。信息技术一般控制是指与多个应用系统有关的政策和程序,有助于保证信息系统持续恰当地运行(包括信息的完整性和数据的安全性),支持应用控制作用的有效发挥;通常包括数据中心和网络运行控制,系统软件的购置、修改及维护控制,接触或访问权限控制,应用系统的购置、开发及维护控制。信息技术应用控制是指主要在业务流程层次运行的人工或自动化程序,与用于生成、记录、处理、报告交易或其他财务数据的程序相关;通常包括检查数据计算准确性,审核账户和试算平衡表,设置对输入数据和数字序号的自动检查,以及对例外报告进行人工干预。

注册会计师应当了解被审计单位的实物控制活动。实物控制活动主要包括对资产和记录采取适当的安全保护措施、对访问计算机程序和数据文件设置授权,以及定期盘点并将盘点记录与会计记录相核对。例如,现金、有价证券和存货的定期盘点控制。实物控制的效果影响资产的安全,从而对财务报表的可靠性及审计产生影响。

职责分离是指被审计单位如何将交易授权、交易记录以及资产保管等职责分配给不同员工,以防范同一员工在履行多项职责时可能发生的舞弊或错误。当信息技术运用于信息系统时,职责分离可以通过设置安全控制来实现。

(二)对控制活动的了解

在了解控制活动时,注册会计师应当重点考虑一项控制活动单独或连同其他控制活动,是否能够防止或发现并纠正各类交易、账户余额、列报存在的重大错报。注册会计师的工作重点是识别和了解针对重大错报可能发生的领域的控制活动。需要注意的是,如果多项控制活动能够实现同一目标,注册会计师不必了解与该目标相关的每项控制活动。注册会计师对被审计单位整体层面的控制活动进行的了解和评估,主要是针对被审计单位的一般控制活动,特别是信息技术的一般控制。在了解和评估一般控制活动时考虑的主要因素包括(但不限于):①被审计单位的主要经营活动是否都有必要的控制政策和程序。②管理层在预算、利润和其他财务及经营业绩方面是否都有清晰的目标,在被审计单位内部,是否对这些目标加以清晰地记录和沟通,并且积极地对其进行监控。③是否存在计划和报告系统,以识别与目标业绩的差异并向适当层次的管理层报告该差异。④是否由适当层次的管理层对差异进行调查,并及时采取适当的纠正措施。⑤不同人员的职责应在何种程度上相分离,以降低舞弊和不当行为发生的风险。⑥会计系统中的数据是否与实物资产定期核对。⑦是否建立了适当的保护措施,以防止未经授权接触文件、记录和资产。⑧是否存在信息安全职能部门负责监控信息安全政策和程序。

另外,在了解其他内部控制要素时,如果获取了控制活动是否存在的信息,注册会计师应当确定是否有必要进一步了解这些控制活动。

(三)对小型被审计单位的考虑

小型被审计单位的控制活动可能没有大型被审计单位那样正式和复杂。并且某些控制活动可能直接由小型被审计单位中的管理层执行。例如,由管理层批准销售的信用额度、重大的采购等可能就不再需要更具体的控制活动。同时,小型被审计单位通常难以实施适当的职责分离,注册会计师应当考虑小型被审计单位采取的控制活动能否有效实现控制目标。

六、对控制的监督

在审计中,注册会计师应当了解被审计单位对与财务报告相关的内部控制的监督活动,并了解其如何采取纠正措施。

(一)对控制监督的概念

对控制的监督是指被审计单位评价内部控制在一段时间内运行有效性的过程,该过程包括及时评价控制的设计和运行,以及根据情况的变化采取必要的纠正措施。管理层的重要职责之一就是建立和维护控制并保证其持续有效运行,对控制的监督可以实现这一目标。监督是由适当的人员,在适当、及时的基础上,评估控制的设计和运行情况的过程。例如,管理层对是否定期编制银行存款余额调节表进行复核、内部审计人员评价销售人员是否遵守公司关于销售合同条款的政策、法律部门定期监控公司的道德规范和商务行为准则是否得以遵循等。监督对控制的持续有效运行十分重要。假如没有对银行存款余额调节表是否得到及时和准确的编制进行监督,该项控制可能无法得到持续的执行。

在审计中,注册会计师应当了解被审计单位对控制的持续监督活动和专门的评价活动。通常,被审计单位通过持续的监督活动、专门的评价活动或将两者相结合,实现对控制的监督。持续的监督活动通常贯穿于被审计单位的日常经营活动与常规管理工作中。被审计单位可能使用内部审计人员或具有类似职能的人员,对内部控制的设计和执行进行专门的评价,以找出内部控制的优点和不足,并提出改进建议。关于内部审计人员在内部控制方面的职责,被审计单位也可能利用与外部有关各方沟通或交流所获取的信息监督相关的控制活动。在某些情况下,外部信息可能显示内部控制存在的问题和需要改进之处。

(二)了解对内部控制的监督

注册会计师在对被审计单位整体层面的监督进行了解和评估时,考虑的主要因素可能包括:①被审计单位是否定期评价内部控制。②被审计单位人员在履行正常职责时,能够在多大程度上获得内部控制是否有效运行的证据。③与外部的沟通能够在多大程度上证实内部产生的信息或者指出存在的问题。④管理层是否采纳内部审计人员和注册会计师有关内部控制的建议。⑤管理层是否及时纠正控制运行中的偏差。⑥管理层根据监管机构的报告及建议是否及时采取纠正措施。⑦是否存在协助管理层监督内部控制的职能部门。如存在,对内部审计职能需进一步考虑的因素包括:①独立性和权威性。②向谁报告。例如,直接向董事会、审计委员会或类似机构报告,对接触董事会、审计委员会或类似机构是否有限制。③是否有足够的人员、培训和特殊技能。例如,对于复杂的高度自动化的环境应使用有经验的信息系统审计人员。④是否坚持适用的专业准则。⑤活动的范围。例如,财务审计和经营审计工作的平衡;在分散经营情况下,内部审计的覆盖程度和轮换程度。⑥计划、风险评估和执行工作的记录和形成结论的适当性。⑦是否不承担经营管理责任。

七、与审计相关的控制

内部控制的目标旨在合理保证企业财务报告的可靠性、经营的效率和效果以及对法律法规的遵守。注册会计师审计的目标是对财务报表是否不存在重大错报发表审计意见。尽管要求注册会计师在财务报表审计中考虑与财务报表编制相关的内部控制,但其目的并非对被审计单位内部控制的有效性发表意见。因此,注册会计师需要了解和评价的内部控制只是与财务报表审计相关的内部控制,并非被审计单位所有的内部控制。与审计相关的控制,包括被审计单位为实现财务报告可靠性目标设计和实施的控制。

了解内部控制是注册会计师在审计时必须实施的审计程序。了解内部控制包括四个重要的步骤。第一,识别需要降低哪些风险以预防财务报表发生重大错报。如果某内部控制目标没有实现,风险因素通常被描述为"可能的错误"。第二,记录相关的内部控制。目的是识别是否存在内部控制降低第一步列出的风险因素,但没有必要记录和评价与审计无关的内部控制。第三,评估控制的执行。主要是实行穿行测试,以确信识别的内部控制实际上确实存在。如果存在,注册会计师就可完成对控制设计和执行的评价。第四,评估内部控制的设计。汇总获得的所有信息,并根据风险因素描绘识别出的(或执行的)控制。完成上述四步后,注册会计师应当确定内部控制是否存在重大弱点。

八、内部控制的局限性

在审计中,注册会计师应当充分认识到被审计单位的内部控制存在固有局限性,无论如何设计和执行,内部控制只能对财务报告的可靠性提供合理的保证。

通常,内部控制存在的固有局限性包括:①在决策时人为判断可能出现错误和由于人为失误而导致内部控制失效。例如,被审计单位信息技术工作人员没有完全理解系统如何处理销售交易,为了使系统能够处理新型产品的销售,可能错误地对系统进行更改;或者对系统的更改是正确的,但是程序员没能把此次更改转化为正确的程序代码等。②可能由于两个或更多的人员进行串通或管理层凌驾于内部控制之上而被规避。例如,管理层可能与客户签订"背后"协议,对标准的销售合同作出变动,从而导致收入确认发生错误。再如,软件中的编辑控制旨在发现和报告超过赊销信用额度的交易,但这一控制可能被逾越或规避。此外,如果被审计单位内部行使控制职能的人员素质不适应岗位要求,也会影响内部控制功能的正常发挥。被审计单位实施内部控制的成本效益问题也会影响其效能,当实施某项控制成本大于控制效果而发生损失时,就没有必要设置该控制环节或控制措施。内部控制一般都是针对经常而重复发生的业务而设置的,如果出现不经常发生或未预计到的业务,原有控制就可能不适用。

需要说明的是,小型被审计单位拥有的员工通常较少,限制了其职责分离的程度。业主凌驾于内部控制之上的可能性较大。注册会计师应当考虑一些关键领域是否存在有效的内部控制。

第四节　风险评估的结果

在审计过程中，注册会计师应当依据了解的信息来识别和评估被审计单位的重大错报风险。

一、识别和评估财务报表层次和认定层次的重大错报风险

注册会计师应当识别和评估财务报表层次，以及各类交易、账户余额、列报认定层次的重大错报风险。

（一）识别和评估重大错报风险的审计程序

为识别和评估重大错报风险，注册会计师应当实施下列审计程序。

1. 在了解被审计单位及其环境的整个过程中识别风险

注册会计师应当运用各项风险评估程序，在了解被审计单位及其环境的整个过程中识别风险，并将识别的风险与各类交易、账户余额、列报相联系。例如，被审计单位因相关环境法规的实施需要更新设备，可能面临原有设备闲置或贬值的风险；宏观经济的低迷可能预示应收账款的回收存在问题；竞争者开发的新产品上市，可能导致被审计单位的主要产品在短期内过时，预示将出现存货跌价和长期资产（如固定资产等）的减值。

2. 将识别的风险与认定层次可能发生错报的领域相联系

注册会计师应当将识别的风险与认定层次可能发生错报的领域相联系。例如，被审计单位销售困难使产品的市场价格下降，可能导致年末存货成本高于其可变现净值，从而需要计提存货跌价准备。这显示存货的计价认定可能发生错报。

3. 考虑识别的风险是否重大

风险是否重大是指风险造成后果的严重程度。例如，在外部环境因素影响下，被审计单位原材料价格上涨，注册会计师除需要关注该价格上涨给财务报表带来的风险外，还必须考虑该价格上涨的幅度以及对产品成本带来的影响。假如原材料价格上涨导致被审计单位产品失去竞争力，从而影响到了被审计单位的毛利率（如毛利率由此变成负数）。为了识别原材料价格上涨对财务报表的影响是否重大，需要看该产品在销售中的比重，以判断是否构成重大影响。如果比重小，则不构成重大影响；如果比重大，则可能构成了重大影响，注册会计师需要对此关注。

4. 考虑识别的风险导致财务报表发生重大错报的可能性

在审计过程中，注册会计师还需要考虑上述识别的风险是否导致财务报表发生重大错报。例如，应收账款账面余额是否重大、坏账准备计提是否适当等。需要注意的是，在某些情况下，尽管识别的风险重大，但仍不至于导致财务报表发生重大错报。例如，被审计单位对应收账款的坏账准备计提实施了比较有效的内部控制，管理层已根据应收账款的账龄计提了适当的坏账准备。在这种情况下，财务报表发生重大错报的可能性将相应降低。

在审计中，注册会计师应当利用实施风险评估程序获取的信息，包括在评价控制设计和确定其是否得到执行时获取的审计证据，作为支持风险评估结果的审计证据。注册会计师应当根据风险评估结果，确定实施进一步审计程序的性质、时间安排和范围。

（二）可能表明被审计单位存在重大错报风险的事项和情况

在审计时，注册会计师应当关注以下可能表明被审计单位存在重大错报风险的事项和情况：在经济不稳定的国家或地区开展业务；在高度波动的市场开展业务；在严厉、复杂的监管环境中开展业务；持续经营和资产流动性出现问题，如重要客户流失；融资能力受到限制；行业环境发生变化；供应链发生变化；开发新产品或提供新服务，或进入新的业务领域；开辟新的经营场所；发生重大收购、重组或其他非经常性事项；拟出售分支机构或业务分部；复杂的联营或合资；运用表外融资、特殊目的实体以及其他复杂的融资协议；重大的关联方交易；缺乏具备胜任能力的会计人员；关键人员变动；内部控制薄弱；信息技术战略与经营战略不协调；信息技术环境发生变化；安装新的与财务报告有关的重大信息技术系统；经营活动或财务报告受到监管机构的调查；以往存在重大错报或本期期末出现重大会计调整；发生重大的非常规交易；按照管理层特定意图记录的交易；应用新颁布的会计准则或相关会计制度；会计计量过程复杂；事项或交易在计量时存在重大不确定性；存在未决诉讼和或有负债。

注册会计师应当充分关注上述可能表明被审计单位存在重大错报风险的上述事项和情况，并考虑由于这些事项和情况导致的风险是否重大，以及该风险导致财务报表发生重大错报的可能性。

（三）识别两层次的重大错报风险

在对重大错报风险进行识别和评估后，注册会计师应当确定识别的重大错报风险是与特定的某类交易、账户余额、列报的认定相关，还是与财务报表整体广泛相关，进而影响多项认定。

某些重大错报风险可能与特定的某类交易、账户余额、列报的认定相关。例如，被审计单位存在复杂的联营或合资，该事项表明长期股权投资账户的认定可能存在重大错报风险。又如，被审计单位存在重大的关联方交易，该事项表明关联方及关联方交易的披露认定可能存在重大错报风险。

某些重大错报风险可能与财务报表整体广泛相关，进而影响多项认定。例如，在经济不稳定的国家和地区开展业务、资产的流动性出现问题、重要客户流失，融资能力受到限制等，都有可能导致注册会计师对被审计单位的持续经营能力产生重大疑虑。又如，管理层缺乏诚信或承受异常的压力可能也引发舞弊风险。

（四）控制环境对评估财务报表层次重大错报风险的影响

财务报表层次的重大错报风险很可能源于薄弱的控制环境。薄弱的控制环境带来的风险可能难以限于某类交易、账户余额、列报，而对财务报表产生广泛影响。为此，注册会计师应当采取总体应对措施。例如，被审计单位治理层、管理层对内部控制的重要性缺乏认识，没有建立必要的制度和程序；或管理层经营理念偏于激进，又缺乏实现激进目标的人力资源等。这些缺陷源于薄弱的控制环境，可能对财务报表产生广泛影响，需要注册会计师采取总体应对措施。

(五)控制对评估认定层次重大错报风险的影响

在评估重大错报风险时,注册会计师应当将所了解的控制与特定认定相联系。这是由于控制有助于防止或发现并纠正认定层次的重大错报。在评估重大错报发生的可能性时,除考虑可能的风险外,还要考虑控制对风险的抵消和遏制作用。有效的控制会减少错报发生的可能性;而控制不当或缺乏控制,错报就会有可能变成现实。

控制可能是与某一认定直接相关的,也可能是与某一认定间接相关的。关系越间接,控制对防止或发现并纠正认定错报的效果越小。例如,销售经理对分地区销售网点的销售情况进行复核,与销售收入完整性的认定只是间接相关。相应地,该项控制在降低销售收入完整性认定中的错报风险方面的效果,要比与该认定直接相关的控制的效果差。

注册会计师可能识别出有助于防止或发现并纠正特定认定发生重大错报的控制。在确定这些控制是否能够实现上述目标时,注册会计师应当将控制活动和其他要素综合考虑。例如,将销售和收款的控制置于其所在的流程和系统中考虑,以确定其能否实现控制目标。因为单个的控制活动(如将发货单与销售发票相核对)本身并不足以控制重大错报风险,只有多种控制活动和内部控制的其他要素综合作用,才足以控制重大错报风险。当然,也有某些控制活动可能专门针对某类交易或账户余额的个别认定。例如,被审计单位建立的、以确保盘点工作人员能够正确地盘点和记录存货的控制活动,直接与存货账户余额的存在性和完整性认定相关。此时注册会计师只需要对盘点过程和程序进行了解,就可以确定控制是否能够实现目标。

注册会计师应当考虑对识别的各类交易、账户余额和列报认定层次的重大错报风险予以汇总和评估,以确定进一步审计程序的性质、时间安排和范围。

(六)考虑财务报表的可审计性

注册会计师在了解被审计单位内部控制后,可能对被审计单位财务报表的可审计性产生怀疑。例如,对被审计单位会计记录的可靠性和状况的担心,可能会使注册会计师认为很难获取充分、适当的审计证据,以支持对财务报表发表意见。再如,管理层严重缺乏诚信,注册会计师认为管理层在财务报表中作出虚假陈述的风险高到无法进行审计的程度。因此,如果注册会计师通过对内部控制的了解发现下列情况,并对财务报表局部或整体的可审计性产生疑虑,应当考虑出具保留意见或无法表示意见的审计报告:①被审计单位会计记录的状况和可靠性存在重大问题,不能获取充分、适当的审计证据以发表无保留意见。②对管理层的诚信存在严重疑虑。必要时,注册会计师应当考虑解除业务约定。

案例6-4

背景与情境: 甲公司主要从事小型电子消费品的生产和销售。A注册会计师负责审计甲公司2022年度财务报表。A注册会计师了解到,甲公司于2022年年初完成了部分主要产品的更新换代。由于利用现有主要产品(T产品)生产线生产的换代产品(S产品)的市场销售情况良好,甲公司自2022年2月起大幅减少了对T产品的生产。两种产品所需原材料基本相同,原材料平均价格相比上年上涨了约2%。由于S产品的功能更加齐全且设计新颖,其平均售价比T产品高约10%。A注册会计师进一步审查了甲公司的财务资料后发现,2021年T产品的销售毛利率为4.46%,2022年S产品的销售毛利率为

14.97%。在询问了销售人员与财务人员后,A注册会计师认定2022年度S产品销售收入与成本不存在重大错报。

问题: A注册会计师得出S产品销售收入与成本不存在重大错报的结论是否合适？为什么？

分析提示: A注册会计师只经过询问就得出S产品销售收入与成本不存在重大错报的结论是不合适的。中国注册会计师协会发布的《中国注册会计师职业道德守则第1号——职业道德基本原则》第十七条明确指出,"注册会计师应当保持应有的关注,遵守执业准则和职业道德规范的要求,勤勉尽责,认真、全面、及时地完成工作任务。"注册会计师通过询问得到的口头证据,其证明力具有局限性,还必须实施进一步的审计程序。2021年T产品的销售毛利率为4.46%,2022年S产品的销售毛利率为14.97%。通过比较,S产品销售毛利率高于T产品的销售毛利率10.51%。但了解甲公司情况及其环境时发现,S产品与T产品的原材料基本相同,材料价格上涨2%,同时S产品销售价格比T产品提高了10%,所以S产品的毛利率高于T产品的毛利率不应超过10%。这表明可能存在高估收入或低估成本的重大错报风险。

二、需要特别考虑的重大错报风险

(一)特别风险的概念

作为风险评估的一部分,注册会计师应当运用职业判断,确定识别的风险中哪些是需要特别考虑的重大错报风险(以下简称特别风险)。

(二)确定特别风险时应考虑的事项

在确定哪些风险是特别风险时,注册会计师应当在考虑识别出的控制对相关风险的抵消效果前,根据风险的性质、潜在错报的重要程度和发生的可能性,判断该风险是否属于特别风险。在确定风险的性质时,注册会计师应当考虑的事项包括:①风险是否属于舞弊风险。②风险是否与近期经济环境、会计处理方法和其他方面的重大变化有关。③交易的复杂程度。④风险是否涉及重大的关联方交易。⑤财务信息计量的主观程度,特别是对不确定事项的计量是否存在较大区间。⑥风险是否涉及异常或超出正常经营过程的重大交易。

(三)非常规交易和判断事项导致的特别风险

一般地,日常的、不复杂的、经正规处理的交易不太可能产生特别风险。特别风险通常与重大的非常规交易和判断事项有关。

非常规交易是指由于金额或性质异常而不经常发生的交易,如企业购并、债务重组、重大或有事项等。由于非常规交易具有以下特征:①管理层更多地介入会计处理。②数据收集和处理涉及更多的人工成分。③复杂的计算或会计处理方法。④非常规交易的性质可能使被审计单位难以对由此产生的特别风险实施有效控制。所以,与重大非常规交易相关的特别风险可能导致更高的重大错报风险。

判断事项通常包括作出的会计估计,如资产减值准备金额的估计、需要运用复杂估值技术确定的公允价值计量等。由于在实务中存在:①对涉及会计估计、收入确认等方面的会计原则存在不同的理解。②所要求的判断可能是主观和复杂的,或需要对未来事项作出假设等。所以,与重大判断事项相关的特别风险可能导致更高的重大错报风险。

(四)考虑与特别风险相关的控制

在审计过程中,了解与特别风险相关的控制,有助于注册会计师制定有效的审计方案予以应对。对特别风险,注册会计师应当评价相关控制的设计情况,并确定其是否已经得到执行。由于与重大非常规交易或判断事项相关的风险很少受到日常控制的约束,注册会计师应当了解被审计单位是否针对该特别风险设计和实施了控制。例如,作出会计估计所依据的假设是否由管理层或专家进行复核,是否建立作出会计估计的正规程序,重大会计估计结果是否由治理层批准等。再如,管理层在收到重大诉讼事项的通知时采取的措施,包括这类事项是否提交适当的专家(如内部或外部的法律顾问)处理、是否对该事项的潜在影响作出评估,是否确定该事项在财务报表中的披露问题以及如何确定等。如果管理层未能实施控制以恰当应对特别风险,注册会计师应当认为内部控制存在重大缺陷,并考虑其对风险评估的影响。在此情况下,注册会计师应当就此类事项与治理层沟通。

三、仅通过实质性程序无法应对的重大错报风险

作为风险评估的一部分,如果认为仅通过实质性程序获取的审计证据无法将认定层次的重大错报风险降至可接受的低水平,注册会计师应当评价被审计单位针对这些风险设计的控制,并确定其执行情况。在被审计单位对日常交易采用高度自动化处理的情况下,审计证据可能仅以电子形式存在,其充分性和适当性通常取决于自动化信息系统相关控制的有效性,注册会计师应当考虑仅通过实质性程序不能获取充分、适当审计证据的可能性。例如,某企业通过高度自动化的系统确定采购品种和数量,生成采购订单,并通过系统中设定的收货确认和付款条件进行付款。除系统中的相关信息以外,该企业没有其他有关订单和收货的记录。在这种情况下,如果认为仅通过实质性程序不能获取充分、适当的审计证据,注册会计师应当考虑依赖的相关控制的有效性。

四、对风险评估的修正

注册会计师对认定层次重大错报风险的评估应以获取的审计证据为基础,并可能随着不断获取审计证据而作出相应的变化。例如,注册会计师对重大错报风险的评估可能基于预期控制运行有效这一判断,即相关控制可以防止或发现并纠正认定层次的重大错报。但在测试控制运行的有效性时,注册会计师获取的证据可能表明相关控制在被审计期间并未有效运行。又如,在实施实质性程序后,注册会计师可能发现错报发生的金额和频率比在风险评估时预计的金额和频率要高。因此,如果通过实施进一步审计程序获取的审计证据与初始评估获取的审计证据相矛盾,注册会计师应当修正风险评估结果,并相应修改原计划实施的进一步审计程序。

由此可见,评估重大错报风险与了解被审计单位及其环境一样,也是一个连续和动态地收集、更新与分析信息的过程,贯穿于整个审计过程的始终。

五、与治理层和管理层的沟通

(一)就内部控制重大缺陷与治理层和管理层沟通

一般地,被审计单位管理层有责任在治理层的监督下,建立、执行和维护有效的内部

控制,以合理保证企业经营目标的实现。注册会计师在了解和测试内部控制的过程中可能会注意到内部控制存在的重大缺陷。注册会计师将其告知适当层次的管理层或治理层,将有助于管理层和治理层履行其在内部控制方面的职责。注册会计师应当及时将注意到的内部控制设计或执行方面的重大缺陷告知适当层次的管理层或治理层。

内部控制的重大缺陷是指内部控制设计或执行存在的严重不足,使被审计单位管理层或员工无法在正常行使职能的过程中,及时发现和纠正错误或舞弊引起的财务报表重大错报。内部控制五个要素中都可能存在控制缺陷。在了解和测试内部控制的过程中可能会发现偏差,而偏差是否构成重大缺陷,取决于偏差的性质、频率和后果。在作出职业判断时,注册会计师通常考虑以下因素:偏差的性质和原因;偏差数量和控制执行频率的比例;偏差涉及的账户、披露和认定的性质;缺陷可能影响到哪些财务报表金额或交易事项;相关资产或负债是否容易遭受损失或产生舞弊;控制的目的是什么,该控制对数据可靠性的影响程度;控制的影响是否具有广泛性;测试的信息处理目标的重要程度;控制是预防性的还是检查性的;控制设计或控制运行的文件记录是否足够;是否存在行业性的或法规要求的控制实施标准;是否存在针对同一风险或认定的补偿性的控制或程序;谁完成控制程序;偏差是否导致财务报表的重大错报;如果存在因错误或舞弊导致的重大错报,是否可能尚未得到更正。此外,出现以下情况通常表明被审计单位内部控制存在重大缺陷:①注册会计师在审计工作中发现了重大错报,而被审计单位内部控制没有发现这些重大错报。②控制环境薄弱。③存在高层管理人员舞弊迹象(无论涉及金额大小)。

(二)就重大错报风险的控制与治理层沟通

在审计过程中,注册会计师如果识别出被审计单位未加控制或控制不当的重大错报风险,或认为被审计单位的风险评估过程存在重大缺陷,应当就此类内部控制缺陷与治理层沟通。

课 堂 测 试

班级_____ 姓名_____ 学号_____ 日期_____ 分数_____

一、单项选择题(每题 5 分,共计 50 分)

1. 下列有关识别、评估和应对重大错报风险的说法中,错误的是(　　)。
   A. 风险评估程序是必要程序
   B. 实施风险评估程序的工作包括确定需要特别考虑的重大错报风险以及仅通过实施实质性程序无法应对的重大错报风险
   C. 注册会计师在评估重大错报风险后,针对评估的财务报表层次重大错报风险设计和实施进一步审计程序,并针对评估的认定层次重大错报风险确定总体应对措施
   D. 注册会计师应当实施进一步审计程序

2. 下列审计程序中,不属于风险评估程序的是(　　)。
   A. 询问　　　B. 分析程序　　　C. 重新计算　　　D. 检查

3. 下列各项中,注册会计师进行风险评估时通常采用的审计程序是(　　)。
   A. 将财务报表与其所依据的会计记录相核对
   B. 实施分析程序以识别异常的交易或事项及对财务报表和审计产生影响的金额、比率和趋势
   C. 对应收账款进行函证
   D. 以人工方式或使用计算机辅助审计技术,对记录或文件中的数据计算准确性进行核对

4. 下列各项中,了解的被审计单位及其环境的因素涉及内部因素也涉及外部因素的是(　　)。
   A. 对被审计单位财务业绩的衡量和评价
   B. 被审计单位的内部控制
   C. 被审计单位的性质
   D. 相关行业状况、法律环境和监管环境及其他外部因素

5. 下列有关注册会计师对被审计单位了解的说法中,错误的是(　　)。
   A. 对从事计算机硬件制造的被审计单位,注册会计师可能更关心市场、竞争及技术进步情况
   B. 对金融机构,注册会计师可能更关心宏观经济走势以及货币、财政等方面的宏观经济政策
   C. 对化工等产生污染的行业,注册会计师可能更关心收入的确认
   D. 注册会计师对行业状况、法律环境与监管环境以及其他外部因素了解的范围和程度会因被审计单位所处行业、规模以及其他因素的不同而不同

6. 下列有关了解被审计单位性质的说法中,正确的是(　　)。

A. 对被审计单位组织结构的了解,有助于注册会计师识别关联方关系并了解被审计单位的决策过程

B. 注册会计师应当了解被审计单位组织结构,考虑复杂组织结构可能导致的重大错报风险,包括财务报表合并、商誉减值以及长期股权投资核算等问题

C. 了解被审计单位投资活动,有助于注册会计师识别预期在财务报表中反映的主要交易类别、重要账户余额和列报

D. 了解被审计单位经营活动,有助于注册会计师关注被审计单位在经营策略和方向上的变化

7. 下列有关被审计单位对会计政策的选择和运用的说法中,错误的是(　　)。

A. 注册会计师不需要考虑不经常发生的交易的会计处理方法是否适当

B. 在缺乏权威性标准或共识的领域,注册会计师应当关注被审计单位选用了哪些会计政策、为什么选用这些会计政策,以及选用这些会计政策产生的影响

C. 如果被审计单位变更了重要的会计政策,注册会计师应当考虑变更的原因及其适当性

D. 当新的企业会计准则颁布施行时,注册会计师应考虑被审计单位是否应采用新颁布的会计准则,如采用,是否已按照新会计准则的要求做好衔接调整工作,并收集执行新会计准则需要的信息资料

8. 下列各项中,不属于内部控制要素的是(　　)。

A. 控制风险　　　　　　　　　　B. 控制活动
C. 对控制的监督　　　　　　　　D. 控制环境

9. 下列有关了解内部控制的说法中,错误的是(　　)。

A. 如果认为仅通过实质性程序获取的审计证据无法应对认定层次的重大错报风险,应当评价被审计单位针对这些风险设计的控制,并确定其执行情况

B. 针对特别风险,应当了解与该风险相关的控制

C. 如果与经营和合规目标相关的控制与注册会计师实施审计程序时评价或使用的数据相关,则这些控制也可能与审计相关

D. 注册会计师应当了解所有与财务报告相关的控制

10. 下列各项中,不属于了解内部控制程序的是(　　)。

A. 穿行测试　　　B. 询问　　　C. 检查　　　D. 重新执行

二、多项选择题(每题 10 分,共计 50 分)

1. 下列有关风险评估的说法中,正确的有(　　)。

A. 了解被审计单位及其环境能够为注册会计师作出职业判断提供重要依据,但并非必要程序

B. 风险评估为确定重要性水平,并随着审计工作的进程评估对重要性水平的判断是否仍然适当提供了重要依据

C. 评价对被审计单位及其环境了解的程度是否恰当,关键是看注册会计师对被审计单位及其环境的了解是否足以识别和评估财务报表的重大错报风险

D. 注册会计师对被审计单位及其环境了解的程度,要低于管理层为经营管理企业而对被审计单位及其环境需要了解的程度

2. 下列各项中,属于风险评估程序的有( )。
   A. 函证 B. 分析程序 C. 观察 D. 重新计算
3. 下列有关询问被审计单位相关人员的说法中,正确的有( )。
   A. 询问治理层,可能有助于注册会计师了解财务报表的编制环境
   B. 询问内部审计人员,可能有助于了解本年度针对被审计单位内部控制设计和运行有效性而实施的内部审计程序
   C. 询问普通员工,可能有助于评估管理层对内部审计发现的问题是否采取适当的措施
   D. 询问内部法律顾问,可能有助于了解被审计单位对有关法律、法规的遵循情况
4. 下列各项中,通常能够获取信息以识别重大错报风险的有( )。
   A. 实施实质性分析程序
   B. 阅读行业报告
   C. 在客户接受或保持过程中获取信息
   D. 追踪某笔或某几笔交易在业务流程中如何生成、记录、处理和报告,以及相关控制如何执行
5. 下列各项中,属于企业内部控制目标合理保证的有( )。
   A. 对企业章程的遵守 B. 财务报告的可靠性
   C. 对法律法规的遵守 D. 经营的效率和效果

第七章

进一步审计程序

知识导航

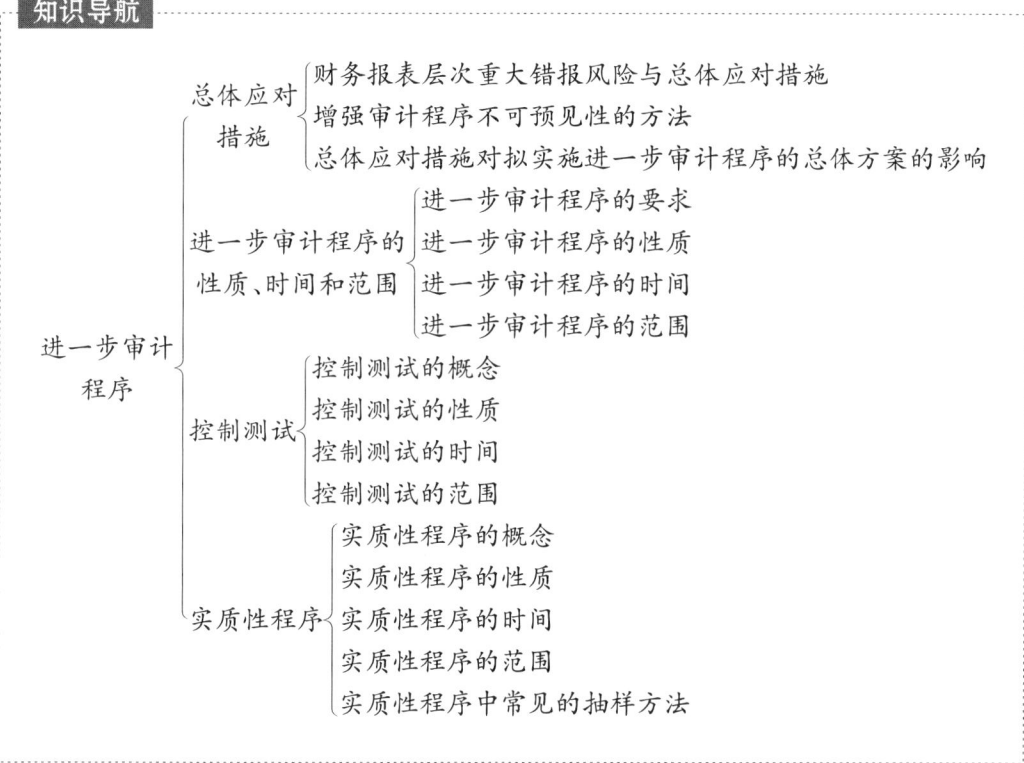

学习目标

1. 掌握进一步审计程序的内涵和要求。
2. 掌握实施进一步审计程序的总体方案的内容。
3. 理解控制测试和实质性程序的概念及包含的具体内容。

 **思政课堂**

证监会行政处罚决定书（新研股份及相关责任人员）

依据2005年修订、2014年修正的《中华人民共和国证券法》（以下简称2005年《证券法》）和2019年修订的《中华人民共和国证券法》（以下简称《证券法》）的有关规定，我会对新研股份信息披露违法违规行为进行了立案调查、审理，并依法向当事人告知了作出行政处罚的事实、理由、依据及当事人依法享有的权利,当事人新研股份、韩华、杨立军、刘佳春未提出陈述、申辩意见,也未要求听证;当事人匡理鹏提出陈述、申辩意见,但未要求听证;应当事人周卫华、张舜、胡鑫的要求,2022年7月29日举行了听证会,听取了当事人及其代理人的陈述和申辩。本案现已调查、审理终结。

经查明,新研股份存在以下违法事实:

因新研股份收购明日宇航,2015年11月1日起,新研股份将明日宇航纳入合并范围。新研股份2015年披露的利润包含明日宇航2015年11月至12月的利润。

新研股份子公司明日宇航通过虚构业务和提前确认收入两种方式实施财务造假。2015年度至2019年度,新研股份虚增营业收入3 346 503 750.10元,各年度具体情况如下:350 998 671.74元、815 165 601.85元、1 174 253 362.90元、884 761 756.83元、121 324 356.78元,分别占当期披露金额的25.05%、45.50%、63.34%、47.07%、9.71%。新研股份虚增利润总额1 311 201 540.66元,各年度具体情况如下:176 887 385.48元、397 687 745.08元、563 423 202.11元、313 169 839.75元、-139 966 631.76元,分别占当期披露金额的50.69%、136.67%、118.24%、90.66%、6.77%。

上述违法事实,有公司年度报告、业务台账、交付清单及统计台账、销售合同、采购合同、贸易类收入成本汇总表、贸易类收入成本会计凭证、银行、汇款收款凭证汇总表及凭证、相关账户银行流水、提前确认收入统计表、应收账款账龄分析表、坏账准备计提明细表、客户核算项目明细账、合同、凭证及留存发票台账及留存发票、当事人询问笔录、相关情况说明等证据证明,足以认定。

根据当事人违法行为的事实、性质、情节与社会危害程度,依据《证券法》第一百九十七条第二款的规定,我会决定:

一、责令新疆机械研究院股份有限公司改正其违法行为,对其给予警告,并处以三百万元罚款;

二、对韩华给予警告,并处以三百万元的罚款;

三、对匡理鹏给予警告,并处以五十万元的罚款。

依据2005年《证券法》第一百九十三条第一款的规定,我会决定:

一、对周卫华给予警告,并处以二十五万元罚款;

二、对张舜、胡鑫、刘佳春给予警告,并分别处以二十万元罚款;

三、对杨立军给予警告,并处以十万元的罚款。

思考:

根据上述案例,判断证监会对新研股份及相关责任人员的处罚是否恰当?

第一节　总体应对措施

注册会计师在审计过程中要贯彻风险导向审计理念,围绕重大错报风险的识别、评估和应对,计划和实施审计工作。通过实施风险评估程序,识别和评估财务报表层次以及各类交易、账户余额及列报认定层次的重大错报风险,针对已评估的报表层次重大错报风险确定总体应对措施,针对评估的认定层次重大错报风险设计和实施进一步审计程序,以将审计风险降低到可以接受的低水平。

结合审计风险模型,我们该如何理解"了解被审计单位及其环境并评估重大错报风险"与"针对评估的重大错报风险实施的程序"之间的关系?

首先,审计风险是指财务报表存在重大错报而注册会计师发表不恰当审计意见的可能性。它取决于重大错报风险和检查风险。三者之间的关系是:审计风险=重大错报风险×检查风险。重大错报风险是指财务报表在审计前存在重大错报的可能性。在设计审计程序以确定财务报表整体是否存在重大错报时,注册会计师应当从财务报表层次和各类交易、账户余额及列报(包括披露,下同)认定层次考虑重大错报。在既定的审计风险水平下,可接受的检查风险水平与认定层次重大错报风险的评估结果呈反向关系。注册会计师应当通过计划和实施审计工作,获取充分、适当的审计证据,将审计风险降到可接受的低水平。在审计风险模型中,重大错报风险是被审计单位的风险,不受注册会计师的控制。注册会计师只能实施风险评估程序正确评估重大错报风险,并根据评估的两个层次的重大错报风险分别采取应对措施。

其次,"了解被审计单位及其环境并评估重大错报风险"是要求注册会计师在执行财务报表审计业务过程中了解被审计单位及其环境,并识别和评估两个层次的重大错报风险。

最后,"针对评估的重大错报风险实施的程序"是要求注册会计师针对财务报表层次的重大错报风险确定总体应对措施,并针对认定层次的重大错报风险设计和实施进一步审计程序,而进一步审计程序的性质、时间和范围则根据评估的风险来确定。即后者是在前者的基础上规范了针对评估的重大错报风险实施的程序。

注册会计师应对重大错报风险时应当做到:①注册会计师针对财务报表层次重大错报风险确定总体应对措施,包括向审计项目组强调在获取审计证据过程中保持职业怀疑态度的必要性、分派更有经验或具有特殊技能的审计人员或利用专家,向审计项目组提供更多督导等。②注册会计师针对认定层次重大错报风险设计和实施进一步审计程序,包括测试控制的执行有效性和实施执行程序。③注册会计师应当评价风险评估的结果是否适当,并确定是否已经获取充分、适当的审计证据。④注册会计师应当将实施的关键程序,形成审计工作记录。

一、财务报表层次重大错报风险与总体应对措施

在财务报表重大错报风险的评估过程中,注册会计师应当确定,识别的重大错报风险如果与财务报表整体广泛相关,进而影响多项认定,则属于财务报表层次的重大错报风险。注册会计师应当针对评估的财务报表层次重大错报风险确定以下总体应对措施:①向项目组强调在收集和评价审计证据过程中保持职业怀疑态度的必要性。②分派更有经验或具有特殊技能的审计人员,或利用专家的工作。③提供更多的督导。在审计过程中,对于财务报表层次重大错报风险较高的审计项目,项目组的高级别成员,如项目负责人、项目经理等经验较丰富的人员,要对其他成员提供更详细、更经常、更及时的指导和监督并加强项目质量复核。④在选择进一步审计程序时,应当注意使某些程序不被管理层预见或事先了解。⑤对拟实施审计程序的性质、时间安排或范围作出总体修改。

二、增强审计程序不可预见性的方法

在选择拟实施的进一步审计程序时融入更多不可预见的因素。被审计单位人员,尤其是管理层,如果熟悉注册会计师的审计套路,便可能采取种种规避手段,掩盖财务报告中的舞弊行为。因此,在设计拟实施审计程序的性质、时间安排和范围时,为了避免既定思维对审计方案的限制,避免对审计效果的人为干涉,从而使得针对重大错报风险的进一步审计程序更加有效,注册会计师要考虑的是某些程序不被被审计单位管理层预见或事先了解。

增强审计程序的不可预见性是确保审计工作质量必不可少的环节,注册会计师实施审计时可以根据具体情况采用以下方法,使被审计单位管理层和治理层对审计程序"摸不着头脑",从而无法实施"反审计对策",让被审计单位真实的一面展示在审计人员面前。具体的方法包括:①对某些以前未测试的低于设定的重要性水平或风险较小的账户余额和认定实施实质性程序。②调整实施审计程序的时间,使其超出被审计单位的预期。③采取不同的审计抽样方法,使当年抽取的测试样本与以前有所不同。④选取不同的地点实施审计程序,或者预先不告知被审计单位所选定的测试地点。

三、总体应对措施对拟实施进一步审计程序的总体方案的影响

财务报表层次重大错报风险难以限于某类交易、账户余额及列报的特点,意味着此类风险可能对财务报表的多项认定产生广泛影响,并相应增加注册会计师对认定层次重大错报风险的评估难度。因此,注册会计师评估的财务报表层次重大错报风险以及采取的总体应对措施,对拟实施进一步审计程序的总体审计方案具有重大影响。

拟实施进一步审计程序的总体审计方案包括实质性方案和综合性方案。其中,实质性方案是指注册会计师实施的进一步审计程序以实质性程序为主;综合性方案是指注册会计师在实施进一步审计程序时,将控制测试与实质性程序结合使用。当评估的财务报表层次重大错报风险属于高风险水平(并相应采取更强调审计程序不可预见性、重视调整审计程序的性质、时间安排和范围等总体应对措施)时,拟实施进一步审计程序的总体方案往往更倾向于实质性方案。

第二节 进一步审计程序的性质、时间和范围

注册会计师应当针对评估的认定层次重大错报风险设计和实施进一步审计程序,包括审计程序的性质、时间安排和范围。

一、进一步审计程序的要求

进一步审计程序相对风险评估程序而言,是指注册会计师针对评估的各类交易、账户余额及列报(包括披露)认定层次重大错报风险实施的审计程序,包括控制测试和实质性程序。注册会计师设计和实施的进一步审计程序的性质、时间安排和范围,应当与评估的认定层次重大错报风险具有明确的对应关系。上述条款的实质是要求注册会计师实施的

审计程序具有目的性和针对性,有的放矢地配置审计资源,提高审计效率和效果。

需要说明的是,尽管在应对评估的认定层次重大错报风险时,拟实施的进一步审计程序的性质、时间安排和范围都应当具有针对性,但其中进一步审计程序的性质是最重要的。例如,注册会计师评估的重大错报风险越高,实施进一步审计程序的范围通常越大;但是只有首先确保进一步审计程序的性质与特定风险相关时,扩大审计程序的范围才是有效的。

根据独立审计准则相关规定,在设计进一步审计程序时,注册会计师应当考虑以下因素。

1. 风险的重要性

风险的重要性是风险造成的后果的严重程度。风险的后果越严重,越需要注册会计师的关注和重视,越需要精心设计有针对性的进一步审计程序。

2. 重大错报发生的可能性

重大错报发生的可能性越大,越需要注册会计师精心设计进一步审计程序。

3. 涉及的各类交易、账户余额及列报的特征

不同的交易、账户余额及列报,产生的认定层次的重大错报风险也会存在差异,适用的审计程序也有差别。这就需要注册会计师区别对待,并设计有针对性的进一步审计程序予以应对。

4. 被审计单位采用的特定控制的性质

不同性质的控制(尤其是人工控制或自动化控制)对注册会计师设计进一步审计程序具有重要影响。

5. 注册会计师是否拟获取审计证据,以确定内部控制在防止或发现并纠正重大错报方面的有效性

如果注册会计师拟在风险评估时预期内部控制运行有效,随后拟实施的进一步审计程序必须包括控制测试,且实质性程序自然会受到之前控制测试结果的影响。

综合上述五个方面的因素,注册会计师对认定层次重大错报风险的评估为确定进一步审计程序的总体方案奠定了基础。因此,注册会计师应当根据对认定层次重大错报风险的评估结果,恰当选用实质性方案或综合性方案。通常情况下,注册会计师出于成本效益的考虑可以采用综合性方案(将测试控制运行的有效性与实质性程序结合使用)设计进一步审计程序。但在某些情况下(如仅通过实质性程序无法应对重大错报风险),注册会计师必须通过实施控制测试,才可能有效应对评估出的某一认定的重大错报风险;而在另一些情况下(如注册会计师的风险评估程序未能识别出与认定相关的任何控制,或注册会计师认为控制测试很可能不符合成本效益原则),注册会计师可能认为仅实施实质性程序就是适当的。

需要注意的是,小型被审计单位可能不存在能够被注册会计师识别的控制活动,所以注册会计师实施的进一步审计程序可能主要是实质性程序。当然,这并不意味着小型被审计单位不存在任何有效的内部控制,也不意味着注册会计师可以简单地假设小型被审计单位不存在有效的内部控制。但是,注册会计师始终应当意识到在缺乏控制的情况下,仅通过实施实质性程序是否能够获取充分、适当的审计证据。

还需要特别说明的是,注册会计师对重大错报风险的评估毕竟是一种主观判断,可能无法充分识别所有的重大错报风险,同时内部控制存在固有局限性(特别是存在管理层凌

驾于内部控制之上的可能性)。因此,无论选择何种方案,注册会计师都应当对所有重大类别的交易、账户余额及列报设计和实施实质性程序。

案例 7-1

背景与情境: 华艺公司是一家生产和销售高端清洁用品的外商独资被审计单位,其产品主要用于星级宾馆和大型饭店。除在北京、广州直接向终端客户销售外,在全国其他地区均向省级或市级经销商销售。

公司提供的财务报表显示:

2022 年度销售收入为 112 644 269 元,比上一年增长 21%(董事会制定的当年预算目标是增长 20%)。

2022 年 12 月 31 日应收账款余额为 39 460 810 元,组成情况如下:共 226 家客户,其中 9 家客户(均为省级经销商)的余额在 100 万元以上,占应收账款总额的 38%,其余客户的余额均小于 30 万元。此外余额在 10 万元以上且账龄超过 1 年的应收账款有 14 家。

2022 年 12 月 31 日坏账准备余额为 1 879 830 元。公司采用账龄分析法和个别认定法相结合的方式计提坏账准备,其中账龄分析法为:账龄 6 个月以上 1 年以下:10%;1 年以上 2 年以下:40%;2 年以上:100%。该公司 2021 年度的税前利润为 8 474 623 元,总体重要性水平为 423 781 元(税前利润的 4%)。

公司部分财务数据如表 7-1 所示。

表 7-1 公司部分财务数据 金额单位:元

项目	2022 年	2021 年
应收账款	39 460 810	27 764 338
坏账准备	(1 879 830)	(1 707 400)
销售收入	112 644 260	93 103 420
应收账款周转天数	108 天	92 天

问题: 注册会计师对被审计单位的销售业务流程进行风险评估并考虑是否实施进一步审计程序,若实施则设计方案。

分析提示: 由于销售业务的重要性及其固有风险,注册会计师认为销售收入和应收账款层次的"发生或存在"和"准确性"认定存在重大错报风险。被审计单位在 2022 年以放宽授信额度来增加销售收入,导致货款回收速度放缓,应收账款余额大幅上升,但坏账准备余额与 2021 年基本持平。注册会计师认为应收账款的计价认定存在特别风险,即年末坏账准备的计提很可能不够,应当进行进一步审计。

基于以前年度对该公司的了解,以及本年度对该公司环境、经营状况、内部控制等的了解和评估,注册会计师决定对应收账款采用综合性审计方案。该公司在各主要业务流程及财务报告编制中使用了计算机信息系统,注册会计师在本年度审计中测试了信息系统一般控制并认为信息系统一般控制是有效的。注册会计师对销售收入、应收账款余额和坏账准备余额实施以下的进一步审计程序:①控制测试。②评估针对特别风险的控制。③实质性程序。

二、进一步审计程序的性质

进一步审计程序的性质是指进一步审计程序的目的和类型。其中,进一步审计程序的目的包括通过实施控制测试以确定内部控制运行的有效性,通过实施实质性程序以发现认定层次的重大错报;进一步审计程序的类型包括检查、观察、询问、函证、重新计算、重新执行和分析程序。不同的审计程序应对特定错报风险的效力不同,所以在应对评估的风险时,合理确定审计程序的性质是非常重要的。

在确定进一步审计程序的性质时,注册会计师首先需要考虑的是认定层次重大错报风险的评估结果。因此,注册会计师应当根据认定层次重大错报风险的评估结果选择审计程序。评估的认定层次重大错报风险越高,对通过实质性程序获取的审计证据的相关性和可靠性的要求越高,从而可能影响进一步审计程序的类型及其综合运用。例如,当注册会计师判断某类交易协议的完整性存在更高的重大错报风险时,除检查文件外,注册会计师还可能决定向第三方询问或函证协议条款的完整性。

除从总体上把握认定层次重大错报风险的评估结果对选择进一步审计程序的影响外,在确定拟实施的审计程序时,注册会计师接下来应当考虑评估的认定层次重大错报风险产生的原因,包括考虑各类交易、账户余额及列报的具体特征以及内部控制。需要说明的是,如果在实施进一步审计程序时拟利用被审计单位信息系统生成的信息,注册会计师应当就信息的准确性和完整性获取审计证据。例如,注册会计师在执行实质性分析程序时,使用了被审计单位生成的非财务信息或预算数据。再如,注册会计师在对被审计单位的存货期末余额实施实质性程序时,拟利用被审计单位信息系统生成的各个存货存放地点及其余额清单。注册会计师应当获取关于这些信息的准确性和完整性的审计证据。

三、进一步审计程序的时间

进一步审计程序的时间是指注册会计师何时实施进一步审计程序,或审计证据适用的期间或时点。

进一步审计程序的时间的选择包含两个层面:何时实施进一步审计程序,选择获取什么期间或时点的审计证据。这两个层面的最终落脚点都是如何确保获取审计证据的效率和效果。进一步审计程序的时间选择情况,如表 7-2 所示。

表 7-2 进一步审计程序的时间选择情况

重大错报风险	性质	时间	范围
高	实质性程序	(1) 期末或接近期末 (2) 采用不通知的方式 (3) 在管理层不能预见的时间	较大样本、较多证据
中	实质性方案或综合性方案	期中	适中样本、适量证据
低	综合性方案	期中或期末	较小样本、较少证据、针对剩余期间获取证据

虽然在期末实施审计程序在很多情况下非常必要,但仍然不排除注册会计师在期中

实施审计程序可能发挥的积极作用。在期中实施进一步审计程序,可能有助于注册会计师在审计工作初期识别重大事项,并在管理层的协助下及时解决这些事项;或针对这些事项制定有效的实质性方案或综合性方案。

在期中实施进一步审计程序也存在很大局限。首先,注册会计师往往难以仅凭在期中实施的进一步审计程序获取有关期中以前的充分、适当的审计证据(如某些期中以前发生的交易或事项在期中审计结束时尚未完结)。其次,即使注册会计师在期中实施的进一步审计程序能够获取有关期中以前的充分、适当的审计证据,但从期中到期末这段剩余期间往往还会发生重大的交易或事项(包括期中以前发生的交易、事项的延续,以及期中以后发生的新的交易、事项),从而对所审计期间的财务报表认定产生重大影响。最后,被审计单位管理层也完全有可能在注册会计师于期中实施了进一步审计程序之后对期中以前的相关会计记录作出调整甚至篡改,导致注册会计师在期中实施进一步审计程序所获取的审计证据发生变化。因此,如果在期中实施了进一步审计程序,注册会计师还应当针对剩余期间获取审计证据。

注册会计师在确定何时实施审计程序时应当考虑以下几项重要因素。

1. 控制环境

良好的控制环境可以抵消在期中实施进一步审计程序的一些局限性,使注册会计师在确定实施进一步审计程序的时间时有更大的灵活度。

2. 何时能得到相关信息

例如,某些控制活动可能仅在期中(或期中以前)发生,而之后可能难以再被观察到;某些电子化的交易和账户文档如未能及时取得,可能被覆盖。在这些情况下,注册会计师如果希望获取相关信息,则需要考虑能够获取相关信息的时间。

3. 错报风险的性质

例如,被审计单位可能为了保证盈利目标的实现,而在会计期末以后伪造销售合同以虚增收入,此时注册会计师需要考虑在期末(即资产负债表日)这个特定时点获取被审计单位截至期末所能提供的所有销售合同及相关资料,以防范被审计单位在资产负债表日后伪造销售合同虚增收入的做法。

4. 审计证据适用的期间或时点

注册会计师应当根据需要获取的特定审计证据确定何时实施进一步审计程序。例如,为了获取资产负债表日的存货余额证据,显然不宜在与资产负债表日间隔过长的期中时点或期末以后时点实施存货监盘等相关审计程序。

需要说明的是,虽然注册会计师在很多情况下可以根据具体情况选择实施进一步审计程序的时间,但也存在着一些限制选择的情况。例如,某些审计程序只能在期末或期末以后实施,包括将财务报表与会计记录相核对或调节、检查财务报表编制过程中所作的会计调整等。如果被审计单位在期末或接近期末发生了重大交易,或重大交易在期末尚未完成,注册会计师应当考虑交易的发生或截止等认定可能存在的重大错报风险,并在期末或期末以后检查此类交易。

四、进一步审计程序的范围

进一步审计程序的范围是指实施进一步审计程序的数量,包括抽取的样本量、对某项控制活动的观察次数等。

在确定进一步审计程序的范围时,注册会计师应当考虑以下几个因素。

1. 确定的重要性水平

确定的重要性水平越低,注册会计师实施进一步审计程序的范围越广。

2. 评估的重大错报风险

评估的重大错报风险越高,对拟获取审计证据的相关性、可靠性的要求越高,注册会计师实施的进一步审计程序的范围也越广。

3. 计划获取的保证程度

计划获取的保证程度是指注册会计师计划通过所实施的审计程序对测试结果可靠性所获取的信心。计划获取的保证程度越高,对测试结果可靠性要求越高。计划获取的保证程度越高,注册会计师实施的进一步审计程序的范围越广。

鉴于进一步审计程序的范围往往是通过一定的抽样方法加以确定的,因此,注册会计师需要慎重考虑抽样过程对审计程序范围的影响是否能够有效实现审计目的。注册会计师使用恰当的抽样方法通常可以得出有效结论。但如果存在下列情形,注册会计师依据样本得出的结论可能与对总体实施同样的审计程序得出的结论不同,从而出现不可接受的风险:①从总体中选择的样本量过小。②选择的抽样方法对实现特定目标不适当。③未对发现的例外事项进行恰当的追查。

此外,注册会计师在综合运用不同审计程序时,除了面临各类审计程序的性质选择问题,还面临如何权衡各类程序的范围问题。因此,注册会计师在综合运用不同审计程序时,不仅应当考虑各类审计程序的性质,还应当考虑测试的范围是否适当。

第三节 控制测试

一、控制测试的概念

控制测试是指测试控制运行的有效性,这一概念需要与"了解内部控制"进行区分。"了解内部控制"包含两层含义:一是评价控制的设计。二是确定控制是否得到执行。因此,在概念上容易引起混淆的是"测试控制运行的有效性"与"确定控制是否得到执行"。

(一)"了解内部控制"与"控制测试"的区别

"了解内部控制"与"控制测试"的区别,如表 7-3 所示。

表 7-3 "了解内部控制"与"控制测试"的区别

区别	了解内部控制	控制测试
目的	(1)评价控制的设计(哪里来) (2)确定控制是否得到执行(用不用)	测试控制运行的有效性(好不好)
关键点	控制得到执行	控制运行的有效性
审计过程	风险评估程序时	进一步审计时

(续表)

区别	了解内部控制	控制测试
证据质量（适当性）	① 某项控制是否存在（有没有） ② 被审计单位正在使用（用不用）	控制能够在各个不同时点按既定设计得以一贯执行（一贯性）：①控制在所审计期间的不同时点是如何运行的；②控制是否得到一贯执行；③控制由谁执行；④控制以何种方式运行
证据数量（充分性）	(1) 只需抽取少量的交易进行检查 (2) 观察某几个试点	①需要抽取足够数量的交易进行检查；②对多个不同时点进行观察
审计方法	(1) 询问被审计单位的人员 (2) 观察特定控制的运用 (3) 检查文件和报告 (4) 穿行测试	①询问以获取与内部控制运行情况相关的信息；②观察以获取控制的运行情况；③检查以获取控制的运行情况；④穿行测试；⑤重新执行
要求	必要程序	必要时或决定测试时，作为进一步审计程序的类型之一

例如，某被审计单位针对销售收入和销售费用的业绩评价控制如下：财务经理每月审核实际销售收入（按产品细分）和销售费用（按费用项目细分），并将预算数和上年同期数比较，对于差异金额超过 4% 的项目进行分析并编制分析报告，销售经理审阅该报告并采取适当跟进措施（相关认定：发生、准确性和完整性）。注册会计师抽查了最近 3 个月的分析报告，并看到上述管理人员在报告上签字确认，证明该控制已经得到执行（这是了解内部控制）。然而，注册会计师在与销售经理的讨论中，发现他对分析报告中明显异常的数据并不了解其原因，也无法作出合理解释，从而显示该控制并未得到有效的运行（这是控制测试）。

（二）"测试控制运行的有效性"与"确定控制是否得到执行"的关系

"测试控制运行的有效性"与"确定控制是否得到执行"虽然在所需获取的审计证据方面存在差异，但两者也有联系。

1. 双重证据

为评价控制设计和确定控制是否得到执行而实施的某些风险评估程序并非专为控制测试（主要为了解内部控制）而设计，但可能提供有关控制运行有效性（控制测试）的审计证据。

2. 双重目的

注册会计师可以考虑在评价控制设计和获取其得到执行的审计证据的同时测试控制运行有效性，以提高审计效率。同时，注册会计师应当考虑这些审计证据是否足以实现控制测试的目的。

被审计单位可能采用预算管理制度，以防止或发现并纠正与费用有关的重大错报风险。通过询问管理层是否编制预算，观察管理层对月度预算费用与实际发生费用的比较，并检查预算金额与实际金额之间的差异报告，注册会计师可能获取有关被审计单位费用预算管理制度的设计及其是否得到执行的审计证据（这是了解内部控制），同时也可能获取相关制度运行有效性的审计证据（这是控制测试）。当然，注册会计师需要考虑所实施的风险评估程序获取的审计证据（这是了解内部控制）是否能够充分、适当地反映被审计单位费用预算管理制度在各个不同时点按照既定设计得以一贯执行（这是控制测试）。

需要注意的是，控制测试并非在任何情况下都要实施，只有存在下列情况之一时，注册会计师才考虑实施控制测试：①在评估认定层次重大错报风险时，预期控制的运行是有效的。如果在评估认定层次重大错报风险时预期控制的运行是有效的，注册会计师应当实施控制测试，就控制在相关期间或时点的运行有效性获取充分、适当的审计证据。②仅实施实质性程序不足以提供认定层次充分、适当的审计证据。如果认为仅实施实质性程序获取的审计证据无法将认定层次重大错报风险降至可接受的低水平，注册会计师应当实施相关的控制测试，以获取控制运行有效性的审计证据。

注册会计师通过实施风险评估程序，可能发现某项控制的设计是存在的，也是合理的，同时得到了执行。此时有必要对控制测试的有效性实施测试吗？在这种情况下，出于成本效益的考虑，注册会计师可能预期，如果相关控制在不同时点都得到了一贯执行，与该项控制有关的财务报表认定发生重大错报的可能性就不会很大，也就不需要实施很多的实质性程序。为此，注册会计可能会认为值得对相关控制在不同时点是否得到一贯执行进行测试，即实施控制测试。这种测试主要是出于成本效益的考虑，前提是注册会计师通过了解内部控制以后认为某项控制存在着被信赖和利用的可能。因此，只有认为控制设计合理、能够防止或发现和纠正认定层次的重大错报，注册会计师才有必要对控制测试的有效性实施测试。

在被审计单位的交易和报表采用高度自动化处理的情况下，注册会计师有必要对控制测试的有效性实施测试吗？在被审计单位对日常交易或与财务报表相关的其他数据（包括信息的生成、记录、处理、报告）采用高度自动化处理的情况下，审计证据可能仅以电子形式存在，此时审计证据是否充分和适当通常取决于自动化信息系统相关控制的有效性。如果信息的生产、记录、处理和报告均通过电子格式进行而没有适当有效的控制，则生成不正确信息或信息被不恰当修改的可能性就会大大增加。在认为仅通过实施实质性程序不能获取充分、适当的审计证据的情况下，注册会计师必须实施控制测试，且这种测试已经不再是单纯出于成本效益的考虑，而是必须获取的一类审计证据。

二、控制测试的性质

（一）控制测试的性质的概念

控制测试的性质是指控制测试所使用的审计程序的类型及其组合。计划从控制测试中获取的保证水平是决定控制测试性质的主要因素之一。注册会计师应当选择适当类型的审计程序以获取有关控制运行有效性的保证。计划的保证水平越高，对有关控制运行有效性的审计证据的可靠性要求越高。当拟实施的进一步审计程序主要以控制测试为主，尤其是仅实施实质性程序获取的审计证据无法将认定层次重大错报风险降至可接受的低水平时，注册会计师应当获取有关控制运行有效性的更高的保证水平。

（二）控制测试的审计程序

虽然控制测试与了解内部控制的目的不同，但两者采用审计程序的类型通常相同，包括询问、观察、检查和穿行测试。此外，控制测试的程序还包括重新执行。

1. 询问

注册会计师可以向被审计单位适当员工询问,以获取与内部控制运行情况相关的信息。例如,询问信息系统管理人员有无未经授权接触计算机硬件和软件;询问负责复核银行存款余额调节表的人员如何进行复核,包括复核的要点是什么、发现不符事项如何处理等。然而,仅仅通过询问不能为控制运行的有效性提供充分的证据,注册会计师通常需要印证被询问者的答复,如向其他人员询问和检查执行控制时所使用的报告、手册或其他文件等。因此,虽然询问是一种有用的手段,它必须和其他测试手段结合使用才能发挥作用。在询问过程中,注册会计师应当保持职业怀疑态度。

2. 观察

观察是测试不留下书面记录的控制(如职责分离)的运行情况的有效方法,如观察存货盘点控制的执行情况。观察也可运用于实物控制,如查看仓库门是否锁好、空白支票是否妥善保管。通常情况下,注册会计师通过观察直接获取的证据比间接获取的证据更可靠。但是,注册会计师还要考虑其所观察到的控制在注册会计师不在场时可能未被执行的情况。

3. 检查

对于运行情况留有书面证据的控制,检查非常适用。书面说明、复核时留下的记号,或其他记录在偏差报告中的标志都可以被当作控制运行情况的证据。例如,检查销售发票是否有复核人员签字,检查销售发票是否附有客户订购单和出库单等。

4. 重新执行

通常只有当询问、观察和检查程序结合在一起仍无法获得充分的证据时,注册会计师才考虑通过重新执行来证实控制是否有效运行。例如,为了合理保证计价认定的准确性,被审计单位的一项控制是由复核人员核对销售发票上的价格与统一价格单上的价格是否一致。然而,要检查复核人员有没有认真执行核对,仅仅检查复核人员是否在相关文件上签字是不够的,注册会计师还需要自己选取一部分销售发票进行核对,这就是重新执行程序。需要注意的是,如果需要进行大量的重新执行,注册会计师就要考虑通过实施控制测试以缩小实质性程序的范围是否有效率。

5. 穿行测试

除上述四类控制测试常用的审计程序以外,实施穿行测试也是一种重要的审计程序。值得注意的是,穿行测试不是单独的一种程序,而是将多种程序按特定审计需要进行结合运用的方法。穿行测试是通过追踪交易在财务报告信息系统中的处理过程,来证实注册会计师对控制的了解,评价控制设计的有效性以及确定控制是否得到执行。可见,穿行测试更多地在了解内部控制时运用。但在执行穿行测试时,注册会计师可能获取部分控制运行有效性的审计证据。

需要说明的是,询问本身并不足以测试控制运行的有效性,注册会计师应当将询问与其他审计程序结合使用,以获取有关控制运行有效性的审计证据。观察提供的证据仅限于观察发生的时点,本身也不足以测试控制运行的有效性。将询问与检查或重新执行结合使用,通常能够比仅实施询问和观察获取更高水平的保证。例如,被审计单位针对处理收到的邮政汇款单设计和执行了相关的内部控制,注册会计师通过询问和观察程序往往不足以测试此类控制的运行有效性,还需要检查能够证明此类控制在所审计期间的其他时段有效运行的文件和凭证,以获取充分、适当的审计证据。

(三)确定控制测试的性质时的要求

注册会计师应当根据特定控制的性质选择所需实施审计程序的类型。在实务中,某些控制可能存在反映控制运行有效性的文件记录,在这种情况下,注册会计师可以检查这些文件记录以获取控制运行有效的审计证据;某些控制可能不存在文件记录(如一项自动化的控制活动),或文件记录与能否证实控制运行有效性不相关,注册会计师应当考虑实施检查以外的其他审计程序(如询问和观察)或借助计算机辅助审计技术,以获取有关控制运行有效性的审计证据。

在设计控制测试时,注册会计师不仅应当考虑与认定直接相关的控制,还应当考虑这些控制所依赖的与认定间接相关的控制,以获取支持控制运行有效性的审计证据。在实际审计时,被审计单位可能针对超出信用额度的例外赊销交易设置报告和审核制度(与认定直接相关的控制);在测试该项制度的运行有效性时,注册会计师不仅应当考虑审核的有效性,还应当考虑与例外赊销报告中信息准确性有关的控制(与认定间接相关的控制)是否有效运行。

控制测试的目的是评价控制是否有效运行;细节测试的目的是发现认定层次的重大错报。尽管两者目的不同,但注册会计师可以考虑针对同一交易同时实施控制测试和细节测试,以实现双重目的。例如,注册会计师通过检查某笔交易的发票可以确定其是否经过适当的授权,也可以获取关于该交易的金额、发生时间等细节证据。当然,如果拟实施双重目的的测试,注册会计师应当仔细设计和评价测试程序。

如果通过实施实质性程序未发现某项认定存在错报,这本身并不能说明与该认定有关的控制是有效运行的;但如果通过实施实质性程序发现某项认定存在错报,注册会计师应当在评价相关控制的运行有效性时予以考虑。因此,注册会计师应当考虑实施实质性程序发现的错报对评价相关控制运行有效性的影响(如降低对相关控制的信赖程度、调整实质性程序的性质、扩大实质性程序的范围等)。如果实施实质性程序发现被审计单位没有识别出的重大错报,通常表明内部控制存在值得关注的缺陷,注册会计师应当就这些缺陷与管理层和治理层进行沟通。

三、控制测试的时间

控制测试的时间包含两层含义:一是何时实施控制测试;二是测试所针对的控制适用的时点或期间。基本原理是,如果测试特定时点的控制,注册会计师将仅得到该时点控制运行有效性的审计证据;如果测试某一期间的控制,注册会计师可获取控制在该期间有效运行的审计证据。因此,注册会计师应当根据控制测试的目的确定控制测试的时间,并确定拟信赖的相关控制的时点或期间。

关于根据控制测试的目的确定控制测试的时间,如果仅需要测试控制在特定时点的运行有效性(如对被审计单位期末存货盘点进行控制测试),注册会计师只需要获取该时点的审计证据。如果需要获取控制在某一期间有效运行的审计证据,仅获取与时点相关的审计证据是不充分的,注册会计师应当辅以其他控制测试,包括测试被审计单位对控制的监督。换言之,关于控制在多个不同时点的运行有效性的审计证据的简单累加并不能构成控制在某一期间的运行有效性的充分、适当的审计证据;而"其他控制测试"应当具备的功能是,能提供相关控制在所有相关时点都运行有效的审计证据;被审计单位对控制的监督起到的就是一种检验相关控制在所有相关时点是否都有效运行的作用,因此,注册会计师测试这类活动能够强化控制在某期间运行有效性的审计证据效力。

(一)对期中审计证据的考虑

根据情况,注册会计师可能在期中实施进一步审计程序。对于控制测试,注册会计师在期中实施此类程序具有更积极的作用。但需要说明的是,即使注册会计师已获取有关控制在期中运行有效性的审计证据,仍然需要考虑如何能够将控制在期中运行有效性的审计证据合理延伸至期末,基本考虑是针对期中至期末这段剩余期间获取充分、适当的审计证据。因此,如果已获取有关控制在期中运行有效性的审计证据,并拟利用该证据,注册会计师应当实施下列审计程序:①获取这些控制在剩余期间发生重大变化情况的审计证据。②确定针对剩余期间还需获取的补充审计证据。

上述两项审计程序中,第①项是针对期中已获取过审计证据的控制,考察这些控制在剩余期间的变化情况(包括是否发生了变化以及如何变化):如果这些控制在剩余期间没有发生变化,注册会计师可能决定信赖期中获取的审计证据;如果这些控制在剩余期间发生了变化(如信息系统、业务流程或人事管理等方面发生变动),注册会计师需要了解并测试控制的变化对期中审计证据的影响。第②项是针对期中证据以外的、剩余期间的补充证据。

在执行针对剩余期间补充审计证据时,注册会计师应当考虑以下因素。

1. 评估的认定层次重大错报风险的重要程度

评估的重大错报风险对财务报表的影响越大,注册会计师需要获取的剩余期间的补充证据越多。

2. 在期中测试的特定控制(及自期中测试后发生的重大变动)

例如,对自动化运行的控制,注册会计师更可能测试信息系统一般控制的运行有效性,以获取控制在剩余期间运行有效性的审计证据。

3. 在期中对有关控制运行有效性获取的审计证据的程度

如果注册会计师在期中对有关控制运行有效性获取的审计证据比较充分,可以考虑适当减少需要获取的剩余期间的补充证据。

4. 剩余期间的长度

剩余期间越长,注册会计师需要获取的剩余期间的补充证据越多。

5. 在信赖控制的基础上拟缩小实质性程序的范围

注册会计师对相关控制的信赖程度越高,通常在信赖控制的基础上拟减少实质性程序的范围就越大。在这种情况下,注册会计师需要获取的剩余期间的补充证据越多。

6. 控制环境

在注册会计师总体上拟信赖控制的前提下,控制环境越薄弱(或把握程度越低),注册会计师需要获取的剩余期间的补充证据越多。

(二)对以前审计获取的审计证据的考虑

注册会计师考虑以前审计获取的有关控制运行有效性的审计证据的意义在于:首先,内部控制中的诸多要素对于被审计单位往往是相对稳定的(相对于具体的交易、账户余额和列报),因此,注册会计师在本期审计时可以适当考虑利用以前审计获取的有关控制运行有效性的审计证据。其次,内部控制在不同期间可能发生重大变化,注册会计师在利用以前审计获取的有关控制运行有效性的审计证据时需要格外慎重,要充分考虑各种因素。

注册会计师调整拟在本期获取的有关控制运行有效性的审计证据是与控制变化有关的审计证据息息相关的。因此,考虑以前审计获取的有关控制运行有效性的审计证据主要是考虑拟信赖的以前审计中测试的控制在本期是否发生变化。如果控制在本期发生变化,注册会计师应当考虑以前审计获取的有关控制运行有效性的审计证据是否与本期审计相关。如果注册会计师拟信赖的控制自上次测试后未发生变化,且不属于旨在减轻特别风险的控制,注册会计师应当运用职业判断确定是否在本期审计中测试其运行有效性,以及本次测试与上次测试的时间间隔,两次测试的时间间隔不得超过两年。

在确定利用以前审计获取的有关控制运行有效性的审计证据是否适当以及再次测试控制的时间间隔时,注册会计师需要考虑的因素或情况包括以下几个方面。

1. 内部控制其他要素的有效性

包括控制环境、对控制的监督以及被审计单位的风险评估过程。例如,当被审计单位控制环境薄弱或对控制的监督薄弱时,注册会计师应当缩短再次测试控制的时间间隔或完全不信赖以前审计获取的审计证据。

2. 控制特征(人工控制还是自动化控制)产生的风险

当相关控制中人工控制的成分较大时,考虑到人工控制一般稳定性较差,注册会计师可能决定在本期审计中继续测试该控制的运行有效性。

3. 信息技术一般控制的有效性

当信息技术一般控制薄弱时,注册会计师可能更少地依赖以前审计获取的审计证据。

4. 控制设计及其运行的有效性

包括在以前审计中测试控制运行有效性时发现的控制运行偏差的性质和程度。例如,当所审计期间发生了对控制运行产生重大影响的人事变动时,注册会计师可能决定在本期审计中不依赖以前审计获取的审计证据。

5. 由于环境发生变化而特定控制缺乏相应变化导致的风险

当环境的变化表明需要对控制作出相应的变动,但控制却没有作出相应变动时,注册会计师应当充分意识到控制不再有效,从而导致本期财务报表发生重大错报的可能性,此时不应再依赖以前审计获取的有关控制运行有效性的审计证据。

6. 重大错报的风险和对控制的拟信赖程度

如果重大错报风险较大或对控制的拟信赖程度较高,注册会计师应当缩短再次测试控制的时间间隔或完全不信赖以前审计获取的审计证据。

如果拟信赖以前审计获取的某些控制运行有效性的审计证据,注册会计师应当在每次审计时从中选取足够数量的控制,测试其运行有效性;不应将所有拟信赖控制的测试集中于某一次审计,而在之后的两次审计中不进行任何测试。这一规定主要是为了尽量降低审计风险,毕竟注册会计师可能难以充分识别以前审计中测试过的控制在本期是否发生变化。此外,在每一次审计中选取足够数量的部分控制进行测试,除了能够提供这些以前审计中测试过的控制在当期运行有效性的审计证据外,还可提供控制环境持续有效性的旁证,从而有助于注册会计师判断其信赖以前审计获取的审计证据是否恰当。

如果注册会计师拟信赖针对特别风险的控制,那么所有关于该控制运行有效性的审计证据必须来自当年的控制测试。相应地,注册会计师应当在每次审计中都测试这类控制。

四、控制测试的范围

控制测试的范围是指某项控制活动的测试次数。注册会计师应当设计控制测试,以获取控制在整个拟信赖的期间有效运行的充分、适当的审计证据。

（一）确定控制测试范围的一般考虑因素

注册会计师在确定某项控制的测试范围时通常会考虑以下因素:

(1) 在整个拟信赖的期间,被审计单位执行控制的频率。控制执行的频率越高,控制测试的范围越大。

(2) 在所审计期间,注册会计师拟信赖控制运行有效性的时间长度。拟信赖控制运行有效性的时间长度不同,在该时间长度内发生的控制活动次数也不同。注册会计师需要根据拟信赖控制的时间长度确定控制测试的范围。拟信赖期间越长,控制测试的范围越大。

(3) 为证实控制能够防止或发现并纠正认定层次重大错报,所需获取审计证据的相关性和可靠性。对审计证据的相关性和可靠性要求越高,控制测试的范围越大。

(4) 通过测试与认定相关的其他控制获取的审计证据的范围。针对同一认定,可能存在不同的控制。当针对其他控制获取审计证据的充分性和适当性较高时,测试该控制的范围可适当缩小。

(5) 在风险评估时拟信赖控制运行有效性的程度。注册会计师在风险评估时对控制运行有效性的拟信赖程度越高,需要实施控制测试的范围越大。

(6) 控制的预期偏差。预期偏差可以用控制未得到执行的预期次数占控制应当得到执行次数的比率加以衡量(也可称作预期偏差率)。考虑该因素,是因为在考虑测试结果是否可以得出控制运行有效性的结论时,不可能只要出现任何控制执行偏差就认定控制运行无效,所以需要确定一个合理水平的预期偏差率。控制的预期偏差率越高,需要实施控制测试的范围越大。如果控制的预期偏差率过高,注册会计师应当考虑控制可能不足以将认定层次的重大错报风险降至可接受的低水平,从而针对某一认定实施的控制测试可能是无效的。

（二）对自动化控制的测试范围的特别考虑

除非系统(包括系统使用的表格、文档或其他永久性数据)发生变动,注册会计师通常不需要增加自动化控制的测试范围。

信息技术处理具有内在一贯性,除非系统发生变动,一项自动化应用控制应当一贯运行。对于一项自动化应用控制,一旦确定被审计单位正在执行该控制,注册会计师通常无须扩大控制测试的范围,但需要考虑执行下列测试以确保该控制持续有效运行:①测试与该应用控制有关的一般控制的运行有效性。②确定系统是否发生更改,如果发生更改,是否存在适当的系统更改控制。③确定对交易的处理是否使用授权批准的软件版本。例如,注册会计师可以检查信息系统安全控制记录,以确定是否存在未经授权的接触系统硬件和软件的行为,以及系统是否发生变动。

第四节 实质性程序

一、实质性程序的概念

实质性程序是指注册会计师针对评估的重大错报风险实施的直接用以发现认定层次重大错报的审计程序。因此,注册会计师应当针对评估的重大错报风险设计和实施实质性程序,以发现认定层次的重大错报。实质性程序包括对各类交易、账户余额及列报的细节测试以及实质性分析程序。

由于注册会计师对重大错报风险的评估是一种判断,可能无法充分识别所有的重大错报风险,并且由于内部控制存在固有局限性,无论评估的重大错报风险结果如何,注册会计师都应当针对所有重大的各类交易、账户余额及列报实施实质性程序。

注册会计师实施的实质性程序应当包括下列与财务报表编制完成阶段相关的审计程序:

(1) 将财务报表与其所依据的会计记录相核对或调节。

(2) 检查财务报表编制过程中作出的重大会计分录和其他会计调整。注册会计师对会计分录和其他会计调整检查的性质和范围,取决于被审计单位财务报告过程的性质和复杂程度以及由此产生的重大错报风险。

如果认为评估的认定层次重大错报风险是特别风险,注册会计师应当专门针对该风险实施实质性程序。如果针对特别风险仅实施实质性程序,注册会计师应当使用细节测试,或将细节测试和实质性分析程序结合使用,以获取充分、适当的审计证据。此规定的考虑是,为应对特别风险需要获取具有高度相关性和可靠性的审计证据,仅实施实质性分析程序不足以获取有关特别风险的充分、适当的审计证据。

二、实质性程序的性质

实质性程序的性质是指实质性程序的类型及其组合。实质性程序一般包括细节测试和实质性分析程序。细节测试是对各类交易、账户余额及列报的具体细节进行测试,目的在于直接识别财务报表认定是否存在错报。从技术特征上来说,实质性分析程序仍然是分析程序,主要是通过研究数据间关系评价信息,只是将该技术方法用作实质性程序,即用以识别各类交易、账户余额、列报及相关认定是否存在错报。

细节测试与实质性分析程序的目的和技术手段存在一定差异,因此,两者各自有不同的适用领域。注册会计师应当根据各类交易、账户余额及列报的性质选择实质性程序类型。细节测试适用于对各类交易、账户余额及列报认定的测试,尤其是对存在或发生、计价认定的测试;对在一段时期内存在可预期关系的大量交易,注册会计师可以考虑实施实质性分析程序。

对于细节测试,注册会计师应当针对评估的风险设计细节测试,获取充分、适当的审计证据,以达到认定层次所计划的保证水平。即注册会计师需要根据不同的认定层次的重大错报风险设计有针对性的细节测试。例如,在针对存在或发生认定设计细节测试时,注册会计师应当选择包含在财务报表金额中的项目,并获取相关审计证据。

注册会计师在设计实质性分析程序时应当考虑的因素包括：①对特定认定使用实质性分析程序的适当性。②对已记录的金额或比率作出预期时，所依据的内部或外部数据的可靠性。③作出预期的准确程度是否足以在计划的保证水平上识别重大错报。④已记录金额与预期值之间可接受的差异额。考虑到数据及分析的可靠性，当实施实质性分析程序时，如果使用被审计单位编制的信息，注册会计师应当考虑测试与信息编制相关的控制，以及这些信息是否在本期或前期经过审计。

案例 7-2

背景与情境： 广夏（银川）实业股份有限公司（以下简称银广夏），于1994年6月17日获准在深圳上市，曾被称为"中国第一家蓝筹股"。旗下设有天津广夏、芜湖广夏、上海广夏、天然物产、贺兰山酿酒等子公司。正是这个一度被业界和广大股民看好的上市公司，却在上市四年后对其年度财务报表连续造假。1998—2001年间共计虚增利润77 146万元。其中，1999年虚增11 781万元，2000年虚增46 704万元，从原材料购进到生产、销售、出口等环节，公司伪造了全部单据，包括销售合同、发票、银行票据、出口报关单和所得税免税文件等。然而面对如此财务报表，为之从事审计的中天勤会计师事务所注册会计师却对银广夏的巨额利润造假熟视无睹，并出具连续多年的无保留意见审计报告。当社会上种种质疑指向中天勤会计师事务所有关注册会计师时，该事务所有关负责人表示歉意，并解释说："根据自查的结果，没有发现有关注册会计师及审计人员在审计过程中存在与企业串通作弊等违背职业道德的行为，事务所与银广夏公司也不存在造假行为，我们也是银广夏造假行为的受害者，一直以来，有关银广夏的正面报道颇多，公司在有关萃取产品销售、发展和进一步投资的公告方面，给人们的印象是信息披露及时、全面。这些给社会留下良好印象，同时也严重误导公众包括注册会计师。在这种情况下，很少有人对银广夏公司的财务报告产生怀疑，注册会计师无疑也受到同样的心理影响，在当时的情况下对公司的财务报告给予了肯定。"

问题： 针对如此财务报表，是银广夏公司舞弊手段太完美，还是作为"经济警察"的注册会计师在审计时实施的审计程序和方法有问题呢？

分析提示： 任何舞弊的财务报表都可以通过各种审计程序和方法被查出其中的重大错报，这也正所谓"法网恢恢疏而不漏"。而中天勤事务所注册会计师之所以发表无保留审计意见，并非是审计程序不能查出重大错报，而是在审计过程中根本没有秉承职业谨慎性，未能运用相关合理审计程序进行分析判断，重形式轻实质地执行相关审计程序。例如，针对关键产品卵磷脂的投入和产出，应运用实质性分析程序分析出2000年的投入产出比较1999年大幅下降，注册会计师针对此现象既没有实地考察，也没有咨询专家，而是一味轻信银广夏管理当局声称的"生产进入成熟期"。从事产品生产，生产车间中发生的水电和生产产品的产量有直接关系，如此明显的问题，注册会计师却未能识别到2000年水电能耗比发生异常。2000年水电费支出70多万元，1999年在生产量很大的情况下，水电费没有增加反而降至20多万元，而且该企业主要的生产动力就是电能，等等。类似于这样的项目还有很多，如果注册会计师在审计时多增加那么一丁点关注度，更改一下审计程序，对这些数据实施一下实质性分析程序，那么舞弊现象很容易从这些比值变化中被发现。不是造假者技术太高明,而是注册会计师没有坚持谨慎性,对相关信息缺乏专业关注度,没有严格履行审计职责。

三、实质性程序的时间

实质性程序的时间选择与控制测试的时间选择既有共同点又存在差异,具体关系如表 7-4 所示。

表 7-4 实质性程序的时间选择与控制测试的时间选择的关系

时间	控制测试	实质性程序
期中	获取期中关于控制运行有效性审计证据的做法更具有一种"常态"	目的在于更直接地发现重大错报,在期中实施实质性程序时更需要考虑其成本效益的权衡
以前	拟信赖以前审计获取的有关控制运行有效性的审计证据,已经受到了很大的限制	对于以前审计中通过实质性程序获得的审计证据,则采取了更加慎重的态度和更严格的限制
共同点	两类程序都面临着对期中审计证据和对以前审计获取的审计证据的考虑	

(一)是否在期中实施实质性程序

在期中实施实质性程序,一方面消耗了审计资源,另一方面期中实施实质性程序获取的审计证据又不能直接作为期末财务报表认定的审计证据,注册会计师仍然需要消耗进一步的审计资源使期中审计证据能够合理延伸至期末。于是这两部分审计资源的总和是否能够显著小于完全在期末实施实质性程序所需消耗的审计资源,是注册会计师需要权衡的。因此,注册会计师在考虑是否在期中实施实质性程序时应当考虑以下因素:

(1)控制环境和其他相关的控制。控制环境和其他相关的控制越薄弱,注册会计师越不宜依赖期中实施的实质性程序。

(2)实施审计程序所需信息在期中之后的可获得性。如果实施实质性程序所需信息在期中之后可能难以获取(如系统变动导致某类交易记录难以获取),注册会计师应考虑在期中实施实质性程序;但如果实施实质性程序所需信息在期中之后的可获得性并不存在明显困难,该因素不应成为注册会计师在期中实施实质性程序的重要影响因素。

(3)实质性程序的目标。如果针对某项认定实施实质性程序的目标就包括获取该认定的期中审计证据(从而与期末比较),注册会计师应在期中实施实质性程序。

(4)评估的重大错报风险。注册会计师评估的某项认定的重大错报风险越高,针对该认定所需获取的审计证据的相关性和可靠性要求也就越高,注册会计师越应当考虑将实质性程序集中于期末(或接近期末)实施。

(5)特定类别交易或账户余额以及相关认定的性质。例如,某些交易或账户余额以及相关认定的特殊性质(如收入截止认定、未决诉讼)决定了注册会计师必须在期末(或接近期末)实施实质性程序。

(6)针对剩余期间,能否通过实施实质性程序或将实质性程序与控制测试相结合,降低期末存在错报而未被发现的风险。如果针对剩余期间注册会计师可以通过实施实质性程序或将实质性程序与控制测试相结合,较有把握地降低期末存在错报而未被发现的风险(如注册会计师在10月份实施预审时考虑是否使用一定的审计资源实施实质性程序,从而形成的剩余期间不是很长),注册会计师可以考虑在期中实施实质性程序;但如果针对剩余期间注册会计师认为还需要消耗大量审计资源才有可能降低期末存在错报而未被发现的风险,甚至没有把握通过适当的进一步审计程序降低期末存在错报而未被发现的风险(如被审计单位于8月份发生管理层变更,注册会计师接受后任管理层邀请实施预审时,考虑是否使用一定的审计资源实施实质性程序),注册会计师就不宜在期中实施实质性程序。

(二)对期中审计证据的考虑

《中国注册会计师审计准则第1231号——针对评估的重大错报风险实施的程序》第六十二条规定,如果在期中实施了实质性程序,注册会计师应当针对剩余期间实施进一步的实质性程序,或将实质性程序和控制测试结合使用,以将期中测试得出的结论合理延伸至期末。该规定指出了在如何将期中实施的实质性程序得出的结论合理延伸至期末时,注册会计师有两种选择:一是针对剩余期间实施进一步的实质性程序。二是将实质性程序和控制测试结合使用。

如果拟将期中测试得出的结论延伸至期末,注册会计师应当考虑针对剩余期间仅实施实质性程序是否足够。如果认为实施实质性程序本身不充分,注册会计师还应测试剩余期间相关控制运行的有效性或针对期末实施实质性程序。

对于舞弊导致的重大错报风险(作为一类重要的特别风险),被审计单位存在故意错报或操纵的可能性,注册会计师就更应慎重考虑能否将期中测试得出的结论延伸至期末。因此,如果已识别出由于舞弊导致的重大错报风险,为将期中得出的结论延伸至期末而实施的审计程序通常是无效的,注册会计师应当考虑在期末或者接近期末实施实质性程序(进一步说,注册会计师应当考虑对于各种类别的特别风险,能否将期中实质性程序得出的结论延伸至期末)。

(三)对以前审计获取的审计证据的考虑

在以前审计中实施实质性程序获取的审计证据,通常对本期只有很弱的证据效力或没有证据效力,不足以应对本期的重大错报风险。只有当以前获取的审计证据及其相关事项未发生重大变动时(如以前审计通过实质性程序测试过的某项诉讼在本期没有任何实质性进展),以前获取的审计证据才可能用作本期的有效审计证据。但即便如此,如果拟利用以前审计中实施实质性程序获取的审计证据,注册会计师应当在本期实施审计程序,以确定这些审计证据是否具有持续相关性。

四、实质性程序的范围

评估的认定层次重大错报风险和实施控制测试的结果是注册会计师在确定实质性程序的范围时的重要考虑因素。因此,在确定实质性程序的范围时,注册会计师应当考虑评估的认定层次重大错报风险和实施控制测试的结果。注册会计师评估的认定层次的重大错报风险越高,需要实施实质性程序的范围越广。如果对控制测试结果不满意,注册会计师应当考虑扩大实质性程序的范围。

在设计细节测试时,注册会计师除了从样本量的角度考虑测试范围外,还要考虑选样方法的有效性等因素。例如,从总体中选取大额或异常项目,而不是进行代表性抽样或分层抽样。

实质性分析程序的范围有两层含义。第一层含义是对什么层次上的数据进行分析,注册会计师可以选择在高度汇总的财务数据层次进行分析,也可以根据重大错报风险的性质和水平调整分析层次。例如,按照不同产品线、不同季节或月份、不同经营地点或存货存放地点等实施实质性分析程序。第二层含义是需要对什么幅度或性质的差异展开进一步调查。实施分析程序可能发现偏差,但并非所有的偏差都值得展开进一步调查。如果可容忍或可接受的偏差(即预期偏差)越大,作为实质性分析程序一部分的进一步调查的范围就越小。于是确定适当的预期偏差幅度(在某些情况下还需要考虑偏差的性质)同样属于实质性分析程序的范畴。因此,在设计实质性分析程序时,注册会计师应当确定已记录金额与预期值之间可接受的差异额。在确定该差异额时,注册会计师应当主要考虑各类交易、账户余额、列报及相关认定的重要性和计划的保证水平。

五、实质性程序中常见的抽样方法

在进行实质性测试时,审计人员可能使用统计抽样方法,也可能使用非统计抽样方法。在实质性测试中使用的统计抽样方法主要是传统变量抽样,它是对审计对象总体货币金额进行测试所采用的方法,可用来确定账户金额是多少、是否存在重大误差等。传统变量抽样包括三种具体方法:均值估计抽样、差额估计抽样和比率估计抽样。

(一)均值估计抽样

均值估计抽样是利用样本平均值估计总体平均值,然后对总体的金额进行推断估计的一种变量抽样方法。均值估计抽样的计算公式如下:

总体金额估计值 = 总体规模 × 样本中所有项目审定金额的平均值
推断的总体错报 = 总体账面金额 − 总体金额估计值

案例 7-3

注册会计师从总体规模为 1 000、账面金额为 1 000 000 元的存货项目中选择了 200 个项目作为样本。确定了正确的采购价格并重新计算了价格与数量乘积之后,注册会计师将 200 个样本项目的审定金额加总后除以 200,确定样本项目的平均审定金额为 980 元。然后计算出估计的存货余额为 980 000 元(980×1 000)。最后计算出推断的总体错报为 20 000 元(1 000 000−980 000)。

分析解答: 根据均值估计抽样的方法,该注册会计师计算推断的总体错报的具体步骤如下:

(1) 计算样本中所有审计项目的平均值:

样本平均审定金额(样本平均值) = 样本审定金额 ÷ 样本量 = 196 000 ÷ 200 = 980(元)。

(2) 计算总体金额估计值:

总体金额估计值 = 样本平均审定金额 × 总体规模 = 980×1 000 = 980 000(元)。

(3) 计算推断的总体错报:

推断的总体错报＝总体账面金额－总体估计金额＝1 000 000－980 000＝20 000(元)。

(二) 差额估计抽样

差额估计抽样是以样本实际金额与账面金额的平均差额来估计总体金额与账面金额的平均差额,然后再以这个平均差额乘以总体规模,从而求出总体的实际金额与账面金额的差额(即总体错报)的一种方法。差额估计抽样的计算公式如下：

$$平均错报 = 样本实际金额与账面金额的差额 \div 样本规模$$
$$推断的总体错报 = 平均错报 \times 总体规模$$

案例 7-4

注册会计师从总体规模为1 000的存货项目中选取了200个项目进行检查。总体的账面金额总额为1 040 000元。注册会计师逐一比较200个样本项目的审定金额和账面金额并将账面金额(208 000元)和审定金额(196 000元)之间的差异加总,从而计算出总体错报。

分析解答：根据差额估计抽样的方法,该注册会计师计算推断的总体错报的具体步骤如下：

(1) 计算样本审定金额与账面金额的差额：

样本审定金额与账面金额的差额＝账面金额－样本审定金额＝208 000－196 000＝12 000(元)。

(2) 计算样本平均错报：

样本平均错报＝样本实际金额与账面金额的差额÷样本规模＝12 000÷200＝60(元)。

(3) 计算推断的总体错报：

推断的总体错报＝平均错报×总体规模＝60×1 000＝60 000(元)。

(三) 比率估计抽样

比率估计抽样是指以样本的实际金额与账面金额之间的比率关系来估计总体实际金额与账面金额之间的比率关系,然后再以这个比率去乘总体的账面金额,从而求出估计的总体实际金额的一种抽样方法。比率估计抽样法的计算公式如下：

$$比率 = 样本审定金额 \div 样本账面金额$$
$$估计的总体实际金额 = 总体账面金额 \times 比率$$
$$推断的总体错报 = 总体账面金额 - 估计总体金额$$

案例 7-5

仍沿用上述案例资料,如果上例中注册会计师使用比率估计抽样,那么推断的总体错报应该是多少？

分析解答：根据比率估计抽样的方法,该注册会计师计算推断的总体错报的具体步骤如下：

(1) 计算样本审定金额与账面金额的比率：

比率＝样本审定金额÷样本账面金额＝196 000÷208 000＝0.94。

(2) 计算估计的总体实际金额：

估计的总体实际金额＝总体账面金额×比率＝1 040 000×0.94＝977 600(元)。

(3) 计算推断的总体错报：

推断的总体错报＝总体账面金额－估计总体金额＝1 040 000－977 600＝62 400(元)。

如果未对总体进行分层，注册会计师通常不使用均值估计抽样，因为此时所需的样本规模可能太大，以至于对一般的审计而言不符合成本效益原则。比率估计抽样和差额估计抽样都要求样本项目存在错报。如果样本项目的审定金额和账面金额之间没有差异，这两种方法使用的公式所隐含的机理就会导致错误的结论。如果注册会计师决定使用统计抽样，且预计没有差异或只发现少量差异，就不应使用比率估计抽样和差额估计抽样，而应考虑使用其他的代替方法，如均值估计抽样或概率比例规模抽样法。

课 堂 测 试

班级_____ 姓名_____ 学号_____ 日期_____ 分数_____

一、单项选择题(每题 5 分,共计 50 分)

1. 下列有关总体应对措施的说法中,错误的是(　　)。
   A. 薄弱的控制环境带来的风险可能对财务报表产生广泛影响,应当采取总体应对措施
   B. 总体应对措施,对拟实施进一步审计程序的总体审计方案具有重大影响
   C. 存在与特定的某类交易、账户余额和披露的认定相关的重大错报风险,应当采取总体应对措施
   D. 对拟实施的进一步审计程序增加不可预见性的程度无须量化

2. 下列有关增加审计程序不可预见性的说法中,错误的是(　　)。
   A. 需要与被审计单位的管理层事先沟通,要求实施具有不可预见性的审计程序
   B. 需要告知被审计单位高层管理人员实施不可预见性程序的具体内容
   C. 审计项目组可以汇总那些具有不可预见性的审计程序,并记录在审计工作底稿中
   D. 项目合伙人需要安排项目组成员有效地实施具有不可预见性的审计程序,但同时要避免使项目组成员处于困难境地

3. 下列有关提高函证程序的不可预见性的措施中,正确的是(　　)。
   A. 向重要的客户寄发消极式询证函
   B. 以积极的方式向小余额客户寄发询证函
   C. 将函证截止日定为当年 12 月 31 日
   D. 要求客户直接向被审计单位回函

4. 下列有关进一步审计程序的说法中,正确的是(　　)。
   A. 拟实施进一步审计程序的总体审计方案包括实质性方案和综合性方案
   B. 注册会计师设计和实施的进一步审计程序的性质、时间安排和范围,应当与评估的财务报表层次重大错报风险建立明确的对应关系
   C. 注册会计师评估的重大错报风险越高,实施进一步审计程序的范围通常越小
   D. 进一步审计程序的范围是最重要的

5. 下列各项中,不属于进一步审计程序的是(　　)。
   A. 询问　　　　B. 函证　　　　C. 重新执行　　　　D. 穿行测试

6. 下列各项中,不属于在确定进一步审计程序的时间时应当考虑的因素的是(　　)。
   A. 控制环境　　　　　　　　　　B. 审计意见的类型
   C. 错报风险的性质　　　　　　　D. 审计证据适用的期间或时点

7. 下列各项审计程序中,注册会计师在实施控制测试和实质性程序时,均可以采用的是(　　)。

A. 分析程序　　　　B. 函证　　　　C. 重新执行　　　　D. 检查

8. 下列有关进一步审计程序的范围的说法中,错误的是(　　)。
   A. 进一步审计程序的范围包括控制测试和实质性程序的范围
   B. 重要性水平和进一步审计程序的范围成正比
   C. 评估的重大错报风险水平和进一步审计程序的范围成正比
   D. 计划获取的保证程度和进一步审计程序的范围成正比

9. 下列有关控制测试目的的说法中,正确的是(　　)。
   A. 控制测试旨在评价内部控制在防止或发现并纠正认定层次重大错报方面运行有效性
   B. 控制测试旨在发现认定层次发生的错报
   C. 控制测试旨在验证实质性程序结果的可靠性
   D. 控制测试旨在确定控制是否得到执行

10. 下列有关了解内部控制与控制测试的说法中,错误的是(　　)。
    A. 注册会计师可以考虑在评价控制设计和获取其得到执行的审计证据的同时测试控制运行有效性
    B. 了解内部控制包括评价控制的设计和确定控制是否有效运行
    C. 在了解内部控制是否得到执行时,注册会计师只需抽取少量的交易进行检查或观察某几个时点
    D. 如果被审计单位在所审计期间内的不同时期使用了不同的控制,注册会计师应当考虑不同时期控制运行的有效性

二、多项选择题(每题 10 分,共计 50 分)

1. 下列各项中,可以增加审计程序的不可预见性的有(　　)。
   A. 对某些以前未测试的低于设定的重要性水平或风险较小的账户余额实施实质性程序
   B. 调整实施审计程序的时间,使其超出被审计单位的预期
   C. 采取不同的审计抽样方法,使当年抽取的测试样本与以前有所不同
   D. 选取不同的地点实施审计程序,或预先不告知被审计单位所选定的测试地点

2. 下列有关进一步审计程序的说法中,正确的有(　　)。
   A. 进一步审计程序包括控制测试和实质性分析程序
   B. 注册会计师设计和实施的进一步审计程序的性质、时间安排和范围,应当与评估的认定层次重大错报风险具备明确的对应关系
   C. 只有确保进一步审计程序的性质与特定风险相关时,扩大审计程序的范围才是有效的
   D. 无论选择何种方案,注册会计师都应当对所有重大类别的交易、账户余额和披露设计和实施实质性程序

3. 下列各项中,设计进一步审计程序时应当考虑的因素有(　　)。
   A. 收费的高低　　　　　　　　　　　B. 重大错报发生的可能性
   C. 被审计单位采用的特定控制的性质　　D. 被审计单位管理层的预期

4. 下列有关进一步审计程序的时间的说法中,正确的有(　　)。

A. 在期中实施了进一步审计程序,可以针对剩余期间获取审计证据
B. 当重大错报风险较高时,应当考虑在期末或接近期末实施实质性程序,或采用不通知的方式,或在管理层不能预见的时间实施审计程序
C. 应当根据需要获取的特定审计证据确定何时实施进一步审计程序
D. 在期末或接近期末发生了重大交易,或重大交易在期末尚未完成,应当考虑在期末或期末以后实施进一步审计程序

5. 下列各项中,在测试内部控制的运行有效性时应当获取的审计证据有(　　)。
   A. 控制是否存在　　　　　　　　　B. 控制如何运行的
   C. 控制是否得到一贯执行　　　　　D. 控制由谁执行

第八章 销售与收款循环审计

> **知识导航**
>
> 销售与收款循环审计
> - 销售与收款循环的特性
>   - 涉及的主要账户
>   - 涉及的主要凭证与会计记录
>   - 涉及的主要业务活动
> - 控制测试和交易的实质性程序
>   - 销售交易的内部控制和控制测试
>   - 收款交易的内部控制和控制测试
>   - 控制测试的注意事项
>   - 销售与收款的实质性程序
> - 营业收入审计
>   - 营业收入的审计目标
>   - 主营业务收入的实质性程序
>   - 其他业务收入的实质性程序
> - 应收账款审计
>   - 应收账款的审计目标
>   - 应收账款的实质性程序
>   - 坏账准备的实质性程序

学习目标

1. 理解销售与收款循环的特性。
2. 熟悉销售与收款循环涉及的主要账户、凭证、会计记录和业务活动。
3. 理解销售与收款交易的审计目标和内部控制。
4. 掌握销售与收款循环的控制测试和实质性程序。
5. 掌握营业收入和应收账款的审计程序。

思政课堂

雏鹰农牧财务造假被揭穿

依据 2005 年修订的《中华人民共和国证券法》的有关规定,中国证监会对雏鹰农牧集团股份有限公司(以下简称雏鹰农牧)信息披露违法违规行为进行了立案调查、审理,并于 2022 年 11 月 10 日出具行政处罚决定书,依法向当事人告知了作出行政处罚及市场禁入的事实、理由、依据及当事人依法享有的权利。

经查明,雏鹰农牧存在以下违法事实。

一、定期报告存在虚假记载

(一)在定期报告中虚增可供出售金融资产、长期股权投资及其他流动资产

2016—2018年,雏鹰农牧通过子公司兰考中聚恒通产业投资基金(有限合伙)(以下简称中聚恒通)、深圳泽赋农业产业投资基金有限合伙企业(以下简称深圳泽赋)等对外股权投资形成了可供出售金融资产或长期股权投资,但股权投资资金实际流入雏鹰农牧实际控制人侯建芳控制或使用的账户,或回流至雏鹰农牧子公司。雏鹰农牧通过虚假股权投资虚增可供出售金融资产或长期股权投资。

2016—2018年,雏鹰农牧通过子公司中聚恒通、深圳泽赋、河南泰元投资担保有限公司对外债权投资形成了可供出售金融资产以及其他流动资产,但债权投资项目的被投资对象为侯建芳实际控制或使用账户的名义所有人,债权投资资金实际流入侯建芳控制或使用的账户。雏鹰农牧通过虚假债权投资虚增可供出售金融资产或其他流动资产。

2016年度,雏鹰农牧虚增股权投资、债权投资共计2 214 830 000元。其中,通过虚假股权投资虚增可供出售金融资产及长期股权投资433 850 000元;通过虚假债权投资虚增可供出售金融资产及其他流动资产1 780 980 000元。2017年度,雏鹰农牧虚增股权投资、债权投资共计5 775 616 818元。其中,通过虚假股权投资虚增可供出售金融资产及长期股权投资1 560 100 000元;通过虚假债权投资虚增可供出售金融资产及其他流动资产4 215 561 818元。2018年度,雏鹰农牧虚增股权投资、债权投资共计6 975 744 631.86元。其中,通过虚假股权投资虚增可供出售金融资产1 560 250 000元;通过虚假债权投资虚增其他流动资产5 415 494 631.86元。

(二)在定期报告中虚增利润总额

2016—2018年,雏鹰农牧通过上述虚假股权投资、债权投资确认收益。相关收益的资金来源于侯建芳控制的账户。通过虚假股权投资、债权投资确认收益的手段虚增利润总额。同时,2016年,雏鹰农牧处置子公司雏鹰农牧集团(上海)商贸有限公司(以下简称上海商贸)股权的处置款部分来源于上市公司自身,形成自我交易。雏鹰农牧通过上述虚假处置子公司股权确认收益的手段虚增利润总额。

2016年度,雏鹰农牧通过虚假股权投资确认收益、虚假处置子公司股权确认收益和虚假债权投资确认收益的手段虚增利润总额127 303 166.81元。其中,通过虚假股权投资确认收益88 800 000元;通过虚假处置子公司股权确认收益5 000 000元;通过虚假债权投资确认收益33 503 166.81元。

2017年度,雏鹰农牧通过虚假股权投资确认收益和虚假债权投资确认收益的手段虚增利润总额356 631 580.37元。其中,通过虚假股权投资确认收益60 515 662.96元;通过虚假债权投资确认收益296 115 917.41元。

2018年度,雏鹰农牧通过虚假股权投资确认收益和虚假债权投资确认收益的手段虚增利润总额118 447 533.15元。其中,通过虚假股权投资确认收益3 541 535.27元;通过虚假债权投资确认收益114 905 997.88元。

(三)在定期报告中虚增营业收入

2016年度,雏鹰农牧通过虚增子公司郑州新融农牧贸易有限公司(以下简称新融农牧)生猪贸易销售收入,虚增营业收入129 454 113.85元。2017年度,雏鹰农牧通过虚增

子公司新融农牧生猪贸易销售收入,虚增营业收入455 814 479.10元。2018年度,雏鹰农牧通过虚增子公司新融农牧生猪贸易销售收入,虚增营业收入196 366 050元。

上述行为导致雏鹰农牧《2016年年度报告》《2017年年度报告》《2018年年度报告》财务数据存在虚假记载。

二、未在定期报告中披露关联交易

雏鹰农牧《2016年年度报告》《2017年年度报告》《2018年年度报告》中披露,侯建芳为雏鹰农牧实际控制人。根据《中华人民共和国公司法》第二百一十六条第四项及《上市公司信息披露管理办法》第七十一条第三项的规定,在前述报告期内,侯建芳为雏鹰农牧的关联方。

2016年度,雏鹰农牧虚假股权投资部分资金实际流入侯建芳控制或使用的账户,构成与侯建芳的关联交易,涉及金额92 850 000元;虚假股权投资确认收益资金来源于侯建芳控制或使用的账户,构成与侯建芳的关联交易,涉及金额88 800 000元;虚假债权投资资金实际流入侯建芳控制账户,构成与侯建芳的关联交易,涉及金额1 964 380 000元;虚假债权投资资金偿还来自侯建芳控制账户,构成与侯建芳的关联交易,涉及金额183 400 000元;虚假债权投资确认收益资金来源于侯建芳控制账户,构成与侯建芳的关联交易,涉及金额32 293 571.52元;借款被转入侯建芳控制或使用账户,构成与侯建芳的关联交易,涉及金额85 000 000元;雏鹰农牧向侯建芳出售子公司上海商贸、吉林凯创农牧科技有限公司以及河南省福润德机械设备有限公司股权,构成与侯建芳的关联交易,涉及金额98 788 000元。

2017年度,雏鹰农牧虚假股权投资资金实际流入侯建芳控制或使用的账户,构成与侯建芳的关联交易,涉及金额1 636 250 000元;虚假股权投资的处置资金来源于侯建芳控制或使用的账户,构成与侯建芳的关联交易,涉及金额503 200 000元;虚假债权投资资金实际流入侯建芳控制账户,构成与侯建芳的关联交易,涉及金额4 146 744 001.67元;虚假债权投资资金偿还来自侯建芳控制账户,构成与侯建芳的关联交易,涉及金额1 712 162 183.67元;虚假债权投资确认收益资金来源于侯建芳控制账户,构成与侯建芳的关联交易,涉及金额262 366 624.91元;借款被转入侯建芳控制或使用账户,构成与侯建芳的关联交易,涉及金额289 642 698.08元;雏鹰农牧向侯建芳出售子公司雏鹰集团郑州雏牧香物流有限公司股权,构成与侯建芳的关联交易,涉及金额3 750 000元。

2018年度,雏鹰农牧虚假股权投资资金实际流入侯建芳控制或使用的账户,构成与侯建芳的关联交易,涉及金额467 000 000元;虚假股权投资的处置资金来源于侯建芳控制或使用的账户,构成与侯建芳的关联交易,涉及金额228 550 000元;虚假股权投资确认利息收入资金来源于侯建芳控制账户,构成与侯建芳的关联交易,涉及金额16 157 198.23元;虚假债权投资资金实际流入侯建芳控制账户,构成与侯建芳的关联交易,涉及金额3 496 027 452.06元;虚假债权投资资金偿还来自侯建芳控制账户,构成与侯建芳的关联交易,涉及金额1 739 850 568元;虚假债权投资确认收益资金来源于侯建芳控制账户,构成与侯建芳的关联交易,涉及金额118 654 557.25元;借款被转入侯建芳控制或使用账户,构成与侯建芳的关联交易,涉及金额181 069 522.47元。

雏鹰农牧未在其《2016年年度报告》《2017年年度报告》《2018年年度报告》中披露该事项,导致相关定期报告存在重大遗漏。同时,雏鹰农牧未将其以债务人身份发生的借款计入财务报表,导致《2016年年度报告》《2017年年度报告》《2018年年度报告》财务报表少计负债,存在虚假记载。

思考:
结合引例思考,企业在销售与收款循环中,主要会使用哪些造假手段?

第一节 销售与收款循环的特性

一、涉及的主要账户

销售与收款循环是指企业将商品或劳务销售给买方,以及收回货款等一系列活动。它从客户提出订货要求开始,将商品或劳务转化为应收账款等,并最终以收回现金结束。销售与收款循环的主要活动包括销售业务、收款业务及销货退回、折扣与折让业务。销售与收款循环业务涉及的主要账户有应收票据、应收账款与坏账准备、长期应收款、预收账款、应交税费、营业收入、营业税金及附加、销售费用等。

销售包括现销和赊销,从某种意义上讲,现销只是赊销的一种特殊形式。因此,本章重点阐述赊销业务。

二、涉及的主要凭证与会计记录

典型的销售与收款循环涉及的主要凭证与会计记录有以下几种。

1. 客户订购单

客户订购单即客户提出的书面购货要求。企业可以通过销售人员或其他途径,如采用电话、信函和向现有的及潜在的客户发送订购单等方式接受订货,取得客户订购单。

2. 销售单

销售单是列示客户所订商品的名称、规格、数量以及其他与客户订购单有关信息的凭证,作为销售方内部处理客户订购单的凭据。

3. 发运凭证

发运凭证是在发运货物时编制的,用以反映发出商品的规格、数量和其他有关内容的凭据。发运凭证的一联寄送给客户,其余联(一联或数联)由企业保留。这种凭证可用作向客户开具账单的依据。

4. 销售发票

销售发票是一种用来表明已销售商品的名称、规格、数量、价格、销售金额、运费和保险费、开票日期、付款条件等内容的凭证。销售发票的一联寄送给客户,其余联由企业保留。销售发票也是在会计账簿中登记销售交易的基本凭证。

5. 商品价目表

商品价目表是列示已经授权批准的、可供销售的各种商品的价格清单。

6. 贷项通知单

贷项通知单是一种用来表示由于销售退回或经批准的折让而引起的应收销货款减少

的凭证。这种凭证的格式通常与销售发票的格式类似,只不过它不是用来证明应收账款的增加,而是用来证明应收账款的减少。

7. 应收账款账龄分析表

通常,应收账款账龄分析表按月编制,反映月末尚未收回的应收账款总额的账龄,并详细反映每个客户月末尚未偿还的应收账款数额和账龄。

8. 应收账款明细账

应收账款明细账是用来记录每个客户各项赊销、还款、销售退回及折让的明细账。各应收账款明细账的余额合计数应与应收账款总账的余额相等。

9. 主营业务收入明细账

主营业务收入明细账是一种用来记录销售交易的明细账。它通常记载和反映不同类别商品或劳务的销售总额。

10. 折扣与折让明细账

折扣与折让明细账是一种用来核算企业销售商品时,按销售合同规定为了及早收回货款而给予客户的销售折扣和因商品品种、质量等原因而给予客户的销售折让情况的明细账。当然,企业也可以不设置折扣与折让明细账,而将该类业务直接记录于主营业务收入明细账。

11. 汇款通知书

汇款通知书是一种与销售发票一起寄给客户,由客户在付款时再寄回销售单位的凭证。这种凭证注明了客户的姓名、销售发票号码、销售单位开户银行账号以及金额等内容。

12. 库存现金日记账和银行存款日记账

库存现金日记账和银行存款日记账是用来记录应收账款的收回或现销收入以及其他各种现金、银行存款收入和支出的日记账。

13. 坏账审批表

坏账审批表是一种用来批准将某些应收款项注销为坏账,仅在企业内部使用的凭证。

14. 客户月末对账单

客户月末对账单是一种按月定期寄送给客户的用于购销双方定期核对账目的凭证。客户月末对账单上应注明应收账款的期初余额、本期各项销售交易的金额、本期已收到的货款、各贷项通知单的数额以及期末余额等内容。

15. 转账凭证

转账凭证是指记录转账业务的记账凭证,它是根据有关转账业务(即不涉及现金、银行存款收付的各项业务)的原始凭证编制的。

16. 收款凭证

收款凭证是指用来记录现金和银行存款收入业务的记账凭证。

三、涉及的主要业务活动

了解企业在销售与收款循环中的典型活动,对该循环审计非常必要。销售与收款循环涉及的主要业务活动,如图 8-1 所示。

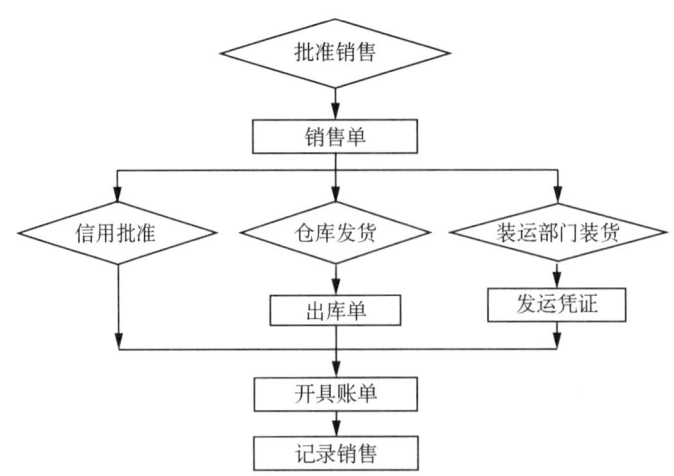

图 8-1 销售与收款循环涉及的主要业务活动

1. 接受客户订购单

客户提出订货要求是整个销售与收款循环的起点,是购买某种货物或接受某种劳务的一项申请。客户的订购单只有在符合企业管理层的授权标准时才能被接受。

很多企业在批准了客户订购单之后,下一步就应编制一式多联的销售单。销售单是证明管理层有关销售交易的"发生"认定的凭据之一,也是此笔销售交易轨迹的起点之一。此外,由于客户订购单也是来自外部的引发销售交易的文件之一,有时也能为有关销售交易的"发生"认定提供补充证据。

2. 批准赊销信用

对于赊销业务,赊销批准是由信用管理部门根据管理层的赊销政策在每个客户的已授权的信用额度内进行的。企业的信用管理部门应对每个新客户进行信用调查,包括获取信用评审机构对客户信用等级的评定报告。无论是否批准赊销,都要求被授权的信用管理部门人员在销售单上签署意见,然后再将已签署意见的销售单送回销售单管理部门。

设计信用批准控制的目的是降低坏账风险。因此,这些控制与应收账款账面余额的"准确性、计价和分摊"认定有关。

3. 按销售单供货

企业管理层通常要求商品仓库只有在收到经过批准的销售单时才能供货。设立这项控制程序的目的是防止仓库在未经授权的情况下擅自发货。

4. 按销售单装运货物

将按经批准的销售单供货与按销售单装运货物职责相分离,有助于避免负责装运货物的职员在未经授权的情况下装运产品。此外,装运部门职员在装运之前,还必须进行独立验证,以确定从仓库提取的商品都附有经批准的销售单,并且所提取商品的内容与销售单及出库单一致。

5. 向客户开具发票

开具发票是指开具并向客户寄送事先连续编号的销售发票。与这项活动相关的问题包括:①是否对所有装运的货物都开具了发票(即"完整性"认定问题)。②是否只对实际装运的货物开具发票、有无重复开发票或虚构交易(即"发生"认定问题)。③是否按已授权批准的商品价目表所列价格计价开具发票(即"准确性"认定问题)。

为了降低开具发票过程中出现遗漏、重复、错误计价或其他差错的风险,企业应设立以下控制程序:

(1) 负责开具发票部门的职员在开具每张销售发票之前,独立检查是否存在装运凭证和相应的经批准的销售单。

(2) 依据已授权批准的商品价目表开具销售发票。

(3) 独立检查销售发票计价和计算的正确性。

(4) 将装运凭证上的商品总数与相对应的销售发票上的商品总数进行比较。

上述控制程序有助于确保用于记录销售交易的销售发票的正确性。因此,这些控制与销售交易的"发生""完整性"以及"准确性"认定有关。销售发票副联通常由开具发票部门保管。

6. 记录销售

在手工会计系统中,记录销售的过程包括区分赊销、现销,按销售发票编制转账凭证或现金、银行存款收款凭证,再据以登记营业收入明细账和应收账款明细账或库存现金、银行存款日记账。

记录销售的控制程序包括以下内容:

(1) 只依据附有有效装运凭证和销售单的销售发票记录销售。这些装运凭证和销售单应能证明销售交易的发生及其发生的日期。

(2) 使用并控制所有事先连续编号的销售发票。

(3) 独立检查已处理销售发票上的销售金额与会计记录金额的一致性。

(4) 记录销售的职责应与处理销售交易的其他功能相分离。

(5) 对记录过程中所涉及的有关记录的接触权限予以限制,以减少未经授权批准的记录发生。

(6) 定期独立检查应收账款等明细账与总账的一致性。

(7) 定期向客户寄送对账单,并要求客户将任何例外情况直接向指定的未执行或记录销售交易的会计主管报告。

以上这些控制与"发生""完整性""准确性"以及"计价和分摊"认定有关。对记录销售这一业务活动,注册会计师主要关心的问题是销售发票是否记录正确,并归属适当的会计期间。

7. 办理和记录现金、银行存款收入

在办理和记录现金、银行存款收入时,企业最应关心的是货币资金失窃的可能性。处理货币资金收入时最重要的是要保证全部货币资金都必须如数、及时地记入库存现金、银行存款日记账或应收账款明细账,并如数、及时地将现金存入银行。在这方面,汇款通知书起着很重要的作用。

8. 办理和记录销售退回、销售折扣与折让

发生此类事项时,必须经授权批准,并应确保与办理此事项有关的部门和职员各司其职,分别控制实物流和会计处理。在这方面,严格使用贷项通知单会起到关键的作用。

9. 核销坏账

销售企业若认为某项货款再也无法收回,就必须注销这笔货款。对这些坏账,正确的处理方法应该是获取货款无法收回的确凿证据,经适当审批后及时作出会计调整。

10. 提取坏账准备

坏账准备提取的数额必须能够抵补企业以后无法收回的本期销货款。

第二节 控制测试和交易的实质性程序

一、销售交易的内部控制和控制测试

（一）内部控制目标、内部控制与审计测试的关系

无论其他目标的控制如何有效，只要为实现某一项目标所必需的控制不健全，则与该目标有关的错误出现的可能性就随之增大，并且很可能影响企业整个内部控制的有效性。销售交易的内部控制目标、关键内部控制与审计测试的关系，如表8-1所示。

表8-1　　销售交易的内部控制目标、关键内部控制与审计测试一览表

内部控制目标	关键内部控制	常用的控制测试	常用的交易实质性程序
登记入账的销售交易确系已经发货给真实的客户（发生）	(1) 销售交易是以经过审核的发运凭证及经过批准的客户订购单为依据登记入账的 (2) 在发货前，客户的赊购已经被授权批准 (3) 销售发票均经事先编号，并已恰当地登记入账 (4) 每月向客户寄送对账单，对客户提出的意见作专门追查	(1) 检查销售发票副联是否附有发运凭证（或提货单）及销售单（或客户订购单） (2) 检查客户的赊购是否经授权批准 (3) 检查销售发票连续编号的完整性 (4) 观察是否寄发对账单，并检查客户回函档案	(1) 复核主营业务收入总账、明细账以及应收账款明细账中的大额或异常项目 (2) 追查主营业务收入明细账中的分录至销售单、销售发票副联及发运凭证 (3) 将发运凭证与存货永续记录中的发运分录进行核对
所有销售交易均已登记入账（完整性）	(1) 发运凭证（或提货单）均经事先编号并已登记入账 (2) 销售发票均经事先编号，并已登记入账	(1) 检查发运凭证连续编号的完整性 (2) 检查销售发票连续编号的完整性	将发运凭证与相关的销售发票和主营业务收入明细账及应收账款明细账中的分录进行核对
登记入账的销售数量确系已发货的数量，已正确开具账单并登记入账（计价和分摊）	(1) 销售价格、付款条件、运费和销售折扣的确定已经适当的授权批准 (2) 由独立人员对销售发票的编制作内部核查	(1) 检查销售发票是否经适当的授权批准 (2) 检查有关凭证上的内部核查标记	(1) 复算销售发票上的数据 (2) 追查主营业务收入明细账中的分录至销售发票 (3) 追查销售发票上的详细信息至发运凭证、经批准的商品价目表和客户订购单
销售交易的分类恰当（分类）	(1) 采用适当的会计科目表 (2) 内部复核和核查	(1) 检查会计科目表是否适当 (2) 检查有关凭证上内部复核和核查的标记	检查证明销售交易分类正确的原始证据

(续表)

内部控制目标	关键内部控制	常用的控制测试	常用的交易实质性程序
销售交易的记录及时(截止)	(1) 采用尽量能在销售发生时开具收款账单和登记入账的控制方法 (2) 每月末由独立人员对销售部门的销售记录、发运部门的发运记录和财务部门销售交易的入账情况作内部核查	(1) 检查尚未开具收款账单的发货和尚未登记入账的销售交易 (2) 检查有关凭证上内部核查的标记	将销售交易登记入账的日期与发运凭证的日期比较核对
销售交易已经正确地记入明细账,并经正确汇总(准确性、计价和分摊)	(1) 每月定期给客户寄送对账单 (2) 由独立人员对应收账款明细账作内部核查 (3) 将应收款明细账余额合计数与其总账余额进行比较	(1) 观察对账单是否已经寄出 (2) 检查内部核查标记 (3) 检查将应收账款明细账余额合计数与其总账余额进行比较的标记	将主营业务收入明细账加总,追查其至总账的过账

表8-1分为四列,将与销售交易有关的内部控制目标、关键内部控制以及常用的控制测试和交易实质性程序分类列示。下面介绍各列的内容及各列之间的关系。

第一列"内部控制目标",列示了企业设立销售交易内部控制的目标,也就是注册会计师实施相应控制测试和实质性程序所要达到的审计目标。

第二列"关键内部控制",列示了与上述各项内部控制目标相对应的一项或数项主要的内部控制。

第三列"常用的控制测试",列示了注册会计师针对上述关键内部控制所实施的测试程序。控制测试与内部控制之间存在直接联系,注册会计师对每项关键控制至少要执行一项控制测试以核实其效果,并且控制测试需要有针对性地对应于某一具体的内部控制,否则就毫无意义。通常,根据内部控制的性质确定控制测试的性质大都比较容易。例如,内部控制如果是批准赊销后在客户订购单上签字,则控制测试就是检查客户订购单上有无恰当的签字。

第四列"常用的交易实质性程序",列示了注册会计师常用的实质性程序。实质性程序与第一列的控制目标有着直接的联系。实施实质性程序用于获取证明第一列中具体审计目标的证据,其目的在于确定交易业务中与该控制目标有关的金额是否有错误。实质性程序虽然与关键控制及控制测试没有必然关系,但实施实质性程序的性质、时间安排和范围,在一定程度上取决于关键控制是否存在以及控制测试的结果。在确定交易实质性程序时,无论环境如何,有些程序是每一项审计所共同采用的,而有些则应视内部控制的健全程度以及控制测试的结果而定。当然,审计重要性、以前期间的审计结果等因素,对实质性程序的确定也有影响。

(二)销售交易的内部控制

1. 适当的职责分离

适当的职责分离有助于防止各种有意或无意的错误。例如,主营业务收入账如果由记录应收账款之外的职员独立登记,并由另一位不负责账簿记录的职员定期调节总账和明细账,就构成了一项自动交互牵制;规定负责主营业务收入和应收账款记账的职员不得经手货币资金,也是防止舞弊的一项重要控制。另外,销售人员通常有一种乐观地对待销售数量的自然倾向,而不在意它是否将以巨额坏账损失为代价,赊销的审批则在一定程度上可以抑制这种倾向。因此,赊销批准职能与销售职能的分离,也是一种理想的控制。

2. 恰当的授权审批

对于授权审批问题,注册会计师应当关注以下四个关键点上的审批程序:①在销售发生之前,赊销已经正确审批。②非经正当审批,不得发出货物。③销售价格、销售条件、运费、折扣等必须经过审批。④审批人应当根据销售与收款授权批准制度的规定,在授权范围内进行审批,不得超越审批权限。对于超过企业既定销售政策和信用政策规定范围的特殊销售交易,应经过适当授权。

前两项控制的目的在于防止企业因向虚构的或者无力支付货款的客户发货而蒙受损失。价格审批控制的目的在于保证销售交易按照企业定价政策规定的价格开票收款。对授权审批范围设定权限的目的则在于防止因审批人决策失误而造成严重损失。

3. 充分的凭证和记录

每个企业交易的产生、处理和记录等制度都有其特点。因此,很难评价其各项控制是否足以发挥最大的作用。然而,只有具备充分的记录手续,才有可能实现其他各项控制目标。例如,有的企业在收到客户订购单后,就立即编制一份预先编号的一式多联的销售单,分别用于批准赊销、审批发货、记录发货数量以及向客户开具发票等。在这种制度下,通过定期清点销售发票,漏开发票的情形可以被有效避免。相反的情况是,有的企业只在发货以后才开具发票,如果没有其他控制措施,漏开发票的情况就很可能会发生。

4. 凭证的预先编号

对凭证预先进行编号,旨在防止销售以后遗漏向客户开具发票或登记入账,也可防止重复开具发票或重复记账。当然,如果对凭证的编号不作清点,预先编号就会失去其控制意义。由收款人员对每笔销售开具发票后,将发运凭证按顺序归档;而由另一位职员定期检查全部凭证的编号,并调查凭证缺号的原因,就是实施这项控制的一种方法。

5. 定期寄出对账单

由不负责现金出纳、销售及应收账款记账的人员定期向客户寄发对账单,能促使客户在发现应付账款余额不正确后及时反馈有关信息。为了使这项控制更加有效,最好将账户余额中出现的所有核对不符的账项,指定一位不掌管货币资金也不记录主营业务收入和应收账款等账目的主管人员处理,然后由独立人员定期编制对账情况汇总报告并交管理层审阅。

6. 内部核查程序

由内部审计人员或其他独立人员核查销售交易的处理和记录,是实现内部控制目标不可缺少的一项控制措施。针对相应控制目标的典型的内部核查程序,如表8-2所示。

表 8-2　　　　　　　　　　　内部核查程序

内部控制目标	内部核查程序举例
登记入账的销售交易是真实的	检查入账的销售交易所附的佐证凭证，如发运凭证等
销售交易均经适当审批	了解客户的信用情况，确定是否符合企业的赊销政策
所有销售交易均登记入账	检查发运凭证的连续性，并将其与主营业务收入明细账核对
登记入账的销售交易均经正确估价	将登记入账的销售交易对应的销售发票上的数量与发运凭证上的记录进行比较核对
登记入账的销售交易分类恰当	将登记入账的销售交易的原始凭证与会计科目表比较核对
销售交易的记录及时	检查开票员所保管的未开票发运凭证，确定是否存在未在恰当期间及时开票的发运凭证

（三）以内部控制目标为起点的控制测试

以内部控制目标为起点的控制测试主要有以下几种：

（1）对于职责分离，注册会计师通常通过观察被审计单位有关人员的活动，以及与这些人员进行讨论，来实施职责分离的控制测试。

（2）对于授权审批，内部控制通常存在"2. 恰当的授权审批"所述的四个关键点上的审批程序，注册会计师主要通过检查凭证在这四个关键点上是否经过审批，可以很容易地测试出授权审批方面的内部控制效果。

（3）对于充分的凭证和记录以及凭证预先编号这两项控制，常用的控制测试程序是清点各种凭证。例如，从主营业务收入明细账中选取样本，追查至相应的销售发票存根，进而检查其编号是否连续，有无不正常的缺号发票和重号发票。

（4）对于定期寄出对账单这项控制，观察指定人员寄送对账单，并检查客户复函档案，是一项十分有效的控制测试。

（5）对于内部核查程序，注册会计师可以通过检查内部审计人员的报告，或检查其他独立人员在他们核查的凭证上的签字等方法实施控制测试。

二、收款交易的内部控制和控制测试

（一）内部控制目标、内部控制与审计测试的关系

以现金交易为例，收款交易的内部控制目标、关键内部控制与审计测试的关系，如表 8-3 所示。

表 8-3　　　**收款交易的内部控制目标、关键内部控制与审计测试一览表**

内部控制目标	关键内部控制	常用的控制测试	常用的交易实质性程序
登记入账的现金收入确实为企业已经实际收到的现金（存在或发生）	(1) 现金折扣必须经过适当的审批手续 (2) 定期盘点现金并与账面余额核对	(1) 观察 (2) 检查是否定期盘点，检查盘点记录 (3) 检查现金折扣是否经过恰当的审批	(1) 盘点库存现金。如与账面数额存在差异，应分析差异原因 (2) 检查现金收入的日记账、总账和应收账款明细账的大额项目与异常项目

(续表)

内部控制目标	关键内部控制	常用的控制测试	常用的交易实质性程序
收到的现金收入已全部登记入账（完整性）	(1) 现金出纳与现金记账的职务分离 (2) 每日及时记录现金收入 (3) 定期盘点现金并与账面余额核对 (4) 定期向客户寄送对账单 (5) 现金收入记录的内部复核	(1) 观察 (2) 检查是否存在未入账的现金收入 (3) 检查是否定期盘点，检查盘点记录 (4) 检查是否向客户寄送对账单，了解是否定期进行 (5) 检查复核标记	(1) 现金收入的截止测试 (2) 盘点库存现金。如与账面数额存在差异，应分析差异原因 (3) 抽查客户对账单并与账面金额核对
每月核对实际收到的现金和登记入账的现金是否相符（计价与分摊）	(1) 定期取得银行对账单 (2) 编制银行存款余额调节表	(1) 检查银行对账单 (2) 检查银行存款余额调节表	检查调节表中未达账项的真实性以及资产负债表日后的进账情况
现金收入在资产负债表中的披露正确（列报）	现金日记账与总账的登记职责分离	观察	

以上以企业每项内部控制为单位，对与收款交易有关的关键内部控制和相应的控制测试进行了讨论，并按表8-3中所列顺序研究了收款交易常用的实质性程序。

（二）收款交易的内部控制

每个企业的性质、所处行业、规模以及内部控制健全程度等不同，其与收款交易相关的内部控制内容因此有所不同。但通常情况下，以下与收款交易相关的内部控制内容是应当共同遵循的：

(1) 企业应当按照《现金管理暂行条例》《支付结算办法》等规定，及时办理销售收款业务。

(2) 企业应将销售收入及时入账，不得账外设账，不得擅自坐支现金。销售人员应当避免接触销售现款。

(3) 企业应当建立应收账款账龄分析制度和逾期应收账款催收制度。销售部门应当负责应收账款的催收，财会部门应当督促销售部门加紧催收。对催收无效的逾期应收账款可通过法律程序予以解决。

(4) 企业应当按客户设置应收账款等台账，及时登记每一客户应收账款等余额增减变动情况和信用额度使用情况。对长期往来客户应当建立起完善的客户资料，并对客户资料实行动态管理，及时更新。

(5) 企业对于可能成为坏账的应收账款等应当报告有关决策机构，由其进行审查，确定是否确认为坏账。企业发生的各项坏账，应查明原因，明确责任，并在履行规定的审批程序后作出会计处理。

(6) 企业注销的坏账应当进行备查登记，做到账销案存。已注销的坏账又收回时应当及时入账，防止形成账外资金。

（7）企业应收票据的取得和贴现必须经由保管票据以外的主管人员的书面批准。应有专人保管应收票据，对于即将到期的应收票据，应及时向付款人提示付款；已贴现票据应在备查簿中登记，以便日后追踪管理；并应制定逾期票据的冲销管理程序和逾期票据追踪监控制度。

（8）企业应当定期与往来客户通过函证等方式核对应收账款、应收票据、预收款项等往来款项。如有不符，应查明原因，及时处理。

三、控制测试的注意事项

在对被审计单位销售与收款交易实施控制测试时，还应注意以下几点：

（1）注册会计师应把测试重点放在被审计单位是否设计了由人工执行或计算机系统运行的更高层次的调节和比对控制，是否生成例外报告；管理层是否及时调查所发现的问题并采取管理措施；而不是全部只测试员工执行数据输入的预防性控制。

（2）注册会计师应当询问管理层用于监控销售与收款交易的关键业绩指标，如销售额和毛利率预算、应收账款平均收款期等。

（3）注册会计师应当考虑通过执行分析程序和截止测试，可以对应收账款的存在、准确性和计价等认定获取多大程度的保证。如果能够获得充分保证，则意味着不需要执行大量的控制测试。

（4）为获取相关重大错报风险是否可能被评估为低的有关证据，注册会计师通常需要对被审计单位重要的控制，尤其是对易出现高舞弊风险的现金收款和存储的控制的有效运行进行测试。因为这些控制大多采取人工控制。注册会计师主要的审计程序可能包括观察控制的执行，检查每日现金汇总表上是否有执行比对控制的员工的签名，询问针对不一致的情况所采取的措施。

（5）如果注册会计师计划信赖的内部控制是由计算机执行的，那么需要就下列事项获取审计证据：①相关一般控制的设计和运行的有效性。②认定层次控制的特定应用，如收款折扣的计算。③采用人工控制的后续措施，如将打印输出的现金收入日记账与对应的由银行盖章的存款记录进行比对，以及根据银行存款对账单按月调节现金收入日记账。

（6）在控制风险被评估为低时，注册会计师需要考虑评估的控制要素的所有主要方面和控制测试的结果，以便能够得出这样的结论：控制能够实施有效的管理，并发现和纠正重大错误和舞弊。

如果将固有风险和控制风险评估为中或高，注册会计师可能仅仅需要在对控制活动的处理情况进行询问时记录对控制活动的了解，并检查已实施控制的相关证据。

（7）如果在期中实施了控制测试，注册会计师应当在年末审计时选择项目测试控制在剩余期间的运行情况，以确定控制是否在整个会计期间持续运行有效。

（8）控制测试所使用的审计程序的类型主要包括询问、观察、检查、重新执行和穿行测试等，注册会计师应当根据特定控制的性质选择所需实施审计程序的类型。

上述有关实施销售与收款循环的控制测试时的注意事项，就其原理而言，对其他业务循环的控制测试同样适用。因此，在后面讨论其他业务循环的控制测试时将不再重复。

四、销售与收款的实质性程序

(一)销售与收款交易的实质性分析程序

通常,注册会计师在对交易和余额实施细节测试前实施实质性分析程序,符合成本效益原则。具体到销售与收款交易和相关余额,其应用包括以下几个方面。

1. 识别需要运用实质性分析程序的账户余额或交易

就销售与收款交易和相关余额而言,通常需要运用实质性分析程序的是销售交易、收款交易、营业收入项目和应收账款项目。

2. 确定期望值

基于注册会计师对被审计单位的相关预算状况、行业发展状况、市场份额、可比的行业信息、经济形势和发展历程的了解,与营业额、毛利率和应收账款等的预期相关。

3. 确定可接受的差异额

在确定可接受的差异额时,注册会计师应关注所涉及的重要性和计划的保证水平的影响。此外,根据拟进行实质性分析程序的具体指标的不同,可接受的差异额的确定有时与管理层使用的关键业绩指标相关,注册会计师需考虑这些指标的适当性和监督过程。

4. 识别需要进一步调查的差异并调查异常数据关系

注册会计师应当计算实际和期望值之间的差异,这涉及一些比率和比较,包括:①观察月度(或每周)的销售记录趋势,将其与往年预算或者全行业公司的销售情况相比较。任何异常波动都必须与管理层讨论,如果有必要的话还应作进一步的调查。②将销售毛利率与以前年度和预算相比较。如果被审计单位各种产品的销售价格是不同的,那么就应当对每个产品或者相近毛利率的产品组进行分类比较。任何重大的差异都需要与管理层沟通。③计算应收账款周转率和存货周转率,并与以前年度相比较。未预期的差异可能由很多因素引起,包括未记录销售、虚构销售记录或截止问题。④检查异常项目的销售。例如,对大额销售以及未从销售记录过入销售总账的销售应予以调查;对临近年末的异常销售记录更应加以特别关注。

5. 调查重大差异并作出判断

注册会计师在分析上述与预期相联系的指标后,如果认为存在未预期的重大差异,就可能需要对营业收入发生额和应收账款余额实施更加详细的细节测试。

6. 评价分析程序的结果

注册会计师应当就收集的审计证据是否能支持其试图证实的审计目标和认定形成结论。

(二)销售交易的细节测试

接下来,我们按照表 8-1 中所列的顺序详细介绍销售交易常用的细节测试程序。这些程序在审计中常常被疏忽,而事实上它们恰恰需要注册会计师给予重视并根据它们作出审计决策。事先需要指出两点:一是这些细节测试程序并未包含销售交易全部的细节测试程序;二是其中有些程序可以实现多项控制目标,而非仅能实现一项控制目标。

1. 登记入账的销售交易是真实的

对这一目标,注册会计师一般关心三类错误的可能性:一是未曾发货却已将销售交易登记入账;二是销售交易的重复入账;三是向虚构的客户发货,并作为销售交易登记入账。

前两类错误可能是有意的,也可能是无意的;而第三类错误肯定是有意的。不难想象,将不真实的销售登记入账的情况虽然极少,但其后果却很严重,因为这会导致高估资产和收入。

鉴别高估销售究竟是有意还是无意的,这一点非常关键。尽管无意的高估也会导致应收账款的明显增多,但注册会计师通常可以通过函证发觉。对于有意的高估就不同了,由于作假者试图加以隐瞒,使得注册会计师较难发现。在这种情况下,注册会计师就有必要制定并实施适当的细节测试以发现这种有意的高估。

如何以适当的细节测试来发现不真实的销售,取决于注册会计师认为可能在何处发生错误。对"发生"这一目标而言,注册会计师通常只在认为内部控制存在薄弱环节时才实施细节测试。当然,只有在注册会计师认为由于缺乏足够的内部控制而可能出现舞弊时,才有必要实施上述细节测试。

2. 已发生的销售交易均已登记入账

销售交易的审计一般侧重于检查高估资产与收入的问题。因此,通常无须对完整性目标实施交易的细节测试。但是,如果内部控制不健全,如被审计单位没有由发运凭证追查至主营业务收入明细账这一独立内部核查程序,就有必要对完整性目标实施交易的细节测试。

从发货部门的档案中选取部分发运凭证,并追查至有关的销售发票副本和主营业务收入明细账,是测试未开票发货的一种有效程序。为使这一程序成为一项有意义的测试,注册会计师必须能够确信全部发运凭证均已归档,这一点可以通过检查发运凭证的顺序编号来查明。

需要注意的是,由原始凭证追查至明细账与从明细账追查至原始凭证是有区别的。前者用来测试遗漏的交易("完整性"目标),后者用来测试不真实的交易("发生"目标)。

测试"发生"目标时,起点是明细账,即从主营业务收入明细账中抽取一个发票号码样本,追查至销售发票存根、发运凭证以及客户订购单。测试"完整性"目标时,起点应是发运凭证,即从发运凭证中选取样本,追查至销售发票存根和主营业务收入明细账,以确定是否存在遗漏事项。设计"发生"目标和"完整性"目标的细节测试程序时,确定追查凭证的起点即测试的方向很重要。例如,注册会计师如果关心的是"发生"目标,但弄错了追查的方向(即由发运凭证追查至明细账),就属于严重的审计缺陷。这一点在后面营业收入的实质性程序中还将进一步介绍。

在测试其他目标时,方向一般无关紧要。例如,在测试交易业务计价的准确性时,可以由销售发票追查发运凭证,也可以反向追查。

3. 登记入账的销售交易均经正确计价

销售交易计价的准确性包括按订货数量发货、按发货数量准确地开具账单,以及将账单上的数额准确地记入会计账簿三个方面。对于这三个方面,注册会计师在每次审计中一般都要对其实施细节测试,以确保其准确无误。

典型的细节测试程序包括复算会计记录中的数据。通常的做法是,以主营业务收入明细账中的会计分录为起点,将所选择的交易业务的合计数与应收账款明细账和销售发票存根进行比较核对。销售发票存根上所列的单价,通常还要与经过批准的商品价目表进行比较核对,对其金额小计和合计数也要进行复算。发票中列出的商品的规格、数量和客户代码等,则应与发运凭证进行比较核对。另外,往往还要审核客户订购单和销售单中的同类数据。

将计价准确性目标中的控制测试和细节测试程序作比较,便可作为例证来说明有效的内部控制如何节约了审计时间。很明显,计价准确性目标的控制测试几乎不花太多时间,因为只需审核签字或者其他内部核查的证据即可。如果内部控制有效,细节测试的样本量便可以减少,审计成本也因控制测试的成本较低而将大为降低。

4. 登记入账的销售交易分类恰当

如果销售分为现销和赊销两种,应注意不要在现销时借记"应收账款",也不要在收回应收账款时贷记"主营业务收入",同样不要将营业资产的销售(如固定资产销售)混作正常销售。对那些采用不止一种销售分类的企业(如需要编制分部报表的企业)来说,正确的分类是极为重要的。

销售交易分类恰当的测试一般可与计价准确性测试一并进行。注册会计师可以通过审核原始凭证确定具体交易业务的类别是否恰当,并以此与账簿的实际记录作比较。

5. 销售交易的记录及时

发货后,被审计单位应尽快开具账单并登记入账,以防止无意中漏记销售交易,确保销售交易记入正确的会计期间。在实施计价准确性细节测试的同时,一般要将所选取的提货单或其他发运凭证的日期与相应的销售发票存根、主营业务收入明细账和应收账款明细账上的日期作比较。如有重大差异,被审计单位就可能存在销售截止期限上的错误。

6. 销售交易已正确地记入明细账并正确地汇总

应收账款明细账的记录若不正确,将影响被审计单位收回应收账款的能力。因此,将全部赊销业务正确地记入应收账款明细账极为重要。同理,为保证财务报表准确,主营业务收入明细账必须正确地加总并过入总账。在多数审计中,审计人员通常都要加总主营业务收入明细账,并将加总数和一些具体内容分别追查至主营业务收入总账和应收账款明细账或库存现金、银行存款日记账,以检查在销售过程中是否存在有意或无意的错报问题。不过这一测试的样本量要受内部控制的影响。从主营业务收入明细账追查至应收账款明细账,一般与为实现其他审计目标所实施的测试一并进行;而将主营业务收入明细账加总,并追查、核对加总数至其总账,则应作为一项单独的测试程序来执行。

(三)收款交易的细节测试

与销售交易的细节测试一样,收款交易的细节测试范围在一定程度上取决于关键控制是否存在以及控制测试的结果。因为销售与收款交易同属一个循环,在经济活动中密切相连,所以收款交易的一部分测试可与销售交易的测试一并执行,但收款交易的特殊性又决定了其另一部分测试仍需单独实施。

案例 8-1

背景与情境:A 和 B 注册会计师首次接受委托,负责审计上市公司甲公司 2022 年度财务报表。相关资料如下:

B注册会计师对主营业务收入的"发生"认定进行审计,编制了审计工作底稿,部分内容摘录如表8-4所示。

表8-4　　　　　　　　　　审计工作底稿摘录表　　　　　　金额单位:万元

记账凭证日期	记账凭证编号	记账凭证金额	发票日期	出库单日期
2022年1月4日	转字10	12	2022年1月8日	2022年1月8日
2022年2月20日	转字30	−120	2022年2月20日	不适用
2022年2月28日	转字44	7	2022年2月27日	2022年2月27日
2022年3月20日	转字40	8	2022年3月19日	2022年3月19日
(略)				
2022年11月3日	转字4	10	2022年11月2日	2022年11月2日
2022年11月14日	转字28	200	2022年11月14日	2022年11月14日
2022年12月10日	转字40	240	2022年12月10日	2022年12月10日
(略)				

审计说明:
(1) 根据销售合同约定,在客户收到货物、验收合格并签发收货通知后,甲公司取得收取货款的权利。审计中已检查销售合同
(2) 已检查记账凭证日期、发票日期和出库日期,未发现异常。发票和出库单中的其他信息与记账凭证一致
(3) 11月转字28号和12月转字40号记账凭证反映的销售额较高,财务经理解释系调整售价所致
(4) 2月转字30号记账凭证反映,甲公司在2021年度销售并确认收入的一笔交易,于2022年2月发生销货退回。甲公司未按规定调整2021年度财务报表,前任注册会计师于2022年3月对甲公司2021年度财务报表出具了标准审计报告

问题: 针对资料中的审计说明第(1)项至第(3)项,逐项指出B注册会计师实施的审计程序中存在的不当之处,并简要说明理由。

分析提示:

审计程序设计恰当性分析:

第(1)项:注册会计师的审计程序存在不当之处。因为已经说明"在客户收到货物、验收合格并签发收货通知后,甲公司才取得收取货款的权利",所以此时注册会计师在审计中仅仅检查了销售合同是不够的,还应该检查客户签发的收货通知单。

第(2)项:注册会计师的审计程序存在不当之处。对1月转字10号记账凭证未实施进一步检查。该记账凭证的日期早于发票日期和出库单日期,要实施进一步检查。

第(3)项:注册会计师的审计程序存在不当之处。对11月转字28号和12月转字40号记账凭证未实施进一步检查。上述两笔记账凭证反映的销售额明显高于其他测试项目,表明有可能存在舞弊,不应仅依赖管理层的解释。

第三节 营业收入审计

一、营业收入的审计目标

营业收入项目核算企业在销售商品、提供劳务等主营业务活动中所产生的收入,以及企业确认的除主营业务活动以外的其他经营活动实现的收入,包括出租固定资产、出租无形资产、出租包装物和商品、销售材料等实现的收入。营业收入的审计目标一般包括:

(1) 确定利润表中记录的营业收入是否已发生,且与被审计单位有关。

(2) 确定营业收入记录是否完整。

(3) 确定与营业收入有关的金额及其他数据是否已恰当记录,包括对销售退回、销售折扣与折让的处理是否适当。

(4) 确定营业收入是否已记录于正确的会计期间及恰当的账户。

(5) 确定营业收入是否已按照企业会计准则的规定在财务报表中作出恰当的列报。

营业收入包括主营业务收入和其他业务收入,下面分别介绍这两部分的实质性程序。

二、主营业务收入的实质性程序

主营业务收入的实质性程序一般包括以下内容:

(1) 获取或编制主营业务收入明细表。

(2) 检查主营业务收入的确认条件、确认方法是否符合《企业会计准则》的规定,前后期是否一致;关注周期性、偶然性的收入是否符合既定的收入确认原则、方法。按照《企业会计准则第14号——收入》的要求,企业销售商品收入应在下列条件均满足时予以确认:①企业已将商品所有权上的主要风险和报酬转移给购货方。②企业既没有保留通常与所有权相联系的继续管理权,也没有对已售出的商品实施有效控制。③收入的金额能够可靠地计量。④相关的经济利益很可能流入企业。⑤相关的已发生或将发生的成本能够可靠地计量。这五个条件必须同时满足,如果有一个条件不满足均不能予以确认。

具体说来,被审计单位采用的销售方式不同,确认销售的时点也是不同的。采用交款提货销售方式,应于货款已收到或取得收取货款的权利,同时已将发票账单和提货单交给购货单位时确认收入的实现;采用预收账款销售方式,应于商品已经发出时确认收入的实现;采用托收承付结算方式,应于商品已经发出,劳务已经提供,并已将发票账单等提交银行、办妥收款手续时确认收入的实现;销售合同或协议明确销售价款的收取采用递延方式,实质上具有融资性质的,应当按照应收的合同或协议价款的公允价值确定销售商品收入金额;长期工程合同收入,如果合同的结果能够可靠估计,应当根据完工百分比法确认合同收入;销售商品房的,通常应在商品房已经移交并将发票结算账单提交对方时确认收入。对此,注册会计师应重点检查已办理的移交手续是否符合规定要求、发票账单等是否已交对方。

案例8-2

背景与情境: 注册会计师对被审计单位M公司2022年的相关收入进行审计时,发现

M公司存在以下与收入确认相关的交易处理情况：

（1）被审计单位拟在2022年12月按合同约定给A公司发出产品时，对方告知由于发生巨额亏损，资产周转困难，无法承诺付款。为了保持良好的客户关系，M公司仍于2022年末交付产品，但在2022年未确认相应的主营业务收入。

（2）被审计单位确认对B公司的销售收入计2 000万元（不含税，增值税税率为13%）。相关会计记录显示，销售给B公司的产品系按其要求定制，成本为1 800万元。B公司已支付1 000万元款项，但该产品尚存放于被审计单位，且被审计单位尚未开具增值税发票和通知B公司提货。

（3）2022年12月，被审计单位销售一批商品给C公司。C公司已根据被审计单位开出的发票账单支付了货款，取得了提货单，但被审计单位尚未将商品移交C公司。被审计单位未确认该笔收入。

（4）2022年12月30日，被审计单位销售一批高档家具给D宾馆。该批家具总售价1 000万元，12月30日装运家具时，已收到800万元货款。按合同约定，被审计单位应将该批家具送抵D宾馆并按照图纸摆放到各客房。被审计单位在2023年1月3日安装摆放完毕，且收到剩余货款。2022年，被审计单位确认了销售收入1 000万元。

问题： 请逐项指出M公司的交易处理情况是否正确？为什么？

分析提示：

（1）处理正确。因为该交易的收入并不满足预期的经济利益能够流入企业这个关键的条件，所以不应确认收入。

（2）处理不正确。由于B公司并未验收，产品是否合格无法认定，所以不应确认收入。

（3）处理不正确。采用交款提货的销售方式，即购买方已根据销售方开出的发票账单支付货款，并取得销售方开出的提货单。在这种情况下，购买方支付货款并取得提货单，说明商品所有权上的主要风险和报酬已转移给购买方。虽然商品未实际交付，M公司仍可以认为商品所有权上的主要风险和报酬已经转移，所以应确认收入。

（4）处理正确。虽然M公司尚未完成安装摆放工作，但就该销售而言，安装工作并不是影响销售实现的重要因素，所以应确认收入。

（3）必要时实施以下实质性分析程序：①针对已识别需要运用分析程序的有关项目，并基于对被审计单位及其环境的了解，通过进行相关的一系列比较，同时考虑有关数据间关系的影响，以建立有关数据的期望值。②确定可接受的差异额。③将实际的情况与期望值相比较，识别并计算需要进一步调查的差异。④如果其差额超过确定的可接受差异额，调查并获取充分的解释和恰当的佐证审计证据（如通过检查相关的凭证等）。⑤评估分析程序的测试结果。

（4）获取产品价格目录。抽查售价是否符合定价政策，并注意销售给关联方或关系密切的重要客户的产品价格是否合理，有无低价或高价结算以转移收入和利润的现象。

（5）抽取发运凭证。抽取本期一定数量的发运凭证，审查存货出库日期、品名、数量等是否与销售发票、销售合同、记账凭证等一致。

（6）抽取记账凭证。抽取本期一定数量的记账凭证，审查入账日期、品名、数量、单价、金额等是否与销售发票、发运凭证、销售合同等一致。

(7) 函证应收账款。结合对应收账款实施的函证程序,选择客户函证本期销售额。

(8) 实施截止测试。实施截止测试的目的主要在于确定被审计单位主营业务收入的会计记录归属期是否正确;应记入本期或下期的主营业务收入是否被推延至下期或提前至本期。注册会计师对销售交易实施的截止测试包括:①选取资产负债表日前后若干天、一定金额以上的发运凭证,与应收账款和收入明细账进行核对;同时,从应收账款和收入明细账选取在资产负债表日前后若干天、一定金额以上的凭证,与发货单据核对,以确定销售是否存在跨期现象。②复核资产负债表日前后销售和发货水平,确定业务活动水平是否异常,并考虑是否有必要追加实施截止测试程序。③取得资产负债表日后所有的销售退回记录,检查是否存在提前确认收入的情况。④结合对资产负债表日应收账款等的函证程序,检查有无未取得对方认可的销售。⑤调整重大跨期销售。

注册会计师在审计中应该注意把握三个与主营业务收入确认有着密切关系的日期:一是发票开具日期或者收款日期;二是记账日期;三是发货日期(服务业则是提供劳务的日期)。围绕上述三个重要日期,在审计实务中,注册会计师可以考虑选择三条审计路径实施主营业务收入的截止测试。一是以账簿记录为起点。从资产负债表日前后若干天的账簿记录查至记账凭证等,检查发票存根与发运凭证,目的是证实已入账收入是否在同一期间已开具发票并发货且签收,有无多记收入。二是以销售发票为起点。从资产负债表日前后若干天的发票存根查至发运凭证与账簿记录,确定已开具发票的货物是否已发货并于同一会计期间确认收入。其具体做法是,抽取若干张在资产负债表日前后开具的销售发票的存根,追查至发运凭证和账簿记录,查明有无漏记收入现象。三是以发运凭证为起点。从资产负债表日前后若干天的发运凭证查至发票开具情况与账簿记录,确定主营业务收入是否已记入恰当的会计期间。

(9) 检查销售退回、销售折扣与折让。被审计单位存在销货退回的,注册会计师应检查相关手续是否符合规定,结合原始销售凭证检查其会计处理是否正确,结合存货项目审计其真实性。

销售折扣与折让形成的原因不尽相同,但都是对收入的抵减,直接影响收入的确认和计量。因此,注册会计师应重视销售折扣与折让的审计。销售折扣与折让的实质性程序一般包括:①获取或编制销售折扣与折让明细表,复核加计正确,并与明细账合计数核对相符。②取得被审计单位有关销售折扣与折让的具体规定和其他文件资料,并抽查较大的销售折扣与折让发生额的授权批准情况,与实际执行情况进行核对,检查其是否经授权批准,是否合法、真实。③销售折让与折扣是否及时足额提交对方,有无虚设中介、转移收入、私设账外"小金库"等情况。④检查销售折扣与折让的会计处理是否正确。

(10) 检查特殊的销售行为。对于被审计单位特殊的销售行为,如附有销售退回条件的商品销售、委托代销、售后回购、以旧换新、商品需要安装和检验的销售、分期收款销售、出口销售、售后租回等,注册会计师应选择以下恰当的审计程序对其进行审核:①附有销售退回条件的商品销售,如果对退货部分能作合理估计的,确定其是否按估计不会退货部分确认收入;如果对退货部分不能作合理估计的,确定其是否在退货期满时确认收入。②售后回购,分析特定销售回购的实质,判断其属于真正的销售交易还是属于融资行为。③以旧换新销售,确定销售的商品是否按照商品销售的方法确认收入,回收的商品是否作为购进商品处理。④出口销售,确定其是否按离岸价格、到岸价格或成本加运费价格等不同的成交方式,确认收入的时点和金额。

(11) 调查关联方销售。调查向关联方销售的情况,记录其交易品种、价格、数量、金额以及占主营业务收入总额的比例。对于合并范围内的销售活动,记录应予合并抵销的金额。

(12) 调查集团内部销售的情况。调查集团内部销售的情况,记录其交易价格、数量和金额,并追查在编制合并财务报表时是否已予以抵销。

(13) 确定主营业务收入的列报是否恰当。

案例 8-3

背景与情境: 东方电子(000682)于 1997 年 1 月 21 日在深交所挂牌上市,公开发行 1 030 万股 A 股,发行价 7.88 元/股。此后东方电子的股价一路上行,4 年间累计飙升 60 倍以上。在股本高速扩张的基础上,连续 3 年实现业绩翻番,一度被评为中国最优秀的上市公司。2001 年 7 月,东方电子股价莫名下跌。2001 年 9 月,证监会正式对东方电子立案调查。此后,东方电子的股价一路下挫。2001 年 10 月,公司公告承认"在信息披露、利润确认等方面存在一定问题,结果将以证监会调查结论为准"。此后,东方电子历年来将高达 10.39 亿元的税后炒股收益(通过在二级市场炒作本公司股票)悉数计入"主营业务收入"以虚构业绩的事实真相大白于天下。其随后公布的 2001 年年报称,公司"将最近几年出售股票收入 10.39 亿元作为重大会计差错进行更正,将全部收入扣除税款以外的其他部分暂挂其他应付款科目,待证监会的处理决定下达后再进行调整"。2002 年 4 月 30 日起,东方电子被"ST"特别处理,股票简称"ST 东方"。

问题: 东方电子上述造假行为为什么得以实现?

分析提示: 作为审计方的山东烟台乾聚会计师事务所(以下简称乾聚会计师事务所)具有不可推卸的责任。乾聚会计师事务所 1997—2000 年均出具了无保留意见审计报告(2001 年年报仍由乾聚会计师事务所审计,出具了非标准的无保留意见审计报告),未发现会计报表中有重大的错误及舞弊。事实上,自 1997 年上市以后,东方电子便开始疯狂炒作资本二级市场。4 年间,东方电子先后利用卖出本公司一部分个人原始股所套现的资金和投入公司资金 6.8 亿元用来买卖本公司股票,总计违法交易金额高达 41 亿余元。同时,他们利用炒股收益来粉饰财务报表。4 年内,东方电子先后将炒股收益中的 14.94 亿元(后证监会核查为 10.39 亿元税后收益)通过虚开销售发票、伪造销售合同等手段,计入"主营业务收入"科目。

我国《独立审计基本准则》第 3 条规定,"注册会计师应当遵守职业道德规范,恪守独立、客观、公正的原则,并以应有的职业谨慎态度执行审计业务、发表审计意见"。独立性是注册会计师执行审计业务的灵魂。独立性包括实质上的独立和形式上的独立。注册会计师与客户间若存在经济利益、自我评价、关联关系或外界压力等可能损害独立性的因素,就很可能影响客观、公正的立场,导致难以完全按审计准则进行审计工作。山东乾聚会计师事务所连续 4 年为东方电子出具无保留意见审计报告,并因此获得 204 万元的审计费用。两者密切的经济利益关系不能不让人对乾聚会计师事务所进行审计的独立立场提出质疑。

三、其他业务收入的实质性程序

其他业务收入的实质性程序一般包括以下内容：

（1）获取或编制其他业务收入明细表，复核加计是否正确，并与总账数和明细账合计数核对是否相符，结合主营业务收入科目与营业收入报表数核对是否相符。

（2）计算本期其他业务收入与其他业务成本的比率，并与上期该比率比较，检查是否有重大波动。如有重大波动，应查明原因。

（3）检查其他业务收入内容是否真实、合法，收入确认原则及会计处理是否符合规定，择要抽查原始凭证予以核实。

（4）对异常项目，应追查入账依据及有关法律文件是否充分。

（5）抽查资产负债表日前后一定数量的记账凭证，实施截止测试，追踪到销售发票、收据等，确定入账时间是否正确，对于重大跨期事项作必要的调整建议。

（6）确定其他业务收入在财务报表中的列报是否恰当。

第四节　应收账款审计

应收账款是指企业因销售商品、提供劳务而形成的债权。应收账款余额包括应收账款账面余额和相应的坏账准备两部分。坏账是指企业无法收回或收回可能性极小的应收款项（包括应收票据、应收账款、预付款项、其他应收款和长期应收款等），由于发生坏账而产生的损失称为坏账损失。企业通常采用备抵法按期估计坏账损失，故形成坏账准备。

一、应收账款的审计目标

应收账款的审计目标一般包括：

（1）确定应收账款是否存在。

（2）确定应收账款是否被被审计单位拥有或控制。

（3）确定应收账款及其坏账准备的记录是否完整且记录于恰当账户。

（4）确定应收账款是否可收回，坏账准备的计提方法和比例是否恰当，计提是否充分。

（5）确定应收账款及其坏账准备期末余额是否正确。

（6）确定应收账款及其坏账准备的列报是否恰当。

二、应收账款的实质性程序

应收账款的实质性程序一般包括以下内容。

（一）取得或编制应收账款明细表

（1）复核加计正确，并与总账数和明细账合计数核对是否相符；结合"坏账准备"科目与报表数核对是否相符。应当注意，应收账款报表数反映的是企业因销售商品、提供劳务等应向购买单位收取的各种款项，减去已计提的相应的坏账准备后的净额。因此，应收账款报表数应同应收账款总账数和明细数分别减去与应收账款相应的坏账准备总账数和明细账数后的余额核对相符。

(2) 检查非记账本位币应收账款的折算汇率及折算是否正确。

(3) 分析有贷方余额的项目,查明原因,必要时,建议作重分类调整。

(4) 结合其他应收款、预收款项等往来项目的明细余额,调查有无同一客户多处挂账、异常余额或与销售无关的其他款项(如代销账户、关联方账户或员工账户)。如有,应作出记录,必要时提出调整建议。

(二) 检查涉及应收账款的相关财务指标

(1) 复核应收账款借方累计发生额与主营业务收入关系是否合理,并将当期应收账款借方发生额占销售收入净额的百分比与管理层考核指标和被审计单位相关赊销政策比较。如存在差异,应查明原因。

(2) 计算应收账款周转率、应收账款周转天数等指标,并与被审计单位相关赊销政策、被审计单位以前年度指标、同行业同期相关指标对比分析,检查是否存在重大异常,并查明原因。

(三) 检查应收账款账龄分析是否正确

(1) 获取或编制应收账款账龄分析表。注册会计师可以通过编制或索取应收账款账龄分析表来分析应收账款的账龄,以便了解应收账款的可收回性。应收账款账龄分析表的格式,如表 8-5 所示。

表 8-5　　　　　　　　　　应收账款账龄分析表
　　　　　　　　　　　　　　年　　月　　日　　　　　　　　　　　　　　货币单位：

客户名称	期末余额	账龄			
		1年以内	1~2年	2~3年	3年以上
合计					

应收账款的账龄,是指资产负债表中的应收账款从销售实现、产生应收账款之日起,至资产负债表日止所经历的时间。编制应收账款账龄分析表时,可以考虑选择重要的客户及其余额列示,而将不重要的或余额较小的汇总列示。应收账款账龄分析表的合计数减去已计提的相应坏账准备后的净额,应该等于资产负债表中的应收账款项目余额。

(2) 测试应收账款账龄分析表计算的准确性,并将应收账款账龄分析表中的合计数与应收账款总分类账余额相比较,并调整重大调节项目。

(3) 检查原始凭证,如销售发票、运输记录等,测试账龄划分的准确性。

(四) 向债务人函证应收账款

函证应收账款的目的在于证实应收账款账户余额的真实性、正确性,防止或发现被审计单位及其有关人员在销售交易中发生的错误或舞弊行为。

注册会计师应当考虑被审计单位的经营环境、内部控制的有效性、应收账款账户的性质、被询证者处理询证函的习惯做法及回函的可能性等,以确定应收账款函证的范围、对象、方式和时间安排。

1. 函证决策

除非有充分证据表明应收账款对被审计单位财务报表而言是不重要的,或者函证很可能是无效的,否则,注册会计师应当对应收账款进行函证。如果注册会计师不对应收账款进行函证,应当在工作底稿中说明理由。如果认为函证很可能是无效的,注册会计师应当实施替代审计程序,获取相关、可靠的审计证据。

2. 函证的范围和对象

函证数量的多少、范围是由诸多因素决定的,主要包括:①应收账款在全部资产中的重要性。若应收账款在全部资产中所占的比重较大,则函证的范围应扩大。②被审计单位内部控制的有效性。若内部控制制度较健全有效,则可以相应减少函证量;反之,则应相应扩大函证范围。③以前期间的函证结果。若以前期间函证中发现过重大差异,或欠款纠纷较多,则函证范围应相应扩大。

一般情况下,注册会计师应选择的函证对象包括:①大额或账龄较长的项目。②与债务人发生纠纷的项目。③重大关联方项目。④主要客户(包括关系密切的客户)及新增客户项目。⑤交易频繁但期末余额较小甚至余额为零的项目。⑥可能产生重大错报或舞弊的非正常的项目。

3. 函证的方式

函证的方式分为积极的函证方式和消极的函证方式。积极的函证方式是指如果采用该种函证方式,注册会计师应当要求被询证者在所有情况下必须回函,确认询证函所列示信息是否正确,或填列询证函要求的信息。消极的函证方式是指如果采用消极的函证方式,注册会计师只要求被询证者仅在不同意询证函列示信息的情况下才予以回函。

在审计实务中,注册会计师可采用积极的或消极的函证方式实施函证,也可将这两种方式结合使用。当同时存在下列情况时,注册会计师可考虑采用消极的函证方式:①重大错报风险评估为低水平。②涉及大量余额较小的账户。③预期不存在大量的错误。④没有理由相信被询证者不认真对待函证。

注册会计师通常以资产负债表日为截止日,在资产负债表日后适当时间内实施函证。如果重大错报风险评估为低水平,注册会计师可选择资产负债表日前适当日期为截止日实施函证,并对所函证项目自该截止日起至资产负债表日止发生的变动实施实质性程序。

注册会计师通常利用被审计单位提供的应收账款明细账户名称及客户地址等资料据以编制询证函,但注册会计师应当对确定需要确认或填列的信息、选择适当的被询证者、设计询证函以及发出和跟进(包括收回)询证函等过程环节保持控制。

注册会计师可通过函证结果汇总表的方式对询证函的收回情况加以控制。应收账款函证结果汇总表,如表 8-6 所示。

表 8-6 **应收账款函证结果汇总表**

被审计单位名称:　　　　　　　制表:　　　　　　　日期:
结账日:　年　月　日　　　　　复核:　　　　　　　日期:

询证函编号	债务人名称	债务人地址及联系方式	账面金额	函证方式	函证日期		回函日期	替代程序	确认余额	差异金额及说明	备注
					第一次	第二次					

(续表)

询证函编号	债务人名称	债务人地址及联系方式	账面金额	函证方式	函证日期		回函日期	替代程序	确认余额	差异金额及说明	备注
					第一次	第二次					
	合计										

对应收账款而言，登记入账的时间不同而产生的不符事项主要表现为：①询证函发出时，债务人已经付款，而被审计单位尚未收到货款。②询证函发出时，被审计单位的货物已经发出并已做销售记录，但货物仍在途中，债务人尚未收到货物。③债务人由于某种原因将货物退回，而被审计单位尚未收到。④债务人对收到的货物的数量、质量及价格等方面有异议而全部或部分拒付货款等。如果不符事项构成错报，注册会计师应当重新考虑所实施审计程序的性质、时间和范围。

注册会计师对函证结果可进行如下评价：

（1）重新考虑对内部控制的原有评价是否适当，控制测试的结果是否适当，分析程序的结果是否适当，相关的风险评估是否适当等。

（2）如果函证结果表明没有审计差异，则可以合理地推论全部应收账款总体是正确的。

（3）如果函证结果表明存在审计差异，则应当估算应收账款总额中可能出现的累计差错是多少，估算未被选中进行函证的应收账款的累计差错是多少。为取得对应收账款累计差错更加准确的估计，也可以进一步扩大函证范围。

（五）确定已收回的应收账款金额

注册会计师应请被审计单位协助，在应收账款账龄分析表上标出至审计时已收回的应收账款金额。对已收回金额较大的款项进行常规检查，如核对收款凭证、银行对账单、销货发票等，并注意凭证发生日期的合理性，分析收款时间是否与合同相关要素一致。

（六）对未函证的应收账款实施替代审计程序

对于未函证的应收账款，注册会计师应抽查原始凭证，如销售合同、销售订单、销售发票副本及发运凭证及回款单据等，以验证与其相关的应收账款的真实性。

（七）检查坏账的确认和处理

首先，注册会计师应检查有无债务人破产或者死亡的，以及破产或以遗产清偿后仍无法收回的，或者债务人长期未履行清偿义务的应收账款。其次，应检查被审计单位坏账的处理是否经授权批准，有关会计处理是否正确。

（八）抽查有无不属于结算业务的债权

注册会计师应抽查应收账款明细账，并追查有关原始凭证，查证被审计单位有无不属于结算业务的债权。如有，应作记录或建议被审计单位作适当调整。

（九）检查贴现、质押或出售

检查银行存款和银行借款等询证函的回函、会议纪要、借款协议和其他文件；确定应收账款是否已被贴现、质押或出售,应收账款贴现业务属质押还是出售,其会计处理是否正确。

(十)对应收账款实施关联方及其交易审计程序

标明应收关联方包括持股4%以上(含4%)股东的款项,实施关联方及其交易审计程序,并注明合并财务报表时应予抵销的金额;对关联企业、有密切关系的主要客户的交易事项作专门核查。

(十一)确定应收账款的列报是否恰当

如果被审计单位是上市公司,则其财务报表附注通常应披露期初、期末余额的账龄分析,期末欠款金额较大的单位账款,以及持有4%以上(含4%)股份的股东单位账款等情况。

赊销赊供已成为一种普遍的交易方式,应收账款的有效管理对企业来说至关重要。目前,企业中应收账款的内部控制主要存在以下几个方面的问题。

1. 信用管理不规范

在许多企业中,没有设立专门的信用机构,也没有专人负责此项工作,更没有建立对客户信用风险进行评估、按信用等级进行分级建档、分类管理、区别对待的财务管理机制。

2. 未设立应收账款台账

企业账务部门仅仅是按照企业会计制度和会计准则的核算要求,设立了应收账款总账和明细账。不能及时反映客户应收账款的增减变动及其账龄等账务信息,不能有效反映企业的经营成果。

3. 没有建立应收账款催收责任制度

企业对销售人员进行提成奖励,而货款是否能够收回是企业财务部门应关注并负责的事项,与销售人员无关。财务人员的薪酬又与销售无关。因此,形成了产品销售时有人关心过问,而货款拖欠时无人催收、无人追究的现状。

4. 坏账损失管理不规范

如果不加强内部控制,对应收账款进行逐笔核对,定期向对方单位函证往来款项,核对账目,可能会造成已确认坏账损失的应收账款经销售人员收回后截留挪用,从而造成企业资产流失。

案例8-4

背景与情境:ABC会计师事务所在对X公司2023年度财务报表进行审计时,项目负责人决定由助理人员王某执行应收账款的函证程序。助理人员王某直接向X公司索取了应收账款明细汇总表后,确定了其中100个债务人作为函证对象。由于工作量大,助理人员王某决定请X公司财务人员协助工作。具体步骤为:助理人员王某亲自填写询证函;交X公司财务人员帮助盖章并复印;财务人员将复印件交助理人员王某作为工作底稿,原件则由财务人员帮助装入信封,书写地址等并寄发。

问题:请指出助理人员王某在执行审计过程中存在的问题,并简要说明理由。

分析提示:

(1)未对应收账款明细汇总表进行必要的核对。

(2)助理人员王某对函证过程的控制不够。为了提高工作效率,审计人员可以利用被审计单位的人员协助工作,但为了避免询证函的内容被更改,或询证函未寄出,审计人员必须做到真正控制函证的过程。例如,在粘贴信封时,对函证内容、地址等事项重新核对;由审计人员亲自寄发询证函等。

三、坏账准备的实质性程序

企业会计准则规定,企业应当在期末对应收款项进行检查,并预计可能产生的坏账损失。应收款项包括应收票据、应收账款、预付款项、其他应收款和长期应收款等。下面以应收账款相关的坏账准备为例,阐述坏账准备的实质性程序。

(1) 取得或编制坏账准备明细表,复核加计是否正确,与坏账准备总账数、明细账合计数核对是否相符。

(2) 将应收账款坏账准备本期计提数与资产减值损失相应明细项目的发生额核对是否相符。

(3) 检查应收账款坏账准备计提和核销的批准程序,取得书面报告等证明文件,结合函证回函结果,评价计提坏账准备所依据的资料、假设及方法。

(4) 实际发生坏账损失的,检查转销依据是否符合有关规定,会计处理是否正确。

(5) 已经确认并转销的坏账重新收回的,检查其会计处理是否正确。

(6) 检查函证结果。对债务人回函中反映的例外事项及存在争议的余额,注册会计师应查明原因并作记录。必要时,应建议被审计单位作相应的调整。

(7) 实施分析程序。通过比较前期坏账准备计提数和实际发生数,以及检查期后事项,评价应收账款坏账准备计提的合理性。

(8) 确定应收账款坏账准备的披露是否恰当。企业应当在财务报表附注中清晰地说明坏账的确认标准、坏账准备的计提方法和计提比例等内容。

课 堂 测 试

班级_____ 姓名_____ 学号_____ 日期_____ 分数_____

一、单项选择题(每题 7 分,共计 56 分)

1. 企业在批准了客户订购单之后,会编制一式多联的销售单,该项活动与销售交易的（　　）认定相关。
   A. 准确性　　　　　B. 发生　　　　　C. 完整性　　　　　D. 截止

2. 针对销售交易,被审计单位的以下内部控制中,不满足职责适当分离的基本要求的是（　　）。
   A. 在销售合同订立前,应当指定专门人员就销售价格、信用政策、发货及收款方式等具体事项与客户进行谈判并在谈判成功后直接订立合同
   B. 应当分别设立办理销售、发货、收款三项业务的部门(或岗位)
   C. 应收票据的取得和贴现必须经由保管票据以外的主管人员的书面批准
   D. 销售人员应当避免接触销货现款

3. 针对营业收入审计目标的下列说法中不恰当的是（　　）。
   A. 确定利润表中记录的营业收入是否已发生,且与被审计单位有关
   B. 确定所有应当记录的营业收入是否均已记录
   C. 确定与营业收入有关的金额及其他数据是否已恰当记录,包括对销售退回、可变对价的处理是否适当
   D. 确定与营业收入对应的应收账款的金额是否已恰当记录,是否可收回,坏账准备的计提方法和比例是否恰当,计提是否充分

4. 被审计单位 2023 年销售 X 商品的毛利率为 10%,2024 年市场条件基本没有变化,被审计单位因销售 X 商品结转营业成本 1 800 万元,则注册会计师预期 2024 年被审计单位因销售 X 商品实现的营业收入为（　　）万元。
   A. 360　　　　　B. 2 160　　　　　C. 2 000　　　　　D. 3 240

5. 被审计单位记录的下列现销业务中,属于违反 2023 年度营业收入发生认定的是（　　）。
   A. 2023 年 12 月 25 日确认收入并结转成本,发运凭证的日期为 2024 年 1 月 2 日
   B. 2023 年 1 月 5 日确认收入并结转成本,发运凭证的日期为 2022 年 12 月 29 日
   C. 2023 年 12 月 25 日确认收入并结转成本,发运凭证的日期为 2024 年 5 月 3 日
   D. 2023 年 12 月 31 日确认收入并结转成本,发运凭证的日期为 2023 年 12 月 9 日

6. 注册会计师获取主营业务收入明细表,检查非记账本位币的主营业务收入使用的折算汇率及折算是否正确主要是针对营业收入项目的（　　）认定。
   A. 发生　　　　　B. 完整性　　　　　C. 准确性　　　　　D. 分类

7. 下列关于函证应收账款的说法中,错误的是（　　）。
   A. 注册会计师应当对应收账款实施函证程序,除非有充分证据表明应收账款对被审计单位财务报表而言是不重要的,并且与之相关的重大错报风险很低

B. 函证应收账款的目的在于证实应收账款账户余额是否真实、准确
C. 如果不对应收账款进行函证,注册会计师应当在审计工作底稿中说明理由
D. 注册会计师根据被审计单位的经营环境、内部控制的有效性、应收账款账户的性质、被询证者处理询证函的习惯做法及回函的可能性等,确定应收账款函证的范围、对象、方式和时间

8. 下列审计程序中,能够发现被审计单位高估应收账款的是( )。
  A. 从发运凭证追查至应收账款明细账
  B. 检查销售发票连续编号的完整性
  C. 检查应收账款记账凭证是否后附销售发票、发运凭证等原始凭证
  D. 检查发运凭证连续编号的完整性

二、多项选择题(每题 11 分,共计 44 分)

1. 下列有关销售交易相关内部控制的说法中,恰当的有( )。
  A. 企业应收票据的取得和贴现必须经由保管票据以外的主管人员的书面批准
  B. 非经正当审批,不得发出货物
  C. 企业在收到客户订购单后,编制一份预先编号的一式多联的销售单,分别用于批准赊销、审批发货、记录发货数量以及向客户开具发票等
  D. 对凭证预先进行编号,旨在防止销售以后遗漏向客户开具发票或登记入账,但是防止不了重复开具发票或重复记账

2. 下列有关职责分离的说法中,恰当的有( )。
  A. 适当的职责分离不仅是预防舞弊的必要手段,也有助于防止各种有意或无意的错误
  B. 主营业务收入账系由记录主营业务成本之外的员工独立登记,并由另一位不负责账簿记录的员工定期调节总账和明细账,构成一项交互牵制
  C. 负责主营业务收入和应收账款记账的员工不得经手货币资金,是防止舞弊的一项重要控制
  D. 销售人员通常有一种追求更大销售数量的固有倾向,赊销的审批则在一定程度上可以抑制这种倾向

3. 被审计单位销售与收款循环中的内部核查程序的主要内容包括( )。
  A. 重点检查是否存在销售与收款交易不相容、职务混岗的现象
  B. 重点检查授权批准手续是否健全、是否存在越权审批行为
  C. 重点检查信用政策、销售政策的执行是否符合规定
  D. 重点检查销售收入是否及时入账、应收账款的催收是否有效、坏账核销和应收票据的管理是否符合规定

4. 下列各项中,属于销售截止测试可能实施的程序的有( )。
  A. 选取资产负债表日前后若干天的发运凭证,与应收账款和收入明细账进行核对
  B. 复核资产负债表日前后销售和发货水平,确定业务活动水平是否异常
  C. 取得资产负债表日后所有的销售退回记录,检查是否存在提前确认收入的情况
  D. 结合对资产负债表日应收账款、合同资产的函证程序,检查有无未取得客户认可的销售

第九章

采购与付款循环审计

> **知识导航**
>
>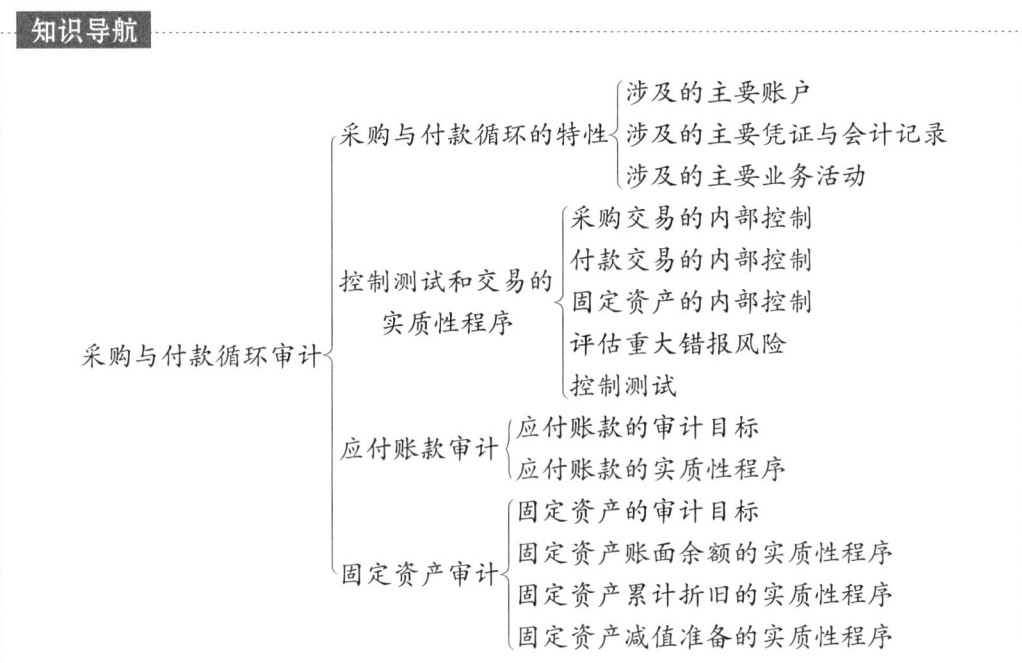

学习目标

1. 了解采购与付款循环的特性。
2. 熟悉采购与付款循环涉及的主要账户、凭证、会计记录和业务活动。
3. 理解采购与付款交易的审计目标和内部控制。
4. 掌握采购与付款循环的控制测试和实质性程序。
5. 掌握应付账款和固定资产的审计程序。

 **思政课堂**

万福生科的财务造假案

万福生科湖南农业开发股份有限公司(以下简称万福生科)2012年9月因财务造假被中国证监会湖南监管局勒令调查,继而因其涉嫌欺诈发行及相关中介违法违规案被予以正式通报,其相关人员也受到了处罚。

万福生科的财务造假是非常隐蔽的。一方面,它以虚假的供应商和客户的名义,采用自有资金进行体外循环,并伪造了大量的银行凭证,使得真正的资金来源变得难以识别。另一方面,它的造假案是系统性的,整个造假流程都有伪造的购销合同、入库单、检验单、生产单、销售单、发票等"真实"的票据和凭证去对应。如果把其中的某张单据单独拿出来,形式上没有问题,但实际上这笔业务却是虚假的。

万福生科采用了成本倒算制,使得财务报表整体十分平衡,很难从形式上发现问题。举一个简单的例子,假设需要虚增100万元的营业利润,根据往年的销售情况,假设营业成本占营业收入的比重为50%,则需要虚增200万元的营业收入,并结转100万元的成本。接下来,通过虚构粮食收购业务及工程采购业务,从公司账户以预付账款科目转出200万元,将资金转入能够控制的其他个人账户中,之后再把这些账户中的钱以不同客户销售回款的名义打回万福生科的账户内,列入应收账款科目,同时确认营业收入200万元,结转100万元营业成本。假设产成品中原材料成本占比为80%,那么在转出的预付账款中,需确认80万元的原材料采购款,剩余的120万元则转入在建工程,或留在预付账款中。把款打回来之后就涉及一个问题,银行的回单上会显示个人账户打回来多少钱,而不是客户打回来多少钱,为了掩盖这个情况,万福生科又伪造了大量的银行回单,私刻了若干个银行的业务章盖在上面。

整个造假过程是持续不断进行的,而且是多笔资金流交叉转出转入的。因此,从财务报表的角度看,存在虚假的科目可能包括预付账款、在建工程、应收账款、原材料、营业收入、营业成本及费用科目等。而本次造假案也正是以预付账款为导火索,以银行流水为突破口来侦破的。

从上述案例可见,利用虚假的采购和付款来粉饰财务报表,虽然没有采用销售收入造假频繁,但手段更隐蔽,这就为审计带来了更大的风险。从审计风险防范角度看,难以核实的存货和在建工程为特定行业上市公司虚增经营业绩提供了绝佳的掩饰机会,注册会计师对这类上市公司应当保持高度的职业怀疑,将存货和在建工程作为审计重点。

思考:
在采购与付款循环的审计中,注册会计师需要实施哪些审计程序?

第一节 采购与付款循环的特性

一、涉及的主要账户

采购与付款循环是指企业购买商品、劳务和固定资产,以及企业在经营活动中为获取收入而发生的直接或间接支出等活动。部分支出可能与产品收入直接相关,部分支出可能会形成企业资产,而这些资产又构成了企业经营活动的基础。受采购与付款循环经济业务影响的财务报表项目中比较重要的有:预付款项、存货、固定资产、在建工程、工程物资、固定资产清理、无形资产、开发支出、商誉、长期待摊费用、应付票据、应付账款、长期应付款和管理费用等。

二、涉及的主要凭证与会计记录

采购与付款交易通常要经过"请购—订货—验收—付款"的程序,同销售与收款交易一样,在内部控制比较健全的企业,处理采购与付款交易通常也会涉及很多单据、凭证与会计记录。典型的采购与付款循环涉及的主要单据、凭证与会计记录有以下几种。

1. 请购单

请购单是由产品制造、资产使用等部门的有关人员填写,送交采购部门,申请购买商品、劳务或其他资产的书面凭证。

2. 订购单

订购单是由采购部门填写,经适当管理层审核后,向另一企业购买订购单上所指定的商品、劳务或其他资产的书面凭证。

3. 验收单

验收单是验收部门收到商品、资产时所编制的列示经过质检的从供应商处收到的商品、资产的种类和数量等内容的凭证。

4. 卖方发票

卖方发票即供应商发票,是供应商开具的,交给买方以载明发运的货物或提供的劳务、应付款金额和付款条件等事项的凭证。

5. 付款凭单

付款凭单是采购方企业的应付凭单部门编制的,载明已收到的商品、资产或接受的劳务、应付款金额和付款日期的凭证。付款凭单是采购方企业内部记录和支付负债的授权证明文件。

6. 转账凭证

转账凭证是指记录转账交易的记账凭证,它是根据有关转账交易(即不涉及库存现金、银行存款收付的各项交易)的原始凭证编制的。

7. 付款凭证

付款凭证包括现金付款凭证和银行存款付款凭证,是指用来记录库存现金和银行存款支出交易的记账凭证。

8. 应付账款明细账

应付账款明细账是列明企业对供应商应付未付款项详细情况的明细分类账。应付账款属于会计科目中的负债类科目,用以核算企业因购买材料、商品和接受劳务供应等经营活动应支付的款项,通常指因购买材料、商品或接受劳务供应等而发生的债务。

9. 库存现金日记账和银行存款日记账

库存现金日记账是出纳员根据审核无误的现金收款、付款凭证和银行存款付款凭证(记录从银行提取现金的业务),逐日逐笔顺序登记的。每日终了,应结出现金日记账的账面余额,并将其库存现金实存数额相核对,做到账实相符。

银行存款日记账是由出纳人员根据审核无误的银行存款收付凭证,序时逐笔登记的账簿。一般是指银行存款收付日记账,如进一步细分,可以分为银行存款收入日记账和银行存款付出日记账。

10. 供应商对账单

供应商对账单是由供应商定期编制的，标明期初余额、本期购买、本期支付给供应商的款项和期末余额的凭证。供应商对账单是供应商对有关交易的陈述，如果不考虑买卖双方在收发货物或接受劳务上可能存在的时间差等因素，其期末余额通常应与采购方相应的应付账款期末余额一致。

三、涉及的主要业务活动

在一个企业，如可能的话，应将各项职能活动指派给不同的部门或职员来完成。这样一来，每个部门或职员都可以独立检查其他部门和职员工作的正确性。下面以采购商品为例，分别阐述采购与付款循环涉及的主要业务活动及其适当的控制程序和相关的认定。

1. 请购商品和劳务

生产部门根据采购计划负责对需要购买的已列入存货清单的项目填写请购单，其他部门也可以对所需要购买的未列入存货清单的项目编制请购单。大多数企业对正常经营所需的物资的购买均作一般授权。例如，生产部门库在现有库存达到再订购点时就可直接提出采购申请。但对资本支出和租赁合同，企业政策则通常要求作特别授权，只允许指定人员提出请购。请购单可由手工或计算机系统编制。由于企业内不少部门都可以填列请购单，不便事先编号，为加强控制，每张请购单必须经过对这类支出预算负责的主管人员签字批准。

请购单是证明有关采购交易的"发生"认定的凭据之一，也是采购交易轨迹的起点。

2. 编制订购单

采购部门在收到请购单后，只能对经过批准的请购单发出订购单。对每张订购单，采购部门应确定最佳的供应来源。订购单应正确填写所需要的商品品名、数量、价格、厂商名称和地址等，预先予以顺序编号并经过被授权的采购人员签名。其正联应送交供应商，副联则送至企业内部的验收部门、应付凭单部门和编制请购单的部门。随后，应独立检查订购单的处理，以确定是否确实收到商品并正确入账。

这项检查与采购交易的"完整性"和"发生"认定有关。

3. 验收商品

验收部门首先应比较所收商品与订购单上的要求是否相符，如商品的品名、说明、数量、到货时间等，然后再盘点商品并检查商品有无损坏。验收后，验收部门应对已收货的每张订购单编制一式多联、预先顺序编号的验收单，作为验收和检验商品的依据。验收人员将商品送交仓库或其他请购部门时，应取得经过签字的收据，或要求其在验收单的副联上签收，以确立他们对所采购的资产应负的保管责任。验收人员还应将其中的一联验收单送交应付凭单部门。

验收单是支持资产或费用以及与采购有关的负债的"存在"或"发生"认定的重要凭证。定期独立检查验收单的顺序以确定每笔采购交易都已编制凭单，则与采购交易的"完整性"认定有关。

4. 储存已验收的商品存货

将已验收商品的保管与采购的其他职责相分离，可减少未经授权的采购和盗用商品的风险。存放商品的仓储区应相对独立，限制无关人员接近。

这些控制与商品的"存在"认定有关。

5. 编制付款凭单

记录采购交易之前,应付凭单部门应编制付款凭单。这项功能的控制包括:

(1) 确定供应商发票的内容与相关的验收单、订购单的一致性。

(2) 确定供应商发票计算的正确性。

(3) 编制有预先顺序编号的付款凭单,并附上支持性凭证(如订购单、验收单和供应商发票等)。这些支持性凭证的种类,因交易对象的不同而不同。

(4) 独立检查付款凭单计算的正确性。

(5) 在付款凭单上填入应借记的资产或费用账户名称。

(6) 由被授权人员在凭单上签字,以示批准照此凭单要求付款。所有未付凭单的副联应保存在未付凭单档案中,以待日后付款。

经适当批准和有预先编号的凭单为记录采购交易提供了依据。因此,这些控制与"存在""发生""完整性""权利和义务"和"计价和分摊"等认定有关。

6. 确认与记录负债

正确确认已验收货物和已接受劳务的债务,其要求准确、及时地记录负债。该记录对企业财务报表反映和企业实际现金支出有重大影响。与应付账款确认和记录相关的部门一般有责任核查购置的财产,并在应付凭单登记簿或应付账款明细账中加以记录。在收到供应商发票时,应付账款部门应将发票上所记载的品名、规格、价格、数量、条件及运费与订购单上的有关资料核对,如有可能,还应与验收单上的资料进行比较。

应付账款确认与记录的一项重要控制是要求记录现金支出的人员不得经手现金、有价证券和其他资产。恰当的凭证、记录与恰当的记账手续,对业绩的独立考核和应付账款职能而言是必不可少的控制。

7. 付款

通常是由应付凭单部门负责确定未付凭单在到期日付款。企业有多种款项结算方式,以支票结算方式为例,编制和签署支票的有关控制包括:

(1) 独立检查已签发支票的总额与所处理的付款凭单的总额的一致性。

(2) 应由被授权的财务部门的人员负责签署支票。

(3) 被授权签署支票的人员应确定每张支票都附有已经适当批准的未付款凭单,并确定支票收款人姓名和金额与凭单内容一致。

(4) 支票一经签署就应在其凭单和支持性凭证上用加盖印戳或打洞等方式将其注销,以免重复付款。

(5) 支票签署人不应签发无记名甚至空白的支票。

(6) 支票应预先连续编号,保证支出支票存根的完整性和作废支票处理的恰当性。

(7) 应确保只有被授权的人员才能接近未经使用的空白支票。

8. 记录现金、银行存款支出

仍以支票结算方式为例,在手工系统下,会计人员应根据已签发的支票编制付款记账凭证,并据以登记银行存款日记账及其他相关账簿。以记银行存款支出为例,有关控制包括:

(1) 会计主管应独立检查记入银行存款日记账和应付账款明细账的金额的一致性,以及与支票汇总记录的一致性。

(2) 通过定期比较银行存款日记账记录的日期与支票副本的日期,独立检查入账的及时性。

(3) 独立编制银行存款余额调节表。

第二节 控制测试和交易的实质性程序

一、采购交易的内部控制

(一) 内部控制目标、内部控制与审计测试的关系

采购交易的内部控制目标、关键内部控制与审计测试的关系,如表9-1所示。

表9-1 采购交易的内部控制目标、关键内部控制与审计测试一览表

内部控制目标	关键内部控制	常用的控制测试	常用的交易实质性程序
所记录的采购都确已收到商品或已接受劳务(存在)	(1) 请购单、订购单、验收单和卖方发票一应俱全,并附在付款凭单后 (2) 采购经适当级别批准 (3) 注销凭证以防止重复使用 (4) 对卖方发票、验收单、订购单和请购单作内部核查	(1) 查验付款凭单后是否附有完整的相关单据 (2) 检查批准采购的标记 (3) 检查注销凭证的标记 (4) 检查内部核查的标记	(1) 复核采购明细账、总账及应付账款明细账,注意是否有大额或不正常的金额 (2) 检查卖方发票、验收单、订购单和请购单的合理性和真实性 (3) 追查存货的采购至存货永续盘存记录 (4) 检查取得的固定资产
已发生的采购交易都已记录(完整性)	(1) 订购单均经事先连续编号并将已完成的采购登记入账 (2) 验收单均经事先连续编号并已登记入账 (3) 应付凭单经事先连续编号并已登记入账	(1) 检查订购单连续编号的完整性 (2) 检查验收单连续编号的完整性 (3) 检查应付凭单连续编号的完整性	(1) 从验收单追查至采购明细账 (2) 从卖方发票追查至采购明细账
所记录的采购交易估价正确(准确性、计价和分摊)	(1) 对计算准确性进行内部核查 (2) 采购价格和折扣的批准	(1) 检查内部核查的标记 (2) 检查批准采购价格和折扣的标记	(1) 将采购明细账中记录的交易卖方发票、验收单和其他证明文件比较 (2) 复算包括折扣和运费在内的卖方发票填写金额的准确性
采购交易的分类的正确(分类)	(1) 采用适当的会计科目表 (2) 分类的内部核查	(1) 检查工作手册和会计科目表 (2) 检查有关凭证上内部核查的标记	参照卖方发票,比较会计科目表上的分类
采购交易按正确的日期记录(截止)	(1) 要求收到商品或接受劳务后及时记录采购交易 (2) 内部核查	(1) 检查工作手册并观察有无未记录的卖方发票存在 (2) 检查内部核查的标记	将验收单和卖方发票上的日期与采购明细账中的日期进行比较

(续表)

内部控制目标	关键内部控制	常用的控制测试	常用的交易实质性程序
采购交易被正确记入应付账款和存货等明细账中，并正确汇总（准确性、计价和分摊）	应付账款明细账内容的内部核查	检查内部核查的标记	通过加计采购明细账，追查过入采购总账和应付账款、存货明细账的数额是否正确，用以测试过账和汇总的正确性

（二）采购交易的内部控制

应付账款、固定资产等财务报表项目均属于采购与付款循环。在正常的审计中，如果忽视采购与付款循环的控制测试及相应的交易实质性程序，仅仅依赖对这些具体财务报表项目余额实施实质性程序，就会导致审计工作不仅费时、费力，而且也难以保证质量。如果被审计单位具有健全并且运行良好的相关内部控制，注册会计师把审计重点放在控制测试和交易的实质性程序上，则既可以降低审计风险，又可以大大减少报表项目实质性程序的工作量，提高审计效率。

考虑到采购与付款循环控制测试的重要性，注册会计师往往对这一循环采用属性抽样审计方法。在测试该循环中的大多数属性时，注册会计师通常选择相对较低的可容忍误差。另外，采购与付款循环中各财务报表项目所涉及的业务交易量和金额的大小往往十分悬殊，使得注册会计师在审计时常将其中大额的和不寻常的项目筛选出来，百分之百地加以测试。

很显然，采购与付款的交易测试包括采购交易测试和付款交易测试两个部分。采购交易测试与采购与付款循环涉及的主要业务活动中的前六项有关，即：请购商品和劳务；编制订购单；验收商品；储存已验收的商品存货；编制付款凭单；确认与记录债务。而付款交易测试则关系到采购与付款循环涉及的主要业务活动中的后两项，即付款，记录现金、银行存款支出。

第八章第二节中，我们以每项内部控制为出发点，比较详细地讨论了销售交易相关的内部控制。鉴于采购交易与销售交易无论在控制目标、关键内部控制方面还是在控制测试与交易实质性程序方面，就原理而言大同小异，并且表9-1也比较容易理解，因此，以下仅就采购交易在上述方面的特殊之处予以说明。

1. 适当的职责分离

与销售与收款交易一样，采购与付款交易也需要适当的职责分离。财政部发布《内部会计控制规范——采购与付款》中规定，单位应当建立采购与付款业务的岗位责任制，明确相关部门和岗位的职责、权限，确保办理采购与付款业务的不相容岗位相互分离、制约和监督。采购与付款业务的不相容岗位至少包括：请购与审批；询价与确定供应商；采购合同的订立与审批；采购与验收；采购、验收与相关会计记录；付款审批与付款执行。这些都是对单位提出的、有关采购与付款业务相关职责适当分离的基本要求，以确保办理采购与付款业务的不相容岗位相互分离、制约和监督。

2. 内部核查程序

企业应当建立对采购与付款交易内部控制的监督检查制度。采购与付款内部控制监督检查的主要内容通常包括：

（1）采购与付款业务相关岗位及人员的设置情况。重点检查是否存在采购与付款业务不相容职务混岗的现象。

（2）采购与付款业务授权批准制度的执行情况。重点检查大宗采购与付款业务的授权批准手续是否健全，是否存在越权审批的行为。

（3）应付账款和预付账款的管理。重点审查应付账款和预付账款支付的正确性、时效性和合法性。

（4）有关单据、凭证和文件的使用和保管情况。重点检查凭证的登记、领用、传递、保管、注销手续是否健全，使用和保管制度是否存在漏洞。

（三）对表9-1有关内容的说明

1. 所记录的采购都确已收到商品或接受劳务

如果注册会计师对被审计单位在该内部控制目标上的控制的恰当性感到满意，那么为查找不正确的、没有真实发生的交易而执行的测试程序就可大为减少。恰当的控制可以防止那些主要使企业管理层和职员们而非企业本身受益的交易作为企业的费用支出或资产入账。在有些情况下，不正确的交易是显而易见的。例如，职员未经批准就购置个人用品，或通过在付款凭单登记簿上虚记一笔采购而侵吞公款。但在另外一些情况下，交易的正确与否却很难评判，如支付企业管理人员在俱乐部的个人会费、支付管理人员及其家属的度假费用等。如果发觉企业对这些不正当的交易的控制不充分，注册会计师在审计时就需对与这些交易有关的单据进行广泛的检查。

2. 已发生的采购交易都已记录

应付账款是指在正常的商业过程中接受商品和劳务而产生的尚未付款的负债。已经验收的商品和接受的劳务若未予以入账，将直接影响应付账款余额，从而低计企业的负债。如果注册会计师确信被审计单位所有的采购交易均已准确、及时地登记入账，就可以从了解和测试其内部控制入手进行审计，从而大大减少对固定资产和应付账款等财务报表项目实施实质性程序的工作量，大大降低审计成本。

3. 所记录的采购交易估价正确

许多资产、负债和费用项目的估价有赖于相关采购交易在采购明细账上的正确记录，因此，对这些报表项目实施实质性程序的范围，在很大程度上取决于注册会计师对被审计单位采购交易内部控制执行效果的评价。如果注册会计师认为其采购交易内部控制的执行效果良好。则注册会计师对这些报表项目计价准确性实施的实质性程序的数量，显然要比采购交易内部控制不健全或形同虚设的企业少得多。

当被审计单位对存货采用永续盘存制核算时，如果注册会计师确信其永续盘存记录是准确、及时的，存货项目的实质性程序就可予以简化。被审计单位对永续盘存手续中的采购环节的内部控制，一般应作为审计中对采购交易进行控制测试的对象之一，在审计中起着关键作用。如果这些控制能有效地运行，并且永续盘存记录中又能反映出存货的数量和单位成本，则还可以因此减少存货监盘和存货单位成本测试的工作量。

二、付款交易的内部控制

采购与付款循环包括采购和付款两个方面。在内部控制健全的企业，与采购相关的付款交易同样有其内部控制目标和内部控制，注册会计师应针对每个具体的内部控制目标确定关键内部控制，并对此实施相应的控制测试和交易的实质性程序。付款交易中的控制测试的性质取决于内部控制的性质。而付款交易的实质性程序的实施范围，在一定程度上取决于关键内部控制是否存在以及控制测试的结果。由于采购和付款交易同属一个交易循环，联系紧密，因此，对付款交易的部分测试可与测试采购交易一并实施。当然，另一些付款交易测试仍需单独实施。

需要指出的是，每个企业的性质、所处行业、规模以及内部控制健全程度等不同，使得其与付款交易相关的内部控制内容可能有所不同。但财政部发布的《内部会计控制规范——采购与付款》中规定的以下与付款交易相关的内部控制内容是应当共同遵循的：

（1）单位应当按照《现金管理暂行条例》《支付结算办法》和《内部会计控制规范——货币资金（试行）》等规定办理采购付款业务。

（2）单位财会部门在办理付款业务时，应当对采购发票、结算凭证、验收证明等相关凭证的真实性、完整性、合法性及合规性进行严格审核。

（3）单位应当建立预付账款和定金的授权批准制度，加强预付账款和定金的管理。

（4）单位应当加强应付账款和应付票据的管理，由专人按照约定的付款日期、折扣条件等管理应付款项。已到期的应付款项需经有关授权人员审批后方可办理结算与支付。

（5）单位应当建立退货管理制度。对退货条件、退货手续、货物出库、退货货款回收等作出明确规定。及时收回退货款。

（6）单位应当定期与供应商核对应付账款、应付票据、预付款项等往来款项。如有不符，应查明原因，及时处理。

三、固定资产的内部控制

在本教材的业务循环划分中，固定资产归属采购与付款循环。固定资产与一般的商品在内部控制和控制测试问题上固然有许多共性的地方，但固定资产还存在不少特殊性，因此有必要对其单独加以说明。

就许多从事制造业的被审计单位而言，固定资产在其资产总额中占有很大的比重，固定资产的购建会影响其现金流量，而固定资产的折旧、维修等费用则是影响其损益的重要因素。固定资产管理一旦失控，所造成的损失将远远超过一般的商品存货等流动资产，因此，为了确保固定资产的真实、完整、安全和有效利用，被审计单位应当建立和健全固定资产的内部控制。根据企业常用的固定资产内部控制，注册会计师实施控制测试程序应予以关注的地方有以下几个方面。

1. 固定资产的预算制度

预算制度是固定资产内部控制中最重要的部分。通常，大中型企业应编制旨在预测与控制固定资产增减和合理运用资金的年度预算；小规模企业即使没有正规的预算，对固定资产的购建也要事先加以计划。

2. 授权批准制度

完善的授权批准制度包括：企业的资本性支出预算只有经过董事会等高层管理机构批准方可生效；所有固定资产的取得和处置均需经企业管理当局书面认可。

3. 账簿记录制度

除固定资产总账外,被审计单位还需设置固定资产明细分类账和固定资产登记卡、按固定资产类别、使用部门和每项固定资产进行明细分类核算。固定资产增减变化均有原始凭证。

4. 职责分工制度

对固定资产的取得、记录、保管、使用、维修、处置等,均应明确划分责任。

5. 资本性支出和收益性支出的区分制度

企业应制定区分资本性支出和收益性支出的书面标准。通常需明确资本性支出的范围和最低金额,凡不属于资本性支出的范围、金额低于下限的任何支出,均应列作费用并抵减当期收益。

6. 固定资产的处置制度

固定资产的处置包括投资转出、报废、出售等,均要有一定的申请报批程序。

7. 固定资产的定期盘点制度

对固定资产的定期盘点,是验证账面各项固定资产是否真实存在、了解固定资产放置地点和使用状况以及发现是否存在未入账固定资产的必要手段。

8. 固定资产的维护保养制度

固定资产应有严密的维护保养制度,以防止其因各种自然或人为的因素而遭受损失,并应建立日常维护和定期检修制度,以延长其使用寿命。

严格地讲,固定资产的保险不属于企业固定资产的内部控制范围,但它对企业非常重要。

四、评估重大错报风险

在实施控制测试和实质性程序之前,注册会计师需要了解被审计单位采购与付款交易和相关余额的内部控制的设计、执行情况,评估认定层次和财务报表层次的重大错报风险,并对被审计单位特殊的交易活动和可能影响财务报表真实反映的事项保持职业怀疑态度。这将影响到注册会计师决定采取何种适当的审计方法。

影响采购与付款交易和余额的重大错报风险可能包括以下几个方面。

1. 管理层错报费用支出的偏好和动因

被审计单位管理层可能为了完成预算、满足业绩考核要求、保证从银行获得额外的资金、吸引潜在投资者、误导股东、影响公司股价,或通过把私人费用计入公司进行个人盈利而错报支出。常见的方式可能有:

(1) 把通常应当及时计入损益的费用资本化,然后通过资产的逐步摊销予以消化。这对增加当年的利润和留存收益都将产生影响。

(2) 平滑利润。通过多计准备或少计负债,把损益控制在被审计单位管理层希望的程度。

(3) 利用特别目的实体把负债从资产负债表中剥离,或利用关联方之间的费用定价优势,制造虚假的收益增长趋势。

(4) 通过复杂的税务安排推延或隐瞒所得税和增值税。

(5) 被审计单位管理层把私人费用计入企业费用,把企业资金当作私人资金运作。

2. 费用支出的复杂性

例如,被审计单位开始在国外开展销售交易,管理层对于可能遭遇的问题解决经验有限,甚至不具备进行正确交易的能力。这可能导致费用支出分配的错误、外币换算错误和准备计提的错误。

3. 管理层凌驾于控制之上和员工舞弊的风险

例如,通过与第三方串通,把私人费用计入企业费用支出,或有意无意地重复付款。

4. 采用不正确的费用支出截止期

将本期采购并收到的商品计入下一会计期间,或将下一会计期间采购的商品提前计入本期。例如,被审计单位采用离岸价结算方式进口的商品期末尚在途中,由于商品的所有权已经转移,就可能存在低估在途商品的风险。

5. 低估

在承受反映较高盈利水平和营运资本的压力下,被审计单位管理层可能试图低估应付账款和资产相关准备,包括低估对存货和应收账款减值以及对已售商品提供的担保应计提的准备。

6. 不正确地记录外币交易

当被审计单位进口用于出售的商品时,可能由于采用不恰当的外币汇率而导致该项采购的记录出现差错。在存在诸如远期外汇担保或套期保值交易的情形下,外汇交易记录的复杂性也会导致在记录汇兑损益和套期保值损益时出错,从而使进口存货成本的核算产生错误。此外,还存在未能将诸如运费、保险费和关税等与存货相关的进口费用进行正确分摊的风险。

7. 舞弊和盗窃的固有风险

如果被审计单位经营大型零售业务,由于所采购商品和固定资产的数量及支付的款项庞大,交易复杂,容易造成商品发运错误,员工和客户发生舞弊和盗窃的风险较高。如果那些负责付款的会计人员有权接触应付账款主文档,并能够通过在应付账款主文档中擅自添加新的账户来虚构采购交易,舞弊和盗窃的风险也会增加。

8. 延迟向供应商付款

延迟向供应商付款可能导致被审计单位不能申请原本可以享受的采购折扣,或者即使提出申请也不被接受,增加了不必要的开支。

9. 存货的采购成本没有按照适当的计量属性确认

存货的采购成本没有按照适当的计量属性确认可能导致存货成本和销售成本的核算不正确。

10. 存在未记录的权利和义务

存在未记录的权利和义务可能导致资产负债表分类错误以及财务报表附注不正确或披露不充分。

总之,当被审计单位管理层具有高估利润的动机时,注册会计师应当主要关注费用支出和应付账款的低估。重大错报风险集中体现在遗漏交易、采用不正确的费用支出截止期,以及错误划分资本性支出和费用性支出。这些将对"完整性""截止""发生""存在""准确性"和"分类"认定产生影响。

为评估重大错报风险,注册会计师应详细了解有关交易或付款的内部控制。这些控制主要是为预防、检查和纠正前面所认定的重大错报的固有风险而设置的。注册会计师可以通过审阅以前年度审计工作底稿、观察内部控制执行情况、询问管理层和员工、检查相关的文件和资料等方法对其加以了解。对相关文件和资料的检查可以提供审计证据。例如,通过检查供应商对账表和银行对账单,能够发现差错并加以纠正。

在评估重大错报风险时,注册会计师需要充分了解被审计单位对采购与付款交易的控制活动,其目的在于使得计划实施的审计程序更加有效。也就是说,注册会计师必须对被审计单位的重大错报风险有一定认识,在此基础上设计并实施进一步审计程序,才能有效应对重大错报风险。

在企业采购与付款循环中,常见的错弊主要有以下几个方面:

(1) 盲目采购或采购不及时。采购部门或人员没有按照采购计划或请购单进行采购,造成超储积压或供应脱节。其原因一方面可能是控制制度不健全,对需求和市场评估不足;另一方面可能是采购人员故意所为,以满足个人私利。

(2) 采购中价格不实。由于采购价格不透明,采购人员在采购时接受各种形式的回扣是较普遍的现象,这就导致采购价格虚高,采购质量难以保证。

(3) 验收不严格。验收人员不认真核对采购物资的质量和数量或对验收时发现的问题未能及时报告。其原因主要是验收人员玩忽职守、对控制制度认识不足,存在以少报多、以次充好、人情过关等现象,也容易诱发采购人员舞弊。

(4) 付款控制不严格。采购结算时,审核不严或单证不齐就付款,或应付账款管理混乱,导致重复付款、货款流失。

五、控制测试

在本节前面部分,我们提供了采购交易的控制目标、关键内部控制和测试一览表(表9-1),以内部控制目标和相关认定为起点,列示了相应的关键内部控制和常用的控制测试及实质性程序,并就采购交易、付款交易和固定资产的内部控制进行了讨论。因为表9-1列示的采购交易的常用控制测试比较清晰,无须逐一解释,所以下面仅仅讨论在实施采购与付款交易的控制测试时应当注意的一些内容。另外,鉴于固定资产和在建工程项目有着不同于一般商品的特殊性,对其控制测试问题也分别单独加以阐述。

(1) 注册会计师应当通过控制测试获取支持将被审计单位的控制风险评价为中或低的证据。如果能够获取这些证据,注册会计师就可以接受较高的检查风险,并在很大程度上可以通过实施实质性分析程序获取进一步的审计证据,同时减少对采购与付款交易和相关余额实施细节测试的依赖。

(2) 考虑到采购与付款交易控制测试的重要性,注册会计师通常对这一循环采用属性抽样审计方法。在测试该循环中的大多数属性时,注册会计师通常选择相对较低的可容忍误差。另外,由于采购与付款循环中各财务报表项目所涉及的交易业务量和金额的大小往往相差悬殊,注册会计师在审计时常将其中大额的和不寻常的项目筛选出来,百分之百地加以测试。

(3) 在本章第一节介绍的采购与付款交易涉及的八项主要业务活动中,前三项分别是请购商品和劳务、编制订购单、验收商品。注册会计师在实施控制测试时,应抽取请购单、订购单和商品验收单,检查请购单、订购单是否得到适当审批,验收单是否有相关人员的签名,订购单和验收单是否按顺序编号。

有些被审计单位的内部控制要求应付账款记账人员应定期汇总该期间生成的所有订购单并与请购单核对,编制采购信息报告。对此,注册会计师在实施控制测试时,应抽取采购信息报告,检查其是否已符合,如有不符,是否已经及时调查和处理。

(4) 对于编制付款凭单、确认与记录负债这两项主要业务活动,被审计单位的内部控制通常要求应付账款记账员将采购发票所载信息与验收单、订购单进行核对,核对相符应在发票上加盖"相符"印戳。对此,注册会计师在实施控制测试时,应抽取订购单、验收单和采购发票,检查所载信息是否核对一致、发票上是否加盖了"相符"印戳。

(5) 对于付款这项主要业务活动,有些被审计单位内部控制要求由应付账款记账人员负责编制付款凭证,并附相关单证,提交会计主管审批。在完成对付款凭证及相关单证的复核后,会计主管在付款凭证上签字,作为复核证据,并在所有单证上加盖"核销"印戳。对此,注册会计师在实施控制测试时,应抽取付款凭证,检查其是否经由会计主管复核和审批,并检查款项支付是否得到适当人员的复核和审批。

(6) 注册会计师在对被审计单位的固定资产实施控制测试时应注意:①对于固定资产的预算制度,注册会计师应选取固定资产投资预算和投资可行性项目讨论报告,检查是否编制预算并进行论证,以及是否经适当层次审批;对于实际支出与预算之间的差异以及未列入预算的特殊事项,应检查其是否履行特别的审批手续。如果固定资产增减均能处于良好的经批准的预算控制之下,注册会计师即可适当减少对固定资产增加、减少实施的实质性程序的样本量。②对于固定资产的授权批准制度,注册会计师不仅应检查被审计单位固定资产授权批准制度本身是否完整,还应选取固定资产请购单及相关采购合同,检查是否得到适当审批和签署,关注授权批准制度是否切实有效执行。③对于固定资产的账簿记录制度,注册会计师应当认识到,一套设置完善的固定资产明细分类账和登记卡,将为分析固定资产的取得和处置、复核折旧费用和修理支出的列支带来帮助。④对于固定资产的职责分工制度,注册会计师应当认识到,明确的职责分工制度,有利于防止舞弊,降低注册会计师的审计风险。⑤对于资本性支出和收益性支出的区分制度,注册会计师应当检查该制度是否遵循企业会计准则的要求、是否适应被审计单位的行业特点和经营规模,并抽查实际发生与固定资产相关的支出时是否按照该制度进行恰当的会计处理。⑥对于固定资产的处置制度,注册会计师应当关注被审计单位是否建立了有关固定资产处置的分级申请报批程序;收取固定资产盘点明细表,检查账实之间的差异是否经审批后及时处理;抽取固定资产报废单,检查报废是否经适当批准和处理;抽取固定资产内部调拨单,检查调入、调出是否已进行适当处理;抽取固定资产增减变动情况分析报告,检查是否经复核。⑦对于固定资产的定期盘点制度,注册会计师应了解和评价企业固定资产盘点制度,并应注意查询盘盈、盘亏固定资产的处理情况。⑧对于固定资产的保险情况,注册会计师应抽取固定资产保险单盘点表,检查是否已办理商业保险。

(7) 如果被审计单位的在建工程项目比较重要,占其资产总额的比重较大,则对在建工程项目的内部控制测试,注册会计师应注意把握以下几点:①对工程项目业务相关岗位及人员的设置情况,应重点检查是否存在不相容职务混岗的现象。②对工程项目业务授权批准制度的执行情况,应重点检查重要业务的授权批准手续是否健全,是否存在越权审批行为。③对工程项目决策责任的建立执行情况,应重点检查责任制度是否健全,奖惩是否落实到位。④对概预算控制制度的执行情况,应重点检查概预算编制的依据是否真实,是否按规定对概预算进行审核。⑤对各类款项支付制度的执行情况,应重点检查工程款、材料设备款及其他费用的支付是否符合相关法规、制度和合同的要求。⑥对竣工决算制度的执行情况,应重点检查是否按规定办理竣工决算、实施决算审计。

第三节 应付账款审计

一、应付账款的审计目标

应付账款的审计目标一般包括:
(1) 确定资产负债表中记录的应付账款是否存在。
(2) 确定所有应当记录的应付账款是否均已记录,且记录于恰当账户。
(3) 确定资产负债表中记录的应付账款是否为被审计单位应履行的现时义务。
(4) 确定应付账款是否以恰当的金额包括在财务报表中,与之相关的计价调整是否已恰当记录。
(5) 确定应付账款是否已按照企业会计准则的规定在财务报表中作出恰当的列报。

二、应付账款的实质性程序

应付账款的实质性程序一般包括以下内容。
1. 获取或编制应付账款明细表
(1) 复核加计正确,并与报表数、总账数和明细账合计数核对是否相符。
(2) 检查非记账本位币应付账款的折算汇率及折算是否正确。
(3) 分析出现借方余额的项目,查明原因,必要时作重分类调整。
(4) 结合预付账款、其他应付款等往来项目的明细余额,调查有无同挂的项目、异常余额或与采购无关的其他款项(如关联方账户或雇员账户)。如有,应作出记录,必要时作调整。
2. 根据被审计单位实际情况,选择以下方法对应付账款执行实质性分析程序
(1) 将期末应付账款余额与期初余额进行比较,分析波动原因。
(2) 分析长期挂账的应付账款,要求被审计单位作出解释,判断被审计单位是否缺乏偿债能力或利用应付账款隐瞒利润,并注意其是否可能无须支付。核查对确实无须支付的应付款的会计处理是否正确,依据是否充分;关注账龄超过3年的大额应付账款在资产负债表日后是否偿还,检查偿还记录、单据及披露情况。
(3) 计算应付账款与存货的比率、应付账款与流动负债的比率,并与以前年度相关比率对比分析,评价应付账款整体的合理性。
(4) 分析存货和营业成本等项目的增减变动,判断应付账款增减变动的合理性。
3. 函证应付账款
一般情况下,并非必须函证应付账款,这是因为函证不能保证查出未记录的应付账款,况且注册会计师能够取得采购发票等外部凭证来证实应付账款的余额。但如果控制

风险较高,某应付账款明细账户金额较大或被审计单位处于财务困难阶段,则应考虑进行应付账款的函证。

进行函证时,注册会计师应选择较大金额的债权人,以及那些在资产负债表日金额不大,甚至为零,但为被审计单位重要供应商的债权人作为函证对象。最好采用积极的函证方式,并具体说明应付金额。与应收账款的函证一样,注册会计师必须对函证的过程进行控制,要求债权人直接回函,并根据回函情况编制与分析函证结果汇总表;对未回函的,应考虑是否再次函证。

如果存在未回函的重大项目,注册会计师应采用替代审计程序。例如,可以检查决算日后应付账款明细账及库存现金和银行存款日记账,核实其是否已支付,同时检查该笔债务的相关凭证资料,如合同、发票、验收单等,核实应付账款的真实性。

案例9-1

背景与情景: 某审计人员接受指派,对某被审计单位进行年度财务审计,假定:①该审计人员目前正在对应付账款项目的审计编制计划。②上年度工作底稿显示共寄发100封询证函,对该客户的1 000家供货商进行抽样函证,从余额较大的各明细账中抽取样本。为了解决函证结果与被审计单位会计记录间的较小差异,审计人员和被审计单位均花费较多时间。对于未回复的供货商,均运用其他审计程序进行了审计,没有发生异议。

问题:

(1) 说明该审计人员在制定将予实施的审计程序时,应考虑哪些审计目的?

(2) 说明该审计人员是否应使用函证,如应函证,列举使用函证的各种情况?

(3) 说明上年度进行函证时,选取有较大年末余额的供货商进行函证为何不一定是最有效的方法?审计人员本年度在选样函证应付账款时,宜采用何种更有效的程序?

分析提示:

(1) 该审计人员已对应付账款项目编制计划,在制定审计程序时,应考虑以下审计目的:①确定相关的内部控制是否完善有效。②证明资产负债表上所列负债是否和账册所载相符,并代表已经发生的所有交易。③确定应付账款的负债是否完整,以保证一切现有债务均经记载。④查明所有应付账款是否适当评价,并特别注意低计的可能性,确定资产负债表的表达是否适当。

(2) 在主要的供货商并未提供月结单或定期对账单,或虽有这类账单但是委托人员未曾用于调节应付账款账户时,或在应付账款内部控制不甚健全时,该审计人员应使用函证程序。

(3) 函证应付账款的目的在于揭示未入账的负债,而函证具有巨额结欠数字的账户不一定能达到上述目的。审计人员宜邮寄询证函给与委托人有实际交往或往来频繁的债权人(不论决算日有无余额)。此外,亦宜寄给关系人(供货商)及具有非常交易的供货商。这些或许都是未曾入账应付款的可能来源。

4. 检查应付账款是否计入正确的会计期间,是否存在未入账的应付账款

(1) 检查债务形成的相关原始凭证,如供应商发票、验收报告或入库单等,查找有无未及时入账的应付账款,确定应付账款期末余额的完整性。

(2) 检查资产负债表日后应付账款明细账贷方发生额的相应凭证,关注其采购发票等凭单的日期,确认其入账时间是否合理。

(3) 获取被审计单位与其供应商之间的对账单(应从非财务部门,如采购部门获取),并将对账单和被审计单位财务记录之间的差异进行调节(如在途款项、在途商品、付款折扣、未记录的负债等),查找有无未入账的应付账款,确定应付账款金额的准确性。

(4) 针对资产负债表日后付款项目,检查银行对账单及有关付款凭证(如银行汇款通知、供应商收据等),询问被审计单位内部或外部的知情人员,查找有无未及时入账的应付账款。

(5) 结合存货监盘程序,检查被审计单位在资产负债表日前后的存货入库资料(验收报告或入库单),检查是否有大额货到单未到的情况,确认相关负债是否计入了正确的会计期间。如果注册会计师通过这些程序发现某些未入账的应付账款,应将有关情况详细记入工作底稿,并根据其重要性确定是否需建议被审计单位进行相应的调整。

(6) 针对已偿付的应付账款,追查至银行对账单、银行付款单据和其他原始凭证,检查其是否在资产负债表日前真实偿付。

(7) 针对异常或大额交易及重大调整事项(如大额的采购折扣或退回、会计处理异常的交易、未经授权的交易、或缺乏支持性凭证的交易等),检查相关原始凭证和会计记录,以分析交易的真实性、合理性。

(8) 被审计单位与债权人进行债务重组的,检查不同债务重组方式下的会计处理是否正确。

(9) 标明应付关联方的款项,执行关联方及其交易审计程序,并注明合并报表时应予抵销的金额。

(10) 检查应付账款是否已按照企业会计准则的规定在财务报表中作出恰当列报。一般来说,"应付账款"项目应根据"应付账款"和"预付账款"科目所属明细科目的期末贷方余额的合计数填列。

如果被审计单位为上市公司,则通常在其财务报表附注中应说明有无欠持有4%以上(含4%)表决权股份的股东账款;说明账龄超过3年的大额应付账款未偿还的原因,并在期后事项中反映资产负债表日后是否偿还。

案例 9-2

背景与情境: 某审计组长让两位审计人员审查应付账款。这两位审计人员查阅了所有应付账款的会计记录,并向被审计单位索取了有关应付账款的无漏记债务说明书,进而作出如下结论:被审计单位的应付账款已全部入账,且入账应付账款均存在。

问题:

(1) 上述结论是否正确?

(2) 审计组长应让两位审计人员补充执行哪些审计程序?

分析提示:

(1) 上述结论中,被审计单位的应付账款已全部入账的结论不正确。因为审计人员对此除索取有关应付账款的无漏记债务说明书外,未采取任何其他审计程序,而被审计单位的无漏记债务说明书是出自被审计单位的承诺书,是内部证据,证明力较弱,不能替代、减轻审计人员的审计责任,审计人员不能因此而减少相应的审计查证。

(2) 审计组长应让两位审计人员补充执行的审计程序包括:①审阅结账日之前签发的验收单,追查到应付账款明细账,检查是否有货物已收,而负债未入账的应付账款。②检查被审计单位决算日后收到的购货发票,确定这些发票记录的负债是否应计入所审计的会计期间。③检查被审计单位决算日后应付账款明细账贷方发生额的相应凭证,确定其入账时间是否正确。④其他审计程序,如询问被审计单位会计和采购人员等。

第四节 固定资产审计

一、固定资产的审计目标

固定资产的审计目标一般包括:
(1) 确定资产负债表中记录的固定资产是否存在。
(2) 确定所有应记录的固定资产是否均已记录。
(3) 确定记录的固定资产是否由被审计单位拥有或控制。
(4) 确定固定资产以恰当的金额包括在财务报表中,与之相关的计价或分摊已恰当记录。
(5) 确定固定资产原价、累计折旧和固定资产减值准备是否已按照企业会计准则的规定在财务报表中作出恰当列报。

二、固定资产账面余额的实质性程序

固定资产账面余额的实质性程序一般包括以下内容。

1. 获取或编制固定资产和累计折旧分类汇总表

检查固定资产的分类是否正确并与总账数和明细账合计数核对是否相符,结合累计折旧、减值准备科目与报表数核对是否相符。

固定资产和累计折旧分类汇总表又称一览表或综合分析表,是审计固定资产和累计折旧的重要工作底稿,其参考格式如表9-2所示。

表9-2　　　　　　　　固定资产和累计折旧分类汇总表

年　月　日　　　　　　　　　编制人:　　　　　　　　日期:
被审计单位:　　　　　　　　　复核人:　　　　　　　　日期:

固定资产类别	固定资产						累计折旧				
	期初余额	本期增加	本期减少	期末余额	折旧方法	折旧率	期初余额	本期增加	本期减少	期末余额	
合计											

该汇总表包括固定资产与和累计折旧两部分,应按照固定资产类别分别填列。需要

注意的是,对于"期初余额"一栏,注册会计师对其审计应分以下三种情况:①在连续审计情况下,应注意与上期审计工作底稿中的固定资产和累计折旧的期末余额审定数核对相符。②在变更会计师事务所时,后任注册会计师应查阅前任注册会计师有关工作底稿。③如果被审计单位以往未经注册会计师审计,即在首次接受审计情况下,注册会计师应对期初余额进行较全面的审计。尤其是当被审计单位的固定资产数量多、价值高、占资产总额比重大时,最理想的方法是全面审计被审计单位设立以来延续至期初的"固定资产"和"累计折旧"账户中的所有重要的借贷记录。这样,既可核实期初余额的真实性,又可从中加深对被审计单位固定资产管理和会计核算工作的了解。

2. 对固定资产实施实质性分析程序

(1) 基于对被审计单位及其环境的了解,通过进行以下比较,并考虑有关数据间关系的影响,建立有关数据的期望值:①分类计算本期计提折旧额与固定资产原值的比率,并与上期比较。②计算固定资产修理及维护费用占固定资产原值的比例,并进行本期各月、本期与以前各期的比较。

(2) 确定可接受的差异额。

(3) 将实际情况与期望值相比较,识别需要进一步调查的差异。

(4) 如果其差额超过可接受的差异额,调查并获取充分的解释和恰当的佐证审计证据,如检查相关的凭证。

(5) 评估实质性分析程序的测试结果。

3. 实地检查重要固定资产,确定其是否存在

关注是否存在已报废但仍未核销的固定资产。实施实地检查审计程序时,注册会计师可以以固定资产明细分类账为起点,进行实地追查,以证明会计记录中所列固定资产确实存在,并了解其目前的使用状况;也应考虑以实地为起点,追查至固定资产明细分类账,以获取实际存在的固定资产均已入账的证据。

当然,注册会计师实地检查的重点是本期新增加的重要固定资产,有时,观察范围也会扩展到以前期间增加的重要固定资产。观察范围的确定需要依据被审计单位内部控制的强弱、固定资产的重要性和注册会计师的经验来判断。例如,当被审计单位为首次接受审计时,注册会计师则应适当扩大检查范围。

4. 检查固定资产的所有权或控制权

对各类固定资产,注册会计师应获取、收集不同的证据以确定其是否确实归被审计单位所有。审计中应注意:

(1) 对外购的机器设备等固定资产,通常经审核采购发票、采购合同等予以确定。

(2) 对于房地产类固定资产,尚需查阅有关的合同、产权证明、财产税单、抵押借款的还款凭据、保险单等书面文件。

(3) 对融资租入的固定资产,应验证有关融资租赁合同,证实其并非经营租赁。

(4) 对汽车等运输设备,应验证有关运营证件等。

(5) 对受留置权限制的固定资产,通常还应审核被审计单位的有关负债项目等予以证实。

5. 检查本期固定资产的增加

被审计单位如果不正确核算固定资产的增加,将对资产负债表和利润表产生长期的影响。因此,审计固定资产的增加,是固定资产实质性程序中的重要内容。固定资产的增

加有多种途径,审计中应注意:

(1) 询问管理层当年固定资产的增加情况,并与获取或编制的固定资产明细表进行核对。

(2) 检查本年度增加固定资产的计价是否正确,手续是否齐备,会计处理是否正确:①对于外购固定资产,通过核对采购合同、发票、保险单、发运凭证等资料,抽查测试其入账价值是否正确,授权批准手续是否齐备,会计处理是否正确;如果购买的是房屋建筑物,还应检查契税的会计处理是否正确;检查分期付款购买固定资产入账价值及会计处理是否正确。②对于在建工程转入的固定资产,应检查在建工程转入固定资产的时点是否符合会计准则的规定,入账价值与在建工程的相关记录是否核对相符,是否与竣工决算、验收和移交报告等一致;对已经达到预定可使用状态,但尚未办理竣工决算手续的固定资产,检查其是否已按估计价值入账,相关估价是否合理,并按规定计提折旧。③对于投资者投入的固定资产,检查投资者投入的固定资产是否按投资各方确认的价值入账,并检查确认价值是否公允,交接手续是否齐全;涉及国有资产的,是否有评估报告并经国有资产管理部门评审备案或核准确认。④对于更新改造增加的固定资产,检查通过更新改造而增加的固定资产,增加的原值是否符合资本化条件,是否真实,会计处理是否正确;重新确定的剩余折旧年限是否恰当。⑤对于融资租赁增加的固定资产,获取融资租入固定资产的相关证明文件,检查融资租赁合同的主要内容,并结合长期应付款、未确认融资费用科目检查相关的会计处理是否正确。⑥对于企业合并、债务重组和非货币性资产交换增加的固定资产,检查产权过户手续是否齐备,检查固定资产入账价值及确认的损益和负债是否符合规定。⑦如果被审计单位为外商投资企业,检查其采购国产设备退还增值税的会计处理是否正确。⑧对于通过其他途径增加的固定资产,应检查增加固定资产的原始凭证,核对其计价及会计处理是否正确、法律手续是否齐全。

(3) 检查固定资产是否存在弃置费用,如果存在弃置费用,检查弃置费用的估计方法和弃置费用现值的计算是否合理、会计处理是否正确。

6. 检查本期固定资产的减少

固定资产的减少主要包括出售、向其他单位投资转出、向债权人抵债转出、报废、毁损、盘亏等。有的被审计单位在全面清查固定资产时,常常会出现固定资产"账存实亡"的现象,这可能是由于固定资产管理或使用部门不了解报废固定资产与会计核算两者间的关系,擅自报废固定资产而未及时通知财务部门作相应的会计核算所致,这样势必造成财务报表反映失真。审计固定资产减少的主要目的就在于查明已减少的固定资产是否已作适当的会计处理。其审计要点如下:

(1) 结合固定资产清理科目,抽查固定资产账面转销额是否正确。
(2) 检查出售、盘亏、转让、报废或毁损的固定资产是否经授权批准,会计处理是否正确。
(3) 检查因修理、更新改造而停止使用的固定资产的会计处理是否正确。
(4) 检查投资转出固定资产的会计处理是否正确。
(5) 检查债务重组或非货币性资产交换转出固定资产的会计处理是否正确。
(6) 检查转出的投资性房地产账面价值及会计处理是否正确。
(7) 检查其他减少固定资产的会计处理是否正确。

7. 检查固定资产的后续支出

确定固定资产有关的后续支出是否满足资产确认条件;如不满足,该支出是否在该后续支出发生时计入当期损益。

8. 检查固定资产的租赁

企业在生产经营过程中,有时可能有闲置的固定资产供其他单位租用;有时由于生产经营的需要,又需租用固定资产。租赁一般分为经营租赁和融资租赁两种。

检查经营租赁时,应查明:

(1) 固定资产的租赁是否签订了合同、租约,手续是否完备,合同内容是否符合国家规定,是否经相关管理部门的审批。

(2) 租入的固定资产是否确属企业必需,或出租的固定资产是否确属企业多余、闲置不用的,双方是否认真履行合同,其中是否存在不正当交易。

(3) 租金收取是否签有合同,有无多收、少收现象。

(4) 租入固定资产有无久占不用、浪费损坏的现象;租出的固定资产有无长期不收租金、无人过问,是否有变相馈送、转让等情况。

(5) 租入固定资产是否已登入备查簿。

(6) 必要时,向出租人函证租赁合同及执行情况。

(7) 租入固定资产改良支出的核算是否符合规定。

在审计融资租赁固定资产时,除可参照经营租赁固定资产检查要点以外,还应补充实施以下审计程序:

(1) 复核租赁的折现率是否合理。

(2) 检查租赁相关税费、保险费、维修费等费用的会计处理是否符合企业会计准则的规定。

(3) 检查融资租入固定资产的折旧方法是否合理。

(4) 检查租赁付款情况。

(5) 检查租入固定资产的新旧程度。

(6) 检查融资租入固定资产发生的固定资产后续支出,其会计处理是否遵循自有固定资产发生的后续支出的处理原则予以处理。

9. 获取暂时闲置固定资产的相关证明文件

观察暂时闲置固定资产的实际状况,检查是否已按规定计提折旧,相关的会计处理是否正确。

10. 获取持有待售固定资产的相关证明文件,并作相应记录

检查对其预计净残值调整是否正确、会计处理是否正确。

11. 检查有无与关联方的固定资产购售活动

检查是否经适当授权,交易价格是否公允。对于合并范围内的购售活动,记录应予合并抵销的金额。

12. 检查应计入固定资产的借款费用

对应计入固定资产的借款费用,应根据企业会计准则的规定,结合长短期借款、应付债券或长期应付款的审计,检查借款费用(借款利息、折溢价摊销、汇兑差额、辅助费用)资本化的计算方法和资本化金额,以及会计处理是否正确。

13. 检查固定资产的抵押、担保情况

结合对银行借款等的检查,了解固定资产是否存在重大的抵押、担保情况。如存在,

应取证,并作相应的记录,同时提请被审计单位作恰当披露。

三、固定资产累计折旧的实质性程序

固定资产累计折旧的实质性程序一般包括以下内容。

1. 获取或编制累计折旧分类汇总表

复核加计是否正确,并与总账数和明细账合计数核对是否相符。

2. 检查被审计单位制定的折旧政策和方法是否符合相关会计准则的规定

确定其所采用的折旧方法能否在固定资产预计使用寿命内合理分摊其成本,前后期是否一致,预计使用寿命和预计净残值是否合理。

3. 复核本期折旧费用的计提和分配

(1) 了解被审计单位的折旧政策是否符合规定,计提折旧范围是否正确,确定的使用寿命、预计净残值和折旧方法是否合理。如采用加速折旧法,是否取得批准文件。

(2) 检查被审计单位折旧政策前后期是否一致。

(3) 复核本期折旧费用的计提是否正确:①已计提部分减值准备的固定资产,计提的折旧是否正确。②已全额计提减值准备的固定资产,是否已停止计提折旧。③因更新改造而停止使用的固定资产是否已停止计提折旧,因大修理而停止使用的固定资产是否照提折旧。④对按规定予以资本化的固定资产装修费用是否在两次装修期间与固定资产尚可使用年限两者中较短的期间内,采用合理的方法单独计提折旧,并在下次装修时将该项固定资产装修余额一次全部计入了当期营业外支出。⑤对融资租入固定资产发生的、按规定可予以资本化的固定资产装修费用,是否在两次装修期间、剩余租赁期与固定资产尚可使用年限三者中较短的期间内,采用合理的方法单独计提折旧。⑥对采用经营租赁方式租入的固定资产发生的改良支出,是否在剩余租赁期与租赁资产尚可使用年限两者中较短的期间内,采用合理的方法单独计提折旧。⑦未使用、不需用和闲置的固定资产是否按规定计提折旧。⑧持有待售的固定资产折旧计提是否符合规定。

(4) 检查折旧费用的分配是否合理,是否与上期一致;分配计入各项目的金额占本期全部折旧计提额的比例与上期比较是否有重大差异。

(5) 注意固定资产增减变动时,有关折旧的会计处理是否符合规定,查明通过更新改造、接受捐赠或融资租入而增加的固定资产折旧费用计算是否正确。

4. 将"累计折旧"账户贷方的本期计提折旧额与相应的成本费用中的折旧费用明细账户的借方相比较

检查本期所计提折旧金额是否已全部摊入本期产品成本或费用。若存在差异,应追查原因,并考虑是否应建议作适当调整。

5. 检查累计折旧的减少是否合理、会计处理是否正确

6. 确定累计折旧的披露是否恰当

四、固定资产减值准备的实质性程序

固定资产减值准备的实质性程序一般包括以下内容:

(1) 获取或编制固定资产减值准备明细表,复核加计是否正确,并与总账数和明细账合计数核对是否相符。

(2) 检查被审计单位计提固定资产减值准备的依据是否充分,会计处理是否正确。

(3) 获取闲置资产的清单,并观察其实际状况,识别是否存在减值现象。

(4) 检查资产组的认定是否恰当,计提固定资产减值准备的依据是否充分,会计处理是否正确。

(5) 计算期末固定资产减值准备占期末固定资产原值的比率,并与期初该比率比较,分析固定资产的质量状况。

(6) 检查被审计单位处置固定资产时原计提的减值准备是否同时结转,会计处理是否正确。

(7) 检查是否存在转回固定资产减值准备的情况。按照企业会计准则的规定,固定资产减值损失一经确认,在以后会计期间不得转回。

(8) 确定固定资产减值准备的披露是否恰当。

案例 9-3

背景与情境: 审计人员在对某公司 2023 年 12 月 31 日的固定资产进行清点时,发现的情况如表 9-3 所示。

表 9-3　　　　　　　　　某公司固定资产情况表　　　　　金额单位:元

固定资产名称	固定资产明细账金额	固定资产卡片	实存价值	每台单价
甲	80 000	80 000	78 000	2 000
乙	70 000	70 000	80 000	10 000
丙	100 000	90 000	100 000	10 000
丁	29 400	28 000	28 000	400

问题: 根据上述清点的情况,分析可能存在的问题,并提出审计意见。

分析提示:

(1) 甲种设备账卡相符,实物短缺 1 台,有可能是该设备已报废处理,但是账卡未注销,查明后应注销账卡;也可能因保管不善,设备被盗,查明后要追究保管者的责任;也可能是设备出租,但没有记入"出租固定资产"账户,应补记。

(2) 乙种设备账卡相符,实物多出 1 台,有可能是该设备已报废处理,账卡已注销,但实物仍在使用;也可能是购进时未作固定资产入账而作低值易耗品入账,但盘点时作为固定资产;查明后,应对照其价值和使用年限,确认其符合标准,则补记固定资产明细账和卡片账;若不符合标准,则不作盘盈,不记入固定资产账簿;也有可能是将租入固定资产误作为盘盈,查明后应将设备在备查簿上登记。

(3) 丙种设备明细账与实物相符,但卡片少 1 台,有可能是购进时,有 1 台没有在卡片上登记,查明后要补记卡片。

(4) 丁种设备卡片和实物相符,但固定资产明细账多出 3 台,有可能是该 3 台设备已出售,但明细账没有注销,查明后应予注销。

课 堂 测 试

班级_____ 姓名_____ 学号_____ 日期_____ 分数_____

一、单项选择题(每题 5 分,共计 50 分)

1. 下列有关被审计单位针对采购与付款交易内部控制的说法中,不恰当的是(   )。
   A. 付款需要由经授权的人员审批,审批人员在审批前需检查相关支持文件,并对其发现的例外事项进行跟进处理
   B. 通过对入库单的预先编号以及对例外情况的汇总处理,被审计单位可以应对存货和负债记录方面的高估风险
   C. 采购、验收与相关会计记录需职责分离
   D. 付款审批与付款执行需职责分离

2. 当被审计单位管理层具有高估利润、粉饰财务状况的动机时,注册会计师主要关注的是被审计单位(   )的重大错报风险。
   A. 低估负债,低估费用   B. 高估费用,高估负债
   C. 低估费用,高估负债   D. 高估费用,低估负债

3. 函证被审计单位的应付账款时,注册会计师的以下做法中正确的是(   )。
   A. 某账户在资产负债表日账户余额较小,但为被审计单位重要供应商,注册会计师决定不对其函证
   B. 注册会计师对未回函的项目实施替代程序
   C. 注册会计师不需要对函证的过程保持控制
   D. 某账户在资产负债表日账户余额为零,但为被审计单位重要供应商,注册会计师决定不对其函证

4. 从采购明细账追查至发票、验收单,能查明存货的(   )认定。
   A. 存在   B. 准确性、计价和分摊
   C. 完整性   D. 权利和义务

5. 下列各项实质性程序中,与存货准确性、计价和分摊认定最相关的是(   )。
   A. 参照卖方发票,比较会计科目表上的分类
   B. 复算包括折扣和运费在内的卖方发票填写金额的准确性
   C. 检查卖方发票、验收单、订购单和请购单的合理性和真实性
   D. 从卖方发票追查至采购明细账

6. 下列各项中,最能发现未入账的应付账款的是(   )。
   A. 检查验收单   B. 检查营业成本的计算
   C. 函证应收账款   D. 检查营业收入的确认

7. 在验证应付账款余额不存在漏报时,注册会计师获取的以下审计证据中,证明力最强的是(   )。

A. 供应商开具的销售发票
B. 供应商提供的月对账单
C. 被审计单位编制的连续编号的验收报告
D. 被审计单位编制的连续编号的订购单

8. 注册会计师计算被审计单位2023年度的毛利率并与以前期间比较,最难发现下列( )项目中存在的错报。
   A. 营业收入　　　　　　　　　　B. 应收账款
   C. 营业成本　　　　　　　　　　D. 应付账款

9. 下列审计程序中,注册会计师最有可能证实应付账款存在认定的是( )。
   A. 从应付账款明细账追查至购货合同、购货发票和入库单等凭证
   B. 检查订购单确定是否预先连续编号
   C. 抽取购货合同、购货发票和入库单等凭证,追查至应付账款明细账
   D. 向供应商函证零余额的应付账款

10. 针对被审计单位"未在系统中录入或重复录入订购单"的错报环节,注册会计师作出如下测试程序中可能不恰当的是( )。
    A. 检查系统生成例外事项报告的生成逻辑
    B. 询问复核人员对例外事项报告的检查过程
    C. 确认发现的问题是否及时得到了跟进处理
    D. 检查订购单是否有相应的请购单及经复核人员签署确认

二、多项选择题(每题10分,共计50分)

1. 下列有关采购业务涉及的主要单据和会计记录的说法中,不恰当的有( )。
   A. 请购单是由生产、仓库等部门的有关人员填写,送交财务部门,是申请购买商品、服务或其他资产的书面凭据
   B. 订购单是由采购部门填写,经适当的管理层审核后发送供应商,是向供应商购买订购单上所指定的商品和服务的书面凭据
   C. 验收单是收到商品时所编制的凭据,只列示采购商品的金额
   D. 采购部门在收到请购单后,请购单无论是否经过批准,都可以发出订购单

2. 下列有关采购业务相关控制活动的说法中,恰当的有( )。
   A. 采购部门只能向通过审核的供应商进行采购
   B. 将已验收商品的保管与采购职责相分离,可减少未经授权的采购和盗用商品的风险
   C. 采购部门在收到请购单后,只能对经过恰当批准的请购单发出订购单
   D. 编制连续编号的请购单,仅与采购交易的"完整性"认定相关

3. 下列各项中,应当职责分离的有( )。
   A. 请购与审批　　　　　　　　　B. 询价与确定供应商
   C. 采购与验收　　　　　　　　　D. 付款审批与付款执行

4. 被审计单位材料采购业务存在的下列情况中,属于内部控制设计缺陷的有( )。
   A. 请购单既可以由仓库人员填制,也可以由车间、管理部门人员填制
   B. 请购单可以不连续编号,因为请购业务的审批人员涉及各个部门

C. 验收人员出差期间,验收工作由采购部门人员代为执行
D. 如未收到卖方发票,被验收的原材料不能办理入库手续
5. 影响采购与付款交易和余额的重大错报风险可能包括( )。
A. 低估负债
B. 管理层错报负债、费用支出的偏好和动机
C. 费用支出的复杂性
D. 舞弊和盗窃的固有风险

第十章

生产与存货循环审计

知识导航

生产与存货循环审计
- 生产与存货循环的特性
  - 不同行业类型的存货性质
  - 涉及的主要凭证与会计记录
  - 涉及的主要业务活动和相关的内部控制
- 生产与存货循环的重大错报风险和控制测试
  - 生产与存货循环存在的重大错报风险
  - 根据重大错报风险评估结果设计进一步审计程序
  - 生产与存货循环的控制测试
- 存货审计
  - 存货的审计目标
  - 存货余额的实质性程序

学习目标

1. 了解生产与存货循环的特性。
2. 熟悉生产与存货循环涉及的主要账户、凭证、会计记录和业务活动。
3. 理解生产与存货交易的审计目标和内部控制。
4. 掌握生产与存货循环的控制测试和实质性测试。
5. 掌握存货的审计程序。

思政课堂

存货不实引发财务造假？新野纺织连续五日股价跌停

河南新野纺织股份有限公司(以下简称新野纺织)成立于1994年4月24日,于2006年11月30日在深交所上市。主营业务包括中高档棉纺织品的生产与销售、经营本企业自产产品及相关技术的进出口业务等。

2023年4月27日,新野纺织发布《关于风险警示的提示性公告》。公司在2022年年度报告审计过程中未能与亚太(集团)会计师事务所(特殊普通合伙)取得一致意见,可能存在会计差错,公司2022年度财务报告有可能被年审机构出具无法表示意见。

2023年5月5日,新野纺织发布《关于前期会计差错更正的提示性公告》。公告称,经公司内容核查,发现公司存货账实存在不符,存货信息不准确,需要对前期会计差错进行更正。由于存货信息不准确的情况,导致本公司2016—2020年度财务报表中的存货、递延所得税、盈余公积、未分配利润、营业成本、所得税费用等科目存在重大会计差错,其中对未分配利润的累计影响预计在18亿元左右。

2023年5月8日,新野纺织发布《关于公司及相关人员收到行政监管措施决定书》的公告。经中国证监会查明,新野纺织存在以前年度年报信息披露不准确、业绩预告及业绩预告修正公告信息披露不准确,以及内部控制存在重大缺陷的问题。

2023年5月10日,新野纺织发布《股票交易异常波动公告》。公告称,公司股票连续3个交易日内(2023年5月5日、5月8日、5月9日)日收盘价格跌幅偏离值累计达到—12.76%。最近五个交易日公司股价连续跌停。

思考:
注册会计师在审计过程中应当如何对存货进行检查?

第一节 生产与存货循环的特性

一、不同行业类型的存货性质

存货的性质因被审计单位业务的不同而有很大的差别。不同行业类型的经营主体的存货性质,如表10-1所示。

表10-1 不同行业类型的经营主体的存货性质

行业类型	存货性质
制造业	采购的原材料、低值易耗品和配件等,生产的半成品和产成品
贸易业	从厂商、批发商或其他零售商采购的商品
餐饮业	用于加工食品的食材、饮料等
建筑业	建筑材料、在建项目成本、周转材料

存货是企业的重要资产。存货的采购、使用和销售与企业的经营活动紧密相关,对企业的财务状况和经营成果具有广泛而重大的影响。注册会计师应确认在财务报表中列示的存货金额是否正确("准确性"认定等),是否归被审计单位所有("权利和义务"认定),期末计价是否准确("准确性、计价和分摊"认定),存货的购入和发出交易是否计入正确的会计期间("截止"认定)。

原材料的采购入库已在采购与付款循环中涉及,产成品的出库销售已在销售与收款循环中涉及。本章侧重于原材料入库之后至产成品发出之前的业务活动。

二、涉及的主要凭证与会计记录

内部控制比较健全的企业,处理生产与存货业务通常需要会涉及很多凭证与会计记录。典型的生产与存货循环涉及的主要凭证与会计记录有以下几种。

1. 生产指令

生产指令又称生产任务通知单或生产通知单,是企业下达制造产品等生产任务的书面文件,用以通知供应部门组织材料发放、生产车间组织生产制造及会计部门组织成本计算。广义的生产指令还包括用于指导产品加工的工艺规程,如机械加工企业的"路线图"等。

2. 领发料凭证

领发料凭证是企业为控制材料发出所采用的各种凭证,如材料发出汇总表、领料单、限额领料单、领料登记簿、退料单等。

3. 产量和工时记录

产量和工时记录是登记工人或生产班组在出勤时间内完成产品数量、质量和生产这些产品所耗费工时数量的原始记录。产量和工时记录的内容与格式是多种多样的,在不同的生产企业中,甚至在同一企业的不同生产车间中,由于生产类型不同而采用不同格式的产量和工时记录。常见的产量和工时记录主要有工作通知单、工序进程单、工作班产量报告、产量通知单、产品明细表、废品通知单等。

4. 工薪汇总表及工薪费用分配表

工薪汇总表是为了反映企业全部工薪的结算情况,并据以进行工薪总分类核算和汇总整个企业工薪费用而编制的,是企业进行工薪费用分配的依据。工薪费用分配表反映了各个生产车间各产品应负担的生产工人工薪及福利。

5. 材料费用分配表

材料费用分配表是用来汇总反映各生产车间各产品所耗费的材料费用的原始记录。

6. 制造费用分配表

制造费用分配汇总表是用来汇总反映各生产车间各产品所应负担的制造费用的原始记录。

7. 成本计算单

成本计算单是用来归集某一成本计算对象所应承担的生产费用,计算该成本计算对象的总成本和单位成本的记录。

8. 产成品入库单和出库单

产成品入库单是产品生产完成并经检验合格后从生产部门转入仓库的凭证。产成品出库单是根据经批准的销售单发出产成品的凭证。

9. 存货明细账

存货明细账是用来反映各种存货增减变动情况和期末库存数量及相关成本信息的会计记录。

10. 存货盘点指令、盘点表及盘点标签

一般制造型企业通常会定期对存货实物进行盘点,将实物盘点数量与账面数量进行核对,对差异进行分析调查,必要时作账务调整,以确保账实相符。在实施存货盘点前,管理人员通常编制存货盘点指令,对存货盘点的时间、人员、流程及后续处理等方面作出安排。在盘点过程中,通常会使用盘点表记录盘点结果,使用盘点标签对已盘点的存货及数量作出标识。

11. 存货货龄分析

很多制造型企业通过编制存货货龄分析表,识别流动较慢或滞销的存货,并根据市场情况和经营预测,确定是否需要计提存货跌价准备。这对管理具有保质期的存货(如食物、药品、化妆品等)尤其重要。

三、涉及的主要业务活动和相关的内部控制

下面以一般制造型企业为例,简要地介绍生产与存货循环通常涉及的主要业务活动及相关的内部控制。

(一)涉及的主要业务活动

生产与存货循环涉及的主要业务活动包括计划和安排生产、发出原材料、生产产品、核算产品成本、产成品入库及储存、发出产成品、存货盘点、计提存货跌价准备等。上述业务活动通常涉及以下部门:仓储部门、生产车间、生产计划部门、会计部门等。生产与存货循环的业务流程,如图10-1所示。

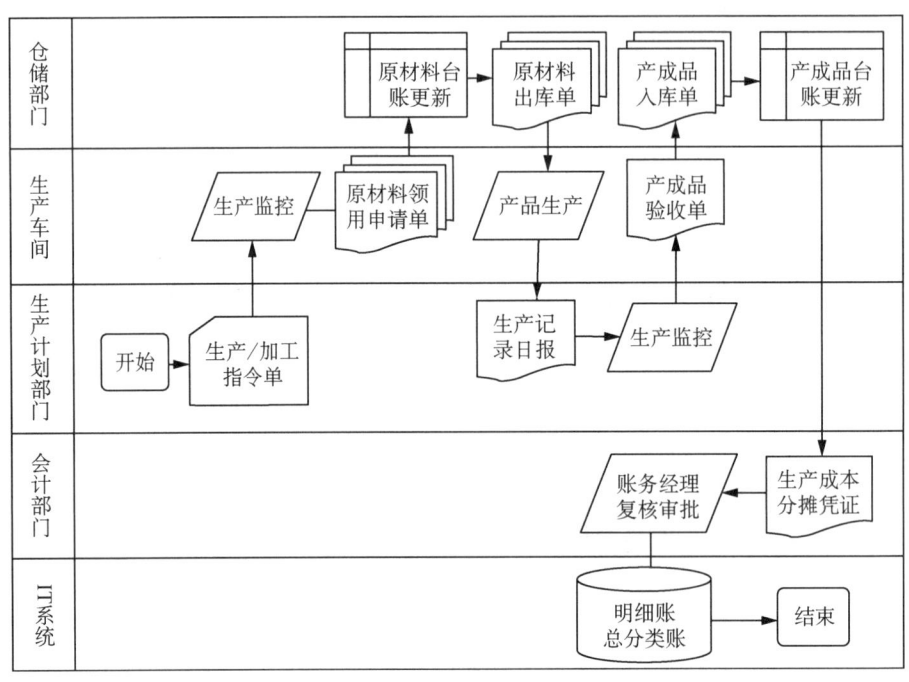

图10-1 生产与存货循环业务流程图

1. 计划和安排生产

生产计划部门的职责是根据客户订购单或者销售部门对销售预测和产品需求的分析来决定生产授权。如决定授权生产,即签发预先顺序编号的生产通知单。该部门通常应将发出的所有生产通知单顺序编号并加以记录控制。此外,该部门通常还需编制一份材料需求报告,列示所需要的材料和零件及其库存。

2. 发出原材料

仓储部门的责任是根据生产部门收到的领料单发出原材料。领料单上必须列示所需的材料数量和种类,以及领料部门的名称。领料单可以一料一单,也可以多料一单,通常需一式三联。仓库管理人员发料并签署后,将其中一联连同材料交给领料部门(生产部门存根联),一联留在仓库登记材料明细账(仓库联),一联交会计部门进行材料收发核算和成本核算(财务联)。

3. 生产产品

生产部门在收到生产通知单及领取原材料后,便将生产任务分解到每一个生产工人,并将所领取的原材料交给生产工人,据以执行生产任务。生产工人在完成生产任务后,将完成的产品交生产部门统计人员查点,然后转交检验员验收并办理入库手续;或是将所有完成的半成品移交下一个部门,作进一步加工。

4. 核算产品成本

为了正确核算并有效控制产品成本,必须建立健全成本会计制度,将生产控制和成本核算有机结合在一起。一方面,生产过程中的各种记录、生产通知单、领料单、计工单、产量统计记录表、生产统计报告、入库单等文件资料都要汇集到会计部门,由会计部门对其进行检查和核对,了解和控制生产过程中存货的实物流转;另一方面,会计部门要设置相应会计账户,会同有关部门对生产过程中的成本进行核算和控制。成本会计制度可以非常简单,只是在期末记录存货余额;也可以是完善的标准成本制度,持续地记录所有材料处理、在产品和产成品,并形成对成本差异的分析报告。完善的成本会计制度应该提供原材料转为在产品,在产品转为产成品,以及按成本中心、分批次生产任务通知单或生产周期所消耗的材料、人工和间接费用的分配与归集的详细资料。

5. 产成品入库及储存

产成品入库,须由仓储部门先行点验和检查,然后签收。签收后,将实际入库数量通知会计部门。据此,仓储部门确立了本身应承担的责任,并对验收部门的工作进行验证。除此之外,仓储部门还应根据产成品的品质特征分类存放,并填制标签。

6. 发出产成品

产成品发出必须由独立的发运部门进行。装运产品时,必须持有经有关部门核准的发运通知单,并据此编制出库单。出库单一般为一式四联:一联交仓储部门;一联由发运部门留存;一联送交客户;一联作为开具发票的依据。

7. 存货盘点

管理人员编制盘点指令,安排适当人员对存货实物(包括原材料、在产品和产成品等所有存货类别)进行定期盘点,将盘点结果与存货账面数量进行核对,调查差异并进行适当调整。

8. 计提存货跌价准备

财务部门根据存货货龄分析表信息或相关部门提供的有关存货状况的信息,结合存货盘点过程中对存货状况的检查结果,对出现损毁、滞销、跌价等降低存货价值的情况进行分析计算,计提存货跌价准备。

(二)生产与存货循环的内部控制

下面对上述八个主要业务活动中可能存在的内部控制举例说明:

(1)对于计划和安排生产这项主要业务活动,有些被审计单位的内部控制要求,根据经审批的月度生产计划书,由生产计划经理签发预先按顺序编号的生产通知单。

(2)对于发出原材料这项主要业务活动,有些被审计单位可能涉及以下内部控制要求:领料单应当经生产主管批准,仓库管理人员凭经批准的领料单发料,领料单一式三份,分别作为生产部门的存根联、仓库联、财务联。

仓库管理人员应把领料单的编号、领用数量及规格等信息输入计算机系统,经仓储经理复核,并以电子签名方式确认后,系统自动更新材料明细台账。

(3) 对于生产产品和核算产品成本这两项主要业务活动,有些被审计单位可能涉及以下内部控制要求:①生产成本记账员应根据原材料领料单财务联,编制原材料领用日报表,与计算机系统自动生成的生产记录日报表核对材料耗用和流转信息;由会计主管审核无误后,生成记账凭证并过账至生产成本及原材料明细账和总分类账。②生产部门记录生产各环节所耗用工时数,包括人工工时数和机器工时数,并将工时信息输入生产记录日报表。③每月末,由生产车间与仓库核对原材料和产成品的转出和转入记录。如有差异,仓库管理人员应编制差异分析报告,经仓储经理和生产经理签字确认后交会计部门进行调整。④每月末,由计算机系统对生产成本中各项组成部分进行归集,按照预设的分摊公式和方法,自动将当月发生的生产成本在完工产品和在产品之间按比例分配;同时,将完工产品成本在各不同产品类别之间分配,由此生成产品成本计算表和生产成本分配表;由生产成本记账员编制成生产成本结转凭证,经会计主管审核批准后进行财务处理。

(4) 对于产成品入库和储存这项主要业务活动,有些被审计单位可能涉及以下内部控制要求:①产成品入库时,质量检验员应检查并签发预先按顺序编号的产成品验收单,由生产小组将产成品送交仓库,仓库管理员应检查产成品验收单,并清点产成品数量,填写预先顺序编号的产成品入库单,经质检经理、生产经理和仓储经理签字确认后,由仓库管理员将产成品入库单信息输入计算机系统,计算机系统自动更新产成品明细台账。②存货应存放在安全的环境(如上锁、使用监控设备)中,只有经授权的工作人员可以接触及处理存货。

(5) 对于发出产成品这项主要业务活动,在销售与收款流程循环中涉及了产成品出库这一环节,此外还有后续的结转销售成本环节。有些被审计单位可能涉及以下内部控制要求:①产成品出库时,由仓库管理员填写预先顺序编号的出库单,并将产成品出库单信息输入计算机系统,经仓储经理复核并以电子签名方式确认后,计算机系统自动更新产成品明细台账并与发货通知单编号核对。②产成品装运发出前,由运输经理独立检查出库单、销售订购单和发运通知单,确定从仓库提取的商品附有经批准的销售订购单,并且所提取商品的内容与销售订购单一致。③每月末,生产成本记账员根据计算机系统内状态为"已处理"订购订单数量,编制销售成本结转凭证,结转相应的销售成本,经会计主管审核批准后进行财务处理。

(6) 对于盘点存货这项业务活动,有些被审计单位可能涉及以下内部控制要求:①生产部门和仓储部门在盘点日前对所有存货进行清理和规整,便于盘点顺利进行。②每一组盘点人员中应包括仓储部门以外的其他部门人员,即不能由负责保管存货的人员单独负责盘点存货;安排不同的工作人员分别负责初盘和复盘。③盘点表和盘点标签事先连续编号,发放给盘点人员时登记领用人员;盘点结束后回收并清点所有已使用和未使用的盘点表和盘点标签。④为防止存货被遗漏或重复盘点,所有盘点过的存货贴上盘点标签,注明存货品名、数量和盘点人员,完成盘点前检查现场,确认所有存货均已贴上盘点标签。⑤将不属于本单位的代其他方保管的存货单独堆放并作标识;将盘点期间需要领用的原材料或出库的产成品分开堆放并作标识。⑥汇总盘点结果,与存货账面数量进行比较,调查分析差异原因,并对认定的盘盈和盘亏进行财务调整,经仓储经理、生产经理、财务经理和总经理复核批准后入账。

（7）对于计提存货跌价准备这项业务活动，有些被审计单位可能涉及以下内部控制要求：①定期编制存货货龄分析表，管理人员复核该分析表，确定是否有必要对滞销存货计提存货跌价准备，并计算存货可变现净值，据此计提存货跌价准备。②生产部门和仓储部门每月上报残冷背次存货明细，采购部门和销售部门每月上报原材料和产成品最新价格信息，财务部门据此分析存货跌价风险并计提跌价准备，由财务经理和总经理复核批准并入账。

第二节　生产与存货循环的重大错报风险和控制测试

一、生产与存货循环存在的重大错报风险

以一般制造型企业为例，影响其生产与存货循环交易和余额的风险因素可能包括以下几个方面。

1. 交易的数量和复杂性

制造型企业交易的数量庞大，业务复杂，这就增加了错误和舞弊的风险。

2. 成本核算的复杂性

制造型企业的成本核算比较复杂，虽然原材料和直接人工等直接成本的归集和分配比较简单，但间接费用的分配可能较为复杂，并且同一行业中的不同企业也可能采用不同的认定和计量基础。

3. 产品的多元化

产品的多元化可能使得需要聘请专家来验证产品的质量、状况和价值。另外，计算库存存货数量的方法也可能是不同的。例如，计量煤堆、筒仓里的谷物或糖、黄金和贵重宝石、化工品和药剂产品的存储量的方法都可能不一样。但这并不是要求注册会计师每次清点存货都需要专家配合，如果存货容易辨认、存货数量容易清点，就无须专家帮助。

4. 某些存货项目的可变现净值难以确定

例如，价格受全球经济供求关系影响的存货，由于其可变现净值难以确定，会影响存货采购价格和销售价格的确定，并将影响注册会计师对与存货"准确性、计价和分摊"认定有关的风险进行的评估。

5. 将存货存放在很多地点

大型企业可能将存货存放在很多地点，并且在不同的地点之间配送存货。这将增加商品途中毁损或遗失的风险，或者将导致存货在两个地点被重复列示，也可能产生转移定价的错误或舞弊。

6. 寄存的存货

有时候存货虽然还存放在企业，但可能已经不归企业所有。反之，企业的存货也可能被寄存在其他企业。

由于存货与企业各项经营活动的紧密联系，存货的重大错报风险往往与财务报表其他项目的重大错报风险紧密相关。例如，收入确认的错报风险往往与存货的错报风险共

存;采购交易的错报风险与存货的错报风险共存;存货成本核算的错报风险与营业成本的错报风险共存等。

综上所述,一般制造型企业的存货重大错报风险通常包括:①存货实物可能不存在("存在"认定)。②属于被审计单位的存货可能未在账面反映("完整性"认定)。③存货的所有权可能不属于被审计单位("权利和义务"认定)。④存货的单位成本可能存在计算错误("准确性、计价和分摊"认定)。⑤存货的账面价值可能无法实现,存货跌价准备的计提可能不充分("准确性、计价和分摊"认定)。

二、根据重大错报风险评估结果设计进一步审计程序

注册会计师应基于生产与存货循环的重大错报风险评估结果,制定实施进一步审计程序的总体方案(包括综合性方案和实质性方案),继而实施控制测试和实质性程序,以应对识别出的认定层次的重大错报风险。注册会计师通过控制测试和实质性程序获取的审计证据综合起来应足以应对识别出的认定层次的重大错报风险。

注册会计师根据重大错报风险的评估结果初步确定实施进一步审计程序的具体审计计划,因为风险评估和审计计划都是贯穿审计全过程的动态的活动,而且控制测试的结果可能导致注册会计师改变对内部控制的信赖程度。因此,具体审计计划并非一成不变,可能需要在审计过程中进行调整。生产与存货循环的重大错报风险和进一步审计程序总体方案,如表10-2所示。

表10-2 生产与存货循环的重大错报风险和进一步审计程序总体方案

重大错报风险描述	相关财务报表项目及认定	风险程度	是否信赖程度	进一步审计程序的总体方案	拟从控制测试获取的保证程度	拟从实质性程序中获取的保证程度
存货实物可能不存在	存货:存在	特别	是	综合性	中	高
存货的单位成本可能存在计算错误	存货:准确性、计价和分摊 营业成本:准确性	一般	是	综合性	中	低
已销售产品的成本可能没有准确结转至营业成本	存货:准确性、计价和分摊 营业成本:准确性	一般	是	综合性	中	低
存货的账面价值可能无法实现	存货:准确性、计价和分摊	特别	否	实质性	无	高

然而,无论是采用综合性方案还是实质性方案,获取的审计证据都应当能够从认定层次应对所识别的重大错报风险,直至针对该风险所涉及的全部相应认定均已获取了足够的保证程度。我们将在本章的讲解中,说明内部控制测试和实质性程序是如何通过"认定"与识别的重大错报风险相对应的。

三、生产与存货循环的控制测试

总体上看,生产与存货循环的内部控制主要包括:存货数量的内部控制和存货单价的

内部控制两方面。由于生产与存货循环和其他业务循环的紧密联系,生产与存货循环中某些审计程序,特别是对存货余额的审计程序,与其他相关业务循环的审计程序同时进行将更为有效。例如,原材料的采购和记录是作为采购与付款循环的一部分进行测试的,人工成本(包括直接人工成本和制造费用中的人工费用)是作为工薪循环的一部分进行测试的。因此,在对生产与存货循环的内部控制实施测试时,要考虑其他业务循环的控制测试是否与本循环相关,避免重复测试。生产与存货循环实施的部分控制程序,如表10-3所示。

表10-3　　　　　　　　　生产与存货循环实施的部分控制程序

可能发生错报的环节	相关的财务报表项目及认定	对应的内部控制示例(自动)	对应的内部控制示例(人工)	内部控制测试程序
发出原材料:				
原材料的发出可能未经授权	营业成本:发生		所有领料单由生产主管签字批准,仓库管理员凭经批准的领料单发出原材料	选取领料单,检查是否有生产主管的签字授权
发出的原材料可能未正确计入相应产品的生产成本中	存货:准确性、计价和分摊 营业成本:准确性	领料单信息输入系统时须输入对应的生产任务单编号和所生产的产品代码,每月末系统自动归集生成材料成本明细表	生产主管每月末将其生产任务单及相关领料单存根联与材料成本明细表进行核对,调查差异并处理	检查生产主管核对材料成本明细表的记录,并询问其核对过程及结果
产成品入库:				
已完工产品的生产成本可能没有转移到产成品中	存货:准确性、计价和分摊	系统根据当月输入的产成品入库单和出库单信息自动生成产成品收(入库)发(出库)存(余额)报表	成本会计将产成品收发存报表中的产品入库数量与当月成本计算表中结转的产成品成本对应的数量进行核对	询问和检查成本会计将产成品收发存报表与成本计算表进行核对的过程和记录
发出产成品:				
销售发出的产成品的成本可能没有准确转入营业成本	存货:准确性、计价和分摊 营业成本:准确性	系统根据确认的营业收入所对应的售出产品自动结转营业成本	财务经理和总经理每月对毛利率进行比较分析,对异常波动进行调查和处理	检查系统设置的自动结转功能是否正常运行,成本结转方式是否符合公司成本核算政策。询问和检查财务经理和总经理进行毛利率分析的过程和记录,并对异常波动的调查和处理结果进行核实

(续表)

可能发生错报的环节	相关的财务报表项目及认定	对应的内部控制示例(自动)	对应的内部控制示例(人工)	内部控制测试程序
盘点存货: 存货可能被盗或因材料领用/产品销售未入账而出现账实不符	存货:存在		仓库保管员每月月末盘点存货并与仓库台账核对并调节一致;成本会计监督其盘点与核对,并抽查部分存货进行复盘。每年年末盘点所有存货,并根据盘点结果分析盘盈盘亏并进行账面调整	

在上述控制测试中,如果人工控制在执行时依赖于信息系统生成的报告,注册会计师还应针对系统生成报告的准确性执行测试。例如,与计提存货跌价准备相关的管理层控制中使用了系统生成的存货账龄分析表,其准确性将影响管理层控制的有效性,因此,注册会计师需要同时测试存货账龄分析表的准确性。

有些被审计单位采用信息系统执行全程自动化成本核算。在这种情况下,注册会计师通常需要对信息系统中的成本核算流程和参数设置进行了解和测试(可能需要利用信息技术专家的工作),并测试相关信息系统一般控制的运行有效性。

需要说明的是,表10-3列示的是生产与存货循环一些较为常见的内部控制和相应的控制测试程序,目的在于帮助注册会计师根据具体情况设计能够实现审计目标的控制测试。该表既未包含生产与存货循环中所有的内部控制和控制测试,也并不意味着审计实务应当按此执行。一方面,被审计单位所处行业不同、规模不一,内部控制制度的设计和执行方式不同,以前期间接受审计的情况也各不相同。另一方面,受审计时间、审计成本的限制,注册会计师除了确保审计质量、审计效果外,还需要提高审计效率,尽可能地消除重复的测试程序,保证检查某一凭证时能够一次性完成对该凭证的全部审计测试程序,并按最有效的顺序实施审计测试。因此,在审计实务工作中,注册会计师需要从实际出发,设计适合被审计单位具体情况的实用高效的控制测试计划。

第三节 存货审计

一、存货的审计目标

存货审计的总体目标是验证资产负债表日列示在资产负债表上存货项目余额的真实性和正确性。具体包括:

(1)确定被审计单位资产负债表的存货在会计报表日是否确实存在,并为被审计单位所拥有。

(2) 确定被审计单位在特定期间内发生的存货增减变动业务的记录是否完整,有无遗漏。

(3) 确定存货的品质状况,以及存货跌价的计提是否合理;确定存货的计价方法是否恰当。

(4) 确定存货年末余额是否正确。

(5) 确定存货在会计报表上的披露是否恰当。

二、存货余额的实质性程序

对财务报表中存货余额实施的实质性程序,是存货审计的重点和难点。存货余额的实质性程序一般包括以下内容。

1. 核对各存货项目明细账与总账的余额是否相符

企业存货的种类很多。注册会计师在进行存货的实质性程序时,首先应核对"材料采购""原材料""材料成本差异""产成品""发出商品""生产成本"等账目,验证其明细账与总账的余额是否相符。如不相符,应查明原因,并作记录和相应的调整。

2. 执行分析性程序

注册会计师在存货审计过程中往往需要大量运用分析程序来获取审计证据,并协助形成恰当的审计结论。通常运用的分析方法主要有简单比较法和比率分析法。

1) 简单比较法

(1) 比较前后各期及本年各个月份存货余额及其构成,以评价期末存货余额及其构成的总体合理性。

(2) 对每月存货成本差异率进行比较,以确定是否存在调节成本的现象。

(3) 比较前后各期及本年度内各月份生产成本总额及单位生产成本,以评价本期生产成本的总体合理性。

(4) 比较前后各期及本年度内各月份主营业务成本总额及单位销售成本,以评价主营业务成本的总体合理性。

(5) 将存货余额与现有的订单、资产负债表日后各期的销售额和下一年度的预测销售额进行比较,以评估存货滞销和跌价的可能性。

(6) 将存货跌价损失准备与本年度存货处理损失的金额相比较,判断被审计单位是否计提足额的跌价损失准备。

(7) 将与关联企业发生存货交易频率、规模、价格和账款结算条件,与非关联企业对比,判断被审计单位是否利用与关联企业的存货的交易,虚构业务、调节利润。

2) 比率分析法

(1) 存货周转率。存货周转率是用以衡量销售能力和存货是否积压的指标。利用存货周转率进行纵向比较或与其他同行企业进行横向比较时,要求存货计价持续一致。存货周转率的波动可能意味着被审计单位存在以下情况:有意或无意地减少存货储备、存货管理或控制程序发生变动、存货成本项目发生变动、存货核算方法发生变动、存货跌价准备计提基础或冲销政策发生变动、销售额发生大幅度变动等。

(2) 毛利率。毛利率是反映盈利能力的主要指标,用以衡量成本控制及销售价格的变化。毛利率的波动可能意味着被审计单位存在以下情况：销售价格发生变动、销售产品总体结构发生变动、单位产品成本发生变动、固定制造费用比重较大时销售数量发生变动等。

3. 存货监盘

存货监盘是指注册会计师现场观察被审计单位存货的盘点，并对已盘点存货进行适当检查。存货监盘针对的主要是存货的"存在"认定、"完整性"认定以及"权利和义务"认定及"准确性、计价和分摊"认定。注册会计师进行存货监盘的目的在于获取有关存货数量和状况的审计证据，以确认被审计单位记录的所有存货确实存在，已经反映了被审计单位拥有的全部存货，并属于被审计单位的合法财产。

1) 存货监盘计划

注册会计师应当编制存货监盘计划，对存货监盘作出合理安排。存货监盘计划的主要内容包括：①存货监盘的目标、范围及时间安排。存货监盘的目标是获取被审计单位资产债表日有关存货数量和状况的审计证据，检查存货的数量是否真实完整，是否归属被审计单位，存货有无毁损、陈旧过时、残次和短缺等状况。②存货监盘的要点及关注事项。包括注册会计师实施存货监盘程序的方法、步骤、各个环节应注意的问题以及所要解决的问题。③参加存货监盘人员的分工。④检查存货的范围。

2) 存货监盘程序

（1）观察程序。在被审计单位盘点存货前，注册会计师应当观察盘点现场、确定应纳入盘点范围的存货是否已经适当整理和排列，并附有盘点标识，防止遗漏或重复盘点。对未纳入盘点范围的存货，注册会计师应当查明未纳入的原因。

注册会计师在实施存货监盘过程中，应当跟随被审计单位安排的存货盘点人员，注意观察被审计单位事先制定的存货盘点计划是否得到了贯彻执行，盘点人员是否准确无误地记录了被盘点存货的数量和状况。

（2）检查程序。注册会计师应当对已盘点存货进行适当检查，将检查结果与被审计单位盘点记录相核对，并形成相应记录。

检查的范围通常包括每个盘点小组盘点的存货以及难以盘点或隐蔽性较强的存货。需要说明的是，注册会计师应尽可能避免让被审计单位事先了解将抽取检查的存货项目。

在检查已盘点的存货时，注册会计师应当从存货盘点记录中选取项目追查至存货实物，以测试盘点记录的准确性；注册会计师还应当从存货实物中选取项目追查至盘点记录，以测试存货盘点记录的完整性。注册会计师在实施检查程序时发现差异，很可能表明被审计单位的存货盘点在准确性或完整性方面存在错误。

（3）需特别关注的事项。包括存货的状况、存货的移动情况和存货的截止。

（4）存货监盘结束时的工作。在被审计单位存货盘点结束前，注册会计师应当做到以下两点：一是再次观察盘点现场，以确定所有应纳入盘点范围的存货是否均已盘点。二是取得并检查已填用、作废及未使用盘点表单的号码记录，确定其是否连续编号，查明已发放的表单是否均已收回，并与存货盘点的汇总记录进行核对。

3) 特殊情况的处理

在监盘存货时，如果发生下列特殊情况，应分别采取适当的措施予以处理。

（1）由于存货的性质或位置而无法实施监盘程序。一是存货的特殊性质。对具有特殊性质的存货实施审计,通常需要依赖内部控制。注册会计师应当复核采购、生产和销售记录,以获取充分、适当和审计证据,还可以向能够接触到相关存货项目的第三方人员询证。此外,注册会计师还可以实施其他替代审计程序。二是存货的特殊位置。在途存货可以通过审查相关凭证加以查验。对于存放在公共仓库中的存货,可通过函证方式查验。

(2) 因不可预见的因素导致无法在预定日期实施存货监盘或接受委托时被审计单位存货盘点已经完成。一是不可预见的因素。如果被审计单位存在良好的内部控制,注册会计师可以考虑改变存货监盘日期,并对预定盘点日与改变后的存货监盘日之间发生的交易进行测试。对于无法亲临现场的情况,注册会计师可考虑委托其他适当人员实施存货监盘。二是接受委托时被审计单位的期末存货盘点已经完成。注册会计师应当评估与存货相关的内部控制的有效性,并根据评估结果对存货进行适当检查或提请被审计单位另择日期重新盘点,同时测试检查日或重新盘点日与资产负债表日之间发生的存货交易。

案例 10-1

背景与情境: B 注册会计师接受委托,对常年审计客户丙公司 2023 年度财务报表进行审计。丙公司为玻璃制造企业,存货主要有玻璃、煤炭和烧碱,其中少量玻璃存放于外地公用仓库。另有丁公司部分水泥存放于丙公司的仓库。丙公司拟于 2023 年 12 月 29 日至 12 月 31 日盘点存货,以下是 B 注册会计师撰写的存货监盘计划的部分内容。

存货监盘计划

一、存货监盘的目标

检查丙公司 2023 年 12 月 31 日存货数量是否真实完整。

二、存货监盘范围

2023 年 12 月 31 日库存的所有存货,包括玻璃、煤炭、烧碱和水泥。

三、监盘时间

存货的观察与检查时间均为 2023 年 12 月 31 日。

四、存货监盘的主要程序

(1) 与管理层讨论存货监盘计划。

(2) 观察丙公司盘点人员是否按照盘点计划盘点。

(3) 检查相关凭证以证实在盘点截止日前,所有已确认为销售但尚未装运出库的存货均已纳入盘点范围。

(4) 对于存放在外地公用仓库的玻璃,主要实施检查货运文件、出库记录等替代程序。

问题:

(1) 请指出该存货监盘计划中的目标、范围和时间存在的错误,并简要说明理由。

(2) 请判断该存货监盘计划中列示的主要程序是否适当,若不恰当,请予以修正。

分析提示:

(1) 该存货监盘计划中的目标、范围和时间存在三处错误:

错误 1:目标错误。存货监盘的目标不恰当,监盘目标应为获取有关存货数量和状况的审计证据。

错误2:范围错误。丁公司水泥的所有权不属于丙公司,不应纳入监盘范围。

错误3:时间错误。存货的观察与检查时间应与盘点时间相协调,应为12月29日至12月31日。

(2) 程序(1)不恰当。应修改为:复核或与管理层讨论存货盘点计划。

程序(2)恰当。

程序(3)不恰当。应修改为:检查相关凭证以证实在盘点截止日前,所有已确认为销售但尚未装运出库的存货均未纳入盘点范围。

程序(4)不恰当。应修改为:对于存放在外地公用仓库的玻璃,应实施函证或利用其他注册会计师工作等替代程序。

4. 存货计价测试

1) 存货计价测试的一般要求

为验证财务报表上存货余额的真实性,还必须对存货的计价进行审计,即确定存货实物数量和永续盘存记录中的数量是否经过正确的计价和汇总。存货计价测试的具体内容包括:

(1) 样本的选择。选择样本时应着重选择结存余额较大且价格变化比较频繁的项目,同时考虑所选样本的代表性。

(2) 计价方法的确认。注册会计师除应了解、掌握被审计单位的存货计价方法外,还应对这种计价方法的合理性与一贯性予以关注,没有足够理由,计价方法在同一会计年度内不得变动。

(3) 计价审计。进行计价审计时,注册会计师首先应对存货价格的组成内容予以审核,然后按照所了解的计价方法对所选择的存货样本进行计价审计。审计时,应尽量排除被审计单位现有计算程序和结果的影响,进行独立测试。测试结果出来后,应与被审计单位账面记录对比,编制对比分析表,分析形成差异的原因。如果差异过大,应扩大测试范围,并根据审计结果考虑是否应提出审计调整建议。

在存货计价审计中,如果企业对期末存货采用成本与可变现净值孰低的方法计价,则注册会计师应充分关注企业对存货可变现净值的确定。

2) 存货成本的计价测试

存货成本的计价测试包括直接材料成本的审计、直接人工成本的审计和制造费用的审计。

(1) 直接材料成本的审计。一般应从审阅材料和生产成本明细账入手,抽查有关的费用凭证,验证企业产品直接耗用材料的数量、计价和材料费用分配是否真实、合理。

(2) 直接人工成本的审计。具体包括:第一,抽查产品成本计算单,检查直接人工成本的计算是否正确,人工费用的分配标准与计算方法是否合理和适当,是否与人工费用分配汇总表中该产品分摊的直接人工费用相符。第二,将本年度直接人工成本与前期进行比较,查明其异常波动的原因。第三,分析比较本年度各个月份的人工费用发生额,如有异常波动,应查明原因。第四,结合应付职工薪酬的检查,抽查人工费用会计记录及会计处理是否正确。第五,对采用标准成本法的被审计单位,应抽查直接人工成本差异的计算、分配与会计处理是否正确,并查明直接人工的标准成本在本年度内有无重大变更。

(3) 制造费用的审计。制造费用是企业为生产产品或提供劳务而发生的各项间接费用,即生产单位为组织和管理生产而发生的费用。制造费用的主要审计程序通常包括:第一,获取或编制制造费用汇总表,并与明细账、总账核对相符,抽查制造费用中的重大数额项目及例外项目是否合理。第二,审阅制造费用明细账,检查其核算内容及范围是否正确,并应注意是否存在异常交易事项,如有,则应追查至记账凭证和原始凭证,重点查明被审计单位有无将不应列入成本费用的支出计入制造费用。第三,必要时,对制造费用实施截止测试,即检查资产负债表日前后若干天的制造费用明细账及其凭证,确定有无跨期入账的情况。第四,检查制造费用的分配是否合理。重点查明制造费用的分配方法是否符合被审计单位自身的生产技术条件,分配率和分配额的计算是否正确,有无以人为估计数代替分配数的情况。

5. 存货截止测试

存货截止测试是指检查截止至当年12月31日,所购入并已包括在12月31日存货盘点范围内的存货。存货正确截止的关键在于存货实物纳入盘点范围的时间与存货的入账时间都处于同一会计期间。

按照存货正确截止的基本要求,若未将年终在途货物列入当年存货盘点范围,只要相应的负债亦同时记入次年账内,对审计报表的影响并不重要。存货年底截止测试的方法有以下两种:

(1) 抽查存货盘点日前后的购货发票与验收报告。档案中的每张发票均附有验收报告(或入库单),12月底入账的发票如果附有12月31日或之前的验收报告或入库单,则货物肯定已经入库,并包括在本年的实地盘点存货范围内;如果验收报告日期为1月份的日期,则货物不会列入年底实地盘点存货范围内。反之,如果仅有验收报告或入库单而并无购货发票,则应认真审核每一验收报告单上面是否加盖暂估入库印章,并以暂估价记入当年存货账内,待次年年初以红字冲销。

(2) 查阅验收部门的业务记录。凡接近年底购入的货物,必须查明其相应的购货发票是否在同期入账。在确定截止审计样本时,一般以截止日为界限,分别向前倒推或向后顺推若干日,按顺序选取较大金额购货业务发票或验收报告作审计样本。截止测试完成后,对于发现的截止错误,应提请被审计单位作必要的账务调整。

6. 确认存货在会计报表上的反映是否恰当

存货是资产负债表中流动资产项下的一个重要项目。注册会计师应审查其在资产负债表中的列报是否合规、正确。除此之外,还应就会计报表附注中所披露的存货计价与产品成本计算方法及其变更情况、变更原因与变更结果等进行审计,以查明这些披露事项的恰当性。

课 堂 测 试

班级_____ 姓名_____ 学号_____ 日期_____ 分数_____

一、单项选择题(每题8分,共计56分)

1. 下列针对盘点存货的内部控制的说法中,错误的是(　　)。
   A. 由负责保管存货的人员单独负责初盘工作,安排不同的工作人员进行复盘
   B. 为防止存货被遗漏或重复盘点,所有盘点过的存货贴盘点标签,注明存货品名、数量和盘点人员,完成盘点前检查现场确认所有存货均已贴上盘点标签
   C. 将不属于本单位的代其他方保管的存货单独堆放并作标识
   D. 汇总盘点结果,与存货账面数量进行比较,调查分析差异原因,并对认定的盘盈和盘亏提出账务调整建议,经仓储经理、生产经理、财务经理和总经理复核批准后入账

2. 下列针对存货监盘中确定适当的监盘地点的说法中,不恰当的是(　　)。
   A. 如果被审计单位的存货存放在多个地点,注册会计师可以要求被审计单位提供一份完整的存货存放地点清单,并考虑其完整性
   B. 在获取完整的存货存放地点清单的基础上,注册会计师可以根据不同地点所存放存货的重要性以及对各个地点与存货相关的重大错报风险的评估结果,选择适当的地点进行监盘,并记录选择这些地点的原因
   C. 如果识别出由于舞弊导致的影响存货数量的重大错报风险,注册会计师在检查被审计单位存货记录的基础上,可能决定在不预先通知的情况下对特定存放地点的存货实施监盘,或在同一天对所有存放地点的存货实施监盘
   D. 获取的存货存放地点清单,无须包括期末存货量为零的仓库

3. 下列有关制造类企业生产与存货循环的重大错报风险的说法中,不恰当的是(　　)。
   A. 交易的数量庞大,业务复杂,增加了错误和舞弊的风险
   B. 价格受全球经济供求关系影响的存货,由于其可变现净值难以确定,会影响存货采购价格和销售价格的确定
   C. 存货的重大错报风险往往与财务报表其他项目的重大错报风险紧密相关
   D. 存货实物可能不存在,违反其完整性认定

4. 如果将与存货相关的内部控制评估为高风险,注册会计师可能(　　)。
   A. 扩大测试与存货相关的内部控制的范围
   B. 要求被审计单位在期末实施存货盘点
   C. 在期末前或后实施存货监盘程序,并测试盘点日至资产负债表日发生的存货交易
   D. 检查购货、生产、销售的记录和凭证,以确定期末存货余额

5. 下列各项中,属于在被审计单位盘点存货前注册会计师的工作的是(　　)。
   A. 向持有被审计单位存货的第三方函证存货的数量和状况

B. 观察盘点现场,确定应纳入盘点范围的存货是否已经适当整理和排列,并附有盘点标识,防止遗漏或重复盘点

C. 检查存货

D. 再次观察盘点现场,以确定所有应纳入盘点范围的存货是否均已盘点

6. 如果被审计单位存货存放在多个地点,注册会计师可以考虑执行的程序不包括(　　)。

A. 询问被审计单位管理层和财务部门人员,以了解有关存货存放地点的情况

B. 检查被审计单位存货的出、入库单,关注是否存在被审计单位尚未告知注册会计师的仓库

C. 检查费用支出明细账和租赁合同,关注被审计单位是否租赁仓库并支付租金

D. 检查被审计单位"固定资产——房屋建筑物"明细清单,了解被审计单位可用于存放存货的房屋建筑物

7. 下列有关存货监盘计划的说法中,不恰当的是(　　)。

A. 为了避免误解并有助于有效地实施存货监盘,注册会计师无需与被审计单位就存货监盘等问题达成一致意见,以增加审计程序的不可预见性

B. 注册会计师一般需要复核或与管理层讨论其存货盘点程序

C. 注册会计师可以根据存货生产过程的复杂程度考虑利用专家的工作

D. 如果识别出由于舞弊导致的影响存货数量的重大错报风险,注册会计师在检查被审计单位存货记录的基础上,可能决定在不预先通知的情况下对特定存放地点的存货实施监盘,或在同一天对所有存放地点的存货实施监盘

二、多项选择题(每题 11 分,共计 44 分)

1. 下列有关存货监盘的说法中,正确的有(　　)。

A. 注册会计师在制定监盘计划时,需要考虑是否在监盘中利用专家的工作

B. 如果存货盘点在财务报表日以外的其他日期进行,注册会计师除实施存货监盘相关审计程序外,还应当实施其他审计程序,以获取审计证据,确定盘点日与财务报表日之间的存货变动已得到恰当记录

C. 如果存货存放在不同地点,注册会计师的监盘应当覆盖所有存放地点

D. 如果由于不可预见的情况,无法到存货盘点现场实施监盘,注册会计师应当实施替代程序

2. 在存货盘点现场实施监盘时,注册会计师应当实施的审计程序包括(　　)。

A. 评价管理层用以记录和控制存货盘点结果的指令和程序

B. 观察管理层制定的盘点程序的执行情况

C. 在存货监盘过程中检查存货

D. 执行抽盘

3. 下列各项中,属于存货监盘计划应当包括的内容的有(　　)。

A. 存货监盘的目标、范围及时间安排

B. 注册会计师实施存货监盘程序的方法、步骤,各个环节应注意的问题以及所要解决的问题

C. 参加存货监盘人员的分工

D. 抽盘存货的范围

4. 下列有关存货监盘与相关认定的说法中,恰当的有( )。
   A. 针对的主要是存货的存在认定
   B. 对存货的完整性认定,能提供部分审计证据
   C. 对存货的准确性、计价和分摊认定,能提供部分审计证据
   D. 针对权利和义务认定,能够提供充分、适当的审计证据

第十一章

货币资金审计

知识导航

货币资金审计
- 货币资金概述
  - 货币资金审计涉及的主要凭证与会计记录
  - 货币资金与各交易循环之间的关系
- 货币资金内部控制测试
  - 货币资金内部控制的内容
  - 货币资金的内部控制测试
- 库存现金审计
  - 库存现金的审计目标
  - 库存现金的实质性程序
- 银行存款审计
  - 银行存款的审计目标
  - 银行存款的实质性程序
- 其他货币资金审计
  - 其他货币资金的审计目标
  - 其他货币资金的实质性程序

学习目标

1. 了解货币资金审计涉及的主要凭证与会计记录。
2. 掌握货币资金的内部控制测试。
3. 掌握库存现金、银行存款、其他货币资金的审计程序。

思政课堂

达美公司货币资金审计案

诚信会计师事务所受托审计达美股份有限公司 2010 年度的会计报表。达美股份有限公司是一家上市较早的商业类公司,公司主营为零售业务,同时有一部分房地产开发业务,并与某网站合作,开展网上售货业务。公司对零售业务部分采用售价金额核算法,毛利率的计算结转采用分类毛利率法,定期对库存商品进行盘点,有一套相对严密的内部管理制度。公司自上市后业绩一直较为平稳,股价波动不大。

审计人员在对该公司货币资金的内部控制采用"调查表法""检查凭证法"和"实地考察法"进行符合性测试的基础上,发现该公司货币资金的内部控制存在一定的漏洞,主要表现在以下几个方面:

(1) 财务部稽核人员对收款台的现金盘点监管不够,未能经常进行不定期盘点。

(2) 通过查看支票登记本发现,领用的票据号码不连续,存在领用支票不登记的现象。

(3) 对现金和银行存款的支付基本能坚持审批制度,但在审批的职责权限划分上不够明确,从抽查的支付凭证来看,经常出现对相同业务的审批有时是财务经理的签字,有时是业务经理的签字,控制不够严格。

在发现了上述问题之后,审计人员确认该公司的内部控制属于中信赖程度,因此,适当地扩大了对达美股份有限公司货币资金进行实质性测试的范围。例如,采取盘存法对现金进行了突击性盘点;采取抽查法对现金日记账和银行存款日记账进行了抽查;采取审阅法、调节法和函证法对银行存款的真实性和合法性进行了审查。

经过审计人员对上述内容进行认真的检查、仔细的核对,针对审计过程中发现的达美股份有限公司"服装柜组发生短款次数频繁""私设小金库""出租出借银行账号""因购货单位支付空头支票而未及时调账""短期贷款未入账""达美劳动服务公司明显存在开阴阳发票"和"短期投资记账错误"等问题与达美股份有限公司进行了交流,并提出了调整的建议。

思考:
1. 在货币资金审计中,内部控制测试是否一定要做?
2. 能否直接进行货币资金的实质性测试?
3. 如何根据被审计单位的具体情况,安排审计程序?
4. 货币资金核算中常见的问题有哪些?

第一节 货币资金概述

货币资金是企业资产的重要组成部分,在企业资产中流动性最强。任何企业进行生产经营活动都必须拥有一定数额的货币资金。持有货币资金是企业生产经营活动的基本条件,可能关乎企业的命脉。货币资金主要来源于资本的投入和营业收入,主要用于资产的取得和费用的结付。总的来说,只有保持健康的、正的现金流,企业才能够继续生存。如果出现现金流逆转迹象,产生了不健康的、负的现金流,长此以往,企业将会陷入财务困境,并可能影响企业的持续经营能力。

根据货币资金存放地点及用途的不同,货币资金可分为库存现金、银行存款及其他货币资金。

一、货币资金审计涉及的主要凭证与会计记录

货币资金审计涉及的主要凭证与会计记录主要有:①现金盘点表。②银行对账单。③银行存款余额调节表。④有关科目的记账凭证(如现金收付款凭证、银行收付款凭证)。⑤有关会计账簿(如现金日记账、银行存款日记账)。

二、货币资金与各交易循环之间的关系

货币资金与各交易循环均直接相关,一些最终影响货币资金的错误只有在销售、采

购、筹资和投资的交易循环的审计测试中才会被发现。例如,未给顾客开票、未按销售额开票、两次支付卖方发票、支付未经验收的货物或劳务的货款等,在现金余额测试中都不会被发现。

货币资金与各交易循环的关系,如图11-1所示。需要说明的是,图11-1仅选取各交易循环中具有代表性的会计科目或财务报表项目予以列示,并未包括各交易循环中与货币资金有关的全部会计科目或财务报表项目。

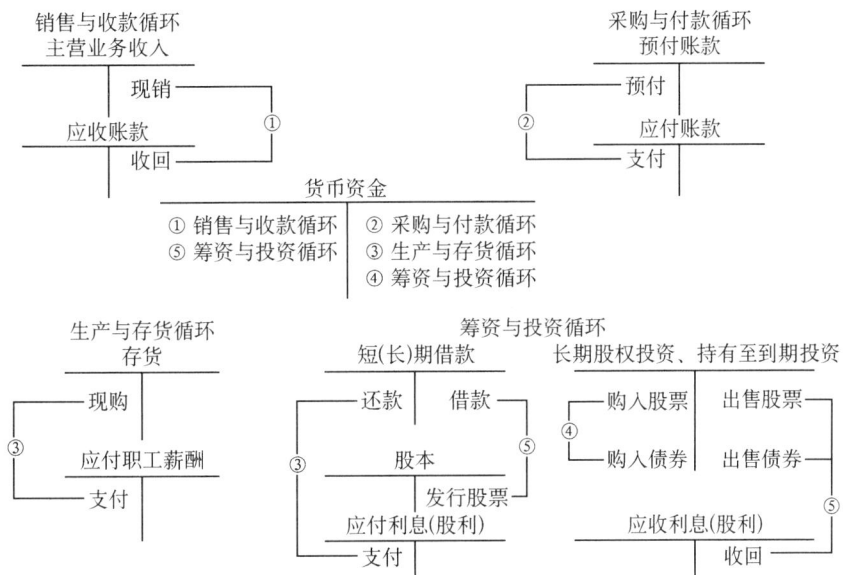

图 11-1　货币资金与各交易循环的关系

第二节　货币资金内部控制测试

一、货币资金内部控制的内容

货币资金是企业流动性最强、控制风险最高的资产,是企业生存与发展的基础。因此,企业必须加强对货币资金的管理和控制,建立健全货币资金内部控制,以确保:全部应收取的货币资金均能收取,并及时正确地予以记录;不应该支出的货币资金都能够及时予以制止,并排除在企业核算范围之外;已发生的货币资金支出是按照经批准的用途进行的,并及时正确地予以记录;库存现金、银行存款报告正确,并得以恰当保管;正确预测企业正常经营所需的货币资金收支额,确保企业有充足又不过剩的货币资金余额。

货币资金内部控制包括以下内容。

1. 岗位分工及授权批准

(1) 单位应当建立货币资金业务的岗位责任制,明确相关部门和岗位的职责权限,确保办理货币资金业务的不相容岗位相互分离、制约和监督。出纳人员不得兼任稽核、会计档案保管和收入、支出、费用、债权债务账目的登记工作。单位不得由一人办理货币资金业务的全过程。

虽然很多会计人员都知道内部控制规范有不相容职务分离的要求,知道"管钱不管账,管账不管钱",但在具体的内部控制设计和执行时,却往往会忽视这一点或不清楚如何有效分离不相容职务。一些单位在进行职责分工时,往往是从工作方便或效率角度考虑,便安排经常跑银行的出纳来领取银行对账单,殊不知,这种做法会埋下巨大隐患。从不相容职务分离来说,由出纳来领取银行对账单是大忌,因为出纳本身负责货币资金保管和收支,如果再由出纳来负责领取银行对账单、编制银行存款余额调节表,出纳就有可能挪用或侵占企业货币资金,并通过伪造对账单或在余额调节表上做手脚来掩盖自己的舞弊行为。再比如,一些企业由销售人员负责客户收款、核对的全过程,发生挪用货款事项也就不奇怪了。因此,企业应全面系统地分析、梳理业务流程中所涉及的不相容职务,实施相应的分离措施,形成各司其职、各负其责、相互制约的工作机制。各单位通常应分离的不相容职务包括授权和执行、执行和审核、执行和记录、保管和记录等。

(2)单位应当对货币资金业务建立严格的授权批准制度,明确审批人对货币资金业务的授权批准方式、权限、程序、责任和相关控制措施,规定经办人办理货币资金业务的职责范围和工作要求。审批人应当根据货币资金授权批准制度的规定,在授权范围内进行审批,不得超越审批权限。经办人应当在职责范围内,按照审批人的批准意见办理货币资金业务。对于审批人超越授权范围审批的货币资金业务,经办人员有权拒绝办理,并及时向审批人的上级授权部门报告。

(3)单位应当按照规定的程序办理货币资金支付业务,主要包括:①支付申请。单位有关部门或个人用款时,应当提前向审批人提交货币资金支付申请,注明款项的用途、金额、预算、支付方式等内容,并附有效经济合同或相关证明。②支付审批。审批人根据其职责、权限和相应程序对支付申请进行审批。对不符合规定的货币资金支付申请,审批人应当拒绝批准。③支付复核。复核人应当对批准后的货币资金支付申请进行复核并签字认可,复核货币资金支付申请的批准范围、权限、程序是否正确,手续及相关单证是否齐备,金额计算是否准确,支付方式、支付单位是否妥当等。复核无误后,交由出纳人员办理支付手续。④办理支付。出纳人员应当根据复核无误的支付申请,按规定办理货币资金支付手续,及时登记库存现金和银行存款日记账。

(4)单位对于重要货币资金支付业务,应当实行集体决策和审批,并建立责任追究制度,防范贪污、侵占、挪用货币资金等行为。

(5)严禁未经授权的机构或人员办理货币资金业务或直接接触货币资金。

2. 现金和银行存款的管理

(1)单位应当加强现金库存限额的管理,超过库存限额的现金应及时存入银行。

(2)单位必须结合本单位的实际情况,确定本单位现金的开支范围。不属于现金开支范围的业务应当通过银行办理转账结算。

(3)单位现金收入应当及时存入银行,不得用于直接支付单位自身的支出。因特殊情况需坐支现金的,应事先报经开户银行审查批准。单位借出款项必须执行严格的授权批准程序,严禁擅自挪用、借出货币资金。

(4)单位取得的货币资金收入必须及时入账,不得私设"小金库",不得账外设账,严禁收款不入账。

（5）单位应当严格按照《支付结算办法》等国家有关规定，加强银行账户的管理，严格按照规定开立账户，办理存款、取款和结算。单位应当定期检查、清理银行账户的开立及使用情况，发现问题，及时处理。同时单位应当加强对银行结算凭证的填制、传递及保管等环节的管理与控制。

（6）单位应当严格遵守银行结算纪律，不准签发没有资金保证的票据或远期支票，套取银行信用；不准签发、取得和转让没有真实交易和债权债务的票据，套取银行和他人资金；不准无理拒绝付款，任意占用他人资金；不准违反规定开立和使用银行账户。

（7）单位应当指定专人定期核对银行账户，每月至少核对一次，编制银行存款余额调节表，使银行存款账面余额与银行对账单调节相符。如果出现调节不符的情况，应查明原因，及时处理。

（8）单位应当定期和不定期地进行现金盘点，确保现金账面余额与实际库存相符。发现不符，应及时查明原因，作出处理。

3. 票据及有关印章的管理

（1）单位应当加强与货币资金相关的票据的管理，明确各种票据的购买、保管、领用、背书转让、注销等环节的职责权限和程序，并专设登记簿进行记录，防止空白票据的遗失和被盗用。

（2）单位应当加强银行预留印鉴的管理。财务专用章应由专人保管，个人名章必须由本人或其授权人员保管。严禁一人保管支付款项所需的全部印章。

（3）按规定需要有关负责人签字或盖章的经济业务，必须严格履行签字或盖章手续。

案例 11-1

背景与情境： 湖南某上市公司出纳梁某，采取偷盖公司银行印鉴和法人章，使用作废的、没有登记的现金支票等方法，在近5年期间先后挪用3000多万元用于炒股。给公司造成损失1 137.8万元。长沙市中级人民法院以挪用公款罪和挪用资金罪，判处梁某17年有期徒刑。

问题： 案例中，该上市公司的内部控制有哪些缺陷？

分析提示： 货币资金是流动性最强、控制风险最高的资产。案例中的出纳梁某在连续作案五年之后才被发现，其主要原因是该公司监督、检查机制的不健全，主要表现在：第一，银行印鉴未能妥善保管。根据印章管理的相关规定，财务专用章应由专人保管，法人章应由本人或其授权人员保管，出纳能多次将本不由其保管的财务专用章和法人章同时拿到，说明公司在管理印章上漏洞之大。第二，票据单证保管不善，使用情况缺乏必要记录和检查。案例中梁某利用作废、未登记的支票进行作案，说明对于有价票据及空白单证疏于管理，没有严格票据的日常保管，票据的使用和流转也没有书面记录，对作废票据没有妥善处置。第三，授权审批程序不够合理。出纳能够把大量的资金挪用出来，应该是要经过授权批准的。如果当时有严格的授权审批程序，舞弊行为应该可以及时被发现才对。公司应当规定经办人办理货币资金业务的职责范围和工作要求；审批人应当根据货币资金授权批准制度的规定，在授权范围内进行审批，不得超越审批权限；经办人应当在职责范围内，按照审批人的批准意见办理货币资金业务。第四，检查、核对机制缺失。上述舞弊行为未被及时发现的另一原因就是公司缺乏检查、核对机制。账账核对、账实核对是防范及发现货币资金舞弊的重要控制手段,应由负责账务保管和记录以外的人员进行定期和不定期的检查、核对。对有形的实物资产(如现金、有价证券和存货等)要定期和不定期盘点来核实其存在性和完整性;对不具实物形态的资产(如银行存款、应收账款等)和负债则定期通过询问、函证和对账等方式验证查实。

4. 监督检查

单位应当建立对货币资金业务的监督检查制度,明确监督检查机构或人员的职责权限,定期和不定期地进行检查。

货币资金监督检查的内容主要包括:

(1) 检查是否存在货币资金业务不相容职务混岗的现象。

(2) 检查货币资金支出的授权批准手续是否健全,是否存在越权审批行为。

(3) 检查是否存在办理付款业务所需的全部印章交由一人保管的现象。

(4) 检查票据的购买、领用、保管手续是否健全,票据保管是否存在漏洞。

对监督检查过程中发现的货币资金内部控制中的薄弱环节,应当及时采取措施,加以纠正和完善。

案例 11-2

背景与情境:据报道,某银行营业部的储蓄员杨某于2022年春节期间,通过虚拨存款手段共卷走337.3万元,并偷走3万美元、1万港币。杨某是一个临时工。正月初一,杨利用值班上柜之机,在电脑上操作,凭空划账300多万元,分别存入自己的34个活期存折,此后3天从48个储蓄所疯狂取款116笔,共计337.3万元。初六上午,银行发现该笔存款有疑点,遂案发。同日上午,杨给家人留言并留下20万元后,携女友潜逃。在随后的清理中,发现储蓄所外币钱箱少了3万美元、1万港币,确定被杨某盗走。

杨某的作案手段其实并不高明,但他蓄谋已久。他于2022年9月开了34个活期存折,瞅准过年休假期间监管松懈的时机下手。更让人吃惊的是,平时看管很严的钱箱,在过年期间也无人管了。杨某利用手中的钥匙,竟然直接从钱箱中盗走了外币。

问题:一个小小的储蓄员,怎么作下如此大案?

分析提示:储蓄员杨某选择在春节期间作案,确实做到了"知己知彼",所以一蹴而就。该案发生后,银行一名负责人痛心疾首地说:"过年休假留下的监管漏洞,给了歹徒可乘之机。"那么,储蓄员杨某究竟钻了哪些空子呢?第一,授权控制和不相容职务相互分离控制系统瘫痪。银行平时分人保管的"责任卡"(即划分银行电脑使用权限的级别卡)在春节期间可能集中到了他一个人手中。换言之,杨某平时无权使用、无权操作的程序现在成了"一马平川",因为这些"卡"给了他权力。事实证明,杨某当天在电脑上虚拟存款时正是使用了本应由储蓄所主任掌管的"五级卡"和本应由储蓄主管员掌管的"四级卡"。第二,稽核检查不到位。按规定,储蓄所每天的借贷应是一本平账,每笔储蓄业务应隔日审核,但由于当天储蓄所值班人员不到位,隔日审核的部门又放了假,这个"黑洞"直到初六才被发现。第三,人员素质控制和内部报告控制松懈,表现在:储蓄所该值班的人不值班,该多人看管的钱箱无人看管,只留给杨某一个人"照顾"。并且,大年初一本不应该由杨某值班,但他却"不计得失、自告奋勇"地与别人换了班,试问,换班有无经过批准、是否及时报告?

二、货币资金的内部控制测试

1. 了解货币资金内部控制

注册会计师可以根据实际情况采用不同的方法实现对货币资金内部控制的了解。一般而言,对货币资金内部控制的了解可以采用以下三种方法:

(1) 编写内部控制书面说明。将调查所得用文字逐条说明。

(2) 编制内部控制调查表。将内部控制中每一项内容用表格列示出来,逐条说明其执行情况。如"现金出纳和现金账是否规定分别管理""现金支票与支票印鉴是否规定分别保管""支付现金是否有规定审批手续"等。

(3) 编制内部控制流程图。将货币资金的业务处理程序用图解的形式表达出来(如流程图)。注册会计师在编制(如流程图)之前应通过询问、观察等调查手段收集必要的资料,然后根据所了解的情况采用一定符号,将业务处理程序和凭证进行联结,并用简要的文字说明将内部控制制度表达出来。该方法的主要优点是形式简明,便于找出薄弱环节,也便于评审,因此被广泛采用。但绘制需要一定技术,有一定难度,所以评价时通常要与上述两种方法相互结合。

若年度审计工作底稿中已有以前年度的调查表或流程图,注册会计师可根据调查结果对其加以修正,以供本年度审计之用。一般地,了解货币资金内部控制时,注册会计师应当注意检查货币资金内部控制是否建立并严格执行。

2. 初步评价货币资金内部控制

初步评价货币资金内部控制涉及的控制风险的目的在于确定注册会计师是否应该依赖内部控制。如果准备依赖,则应对内部控制进行符合性测试;否则,直接进行实质性测试。注册会计师对货币资金内部控制进行初步评价时,重点应了解:①款项的收支是否按规定的程序和权限办理。②是否存在与本单位经营无关的款项收支情况。③是否存在出租、出借银行账户的情况。④出纳与会计的职责、岗位,是否严格分离。⑤现金是否妥善保管。⑥是否定期进行盘点、核对等。

3. 测试货币资金内部控制

货币资金内部控制一般包括以下内容。

1) 抽取并检查收、付款凭证

为测试货币资金收、付款的内部控制,注册会计师应按货币资金的收、付款凭证分类,选取适当的样本量作检查。具体的检查内容,如表 11-1 所示。

表 11-1 对收、付款凭证的检查

收款凭证的检查	付款凭证的检查
1. 核对收款凭证与存入银行账户的日期和金额是否相符	1. 检查付款的授权批准手续是否符合规定
2. 核对货币资金银行存款日记账的收入金额是否正确	2. 核对货币资金、银行存款日记账的付出金额是否正确

(续表)

收款凭证的检查	付款凭证的检查
3. 核对收款凭证与银行对账单是否相符	3. 核对付款凭证与银行对账单是否相符
4. 核对收款凭证与应收账款等相关明细账的有关记录是否相符	4. 核对付款凭证与应付账款等相关明细账的记录是否一致
5. 核对实收金额与销货发票等相关凭据是否一致等	5. 核对实付金额与购货发票等相关凭据是否相符等

2) 检查一定期间的现金、银行存款日记账及相关账户的记录

对现金、银行存款日记账审查的范围和广度视具体情况而定，但注册会计师至少应从以下几个方面进行检查：

(1) 根据日期、凭证号栏的记载，查明是否以记账凭证为依据逐笔序时登记并结出余额、有无前后日期和凭证号前后顺序颠倒的情况。

(2) 根据摘要栏、金额栏和对方科目栏的记载，判断经济业务的会计处理、会计科目的使用是否恰当。

(3) 根据结存余额栏的记录，查明是否有异常红字及其原因。

(4) 检查有无计算错误、加总是否正确无误。

(5) 根据日记账提供的线索，核对总账中的现金、银行存款、应收账款、应付账款等有关账户的记录，查明其是否相符。

如果检查中发现的问题较多，说明被审计单位货币资金的会计记录不够可靠。

3) 抽取一定期间的银行存款余额调节表，查验被审计单位是否按月正确编制并复核

为了证实银行存款记录的正确性，注册会计师必须抽取一定期间的银行存款余额调节表，将其同银行对账单、日记账、总账进行核对，确定被审计单位是否按月正确编制并复核银行存款余额调节表。

4) 检查外币资金的折算方法是否符合有关规定、是否与上年度一致

对于有外币货币的被审计单位，注册会计师应检查外币货币资金有关的日记账及"财务费用""在建工程"等账户的记录，确定企业有关外币货币资金的增减变动是否采用交易发生日的即期汇率将外币金额折算为记账本位币金额，或者采用按照系统合理的方法确定的、与交易发生日即期汇率近似的汇率折合为记账本位币，选择采用汇率的方法前后各期是否一致；检查企业的外币货币资金的余额是否采用期末即期汇率折合为记账本位币金额；折算差额的会计处理是否正确。

4. 评价货币资金内部控制

注册会计师在完成上述程序之后，即可对货币资金内部控制进行评价。主要应从以下三个方面对其进行评价：一是评价内部控制制度的弱点，要把薄弱环节作为控制的重点。二是评价内部控制制度的合理性，考虑现有内部控制制度的效果，是否影响工作效率。三是评价内部控制制度的有效性，考虑贯彻得是否有力。

总的来说，评价时，注册会计师应首先确定货币资金内部控制可信赖的程度以及存在的薄弱环节和缺点，然后据以确定在货币资金实质性程序中对哪些环节可以适当减少审计程序，哪些环节应增加审计程序对其作重点检查，以减少审计风险。

第三节 库存现金审计

一、库存现金的审计目标

企业的库存现金包括人民币现金和外币现金。现金是企业流动性最强的资产,尽管其在企业资产总额中所占比重不大,但企业发生的舞弊事件大都与现金有关,因此,库存现金审计非常重要。

库存现金的审计目标一般包括:

(1) 有关现金的内部控制制度是否存在和有效。

(2) 现金收支业务是否完整地入账,有无遗漏。

(3) 记录在账的现金是否确实存在,有无挪用现象,是否属于被审计单位所有。

(4) 现金的会计记录是否正确无误。

(5) 有关现金的计价,如外币汇兑损益的计算等是否正确,有无虚增或虚减现金的可能。

(6) 现金收支业务的发生是否符合有关法律、法规的规定。

(7) 财务报表对现金余额的反映是否恰当。

二、库存现金的实质性程序

库存现金的实质性程序一般包括以下内容。

1. 核对库存现金日记账与总账的余额是否相符

注册会计师测试现金余额的起点,是核对库存现金日记账与总账的余额是否相符。如不相符,应查明原因,并作出适当调整。

2. 实施分析程序

注册会计师应比较现金余额的本期实际数与预算数以及上年度账户余额的差异变动,还应比较有关项目的一些比率(如流动比率、速动比率、现金周转率等)的变动情况。对本期数字与上期实际数或本期预算数的异常差异或显著波动必须进一步追查原因,确定审计重点。

3. 监盘库存现金

通常包括对已收到但未存入银行的现金、零用金、找换金等的盘点。盘点库存现金的时间和人员应视被审计单位的具体情况而定,但必须有出纳员和被审计单位会计主管人员参加,并由注册会计师进行监盘。盘点和监盘库存现金的步骤和方法主要有:①制定或查验库存现金盘点程序,监盘时实施突击性的检查,时间最好选择在上午上班前或下午下班时进行,盘点或监盘的范围一般包括企业各部门经管的现金。在进行现金盘点前,应由出纳员将现金集中起来存入保险柜。必要时可加以封存,然后由出纳员把已办妥现金支付手续的收付款凭证登入库存现金日记账。如果企业库存现金存放部门有两处或两处以上的,应同时进行盘点。②审阅库存现金日记账并同时与现金收付凭证相核对。一方面检查日记账的记录与凭证的内容和金额是否相符;另一方面了解凭证日期与日记账日期是否相符或接近。③由出纳员根据库存现金日记账加计累计数额,结出现金结余额。④盘点保险柜的现金实存数,同时编制"库存现金盘点表",分币种、面值列示盘点金额。⑤资产负债表日后进行盘点时,应调整至资产负债表日的金额。⑥将盘点金额与库存现金日记账余额进行核对,如有差异,应查明原因,并作出记录或适当调整。⑦若有冲抵库存现金的借条、未提现支票、未作报销的原始凭证、应在"库存现金盘点表"中注明或作出必要的调整。

案例 11-3

背景与情境:ABC 会计师事务所派出审计小组对 R 公司 2023 年度会计报表进行审计。注册会计师 A 负责审计货币资金项目。R 公司在公司总部大楼和营业部各有一出纳部门。为顺利实施库存现金监盘程序,注册会计师 A 在监盘日的前一天通知该公司财务负责人,要求其告知出纳做好相应准备。考虑到出纳每天上午上班后要去银行办理有关业务,监盘时间分别安排在上午 10 点和 11 点进行。次日 10 时,注册会计师 A 来到总部大楼出纳部,先由出纳将现金全部放入保险柜,然后将全部凭证入账,结出当时现金日记账余额,然后注册会计师 A 在出纳在场的情况下清点现金,并作出记录。清点后,出纳填"库存现金盘点表"。该表经出纳和注册会计师 A 共同签字后,由注册会计师 A 收回作为工作底稿,并将其与现金日记账核对。11 点后,注册会计师 A 来到营业部出纳部门实施监盘,程序同上。

问题:注册会计师 A 在监盘过程中有何不当之处?

分析提示:

注册会计师 A 在监盘过程中的不当之处有:

(1) 监盘现金应采用突击形式,不应事先通知被审计单位。
(2) 监盘时间应安排在上班或下班的时候,不应在上午 10 点左右。
(3) 两地的现金应同时监盘。
(4) 盘点现金时财务负责人必须参加。
(5) 注册会计师应亲自编制现金监盘表。
(6) 现金监盘表上应该有出纳、被审计单位财务负责人和注册会计师的签字。

案例 11-4

背景与情境:2023 年 3 月 11 日下午 4 点 30 分,审计人员参加对华光工厂库存现金的清查盘点工作。清查结果如下:

(1) 实点库存现金(人民币)结存数:100 元币 120 张,40 元币 80 张,10 元币 220 张,4 元币 84 张,2 元币 174 张,1 元币 220 张,4 角币 40 张,2 角币 20 张,1 角币 41 张,4 分币 32 张,2 分币 14 张,1 分币 8 张。

(2) 查明现金日记账截至 2023 年 3 月 10 日的账面余额为 21 679.24 元。

(3) 查出已经办理收款手续尚未入账的收款凭证(191 号至 202 号)金额合计为 4 372.31 元。

(4) 查出已经办理付款手续尚未入账的付款凭证(203 号至 211 号)金额合计为

第十一章　货币资金审计

4 126.14 元。

(5) 发现现金日记账中夹有下列借据,共计 2 460 元:职工刘红借学费 240 元,职工王敏借学费 110 元,许要华借药费 1 000 元,万广华借药费 1 200 元。

(6) 发现保险柜中有 2023 年 3 月 1 日收到销售产品的转账支票一张,计价 7 400 元。

(7) 发现保险柜中有待领工资 214 元,单独包封。

(8) 银行核定库存现金限额 10 000 元。

问题:指出该公司现金管理中存在的主要问题,并提出审计意见。

分析提示:

1) 该公司现金管理中存在以下主要问题

(1) 白条借据抵库。出纳员擅自以白条方式借给 3 名职工现金,共计 2 460 元,抵充库存入账。

(2) 账款不符。盘点日止账面应存额为 21 924.41 元,而实际盘存库存现金仅为 19 226.06 元,其中除出纳员擅自以白条借据 2 460 元抵充库存外,尚短缺 139.34 元,出纳员提不出任何理由。

(3) 银行核定该厂库存现金限额为 10 000 元,而实际库存超过限额 9 226.06 元。

(4) 出纳员工作拖拉,未及时登记现金日记账。

(5) 收入销货款的转账支票未及时送存银行,已超过支票有效期,该笔货款将被对方开户银行拒付。

2) 针对上述问题,提出以下审计意见

(1) 白条抵库的现金 2 460 元,如经有关人员正式审批,应作其他应收款入账处理,或限期归还或敦促报销。

(2) 出纳员短缺现金 139.34 元,应在进一步查明原因后,按有关规定追究其责任,作出处理。

(3) 今后应坚持按银行核定限额存放库存现金。

(4) 出纳员今后应坚持做到及时登账,日清日结。

(5) 应及时与购货单位联系,收回 7 400 元销货款。

4. 抽查大额库存现金收支

注册会计师应抽查大额现金收支的原始凭证内容是否完整,有无授权批准,并核对相关账户的进账情况,如有与被审计单位生产经营业务无关的收支事项,应查明原因,并作相应的记录。

5. 检查库存现金收支的正确截止

被审计单位资产负债表的货币资金项目中的库存现金数额,应以结账日实有数额为准。因此,注册会计师必须验证现金收支的截止日期。通常,注册会计师可考虑对结账日前后一段时期内现金收支凭证进行审计,以确定是否存在跨期事项,是否应考虑提出调整建议。

6. 检查外币现金的折算是否正确

对于有外币现金收支业务的被审计单位,注册会计师应审查被审计单位对外币现金的收支是否按规定的汇率折合为记账本位币金额;外币现金的期末余额是否按期末市场汇率折合为记账本位币;外币折合额是否按规定计入有关账户;折算及处理是否与上年度一致。

7. 检查库存现金是否在资产负债表上恰当披露

根据有关规定,库存现金在资产负债表的"货币资金"项目中反映。注册会计师应在实施上述审计程序后,确定"库存现金"账户的期末余额是否恰当,进而确定库存现金是否在资产负债表上恰当披露。

第四节 银行存款审计

一、银行存款的审计目标

银行存款是指企业存放在银行或其他金融机构的各种款项。按照国家有关规定,凡是独立核算的企业都必须在当地银行开设账户。企业在银行开设账户以后,除按核定的限额保留库存现金外,超过限额的现金必须存入银行;除了在规定的范围内可以用现金直接支付的款项外,在经营过程中所发生的一切货币收支业务,都必须通过银行存款账户进行结算。

银行存款的审计目标一般包括:

(1) 确定被审计单位资产负债表中的银行存款在资产负债表日是否确实存在,是否为被审计单位所拥有。

(2) 确定被审计单位在特定期间内发生的银行存款收支业务是否均已记录完毕,有无遗漏。

(3) 确定银行存款的余额是否正确。

(4) 确定银行存款在财务报表上的披露是否恰当。

二、银行存款的实质性程序

银行存款的实质性程序一般包括以下内容。

1. 核对银行存款日记账与总账的余额是否相符

注册会计师测试银行存款余额的起点,是核对银行存款日记账与总账的余额是否相符。如果不相符,应查明原因,并考虑是否应建议作出适当调整。

2. 实施分析程序

计算定期存款占银行存款的比例,了解被审计单位是否存在高息资金拆借。如存在高息资金拆借,应进一步分析拆出资金的安全性,检查高额利差的入账情况;计算存放于非银行金融机构的存款占银行存款的比例,分析这些资金的安全性。

3. 取得并检查银行存款余额调节表

检查银行存款余额调节表是证实资产负债表中所列银行存款是否存在的重要程序。取得银行存款余额调节表后,注册会计师应检查调节表中未达账项的真实性,以及资产负债表日后的进账情况,如果查明存在应于资产负债表日之前进账的,应作出记录并提出适当的调整建议。其程序一般包括:①验算调节表的数字计算。②对于金额较大的未提现支票、可提现的未提现支票以及注册会计师认为重要的未提现支票,列示未提现支票清单,注明开票日期和收票人姓名或单位。③追查截止日期银行对账单上的在途存款,并在银行账户调节表上注明存款日期。④检查截止日仍未提现的大额支票和其他已签发1个月以上的未提现支票。⑤追查截止日期银行对账单已收、企业未收的款项性质及款项来源。⑥核对银行存款总账余额、银行对账单加总金额。

 案例11-5

背景与情境:注册会计师张雷在审查甲厂2022年10月银行存款余额调节表时,发现一笔未达账项:银行已收,企业未收的存款利息800元,11月银行存款日记账中没有此项记录。查询11月对账单,发现用现金支票提取现金800元,日记账未记载,查明贪污利息属实。张雷在对银行存款项目实施审计程序时还发现:

(1)审核银行存款余额调节表时,发现未达账项"银行已收企业未收"中1 200万元;"银行已付企业未付"中1 400万元;"企业已收银行未收"中1 300万元;"企业已付银行未付"中1 400万元的发生时间在3~4年之间。

(2)追查审阅"银行对账单"时,发现银行对账单其中有2份的户名分别为A单位和B单位。经询问被审计单位有关人员,据称为回避银行扣款,而将款项以A、B两单位的名义开立账户记载收支事项。

(3)审阅不同存款账户明细账时,发现A银行账户中银行存款为负数。

问题:张雷应当作出怎样的审计判断和处理?
分析提示:

(1)由于会计处理时间差异和其他一些原因,企业银行存款的账面余额在某一时点和银行存款余额互有未达账项,应当说是普遍存在的现象。但根据"权责发生制"原则、"及时性"原则和"匹配性"原则,银行未达账项多且账龄长,肯定会对企业的财务状况和经营成果产生重大影响,还可能存在应处理的或有损失。因此,张雷在查证未达账项的性质和款项来源后,要提请被审计单位对未达账项特别是时间较长的事项及时清理,查明原因进行会计处理,调整会计报表有关项目。如果甲厂不采取适当的措施,张雷应当在审计工作底稿和审计报告中作出充分披露。

(2)从法律角度讲,既然银行账号的户名分别为A、B单位,因此,就不能确认被审计单位具有其所有权,所提供的银行对账单也不能作为确认银行存款的合法证据。张雷应要求被审计单位调整被审计会计报表项目数额,还要对此处理方法提出纠正建议。

(3)银行存款项目明细账户出现负数,从会计核算角度看是一种非正常现象。根据职业判断其原因可能有串户事项或收入事项的凭证未进行会计处理。对此,张雷应根据银行对账单查明原因,提请被审计单位进行适当会计处理。如果被审计单位拒绝调整意见,张雷应当判断其对审计报告的影响程度,予以适当处理。

4.函证银行存款余额

银行存款函证是指注册会计师在执行审计业务过程中,需要以被审计单位名义向有关单位发函询证,以验证被审计单位的银行存款是否真实、合理、完整。函证银行存款余额是证实资产负债表所列银行存款是否存在的重要程序。通过向往来银行函证,注册会计师不仅可了解企业资产的存在,还可了解企业账面反映所欠银行债务的情况,并有助于发现企业未入账的银行借款和未披露的或有负债。

注册会计师应向被审计单位在本年存过款(含外埠存款、银行汇票存款、银行本票存款、信用卡存款、信用证保证金存款)的所有银行发函,其中包括企业存款账户已结清的银行(因为有可能存款账户已结清,但仍有银行借款或其他负债存在)。并且,虽然注册会计师已直接从某一银行取得了银行对账单和所有已付支票,但仍应向这一银行进行函证。

5. 检查银行存单

编制银行存单检查表,检查是否与账面记录金额一致、是否被质押或限制使用、存单是否为被审计单位拥有。

(1) 对已质押的定期存款,应检查定期存单复印件,并与相应的质押合同核对,同时关注定期存单对应的质押借款有无入账。

(2) 对未质押的定期存款,应检查开户证明书原件。

(3) 对审计外勤工作结束日前已提取的定期存款,应核对相应的兑付凭证、银行对账单和定期存款复印件。

6. 检查银行存款账户存款人是否为被审计单位

如果存款人非被审计单位,应获取该账户户主和被审计单位的书面声明,确认资产负债表日是否需要调整。

7. 关注是否有对变现有限制或存放在境外的款项

如果存在,是否已作必要调整和披露。对不符合现金及现金等价物条件的银行存款在审计工作底稿中予以列明,以考虑对现金流量表的影响。

8. 抽查大额银行存款的收支

注册会计师应抽查大额银行存款(含外埠存款、银行汇票存款、银行本票存款、信用证存款)收支的原始凭证内容是否完整,有无授权批准,并核对相关账户的进账情况。如有与被审计单位生产经营业务无关的收支事项,应查明原因并作相应的记录。

9. 审核银行存款收支的正确截止

企业资产负债表上银行存款数字应包括当年最后一天收到的所有存放于银行的款项,而不得包括其后收到的款项;同样,企业年终前开出的支票不得在年后入账。因此,注册会计师应当在清点支票及支票存根时,确定各银行账户最后一张支票的号码,同时查实该号码之前的所有支票均已开出,以确保银行存款收付的正确截止。

10. 审核外币银行存款的折算是否正确

对于有外币银行存款收支业务的被审计单位,注册会计师应审查被审计单位对外币银行存款的收支是否按规定的汇率折合为记账本位币金额;外币银行存款的期末余额是否按期末市场汇率折合为记账本位币;外币折算额是否按规定计入有关账户;折算及处理是否与上年度一致。

11. 检查银行存款的列报是否恰当

根据有关规定,企业的银行存款在资产负债表的"货币资金"项目中反映,所以,注册会计师应在实施上述审计程序后,确定银行存款账户的期末余额是否恰当,进而确定银行存款是否在资产债表上恰当披露。

案例 11-6

背景与情境：注册会计师乙在对 P 公司 2022 年度会计报表进行审计时，对 P 公司的银行存款实施的部分审计程序为：取得 2022 年 12 月 31 银行存款余额调节表；向开户银行寄发银行询证函，并直接收取寄回的询证函回函；取得开户银行 2023 年 1 月 31 日的银行对账单。

问题：

（1）注册会计师乙向开户银行询证的作用有哪些？

（2）注册会计师乙应采取什么方式才能直接收回开户银行的询证函回函？目的是什么？

（3）注册会计师乙在取得银行存款余额调节表后，应检查哪些内容？

（4）注册会计师乙索取开户银行 2023 年 1 月 31 日的银行对账单，能证实 2022 年 12 月 31 日银行存款余额调节表的哪些内容？

分析提示：

（1）注册会计师乙通过向开户银行函证，不仅可以查明 P 公司银行存款、借款的存在，而且还可发现企业未登记入账的银行存款、借款。

（2）在询证函内指明回函请直接寄往注册会计师乙所在的会计师事务所，或在询证函内附上贴足邮票的以注册会计师乙所在的会计师事务所为回函地址的信封。注册会计师乙直接收回开户银行询证函的目的是防止 P 公司截留或更改回函。

（3）注册会计师乙应检查银行存款余额调节表中未达账项的真实性，以及资产负债表日后的入账情况。

（4）注册会计师乙索取开户银行 2023 年 1 月 31 日的银行对账单，可以证实列示在银行存款余额调节表上的在途存款和未兑现支票的真实性。

第五节　其他货币资金审计

一、其他货币资金的审计目标

其他货币资金包括企业到外地进行临时或零星采购而汇往采购地银行开立采购专户的款项所形成的外埠存款、企业为取得银行汇票按照规定存入银行的款项所形成的银行汇票存款、企业为取得银行本票按照规定存入银行的款项而形成的银行本票存款、信用卡存款和信用证保证金存款等。

其他货币资金的审计目标一般包括：

（1）确定被审计单位资产负债表中的其他货币资金在财务报表日是否确定存在，是否为被审计单位所拥有或控制。

（2）确定被审计单位在特定期间内发生的其他货币资金收支业务是否均已记录完毕，有无遗漏。

（3）确定其他货币资金的余额是否正确。

（4）确定其他货币资金是否已按照企业会计准则的规定在财务报表中作出恰当列报。

二、其他货币资金的实质性程序

其他货币资金的实质性程序一般包括以下内容：

（1）获取或编制其他货币资金明细表。复核银行汇票存款、银行本票存款、信用卡存款、信用证保证金存款、存出投资款、外埠存款等加计是否正确，并与总账数和日记账明细账合计数核对是否相符；检查非记账本位币其他货币资金的折算汇率及折算是否正确。

（2）取得并检查其他货币资金余额调节表。

（3）函证其他货币资金期末余额，编制函证结果汇总表，检查银行回函。

（4）检查其他货币资金存款账户存款人是否为被审计单位。如果存款人非被审计单位，应获取该账户户主和被审计单位的书面声明，确认资产负债表日是否需要调整。

（5）关注是否有质押、冻结等对变现有限制或存放在境外，或有潜在回收风险的款项。

（6）验证其他货币资金的截止日期，如有跨期收支事项，考虑是否应提出调整建议。

（7）抽查大额其他货币资金的收付记录。检查原始凭证是否齐全、记账凭证与原始凭证是否相符、账务处理是否正确、是否记录于恰当的会计期间等内容。

（8）对不符合现金及现金等价物条件的其他货币资金在审计工作底稿中予以列明，以考虑对现金流量表的影响。

（9）检查其他货币资金的列报是否恰当。

课 堂 测 试

班级_____ 姓名_____ 学号_____ 日期_____ 分数_____

一、单项选择题(每题 5 分,共计 50 分)

1. 下列针对现金管理业务活动涉及的内部控制的说法中,恰当的是(　　)。
   A. 出纳员每日对库存现金自行盘点,编制现金报表,计算当日现金收入、支出及结余额,并将结余额与实际库存额进行核对,如有差异及时查明原因
   B. 会计主管定期检查现金日报表
   C. 每月末,会计主管指定出纳员对现金进行盘点,编制库存现金盘点表,将盘点金额与现金日记账余额进行核对
   D. 会计主管复核库存现金盘点表,如果盘点金额与现金日记账余额存在差异,会计主管需按盘点金额进行调整

2. 下列针对银行存款管理业务活动涉及的内部控制的说法中,不恰当的是(　　)。
   A. 企业的银行账户的开立、变更或注销须经财务经理审核,报总经理审批
   B. 每月末,会计主管指定出纳员核对银行存款日记账和银行对账单,编制银行存款余额调节表,使银行存款账面余额与银行对账单调节相符
   C. 出纳员登记银行票据的购买、领用、背书转让及注销等事项
   D. 企业的财务专用章由财务经理保管,办理相关业务中使用的个人名章由出纳员保管

3. 下列各项中,企业出纳可以兼任的工作是(　　)。
   A. 登记营业收入明细账　　　　　B. 登记固定资产明细账
   C. 登记预付账款明细账　　　　　D. 会计档案保管

4. 下列各项中,在监盘库存现金时无须参加的人员是(　　)。
   A. 会计主管　　B. 注册会计师　　C. 现金出纳员　　D. 总经理

5. 下列有关货币资金的内部控制中,不存在设计缺陷的是(　　)。
   A. 出纳负责收入、支出、费用、债权债务账目的登记工作
   B. 财务部门收到经审批人审批签字的相关凭证或证明后,可以直接交由出纳人员办理支付手续
   C. 因特殊情况需坐支现金的,应事先报经开户银行审查批准
   D. 对于重要的货币资金支付业务,应由财务负责人总体把控,防范贪污、侵占、挪用货币资金等行为

6. 注册会计师在对被审计单位实施风险评估程序时发现存在未经授权的人员接触现金的情况,在评估重大错报风险时,首先应将货币资金的(　　)认定确定为重点审计领域。
   A. 存在　　　　　　　　　　　　B. 完整性

C. 准确性、计价和分摊　　　　　　D. 权利和义务

7. 下列各项中,属于注册会计师库存现金监盘的范围的是(　　)。
   A. 被审计单位各部门经管的所有现金
   B. 仅集团总部现金
   C. 仅经营分部现金
   D. 仅财务部现金,不包括其他部门备用金

8. 下列各项中,不属于注册会计师对库存现金实施的实质性程序的是(　　)。
   A. 核对库存现金日记账与总账的金额是否相符,检查非记账本位币库存现金的折算汇率及折算金额是否正确
   B. 监盘库存现金
   C. 检查库存现金是否在财务报表中作出恰当列报
   D. 检查库存现金付款的审批和复核是否持续运行

9. 下列有关监盘库存现金的说法中,不恰当的是(　　)。
   A. 注册会计师可能基于风险评估的结果判断无须对现金盘点实施控制测试,仅实施实质性程序
   B. 对库存现金的监盘最好实施突击性的检查,时间最好选择在上午上班后或下午下班前
   C. 监盘范围一般包括被审计单位各部门经管的所有现金
   D. 在非资产负债表日进行监盘时,应将监盘金额调整至资产负债表日的金额,并对变动情况实施程序

10. 如果注册会计师要证实被审计单位在临近2023年12月31日签发的支票是否已登记入账,最有效的审计程序是(　　)。
    A. 函证2023年12月31日的银行存款余额
    B. 检查2023年12月31日的银行对账单
    C. 检查2023年12月31日的银行存款余额调节表
    D. 检查2023年12月31日的支票存根和银行存款日记账

二、多项选择题(每题10分,共计50分)

1. 下列有关函证银行存款目的的说法中,正确的有(　　)。
   A. 证实银行存款的金额是否正确
   B. 证实是否存在企业未入账的银行存款
   C. 证实银行存款是否存在
   D. 结合财务费用审计测算利息收入的合理性

2. 当注册会计师需要对银行账户进行核对时,通常考虑选择的账户有(　　)。
   A. 余额较大的银行账户
   B. 发生额较大且收付频繁的银行账户
   C. 零余额或当期注销的银行账户
   D. 募集资金账户

3. 被审计单位编制的2023年12月末银行存款余额调节表显示存在120 000元的未达账项,其中包括被审计单位已付而银行未付的材料采购款100 000元。下列审计程序

中,可能为该材料采购款的真实性提供审计证据的有( )。
A. 检查 2024 年 1 月的银行对账单
B. 检查相关的采购合同、供应商销售发票和付款审批手续
C. 就 2023 年 12 月末银行存款余额向银行寄发询证函
D. 向相关的原材料供应商寄发询证函

4. 通常情况下,应当函证的银行存款账户包括( )。
A. 零余额账户　　　　　　　　B. 本期内新增的投资款专户
C. 本期内注销的账户　　　　　D. 外地临时采购专户

5. 下列程序中属于企业办理货币资金支付业务的规定程序的( )。
A. 支付申请　　　　　　　　　B. 支付审批
C. 支付复核　　　　　　　　　D. 办理支付

第十二章

舞 弊 审 计

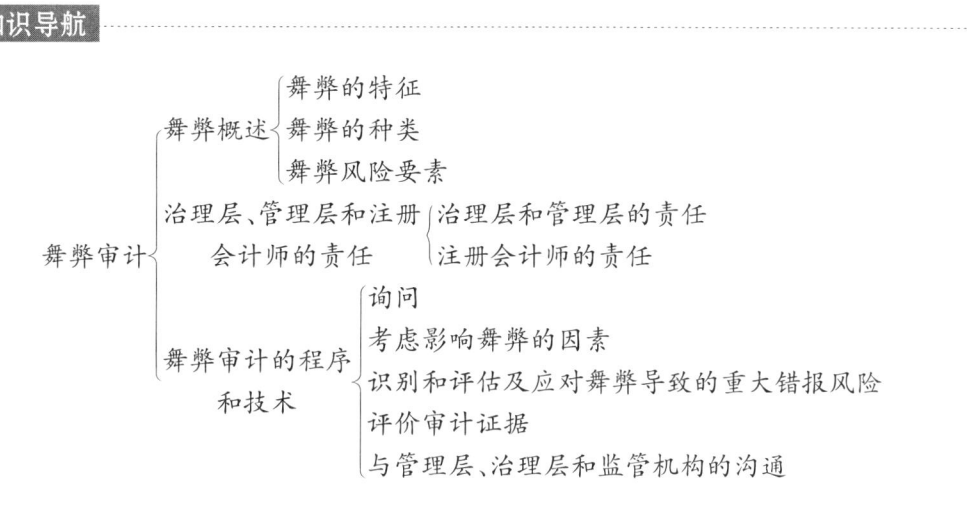

学习目标

1. 掌握舞弊审计的特征、种类及风险要素。
2. 掌握舞弊审计的责任划分。
3. 熟悉舞弊审计的相关认知活动。

由舞弊引发的审计失败——粤海铁路公司舞弊案

有关专家通过对近年来国内外典型案件的分析发现,最大的审计风险来源于被审计单位的经营失败,而经营失败往往导致管理层舞弊,由此导致审计失败。

粤海铁路从广东湛江直至海南叉河,是我国第一条跨海铁路,总投资 45 亿元。2003 年 1 月,粤海铁路开通,结束了海南省不通火车的历史。

粤海铁路有限责任公司(以下简称粤海铁路公司)由中华人民共和国铁道部、广东省政府、海南省政府三方合资组建,上述各方分别授权广州铁路(集团)公司、广东省铁路集团有限责任公司、海南省国际信托投资公司为产权代表。

审计人员发现,7 个实体经营的业务清一色是粤海铁路建设项目。这些实体并不具备承揽工程建设或购买工程物资的资质和能力,仅充当中间商、二传手,其运作不过是过一下手从中吃一道差价,套取铁路建设资金罢了。

经审计组查明,截至2000年年底,7个实体中的6个从粤海铁路公司自管基建项目中,套取建设资金6 348.8万元,形成毛利收入。其中,以甲方供料名义取得材料差价或管理费收入4 961.4万元;所办实体(无资质承包)通过转包取得差价或管理费收入765.2万元;职工技术协会和技术服务中心以提供技术咨询名义取得收入622.2万元。

历经3个月艰苦的审计取证,粤海铁路资金流失的真相暴露无遗。粤海铁路公司在项目建设期间挪用建设资金违规兴办实体,并利用所办实体在工程建设中套取项目建设资金,将建设资金以合法的形式切出一块,作为粤海铁路公司发放职工奖金以及福利支出的重要来源,违反了国家关于国债资金和项目资本金的使用规定,以及国家关于重点工程项目建设管理的有关规定。

思考:
1. 上述案例的发生究竟是谁的责任?
2. 注册会计师该如何应对?

第一节　舞弊概述

按照《中国注册会计师审计准则第1101号——注册会计师的总体目标和审计工作的基本要求》的规定,注册会计师应当在整个审计过程中保持职业怀疑,认识到存在由于舞弊导致的重大错报的可能性,而不应受到以前对管理层、治理层正直和诚信形成的判断的影响。

一、舞弊的特征

舞弊是指被审计单位的管理层、治理层、员工或第三方使用欺骗手段获取不当或非法利益的故意行为。舞弊行为主体的范围很广,可能是被审计单位的管理层、治理层、员工或第三方。涉及管理层或治理层一个或多个成员的舞弊通常被称为"管理层舞弊",只涉及被审计单位员工的舞弊通常被称为"员工舞弊"。无论是何种舞弊,都有可能涉及被审计单位内部或与外部第三方的串谋,而舞弊行为的目的则是为特定个人或利益集团获取不当或非法利益。

舞弊是一个非常宽泛的法律概念。也正是由于这种特点,使得社会公众对有关舞弊的法律责任在认识上存在较大差异。例如,有观点认为注册会计师在执行财务报表审计业务过程中,应当有责任同时查出并报告被审计单位存在的各种舞弊行为(即使是那些对财务报表没有影响的舞弊行为)。但一方面,当舞弊行为对财务报表不产生重大影响时,注册会计师用以识别和应对财务报表重大错报风险的审计程序可能无法涉及这些行为。另一方面,注册会计师也不具备合适的资格和身份对舞弊是否已经发生作出法律意义上的判定。所以注册会计师对潜在的舞弊行为的着眼点在于,这种故意行为是否可能导致财务报表出现重大错报,一旦可能影响到财务报表,这种行为就和财务报表审计目标发生了关联。由此,在财务报表审计中,注册会计师关注的是导致财务报表发生重大错报的舞弊。

舞弊与错误是两个相对应的概念。错误是指导致财务报表错报的非故意的行为。这两个概念针对的都是被审计单位相关方面（如管理层、员工）的行为，这些行为最终都可能导致财务报表出现错报。换言之，舞弊、错误等是原因，错报是结果。区分舞弊和错误的标准是：导致错报的行为是否出于故意。

二、舞弊的种类

在财务报表审计中，注册会计师通常只关注下列两类舞弊行为：一是对财务信息作出虚假报告。二是侵占资产。这两类行为都可能导致财务报表发生错报，且都属于故意错报。

（一）对财务信息作出虚假报告

对财务信息作出虚假报告的可能缘由，是管理层希望误导财务报表使用者对被审计单位业绩或盈利能力的判断。之所以会发生这种行为，是因为管理层需要履行受托资产保值增值的经管责任，而财务业绩（特别是盈利能力）往往被视为受托经管责任履行情况的替代指标。

（1）对财务信息作出虚假报告的动机主要包括：迎合市场预期或特定监管要求；牟取以财务业绩为基础的私人报酬最大化；偷逃或骗取税款；骗取外部资金；掩盖侵占资产的事实。

（2）管理层可能通过以下方式编制虚假财务报告：对财务报表所依据的会计记录或相关文件记录的操纵、伪造或篡改；对交易、事项或其他重要信息在财务报表中的不真实表达或故意遗漏；对与确认、计量、分类或列报等有关的会计政策和会计估计的故意误用。

（二）侵占资产

侵占资产是指被审计单位的管理层或员工非法占用被审计单位的资产。侵占资产的手段很多，主要包括：

（1）贪污收入款项。例如，侵占收回的货款、将汇入已注销账户的收款转移至个人银行账户。

（2）盗取货币资金、实物资产或无形资产。例如，窃取存货自用或售卖、通过向公司竞争者泄露技术资料以获取回报。

（3）使被审计单位对虚构的商品或劳务付款。例如，向虚构的供应商支付款项、收受供应商提供的回扣并提高采购价格、虚构员工名单并支取工资。

（4）将被审计单位资产挪为私用。例如，将公司资产作为个人贷款或关联方贷款的抵押。

实际上，侵占资产通常伴随着虚假或误导性的文件记录，其目的是隐瞒资产缺失或未经适当授权使用资产的事实。

三、舞弊风险要素

舞弊行为的发生可与以下要素密切相关。

（一）实施舞弊的动机或压力

这是舞弊发生的首要条件。例如，侵吞、挪用资产的动机可能是个人生活的入不敷出,或是为了满足对奢华物质生活的贪欲;对财务信息作出虚假报告,可能是因为管理层出于被审计单位外部或内部实现特定利润目标(有可能是不切实际的目标)的压力,特别是当没有实现特定的财务目标将会对管理层产生重大不利后果(如影响到管理层个人的经济利益或职务升迁)时。

(二)实施舞弊的机会

舞弊的发生往往说明存在着舞弊者得以实施舞弊行为的机会。例如,如果内部控制可以被处于关键管理职位或熟知内部控制的某个薄弱环节的人员所凌驾或规避,那么就存在着对财务信息作出虚假报告或挪用资产的机会。

(三)舞弊者为舞弊行为寻找的借口

舞弊者可能会为舞弊行为寻求貌似合理的借口,以求得内心的平衡或解脱。例如,当某人侵占资产时,其内心可能认为其所在的组织未能向其提供应有的待遇或补偿。这些貌似合理的借口,往往与舞弊者特定的性格特征和价值取向有关。

需要注意的是,存在舞弊风险要素并不必然表明发生了舞弊,但在舞弊发生时通常存在舞弊风险因素。因此,舞弊风险因素可能表明存在由于舞弊导致的重大错报风险。

第二节 治理层、管理层和注册会计师的责任

一、治理层和管理层的责任

《中国注册会计师审计准则第1141号——财务报表审计中与舞弊相关的责任》规定,被审计单位治理层和管理层对防止或发现舞弊负有主要责任。虽然审计准则并不规范注册会计师以外主体的行为,但在准则中明确治理层和管理层的这种责任,反映了注册会计师行业在这个问题上的态度和立场,具有积极的沟通作用。

内部控制是防止或发现舞弊的第一道防线,治理层有责任监督管理层建立和维护这方面的内部控制。在防止或发现舞弊的责任方中,治理层发挥的是一种监督职责,即监督管理层建立和维护内部控制。治理层积极的监督有助于保证管理层在树立诚信文化方面的受托责任。在行使治理职能时,治理层有责任考虑管理层凌驾于控制之上或对财务报告过程产生其他不当影响的可能性。例如,管理层试图操纵利润以误导财务报表使用者对被审计单位财务业绩产生的看法。

管理层有责任在治理层的监督下建立良好的控制环境,维护有关控制政策和程序,以实现经营有效性目标、财务报告可靠性目标和遵守法律法规目标。从财务报表及其审计的角度看,管理层的责任包括制定和维护与财务报告可靠性相关的控制,并对可能导致财务报表发生重大错报的风险实施管理。

美国注册会计师协会和其他几个职业会计团体一起,出版了《管理层反舞弊方案和控制:防范和发现舞弊指南》(以下简称《指南》)。《指南》认为以下三个方面的行动有助于防范舞弊的发生:一是营造和保持讲诚信和讲道德的文化;二是评估舞弊风险并实施方案和控制化解风险;三是建立适当的舞弊监督程序,如由审计委员会监督内部控制和财务报告。

案例 12-1

背景与情境：D 注册会计师负责对上市公司丁公司 2023 年度财务报表进行审计。2023 年，丁公司管理层通过与银行串通编造虚假的银行进账单和银行对账单，虚构了一笔大额营业收入。D 注册会计师实施了向银行函证等必要审计程序后，认为丁公司 2023 年度财务报告不存在重大错报，出具了无保留意见审计报告。

在丁公司 2023 年度已审计财务报告表公布后，股民甲购入了丁公司股票。随后，丁公司财务舞弊案件曝光，并受到证券监管部门的处罚，其股票价格大幅下跌。为此，股民甲向法院起诉 D 注册会计师，要求其赔偿损失。D 注册会计师以其与股民甲未构成合约关系为由，要求免于承担民事责任。

问题：在此舞弊案件中 D 注册会计师是否需要承担法律责任？注册会计师所提出的免责理由是否正确？

分析提示：本案例属于管理层串通舞弊，被审计单位管理层负主要责任。而注册会计师是否需要承担责任，要看其是否按照执业准则要求执行了审计工作。首先，D 注册会计师提出的免责理由是不正确的，会计师事务所因在审计业务活动中对外出具不实报告给利害关系人造成损失的，应当承担侵权赔偿责任，能够证明自己没有过错的除外。不能以没有与利害关系人建立合约关系为由要求免于承担民事责任。其次，当会计师事务所处于下列情形下可以免于承担民事责任：①已经遵守执业准则、规则确定的工作程序并保持必要的职业谨慎，但仍未能发现被审计的会计资料错误。②审计业务所必须依赖的金融机构等单位提供虚假或者不实的证明文件，会计师事务所在保持必要的职业谨慎下仍未能发现其虚假或者不实。③已对被审计单位的舞弊迹象提出警告并在审计业务报告中予以指明。

二、注册会计师的责任

尽管注册会计师在发现舞弊方面有很大的局限性，但是从总的趋势来看，注册会计师行业应当更积极地承担发现舞弊的责任。注册会计师对发现舞弊的责任可以从以下两个方面界定：

（1）注册会计师有责任按照中国注册会计师审计准则的规定实施审计工作，获取财务报表在整体上不存在重大错报的合理保证，无论该错报是由于舞弊还是错误导致。由于审计的固有限制，即使注册会计师按照审计准则的规定恰当计划和执行了审计工作，也不可避免地存在财务报表中的某些重大错报未被发现的风险。

（2）注册会计师应当在整个审计过程中保持职业怀疑态度，考虑管理层凌驾于控制之上的可能性，并应当意识到，可以有效发现错误的审计程序未必适用于发现舞弊导致的重大错报。由于管理层往往能够直接或间接地操纵会计记录并编报虚假财务信息，管理层舞弊导致的重大错报未被发现的风险，通常大于员工舞弊导致的重大错报未被发现的风险。

影响注册会计师发现舞弊导致的重大错报的因素主要包括：①舞弊者的狡诈程度。舞弊者越狡诈，实施的舞弊行为可能越隐蔽，注册会计师也就越难以发现。②串通舞弊的程度。串谋可能导致原本虚假的审计证据被注册会计师误认为是具有说服力的,因此,如果舞弊涉及串谋,舞弊导致的重大错报更难以发现(相对于没有涉及串谋的情形而言)。这种难度还随着串谋的广泛程度和精心程度的增加而加大,即牵涉面越广(或串谋越精心),舞弊导致的重大错报越难以被发现。③舞弊者在被审计单位的职位级别。舞弊者的职位级别越高,注册会计师识别舞弊导致的重大错报所受到的阻力就越大,也就越难以发现舞弊导致的重大错报。④舞弊者操纵会计记录的频率和范围。虽然操纵会计记录的频率和范围的确会影响到注册会计师对舞弊导致的重大错报的识别,但其影响可能不像前几项因素那么直接。例如,舞弊者频繁地操纵会计记录,一种可能是被注册会计师发现的概率增大,但也有可能是舞弊者通过频繁实施舞弊,使其效果更具常态,也就更具隐蔽性和迷惑性。再如,被操纵的会计记录涉及的范围越广(或程度越大),一种可能是被注册会计师发现的概率增大,但也有可能是舞弊者通过对多项会计记录的共同操纵和相互"印证",使注册会计师反而更难以察觉异常情况。又如,对涉及判断(如会计估计)的项目,即使注册会计师可能发现存在着实施舞弊的机会,也往往难以确定有关错报是出于故意还是无意(即无法判定财务信息被操纵的程度)。⑤舞弊者操纵的每笔金额的大小。如果舞弊者将大笔金额的舞弊目标分割为多笔较小金额的错报(并可能伴随频繁、均匀或无规律的舞弊行为特征)。发现舞弊导致重大错报的可能性通常会有所降低。

因此,如果在完成审计工作后发现舞弊导致的财务报表重大错报,特别是串通舞弊或伪造文件记录导致的重大错报,并不必然表明注册会计师没有遵守审计准则。注册会计师是否按照审计准则的规定实施了审计工作,取决于其是否根据具体情况实施了审计程序,是否获取了充分、适当的审计证据,以及是否根据证据评价结果出具了恰当的审计报告。

注册会计师在审计被审计单位时发现其有违反法律法规的行为,可能此类违规行为对决定财务报表中的金额和披露没有直接影响,但其可能影响经营活动。

第三节 舞弊审计的程序和技术

注册会计师在财务报表审计中考虑舞弊时,同样需要采用风险导向审计的总体思路,即:首先识别和评估舞弊风险,然后采取恰当的措施有针对性地予以应对。注册会计师应当实施下列审计程序,以获取用于识别舞弊导致的财务报表重大错报风险所需的信息。

一、询问

1. 询问对象

询问程序对于注册会计师获取信息、评估审计风险十分有用。注册会计师应当询问治理层管理层、内部审计人员和内部其他相关人员,以确定其是否知悉任何舞弊事实、舞弊嫌疑或舞弊指控。其中,内部其他相关人员包括:

(1) 不直接参与财务报告过程的业务人员。
(2) 负责生成、处理或记录复杂、异常交易的人员及其监督人员。
(3) 负责法律事务的人员。

(4) 负责道德事务的人员。

(5) 负责处理舞弊指控的人员。

在询问时,注册会计师应当考虑询问不同级别的人员。

2. 询问内容

注册会计师应该根据不同的询问对象,运用职业判断,确定以下询问内容:

(1) 在了解被审计单位及其环境时,注册会计师应当向管理层询问下列事项:管理层对舞弊导致的财务报表重大错报风险的评估;管理层对舞弊风险的识别和应对过程;管理层就其对舞弊风险的识别和应对过程与治理层沟通的情况;管理层就其经营理念及道德观念与员工沟通的情况。

(2) 如果被审计单位设有内部审计职能,注册会计师应当询问内部审计人员。询问内容主要包括:内部审计人员对被审计单位舞弊风险的认识;内部审计人员在本期是否实施了用以发现舞弊的程序;管理层对通过内部审计程序发现的舞弊是否采取了适当的应对措施;内部审计人员是否了解任何舞弊事实、舞弊嫌疑或舞弊指控。

二、考虑影响舞弊的因素

1. 考虑舞弊风险因素

舞弊风险因素是指注册会计师在了解被审计单位及其环境时识别的、可能表明存在舞弊动机或压力、机会的事项或情况,以及被审计单位对可能存在的舞弊行为的合理化解释。审计准则指出,在了解被审计单位及其环境时,注册会计师应当考虑所获取的信息是否表明存在舞弊风险因素。当然,舞弊风险因素的存在并不一定表明发生了舞弊,但在舞弊发生时通常存在舞弊风险因素。

注册会计师应当运用职业判断,考虑被审计单位的规模、复杂程度、所有权结构及所处行业等,以确定舞弊风险因素的相关性和重要程度。

2. 考虑异常关系或偏离预期的关系

注册会计师实施分析程序有助于识别异常的交易或事项,以及对财务报表和审计产生影响的金额、比率和趋势。在实施分析程序以了解被审计单位及其环境时,注册会计师应当考虑可能表明存在舞弊导致的重大错报风险的异常关系或偏离预期的关系。

在实施分析程序时,注册会计师应当预期可能存在的合理关系,并与被审计单位记录的金额、依据记录金额计算的比率或趋势相比较。如果发现异常关系或偏离预期的关系,出现显著高于同期同行业平均利润率,或者出现缺乏合理基础的大幅度扭亏或过快的利润增长等现象,注册会计师应当在识别舞弊导致的重大错报风险时考虑这些比较结果。

3. 组织项目组讨论

项目组应当讨论由于舞弊导致财务报表发生重大错报的可能性。在整个审计过程中,项目组成员应该持续交换可能影响舞弊导致的重大错报的风险评估及其应对程序的信息。

项目负责人应当参与项目组内部的讨论,并根据职业判断、以往的审计经验以及对被审计单位本期变化情况的了解,确定参与讨论的项目组成员。项目组的关键成员应当参与讨论。如果项目组需要拥有信息技术或其他特殊技能的专家,这些专家也应当参与讨论。项目组讨论的内容通常包括:

(1) 由于舞弊导致财务报表重大错报的可能性、重大错报可能发生的领域及方式。
(2) 在遇到哪些情形时需要考虑存在舞弊的可能性。
(3) 已了解的可能产生舞弊动机或压力、提供舞弊机会、营造舞弊行为合理化环境的外部和内部因素。
(4) 已注意到的对被审计单位舞弊的指控。
(5) 已注意到的管理层或员工在行为或生活方式上出现的异常或无法解释的变化。
(6) 管理层凌驾于控制之上的可能性。
(7) 是否有迹象表明管理层操纵利润,以及采取的可能导致舞弊的操纵利润手段。
(8) 管理层对接触现金或其他易被侵占资产的员工实施监督的情况。
(9) 为应对舞弊导致财务报表重大错报可能性而选择的审计程序,以及各种审计程序的有效性。
(10) 如何使拟实施审计程序的性质、时间安排和范围不易为被审计单位预见。

项目负责人应当在讨论时强调在整个审计过程中对舞弊导致的重大错报风险保持警惕的重要性。

三、识别和评估及应对舞弊导致的重大错报风险

1. 识别和评估舞弊导致的重大错报风险

舞弊导致的重大错报风险属于需要注册会计师特别考虑的重大错报风险,即特别风险。注册会计师实施舞弊风险评估程序的目的在于识别因舞弊导致的重大错报风险。因此,在识别和评估财务报表层次以及各类交易、账户余额及列报认定层次的重大错报风险时,注册会计师应当识别和评估舞弊导致的重大错报风险。

在运用职业判断评估舞弊导致的重大错报风险时,注册会计师应当考虑:
(1) 实施风险评估程序获取的信息,并考虑各类交易、账户余额及列报,以识别舞弊风险。
(2) 将识别的风险与认定层次可能发生错报的领域相联系。
(3) 识别的风险是否重大。
(4) 识别的风险导致财务报表发生重大错报的可能性。

在评估舞弊导致的重大错报风险时,注册会计师应特别关注被审计单位收入确认方面的舞弊风险。COSO(美国反虚假报告委员会下属的发起人委员会)的一份研究报告称,在1987—1997年间提供虚假财务报告的美国公司中,有一半采取的手法是提前确认收入或虚构收入交易。对财务信息作出虚假报告的重大错报通常与多计或少计收入有关。因此,审计准则规定,在识别和评估由于舞弊导致的重大错报风险时,注册会计师应当基于收入确认存在舞弊风险的假定,评价哪些类型的收入、收入交易或认定导致舞弊风险。

注册会计师应当了解管理层为防止或发现舞弊而设计、实施的内部控制,以进一步了解舞弊风险因素及管理层对舞弊风险的态度。因此,对于舞弊导致的重大错报风险,注册会计师应当评价被审计单位相关控制的设计情况,并确定其是否已经得到执行。

2. 应对舞弊导致的重大错报风险

在识别和评估舞弊导致的重大错报风险后,注册会计师需要采取适当的应对措施,以

将审计风险降至可接受的低水平。舞弊导致的重大错报风险属于特别风险,注册会计师应当专门针对该风险实施实质性程序。注册会计师通常从以下三个方面应对此类风险:总体应对措施;针对舞弊导致的认定层次的重大错报风险实施的审计程序;针对管理层凌驾于控制之上的风险实施的程序。

1) 总体应对措施

注册会计师应当针对评估的舞弊导致的财务报表层次重大错报风险,确定下列总体应对措施:

(1) 考虑人员的适当分派和督导。人员的适当分派和督导是应对财务报表层次重大错报风险的有效措施之一。作为项目负责人的注册会计师,应当根据舞弊导致的财务报表层次的重大错报风险的评估结果,分派具备相应知识和技能的人员,或利用专家(如法律专家、计算机专家、鉴定评估专家等)的工作。

(2) 考虑被审计单位采用的会计政策。注册会计师应当考虑被审计单位管理层对重大会计政策(特别是涉及主观计量或复杂交易时)的选择和运用,是否可能表明管理层通过操纵利润对财务信息作出虚假报告。例如,如果发现被审计单位管理层选用的会计政策过于激进,或者不恰当地采用或变更重大会计政策,注册会计师就应当充分考虑这些事项背后的真正原因是不是管理层意图操纵利润,其结果会不会导致财务报表产生重大错报。

(3) 在选择进一步审计程序的性质、时间安排和范围时,应当注意使某些程序不为被审计单位预见或事先了解。由于熟悉常规审计程序的被审计单位内部人员更有能力掩盖其对财务信息作出虚假报告的行为,注册会计师在选择进一步审计程序的性质、时间安排和范围时,应当有意识地避免被这些人员预见或事先了解。注册会计师应当考虑采取下列措施:对通常由于风险程度较低而不会作出测试的账户余额实施实质性程序;调整审计程序的时间,使之有别于预期的时间安排;运用不同的抽样方法;对不同地理位置的多个组成部分实施审计程序;以不预先通知的方式实施审计程序。

2) 针对舞弊导致的认定层次的重大错报风险实施的审计程序

注册会计师应对舞弊导致的认定层次重大错报风险的基本思路,应是通过适当调整或改变拟实施审计程序的性质、时间安排和范围,增强审计程序的效果和审计证据的说服力。

(1) 改变拟实施审计程序的性质,以获取更为可靠、相关的审计证据,或获取其他佐证性信息,包括更加重视实地观察或检查、在实施函证程序时改变常规函证内容、询问被审计单位的非财务人员等。

(2) 改变实质性程序的时间安排,包括在期末或接近期末实施实质性程序,或针对本期较早时间发生的交易事项或贯穿于整个本期的交易事项实施测试。

(3) 改变审计程序的范围,包括扩大样本规模,采用更详细的数据实施分析程序等。

注册会计师针对舞弊导致的认定层次重大错报风险所采取的具体应对措施,取决于已发现的舞弊风险因素类型以及各类具体的交易、账户余额及列报的相关认定。

3) 针对管理层凌驾于控制之上的风险实施的程序

由于管理层在被审计单位的地位较高,管理层凌驾于控制之上的风险在所有被审计单位都会存在,一旦发生也可能会影响到几乎在每个审计项目。对财务信息作出虚假报告通常与管理层凌驾于控制之上有关。

管理层凌驾于控制之上的风险属于特别风险,注册会计师针对该特别风险应当实施的审计程序包括:

(1) 测试日常会计核算过程中作出的会计分录以及为编制财务报表作出的调整分录是否适当。在设计和实施审计程序,以测试日常会计核算过程中作出的会计分录以及为编制财务报表作出的调整分录是否适当时,注册会计师应当采取下列措施:第一,了解被审计单位的财务报告过程,并了解被审计单位对日常会计分录及财务报表编制过程中的调整分录的控制。第二,评价被审计单位对日常会计分录及财务报表编制过程中的调整分录的控制,并确定其是否得到执行。第三,询问被审计单位内部参与财务报告过程的人员是否注意到在编制会计分录或调整分录时存在不恰当或异常活动。第四,确定测试的时间。第五,选择拟测试的会计分录或调整分录。为选择拟测试的会计分录或调整分录确定适当的测试方法。

(2) 复核会计估计是否有失公允,从而可能产生舞弊导致的重大错报。管理层通常通过故意作出不当的会计估计对财务信息作出虚假报告。在复核会计估计是否有失公允,从而可能产生舞弊导致的重大错报时,注册会计师应当采取下列措施:第一,从财务报表整体上考虑管理层作出的某项会计估计是否反映出管理层的某种偏向,是否与注册会计师所获取审计证据表明的最佳估计存在重大差异。第二,复核管理层在以前年度财务报表中作出的重大会计估计及其依据的假设。如果发现管理层作出的会计估计可能有失公允,注册会计师应当评价这是否表明存在舞弊导致的重大错报风险。注册会计师应当考虑管理层在作出会计估计时是否同时高估或低估所有准备,从而使收益在两个或多个会计期间内得以平滑,或达到某特定收益水平。

(3) 对于注意到的、超出正常经营过程或基于对被审计单位及其环境的了解显得异常的重大交易,了解其商业理由的合理性。在了解这些交易的商业理由的合理性时,注册会计师应当考虑下列事项:第一,交易的形式是否过于复杂。第二,管理层是否已与治理层就此类交易的性质和会计处理进行讨论并作出适当记录。第三,管理层是否更强调需要采用某种特定的会计处理方式,而不强调交易的经济实质。第四,对于涉及不纳入合并范围的关联方(包括特殊目的实体)的交易,是否已得到治理层的适当审核与批准。第五,交易是否涉及以往未识别的关联方,或不具备实质性交易基础或独立财务能力的第三方。

四、评价审计证据

财务报表审计是一个不断累积和修正的过程。随着计划的审计程序的实施,注册会计师可能发现获取的信息与评估舞弊导致的重大错报风险所依据的信息存在重大差异。在这种情况下,注册会计师应当考虑修正风险评估结果,并据以修改原计划的其他审计程序的性质、时间安排和范围。也就是说,注册会计师应当根据实施的审计程序和获取的审计证据,评价对认定层次重大错报风险的评估是否仍然适当。如果认为不适当,注册会计师应当考虑实施追加的审计程序或修改审计程序。

1. 考虑审计工作完成阶段实施分析程序的结果对舞弊风险评估的影响

注册会计师应该考虑,在审计工作完成或接近完成阶段实施的分析程序,是否表明存在以往未识别的舞弊导致的重大错报风险。注册会计师应当运用职业判断确定可能表明存在舞弊导致的重大错报风险的趋势或关系,尤其是与期末确认的收入或利润有关的异常趋势或关系。

2. 发现舞弊时对审计的影响

如果发现某项错报,注册会计师应当考虑该项错报是否表明存在舞弊。如果某项错报表明存在舞弊,注册会计师应当考虑该项错报对审计工作其他方面的影响,特别是考虑管理层声明的可靠性。注册会计师不应将审计中发现的舞弊视为孤立发生的事项。注册会计师还应当考虑发现的错报是否表明,在某一特定领域存在舞弊导致的更高的重大错报风险。

如果认为错报是舞弊或可能是舞弊导致的,即使错报金额对财务报表的影响并不重大,注册会计师仍应考虑错报涉及的人员在被审计单位中的职位。如果错报涉及较高级别的管理层,即使错报金额对财务报表的影响并不重大,也可能表明存在更具广泛影响的问题。在这种情况下,注册会计师应当采取下列措施:

(1)重新评估舞弊导致的重大错报风险,并考虑重新评估的结果对审计程序的性质、时间安排和范围的影响;

(2)重新考虑此前获取的审计证据的可靠性,包括管理层声明的完整性和可信性,以及作为审计证据的文件和会计记录的真实性,并考虑管理层与员工或第三方串通舞弊的可能性。

如果认为财务报表存在舞弊导致的重大错报,或虽认为存在舞弊但无法确定其对财务报表的影响,注册会计师均应当考虑该事项对审计的影响。

五、与管理层、治理层和监管机构的沟通

1. 与管理层的沟通

考虑到舞弊的性质和注册会计师在发现舞弊导致的财务报表重大错报的过程中可能遇到的困难,注册会计师应当获取管理层就下列事项作出的书面声明:

(1)设计和执行内部控制以防止或发现舞弊是管理层的责任。

(2)已向注册会计师披露了其对舞弊导致的财务报表重大错报风险的评估结果。

(3)已向注册会计师披露了已知的涉及管理层、在内部控制中承担重要职责的员工以及其舞弊行为可能对财务报表产生重大影响的其他人员的舞弊或舞弊嫌疑。

(4)已向注册会计师披露了从现任和前任员工、分析师、监管机构等方面获知的、影响财务报表的舞弊指控或舞弊嫌疑。

如果发现舞弊或获取的信息表明可能存在舞弊,注册会计师应当尽早将此类事项与适当层次的管理层沟通。注册会计师应当运用职业判断确定拟沟通的适当层次的管理层,并考虑串通舞弊的可能性、舞弊嫌疑的性质和重大程度等因素的影响。通常情况下,拟沟通的管理层应当比涉嫌舞弊人员至少高出一个级别。

2. 与治理层的沟通

如果发现舞弊涉及管理层、在内部控制中承担重要职责的员工以及其舞弊行为可能对财务报表产生重大影响的其他人员,注册会计师应当尽早将此类事项与治理层沟通。

在审计工作的前期,注册会计师应当就审计中可能发现的、不会导致财务报表重大错报的员工舞弊如何进行沟通与治理层达成共识。

如果注意到旨在防止或发现舞弊的内部控制在设计或执行方面存在重大缺陷,注册会计师应当尽早告知适当层次的管理层和治理层。

如果识别出管理层未加控制或控制不当的舞弊导致的重大错报风险,或认为被审计单位的风险评估过程存在重大缺陷,注册会计师应当就此类内部控制缺陷与治理层沟通。

注册会计师应当考虑是否还存在其他需要与治理层讨论的有关舞弊的事项,主要包括:

(1) 注册会计师对管理层实施的财务报表错报风险评估及相关控制评估的性质、范围和频率的疑虑。

(2) 管理层未能恰当应对已发现的内部控制重大缺陷的事实。

(3) 管理层未能恰当应对已发现的舞弊的事实。

(4) 注册会计师对被审计单位控制环境的评价,包括对管理层胜任能力和诚信的疑虑。

(5) 注册会计师注意到的可能表明管理层对财务信息作出虚假报告的行为。

(6) 注册会计师对超出正常经营过程的交易的授权适当性和完整性的疑虑。

3. 与监管机构的沟通

如果在审计过程中对管理层、治理层的诚信产生怀疑,或在审计过程中发现管理层和治理层的重大舞弊,注册会计师应当考虑征询法律意见,以采取适当措施。注册会计师应当根据法律法规的规定,确定是否向监管机构报告管理层和治理层的重大舞弊。如果法律法规或相关职业道德要求规定注册会计师有就管理层和治理层的重大舞弊进行报告的义务,注册会计师应当按法律法规或相关职业道德要求的规定进行报告。

案例 12-2

背景与情境:美国俄亥俄州扬斯敦市的法尔莫公司的资产造假案最终导致了莫纳斯及其公司的破产,同时也使为其提供审计服务的"五大"事务所损失了数百万美元。案件的经过是:自获得第一家药店开始,莫纳斯就梦想着把他的小店发展成一个庞大的药品帝国,其所实施的策略就是"强力购买",即通过提供大比例折扣来销售商品。莫纳斯首先做的就是把实际上并不盈利且未经审计的药店报表拿来,用自己的笔为其加上并不存在的存货和利润。然后凭着自己空谈的天书及一套夸大了的报表,在一年之内骗得了足够的投资用以收购8家药店,奠定了他"小型药品帝国"的基础。这个"帝国"后来发展到了拥有300家连锁店的规模。一时间,莫纳斯成为金融领域的风云人物,他的公司则在扬斯敦市赢得了令人崇拜的地位。一次偶然的机会导致这个精心设计的、至少引起4亿美元损失的财务舞弊事件浮出水面时,莫纳斯和他的公司炮制虚假利润已达十年之久。这些年他和他的几位下属保持了两套账簿,一套用以应付注册会计师的审计,一套反映糟糕的现实。他们先将所有的损失归入一个"水桶账户",然后再将该账户的金额通过虚增存货的方式重新分布到公司的数百家成员药店中。他们仿造购货发票、制造增加存货并减少销售成本的虚假记账凭证、确认购货却不同时确认负债、多计或加倍计算存货的数量。财务部门之所以可以隐瞒存货短缺的状况,是因为注册会计师只对300家药店中的4家进行存货监盘,而且他们会提前数月通知法尔莫公司将检查哪些药店。管理人员随之将那

4家药店堆满实物存货,而把那些虚增的部分分配到其余的296家药店。如果不考虑其会计造假,法尔莫公司实际已濒临破产。在最后一次审计中,其现金已紧缺到供应商因其未能及时支付购货款而威胁取消对其供货的地步。注册会计师们一直未能发现这些舞弊行为而为此付出了昂贵的代价。这项审计失败使会计师事务所在民事诉讼中损失了3亿美元。法尔莫财务总监被判33个月的监禁,莫纳斯本人则被判入狱4年。

问题:注册会计师应如何识别存货舞弊?

分析提示:为何注册会计师们一直未能发现法尔莫公司舞弊的迹象呢?一方面,或许是报纸上关于莫纳斯的文章,以及电视中关于莫纳斯努力奋斗的报道,导致注册会计师大过信任法尔莫公司。另一方面,注册会计师也可能是在错误的假设下执行审计,即认为法尔莫公司没有进行会计报表舞弊的动机,因为其正在大把大把地赚钱。回顾整个事件,只要任何人问一下这样一个基本的问题,即"一个以低于成本出售商品的公司怎能赚钱?",注册会计师们或许就能够发现这起舞弊事件。

此案件给我们敲响了警钟,存货审计是如此的重要,也是如此的复杂,使得存货舞弊并非仅凭简单的监盘就可查出。不过,如果注册会计师能够弄清这些欺骗性操纵是如何进行的,对于发现这些舞弊将会大有帮助,这就意味着注册会计师必须掌握识别存货舞弊的技术。

存货的价值确定涉及两个要素:数量和价格。确定现有存货的数量常常比较困难,因为货物总是在不断地被购入和销售、不断地在不同存放地点间转移以及投入到生产过程之中。存货单位价格的计算同样可能存在问题。这是因为采用先进先出法、后进先出法、平均成本法以及其他的计价方法所计算出来的存货价值将不可避免地存在较大的差异。正因如此,复杂的存货账户体系往往会成为极具吸引力的舞弊对象。

不诚实的企业常常利用以下几种方法的组合来进行存货造假:虚构不存在的存货,存货盘点操纵,以及错误的存货资本化。所有这些精心设计的方案有一个共同的目的,即虚增存货的价值。

课 堂 测 试

班级_____ 姓名_____ 学号_____ 日期_____ 分数_____

一、单项选择题(每题7分,共计56分)

1. 下列有关舞弊风险的说法中,正确的是(　　)。
   A. 金额大的存货项目一定会存在舞弊风险
   B. 应收账款作为重要项目,在审计时应当直接假定其存在舞弊风险
   C. 注册会计师应当直接假定收入确认存在舞弊风险
   D. 注册会计师在关联方审计中,应当直接假定超出正常经营过程的关联方交易存在舞弊

2. 下列有关收入确认存在的舞弊风险的评估的说法中,不恰当的是(　　)。
   A. 假定收入确认存在舞弊风险,并不意味着注册会计师应当将与收入确认相关的所有认定都假定为存在舞弊风险
   B. 如果资产重组交易中的重组标的存在业绩承诺或对赌条款,则重组标的管理层可能有高估收入的动机或压力,因此,收入的发生认定存在舞弊风险的可能性较大,而完整性认定则通常不存在舞弊风险
   C. 如果管理层有隐瞒收入而降低税负的动机,则注册会计师需要更加关注与收入完整性认定相关的舞弊风险
   D. 如果被审计单位预期难以达到下一年度的销售目标,而已经超额实现了本年度的销售目标,就可能倾向于将下一年度的收入提前至本期确认

3. 下列有关舞弊的说法中,错误的是(　　)。
   A. 舞弊导致的重大错报未被发现的风险,大于错误导致的重大错报未被发现的风险
   B. 串通舞弊可能导致原本虚假的审计证据被注册会计师误认为具有说服力
   C. 在舞弊导致错报的情况下,固有限制的潜在影响尤其重大
   D. 舞弊导致的重大错报未被发现的风险,小于错误导致的重大错报未被发现的风险

4. 下列各项中,不属于"舞弊三角"的风险因素的是(　　)。
   A. 实施舞弊的动机或压力　　　　B. 实施舞弊的时间
   C. 实施舞弊的机会　　　　　　　D. 为舞弊行为寻找借口的能力

5. 下列有关舞弊风险因素的说法中,错误的是(　　)。
   A. 舞弊发生时通常存在舞弊风险因素
   B. 存在舞弊风险因素必然表明发生了舞弊
   C. 存在舞弊风险因素可能表明存在由于舞弊导致的重大错报风险
   D. 舞弊者具有舞弊的动机是舞弊发生的首要条件

6. 下列各项中,在识别和评估重大错报风险时应当假定存在舞弊风险的是(　　)。
   A. 复杂衍生金融工具的计价　　　B. 存货的可变现净值

C. 收入确认　　　　　　　　　　　D. 应付账款的完整性

7. 下列各项中,通常不能应对舞弊导致的认定层次重大错报风险的是(　　)。
   A. 改变拟实施审计程序的性质
   B. 扩大样本规模
   C. 调整实施实质性程序的时间安排
   D. 在选择审计程序的性质、时间和范围时,增加审计程序的不可预见性

8. 下列有关识别出舞弊导致的错报的说法中,错误的是(　　)。
   A. 应当评价该项错报对审计工作其他方面的影响,特别是对管理层声明可靠性的影响
   B. 如果涉及较高层级的管理层,应当重新评价对由于舞弊导致的重大错报风险的评估结果,以及该结果对旨在应对评估的风险的审计程序的性质、时间和范围的影响
   C. 应当重新考虑此前获取的审计证据的可靠性
   D. 如果无法确定财务报表是否存在由于舞弊导致的重大错报,无需评价对审计的影响

二、多项选择题(每题 11 分,共计 44 分)

1. 下列各项中,属于注册会计师运用职业判断确定舞弊风险因素的相关性和重要程度及其对重大错报风险评估可能产生的影响时考虑的内容的有(　　)。
   A. 被审计单位的规模
   B. 被审计单位的复杂程度
   C. 被审计单位的所有权结构
   D. 被审计单位的所处行业

2. 下列各项中,属于与编制虚假财务报告导致的错报相关的动机或压力的有(　　)。
   A. 难以应对技术变革、产品过时、利率调整等因素的急剧变化
   B. 从事重大、异常或高度复杂的交易
   C. 治理层为管理层设定了过高的销售业绩或盈利能力等激励指标
   D. 非财务管理人员过度参与或过于关注会计政策的选择或重大会计估计的确定

3. 下列各项中,属于在财务报表舞弊风险的评估中审计项目组可能讨论的内容的有(　　)。
   A. 可能表明管理层操纵利润的迹象
   B. 注册会计师注意到的舞弊指控
   C. 管理层凌驾于控制之上的风险
   D. 强调在整个审计过程中对由于舞弊导致重大错报的可能性保持适当关注的重要性

4. 下列各项中,属于针对评估的由于舞弊导致的财务报表层次重大错报风险的总体应对措施的有(　　)。
   A. 在分派和督导项目组成员时,考虑承担重要业务职责的项目组成员所具备的知识、技能和能力,并考虑由于舞弊导致的重大错报风险的评估结果
   B. 在选择审计程序的性质、时间和范围时,增加审计程序的不可预见性
   C. 选择在期末或接近期末实施实质性程序
   D. 将以前不经常监盘的存货地点纳入监盘范围

第十三章

审计业务的完成与复核

知识导航

```
                    ┌─ 对或有事项和 ┬─ 或有事项审计
                    │   期后事项的审计 └─ 期后事项审计
                    │
                    │                  ┌─ 持续经营假设的概念
                    │                  ├─ 注册会计师在持续经营审计中的法律责任
                    ├─ 对持续经营     ├─ 注册会计师应实施的风险评估程序
   审计业务的       │   假设的评估   ├─ 评价管理层对持续经营能力作出的评估
   完成与复核      │                  └─ 针对审计中的不同情况得出的审计结论
                    │
                    │                  ┌─ 管理层声明书的概念
                    │                  ├─ 管理层声明书的作用
                    ├─ 审计客户管理 ├─ 管理层声明书的一般格式
                    │   当局声明书   ├─ 管理层声明书的范例
                    │                  └─ 管理层拒绝提供声明时的措施
                    │
                    └─ 审计工作的复核 ┬─ 项目组内部复核
                                      └─ 独立的项目质量控制复核
```

学习目标

1. 掌握或有事项和期后事项的概念与种类。
2. 掌握或有事项和期后事项包含的审计程序。
3. 理解持续经营的概念及对审计结论的影响。
4. 理解管理层声明书的概念及对审计结论的影响。

思政课堂

聚焦中国证监会行政处罚决定书,解读期后事项和管理层声明书

中国证监会(以下简称证监会)在 2017 年 1 月 6 日发布了当年第一份行政处罚决定书,认为某会计师事务所在审计 Y 公司 2013 年度财务报表过程中未勤勉尽责,出具的审计报告存在虚假记载。具体违法事实之一是该会计师事务所未合理考虑已识别的期后事项对长期股权投资减值准备的影响,未对相应错误予以识别和采取适当措施。

行政处罚决定书中指出,2012年、2013年Y公司持有N公司48%股权。2013年12月31日,Y公司董事会决议通过《关于转让N公司21%股权的议案》(以下简称《转让议案》),《转让议案》中披露股权转让价格为875万元,定价依据为截至2012年12月31日Y公司所持N公司股权的账面价值2 001.76万元。证监会认为,2013年12月31日,Y公司对N公司所持48%长期股权投资的账面价值为2 237.79万元(披露《转让议案》之前)。2013年12月31日,Y公司董事会决议披露《转让议案》,将所持48%长期股权投资定价为2 001.76万元,并以875万元出售21%的股权,按该价格测算,Y公司2013年末持有的N公司48%股权的账面价值为2 000万元。

证监会在行政处罚决定书中指出:无论是依据公告议案48%股权的定价还是根据21%股权的出售价测算48%股权账面价值,该金额均低于披露议案之前此项长期股权投资的账面价值,属于"资产可能发生减值的迹象",注册会计师应当关注上述减值迹象,分析判断是否应计提减值准备,并将分析判断过程归入审计底稿。查阅该会计师事务所提交的审计底稿,并未查找到注册会计师如何分析判断长期股权投资是否发生减值迹象的记录。该会计师事务所将长期股权投资列为重大错报风险领域,对于可能发生错报的重大风险领域并未保持应有的谨慎和怀疑。

证监会在行政处罚决定书中还指出:审计报告签字注册会计师在询问笔录中称"在与公司管理层沟通时,我们要求上市公司请大股东作出承诺函,对N公司可回收金额作出保证,若低于账面价值,由大股东补足给上市公司,保证上市公司利益。"注册会计师要求Y公司大股东出具承诺函的行为在一定程度上表明注册会计师对于长期股权投资账面金额低于可回收金额的担心,间接证明了资产可能发生减值的迹象。

思考:
1. 证监会行政处罚决定书中所提"已识别的期后事项"是什么?
2. 注册会计师为什么要求Y公司大股东出具承诺函?
3. 如何理解承诺函的作用?

第一节 对或有事项和期后事项的审计

一、或有事项审计

(一) 或有事项的概念

或有事项是指过去的交易或事项形成的,其结果须由某些未来事项的发生或不发生才能决定的不确定事项。

(二) 或有事项的种类

(1) 未决诉讼或仲裁。
(2) 债务担保。
(3) 产品质量保证。
(4) 承诺。

(5) 亏损合同。

(6) 重组义务。

(7) 环境污染整治。

（三）或有事项的审计目标

(1) 确定或有事项是否存在和完整。

(2) 确定或有事项的确认和计量是否符合规定。

(3) 确定或有事项的列报是否恰当。

（四）或有事项的实质性程序

(1) 向被审计单位管理层询问其确定、评价与控制或有事项方面的方针政策和工作程序。

(2) 向管理当局索取下列资料，并作必要审核和评价：①有关或有事项的全部文件资料和凭证。②被审计单位与银行之间的往来函件、贷款协定及担保条件。③被审计单位的债务说明书。④被审计单位管理层保证其对全部或有事项作了恰当反映的书面声明。

(3) 函证或有事项：①向被审计单位律师或法律顾问函证，以获取其确认意见，表明对资产负债表日已存在的以及资产负债表日至复函日所存在的或有事项的确认证据。②向被审计单位有关业务往来的银行函证有关应收票据贴现、应收账款抵借票据背书及贷款担保的情况。

(4) 检查有无漏记或潜在发生的或有事项：①复核上期和税务机关的税务结算报告，检查有无税款拖延及存在税务纠纷。②审阅截至审计工作完成日止被审计单位历次董事会纪要及股东大会会议记录，确定是否存在有关或有事项的记录。③复核有关的审计工作底稿，寻找可能说明潜在或有事项的资料。④查询被审计单位对未来事项和协议的财务承诺，并向被审计单位管理层询问。

(5) 确定或有事项的确认和计量是否符合规定。

(6) 检查或有事项在财务报表上的列报是否恰当。

案例 13-1

背景与情境：A 注册会计师是乙公司 2023 年度财务报表审计项目的负责人。在审计过程中，遇到以下情况：

乙公司于 2022 年 4 月为 L 公司 1 年期银行借款 1 000 万元提供担保，因 L 公司不能及时偿还，银行于 2023 年 11 月向法院提起诉讼，要求乙公司承担连带清偿责任。2023 年 12 月 31 日，乙公司在咨询律师后，根据 L 公司财务状况，计提了 400 万元的预计负债。对上述预计负债，乙公司已在财务报表附注中进行了适当披露。截至审计工作完成日，法院尚未对该项诉讼作出判决。

问题：假定上述情况对乙公司 2023 年度财务报表的影响是重要的，请确定 A 注册会计师是否需要向乙公司提出审计处理建议。

分析提示：法院作出最终判决之前，所述情况属于乙公司的重大不确定事项。乙公司应当且已经在财务报表附注中进行了适当披露，注册会计师无须就此向乙公司提出审计建议。

二、期后事项审计

(一)期后事项的概念

期后事项是指资产负债表日至审计报告日之间发生的事项以及审计报告日后知悉的事实。

(二)期后事项的种类

根据期后事项存在时间的不同及其对被审计单位财务报表公允性影响程度的不同,有以下两类期后事项需要被审计单位管理层考虑,并需要注册会计师审计:一是资产负债表日后调整事项,即对财务报表有直接影响并需调整的事项。这类事项是指在资产负债表日就已经存在,并对存在情况提供了新的或进一步证据。这类事项影响财务报表金额,需提请被审计单位管理层调整财务报表及与之相关的披露信息。二是资产负债表日后非调整事项,即表明资产负债表日后发生情况的事项。这类事项因不影响财务报表金额,所以不需要提请被审计单位管理层调整本期财务报表;但可能影响报表使用者对财务报表的理解,故需在财务报表附注中作适当披露。

1) 资产负债表日后调整事项

资产负债表日后调整事项包括:

(1) 资产负债表日后诉讼案件结案,法院判决证实了企业在资产负债表日已经存在的现时义务,需要调整原先确认的与该诉讼案件相关的预计负债,或确认一项新负债。

(2) 资产负债表日后取得确凿证据,表明在资产负债表日发生了减值或者需要调整该项资产原先确认的减值金额。

(3) 资产负债表日后进一步确定了资产负债表日前购入资产的成本或售出资产的收入。

(4) 资产负债表日后发现了财务报表舞弊或差错。这类事项为被审计单位管理层确定资产负债表日账户余额提供信息,也为注册会计师审计核实这些余额提供补充证据。如果这类期后事项金额重大,需提请被审计单位管理层调整本期财务报表及相关的账户金额。

2) 资产负债表日后非调整事项

资产负债表日后非调整事项包括:

(1) 资产负债表日后发生重大诉讼、仲裁、承诺。

(2) 资产负债表日后资产价格、税收政策、外汇汇率发生重大变化。

(3) 资产负债表日后因重大自然灾害导致资产发生重大损失。

(4) 资产负债表日后发行股票、债券以及其他巨额举债。

(5) 资产负债表日后资本公积转增资本。

(6) 资产负债表日后发生巨额亏损。

(7) 资产负债表日后发生企业合并或者处置子公司。

(8) 资产负债表日后企业利润分配方案中拟分配的以及经审议批准宣告发放的股利或利润。

(三)期后事项的审计程序

注册会计师关注期后事项,是因为有可能导致注册会计师改变对所审计财务报表恰当性、公允性的意见。期后事项按时间段可以划分为三个时段：第一时段是资产负债表日后至审计报告日，我们可以把这一期间发生的事项称为"第一时段期后事项"；第二时段是审计报告日后至财务报表报出日，我们可以把这一期间发现的事实称为"第二时段期后事项"；第三时段是财务报表报出日后，我们可以把这一期间发现的事实称为"第三时段期后事项"。

注册会计师在审计时应根据不同的时间段，分别采取不同的审计程序。

1. 主动识别"第一时段期后事项"

注册会计师应主动识别"第一时段期后事项"，用以识别"第一时段期后事项"的审计程序通常包括：①复核被审计单位管理层建立的用于确保识别期后事项的程序。②查阅资产负债表日后的重大会议记录纪要。查阅股东会、董事会及其专门委员会在资产负债表日后举行的会议的记录、纪要，并在不能获取会议记录、纪要时询问会议讨论的事项。③查阅有关财务信息。查阅最近的财务报表，如认为必要和适当，还应当查阅预算、现金流量预测及其他相关管理报告。④向被审计单位律师或法律顾问询问有关诉讼和索赔事项。⑤向被审计单位管理层询问是否发生可能影响财务报表的期后事项。

在实施了上述审计程序后，如果知悉对财务报表有重大影响的期后事项，注册会计师应当考虑这些事项在财务报表中是否得到恰当的会计处理或予以披露。如果知悉的期后事项属于调整事项，注册会计师应当考虑被审计单位是否已对财务报表作出适当调整。如果知悉的期后事项属于非调整事项，注册会计师应当考虑被审计单位是否已在财务报表附注中予以充分披露。

2. 被动识别"第二时段期后事项"

在审计报告日后，注册会计师没有责任针对财务报表实施审计程序或进行专门查询。审计报告日后至财务报表报出日发现的事实属于"第二时段期后事项"。由于注册会计师针对被审计单位的审计业务已经结束，要识别可能存在的期后事项比较困难，但被审计单位的财务报表尚未报出，管理层有责任将发现的可能影响财务报表的事实告知注册会计师。注册会计师如果知悉"第二时段期后事项"可能存在影响财务报表的重大事实，应与被审计单位管理层和治理层（如适用）讨论，同时根据具体情况采取适当措施。

1) 管理层修改财务报表时的处理

如果管理层修改了财务报表，注册会计师应当根据具体情况实施必要的审计程序。

2) 管理层不修改财务报表且审计报告未提交时的处理

如果注册会计师认为管理层应当修改财务报表而未修改，并且审计报告尚未提交给被审计单位，注册会计师应当出具非无保留意见的审计报告。

3) 管理层不修改财务报表且审计报告已提交时的处理

如果注册会计师认为管理层应当修改财务报表而未修改，并且审计报告已提交给被审计单位，注册会计师应当通知管理层和治理层（除非治理层全部成员参与管理被审计单位）在财务报表作出必要修改前不要将财务报表和审计报告向第三方报出。

3. 没有义务识别"第三时段期后事项"

在财务报表报出后，注册会计师没有义务针对财务报表实施任何审计程序。但是，并不排除注册会计师通过其他途径获悉可能对财务报表产生重大影响的期后事项的可能性。如果注册会计师在财务报表报出后知悉了某事实，且该事实可能导致修改审计报告，注册会计师应当根据具体情况采取适当措施。

1) 管理层修改财务报表时的处理

如果管理层修改了财务报表,注册会计师应采取的措施有:实施必要的审计程序;复核管理层采取的措施能否确保所有收到原财务报表和审计报告的人士了解这一情况;针对修改后的财务报表出具新的审计报告。

2) 管理层未采取任何行动时的处理

如果管理层未采取任何行动,注册会计师应采取措施防止报表使用者信赖该审计报告,并将拟采取的措施通知管理层和治理层。

3) 临近公布下一期财务报表时的处理

如果知悉此类期后事项时已临近公布下一期财务报表或下一期财务报表已编制完成,且能够在下一期财务报表中进行充分披露,注册会计师应提请被审计单位修改财务报表,并出具新的审计报告。

案例 13-2

背景与情境: 注册会计师江华在对华光公司 2023 年度财务报表审计时发现一笔销售退回业务的具体情况如下:华光公司于 2023 年 11 月销售给 A 公司一批产品,销售价格为 1 400 万元(不含应向购买方收取的增值税税额),销售成本为 1 000 万元,货款当年 12 月 31 日尚未收到。2023 年 12 月 28 日华光公司接到 A 公司通知,A 公司在验收物资时,发现该批产品存在严重的质量问题需要退货。华光公司希望通过协商解决问题,并与 A 公司协商解决办法。华光公司收到 A 公司通知,该批产品已经全部退回。华光公司于 2024 年 1 月 14 日收到退回的产品,以及购货方退回的增值税专用发票的发票联和税款抵扣联。

问题: 假如该物资增值税税率为 17%,华光公司为增值税一般纳税人,不考虑其他税费因素,针对这种情况,根据企业会计准则的规定,注册会计师应如何处理呢?

分析提示: 根据期后事项发生的时间及对被审计单位会计报表公允性的影响程度,审计人员可以将期后事项划分为对会计报表有直接影响并需要调整的事项,以及对会计报表没有直接影响但应予以反映的事项。根据本案例,华光公司的这笔销售退回业务,按照企业会计准则的规定,应当作为资产负债表日后事项的调整事项处理,华光公司应调整 2023 年度的收入、成本等。但鉴于华光公司没有对其进行日后调整,注册会计师江华要求华光公司调整 2023 年度会计报表有关项目的内容如下:

调整销售收入:

借:以前年度损益调整　　　　　　　　　　　　　　　　　　　14 000 000
　　应交税费——应交增值税(销项税额)　　　　　　　　　　　 2 380 000
　贷:应收账款　　　　　　　　　　　　　　　　　　　　　　16 380 000

调整坏账准备余额:

借:坏账准备　　　　　　　　　　　　　　　　　　　　　　　　 819 000
　贷:以前年度损益调整　　　　　　　　　　　　　　　　　　　 819 000

调整销售成本:

借:库存商品　　　　　　　　　　　　　　　　　　　　　　　10 000 000
　贷:以前年度损益调整　　　　　　　　　　　　　　　　　　10 000 000

第二节 对持续经营假设的评估

一、持续经营假设的概念

持续经营假设是指被审计单位在编制财务报表时,假定其经营活动在可预见的将来会继续下去,不拟也不必终止经营或破产清算,可以在正常的经营过程中变现资产、清偿债务。

二、注册会计师在持续经营审计中的法律责任

在财务报表审计业务中,注册会计师的责任是考虑管理层运用持续经营假设的适当性和披露的充分性。注册会计师应当按照审计准则的要求,实施必要的审计程序,获取充分、适当的审计证据,确定可能导致对持续经营能力产生重大疑虑的事项或情况是否存在重大不确定性,并考虑对审计报告的影响。但是,注册会计师未提及经营能力存在重大不确定性的审计报告,不应被视为注册会计师对被审计单位能够持续经营做出的保证。

三、注册会计师应实施的风险评估程序

企业在经营过程中,若持续经营能力存在不可持续性,是因为其生存面临各种不确定性和风险。而这些不确定性和风险总会通过一些迹象表现出来。注册会计师在长期的审计实践中总结出一些可能会导致企业不可持续经营面临风险的迹象,但并非全部,主要有以下几类。

1. 财务方面的风险迹象

(1) 债务违约,包括无法偿还到期债务、无法偿还即将到期且难以展期的借款以及存在的大额的逾期未交税金。

(2) 无法继续履行重大借款合同中的有关条款。

(3) 累计经营性亏损巨大。

(4) 过度依赖短期借款筹资。

(5) 无法获得供应商正常商业信用。

(6) 难以获得开发必要新产品或进行必要投资所需资金。

(7) 资不抵债。

(8) 现金流量困难。

(9) 大股东长期占用巨额资金。

(10) 重要子公司无法持续经营且未进行处理。

(11) 存在大量长期未处理的不良资产。

(12) 存在因对外巨额担保等或有事项引发的或有负债。

2. 经营方面的风险迹象

(1) 关键管理人员离职且无人替代。

(2) 主导产品不符合国家产业政策。

(3) 失去主要市场。
(4) 人力资源或重要原材料短缺。
(5) 管理层的经营管理方式与快速扩张的规模不相适应。

3. 其他方面的风险迹象

(1) 严重违反有关法律法规或政策。
(2) 异常原因导致停工、停产。
(3) 有关法律法规或政策的变化可能造成重大不得影响。
(4) 经营期限将到期且无意继续经营。
(5) 投资者未履行协议、合同、章程规定的义务,并有可能造成重大不利影响。
(6) 因自然灾害、战争等不可抗力因素遭受严重损失。

注册会计师在对被审计单位的持续经营能力进行审计时,若发现上述风险迹象的一项或几项存在,应实施进一步的审计程序,确定对财务报表的影响,以判定财务报表是否存在重大错报风险。

四、评价管理层对持续经营能力作出的评估

注册会计师对企业持续经营能力的评估主要集中在以下三个方面。

1. 管理层评估涵盖的期间

持续经营假设是指被审计单位在编制财务报表时,假定其经营活动在可预见的将来会继续下去,而可预见的将来通常是指资产负债表日后的 12 个月。注册会计师应评估管理层的评估期是否达到 12 个月,若评估期少于 12 个月,注册会计师应提请管理层将评估期延伸至 12 个月。

2. 管理层作出评估的过程、依据的假设是否合理

管理层对企业未来持续经营能力的评估是依据企业正常经营的假设条件并结合未来期间的可变因素的信息做出的判断,得出未来期间企业可以持续经营的结论。注册会计师要对假设的合理性,可变信息的真实性,判断推理的逻辑性进行审核,判断管理层的结论是否可信。

3. 管理层对企业可能导致持续经营能力不可持续的事项或因素的应对计划

注册会计师在财务报表审计中通过对上年财务报表的审计发现了可能会导致企业不可持续经营重大疑虑的事项或情况以及审计期间获取了可能会导致企业不可持续经营的信息时,应向被审计管理层询问他们应对的措施,甚至书面的应对计划,以消除注册会计师的疑虑。但是,注册会计师应对管理层所提出的措施和计划的可行性、合法性等方面进行审核,得出自己的审计结论。

五、针对审计中的不同情况得出的审计结论

1. 注册会计师得出被审计单位持续经营能力是适当的结论

注册会计师通过对前述三个方面的评估,未受到任何限制,收集了充分的证据,不存在任何疑虑,可得出此结论。

2. 注册会计师得出被审计单位持续经营能力是适当的结论,但增加了强调的事项

注册会计师对被审计单位的持续经营能力产生怀疑时,被审计单位的管理层提出应

对计划。注册会计师对应对计划的审核后,认为没有不妥之处,管理层对这方面的风险也进行了充分的披露,但注册会计师认为被审计单位能否持续经营,仍存在较大的不确定性。在这种情况下,注册会计师应在审计报告后增加强调段,提醒报表的阅读者关注这一风险。

3. 注册会计师对被审计单位持续经营能力作出的其他判断

被审计单位存在多项可能导致对其持续经营能力产生重大疑虑的事项或情况存在重大不确定性时,如果注册会计师难以判断财务报表的编制基础是否适合继续采用持续经营假设,应将其视为对注册会计师的审计范围构成重大限制。在这种情况下,如果财务报表已作出充分披露,注册会计师应当考虑出具无法表示意见的审计报告;如果财务报表未能作出充分披露,注册会计师应当出具保留意见或否定意见的审计报告。

被审计单位将不能持续经营,但财务报表仍然按持续经营假设编制,注册会计师应当出具否定意见的审计报告。

被审计单位不能持续经营,以其他基础编制财务报表。在这种情况下,注册会计师实施了补充审计程序,认为管理层所选用的其他编制基础是适当的,且财务报表已作出充分披露,注册会计师可以出具无保留意见的审计报告,并增加强调事项段。

第三节 审计客户管理当局声明书

一、管理层声明书的概念

管理层声明书是指被审计单位管理层向注册会计师提供的关于财务报表的各项陈述。

二、管理层声明书的作用

管理层声明书主要有两方面的作用:一是明确管理层对财务报表的责任,二是提供了注册会计师询问所要求的审计证据。

三、管理层声明书的一般格式

1. 名称

被审计单位管理层送达注册会计师的声明书,一般应注明"管理层声明书"字样。

2. 呈送对象

管理层声明书应写明呈送的会计师事务所及从事审计的注册会计师名称。

3. 内容

(1) 关于财务报表的认定。
(2) 关于信息完整性的认定。
(3) 关于确认、计量和列报。

4. 签署日期

管理层声明书标明的日期与审计报告日一致。在特定情况下,注册会计师也可以在审计过程中或审计报告日后就某些交易或事项获取单独的声明书。

5. 签署人

管理层声明书通常由管理层中对被审计单位及其财务负责人签署。

四、管理层声明书的范例

管理层声明书的范例,如表 13-1 所示。

表 13-1　　　　　　　　　　　　　　管理层声明书

××会计师事务所并××注册会计师:

本公司已委托贵事务所对本公司 2021 年 12 月 31 日的资产负债表,2021 年度的利润表、股东权益变动表和现金流量表以及财务报表附注进行审计,并出具审计报告。

为配合贵事务所的审计工作,本公司就已知的全部事项做出如下声明:

1. 本公司承诺,按照《企业会计准则》和《××会计制度》的规定编制财务报表是我们的责任。

2. 本公司已按照《企业会计准则》和《××会计制度》的规定编制 2021 年度财务报表,财务报表的编制基础与上年度保持一致,本公司管理层对上述财务报表的真实性、合法性和完整性承担责任。

3. 设计、实施和维护内部控制,保证本公司资产安全和完整,防止或发现并纠正错报,是本公司管理层的责任。

4. 本公司承诺财务报表符合适用的会计准则和相关会计制度的规定,公允反映本公司的财务状况、经营成果和现金流量情况,不存在重大错报,包括漏报。贵事务所在审计过程中发现的未更正错报,无论是单独还是汇总起来,对财务报表整体均不具有重大影响。未更正错报汇总(见附件)附后。

5. 本公司已向贵事务所提供了:

(1) 全部财务信息和其他数据;

(2) 全部重要的决议、合同、章程、纳税申报表等相关资料;

(3) 全部股东会和董事会的会议记录。

6. 本公司所有经济业务均已按规定入账,不存在账外资产或未计负债。

7. 本公司认为所有与公允价值计量相关的重大假设是合理的,恰当地反映了本公司的意图和采取特定措施的能力;用于确定公允价值的计量方法符合《企业会计准则》的规定,并在使用上保持了一贯性;本公司已在财务报表中对上述事项作出恰当披露。

8. 本公司不存在导致重述比较数据的任何事项。

9. 本公司已提供所有与关联方和关联方交易相关的资料,并已根据《企业会计准则》和《××会计制度》的规定识别和披露了所有重大关联方交易。

10. 本公司已提供全部或有事项的相关资料。除财务报表附注中披露的或有事项外,本公司不存在其他应披露而未披露的诉讼、赔偿、承兑、担保等或有事项。

11. 除财务报表附注披露的承诺事项外,本公司不存在其他应披露而未披露的承诺事项。

12. 本公司不存在未披露的影响财务报表公允性的重大不确定事项。

13. 本公司已采取必要措施防止或发现舞弊及其他违反法规行为,未发现:

(1) 涉及管理层的任何舞弊行为或舞弊嫌疑的信息;

(2) 涉及对内部控制产生重大影响的雇员的任何舞弊行为或舞弊嫌疑的信息;

(3) 涉及对财务报表的编制具有重大影响的其他人员的任何舞弊行为或舞弊嫌疑的信息;

14. 本公司严格遵守了合同规定的条款,不存在因未履行合同而对财务报表产生重大影响的事项。

15. 本公司对资产负债表上列示的所有资产均拥有合法权利,除已披露事项外,无其他被抵押、质押资产。

16. 本公司编制财务报表所依据的持续经营假设是合理的,没有计划终止经营或破产清算。

17. 本公司已提供全部资产负债表日后事项的相关资料,除财务报表附注中披露的资产负债表日后事项外,本公司不存在其他应披露而未披露的重大资产负债表日后事项。

18. 本公司管理层确信:

(1) 未收到监管机构有关调整或修改财务报表的通知;

(2) 无税务纠纷。

(续表)

> 19. 其他事项
> 注册会计师认为重要而需声明的事项,或者管理层认为必要而声明的事项。如:
> (1) 本公司在银行存款或现金运用方面未受到任何限制;
> (2) 本公司对存货均已按照《××会计制度》的规定予以确认和计量;受托代销商品或不属于本公司的存货均未包括在会计记录内;在途物资或由代理商保管的货物均已确认为本公司存货;
> (3) 本公司不存在未披露的大股东及关联方占用资金和担保事项。
>
>
> ××有限责任公司(盖章)
> 法定代表人(签名并盖章)
> 财务负责人(签名并盖章)
> 二〇二二年×月×日
>

五、管理层拒绝提供声明时的措施

如果管理层拒绝提供注册会计师认为必要的声明,注册会计师应当将其视为审计范围受到限制,出具保留意见或无法表示意见的审计报告。

第四节 审计工作的复核

会计师事务所为保证审计质量应当建立完善的审计工作底稿分级复核制度。审计工作底稿的复核可分两个层次:项目组内部复核和独立的项目质量控制复核。

一、项目组内部复核

项目组内部复核又分为两个层次:审计项目经理的现场复核和项目合伙人的复核。

1. 审计项目经理的现场复核

审计项目经理对审计工作底稿的全面复核通常在审计现场完成,以便及时发现和解决问题,争取审计工作的主动性。审计项目经理的现场复核属于第一层次的复核,也称详细复核,主要是评价已完成的审计工作、所获得的证据和工作底稿编制人员形成的结论。

2. 项目合伙人的复核

在完成审计外勤工作时,则需要项目合伙人对审计工作底稿实施复核,它是对重要审计事项的重点把关,是对审计项目经理复核的再监督,也称一般复核。项目合伙人的复核,可以通过填列和复核财务报表检查清单的方式来进行。

二、独立的项目质量控制复核

1. 对审计工作底稿进行独立复核的意义

(1) 实施对审计工作结果的最后质量控制。对签发审计报告前的审计工作底稿进行独立复核,是实施对审计工作结果的最后质量控制,能避免对重大审计问题的遗留或对具体审计工作理解不透彻等情况,避免审计意见与审计工作结果存在矛盾,从而形成与审计结果相一致的审计意见。

(2) 确认审计工作已达到会计师事务所的工作标准。在审计工作执行过程中,会计师事务所内不同的注册会计师的工作质量会有差异,有的甚至可能违背统一的工作标准。因此,必须进行独立复核,严格保持整体审计工作质量的一致性,确认该审计工作已达到会计师事务所的工作标准。

(3) 消除妨碍注册会计师判断的偏见。注册会计师可能期望在整个审计过程中保持客观性,但若有大量问题需要解决而又经过长时间的审计,就容易丧失正确的观察能力和判断能力,对一些问题作出不符合事实的审计结论。进行独立复核,可以消除注册会计师的偏见,从而作出符合事实的审计结论。

2. 独立复核的内容

(1) 项目组就具体业务对会计师事务所独立性作出评价。

(2) 在审计过程中识别的特别风险以及采取的应对措施。

(3) 作出的判断,尤其是关于重要性和特别风险的判断。

(4) 是否已就存在的意见分歧、其他疑难问题或争议事项进行适当的咨询,以及咨询得出的结论。

(5) 在审计中识别的已更正和未更正的错报的重要程度及处理情况。

(6) 拟与管理层、治理层以及其他方面沟通的事项。

(7) 所复核的审计工作底稿是否反映了针对重大判断执行的工作,是否支持得出的结论。

(8) 拟出具的审计报告的适当性。

这种复核是三级复核中的最后一级复核,也称重点复核,是对前面两级复核的再监督,是对整个审计工作的重点把握。

课 堂 测 试

班级_____ 姓名_____ 学号_____ 日期_____ 分数_____

一、单项选择题(每题7分,共计70分)

1. 下列有关评价错报的说法中,正确的是(   )。
   A. 注册会计师在评价错报时,只需要单独评价每项错报
   B. 如果法律法规限制注册会计师向被审计单位管理层或被审计单位的其他人员通报某些错报,注册会计师直接出具无法表示意见的审计报告
   C. 确定一项分类错报是否重大时,注册会计师需要进行定性评估
   D. 注册会计师在审计过程中,要及时与被审计单位管理层沟通所有的错报

2. 下列有关评价审计过程中发现的错报的说法中,错误的是(   )。
   A. 审计过程中累积的错报应及时与适当层级的管理层进行沟通
   B. 管理层更正所有错报可以降低由于与本期相关的、非重大的且尚未更正的错报的累积影响而导致未来期间财务报表出现重大错报的风险
   C. 在评价未更正错报的影响之前,注册会计师可能依据实际的财务结果对重要性作修改
   D. 通过重要性水平评估确定一项分类错报是否重大

3. 下列有关复核审计工作的说法中,错误的是(   )。
   A. 对审计工作的复核包括项目组内部复核和作为会计师事务所业务质量管理措施而执行的项目质量复核(如适用)
   B. 对一些较为复杂、审计风险较高的领域,需要指派经验丰富的项目组成员执行复核,必要时可以由项目合伙人执行复核
   C. 审计计划阶段无需执行项目组内部复核
   D. 项目合伙人应当在审计过程中的适当时点复核审计工作底稿

4. 下列有关项目合伙人复核的说法中,错误的是(   )。
   A. 项目经理应当对管理和实现审计项目的高质量承担总体责任
   B. 在审计报告日或审计报告日之前,项目合伙人应当通过复核审计工作底稿与项目组讨论,确信已获取充分、适当的审计证据,支持得出的结论和拟出具的审计报告
   C. 项目合伙人应当在签署审计报告前复核财务报表、审计报告以及相关的审计工作底稿
   D. 项目合伙人应当记录复核的范围和时间

5. 下列有关期后事项审计的说法中,错误的是(   )。
   A. 期后事项是指财务报表日至财务报表报出日之间发生的事项
   B. 期后事项是指财务报表日至审计报告日之间发生的事项,以及注册会计师在审计报告日后知悉的事实

C. 注册会计师仅需主动识别财务报表日至审计报告日之间发生的期后事项

D. 期后事项包括财务报表日后调整事项和财务报表日后非调整事项

6. 下列各项中,可以作为书面声明的是( )。

   A. 明细账簿   B. 股东会会议记录

   C. 财务报表   D. 管理层确认其责任的声明

7. 下列有关管理层书面声明的说法中,错误的是( )。

   A. 尽管书面声明提供了必要的审计证据,但其本身不为所涉及的任何事项提供充分、适当的审计证据

   B. 如果管理层的某项声明与其他审计证据相矛盾,注册会计师应当调查这种情况

   C. 如果管理层拒绝提供注册会计师认为必要的声明,注册会计师应当出具保留意见或否定意见的审计报告

   D. 注册会计师不应以管理层书面声明替代能够合理预期获取的其他审计证据

8. 下列各项中,不属于针对管理层责任的书面声明的是( )。

   A. 按照审计业务约定条款,已向注册会计师提供所有相关信息,并允许注册会计师不受限制地接触所有相关信息以及被审计单位内部人员和其他相关人员

   B. 确认管理层根据审计业务约定条款,履行了按照适用的财务报告编制基础编制财务报表并使其实现公允反映(如适用)的责任

   C. 不存在舞弊或错误导致的重大错报

   D. 所有交易均已记录并反映在财务报表中

9. 下列有关书面声明的日期和涵盖的期间的说法中,正确的是( )。

   A. 就某些交易获取的单独书面声明可以晚于审计报告日

   B. 在审计报告中提及的所有期间内,如果现任管理层均尚未就任,该事实能减轻现任管理层对财务报表整体的责任

   C. 书面声明的日期可以与审计报告日一致

   D. 在管理层签署书面声明前,注册会计师可以发表审计意见

10. 被审计单位管理层拒绝就其责任的履行情况提供书面声明。下列各项中,注册会计师的做法错误的是( )。

    A. 重新评价被审计单位管理层的诚信情况

    B. 重新评价获取审计证据的总体可靠性

    C. 对财务报表出具无法表示意见的审计报告

    D. 对财务报表出具保留意见的审计报告

二、多项选择题(每题 10 分,共计 30 分)

1. 下列各项中,属于注册会计师在审计完成阶段实施的工作的有( )。

   A. 关注期后事项对财务报表的影响

   B. 评价审计中的重大发现

   C. 关注法律法规对财务报表的影响

   D. 获取管理层书面声明

2. 在评价未更正错报的影响前,调低了财务报表整体的重要性。下列各项中,注册会计师的做法正确的有( )。

A. 重新考虑实际执行的重要性水平
B. 重新考虑进一步审计程序的性质的适当性
C. 重新考虑进一步审计程序的时间的适当性
D. 重新考虑进一步审计程序范围的适当性

3. 下列各项中,通常属于用以识别第一时段期后事项的审计程序的有(　　)。

　A. 询问管理层和治理层(如适用),确定是否已发生可能影响财务报表的期后事项
　B. 了解管理层为确保识别期后事项而建立的程序
　C. 查阅被审计单位最近的中期财务报表(如有)
　D. 查阅被审计单位的所有者、管理层和治理层在财务报表日后举行会议的纪要

第十四章

审计报告的编制

知识导航

审计报告的编制
- 审计报告概述
  - 审计报告的概念
  - 审计报告的作用
  - 审计报告的种类
- 审计意见的形成与审计意见的类型
  - 注册会计师形成审计意见时应考虑的内容
  - 注册会计师出具标准审计报告应满足的条件
  - 注册会计师出具的非标准审计报告
- 审计报告的基本内容
  - 标题
  - 收件人
  - 审计意见
  - 形成审计意见的基础
  - 管理层对财务报表的责任
  - 注册会计师对财务报表审计的责任
  - 按照相关法律法规的要求报告的事项(如适用)
  - 注册会计师的签名和盖章与会计师事务所的名称、地址和盖章
  - 报告日期
- 审计报告的参考格式
  - 标准审计报告
  - 非标准审计报告

学习目标

1. 了解审计报告的作用与种类。
2. 掌握审计意见的类型。
3. 理解不同非标准审计意见类型的判断。
4. 熟悉审计报告的基本内容和格式。

思政课堂

审计报告用于发债,事务所未尽责受罚

近日,中国证监会在官方网站发布《行政决定书》及《市场禁入决定书》,公布对某会计

师事务所及两名注册会计师的行政处罚决定:对会计师事务所责令改正,没收业务收入60万元,并处以180万元罚款;对两名签字注会警告,分别处以10万元罚款,并对两人采取五年证券市场禁入措施。

经查明,该会计师事务所为五洋建设集团股份有限公司(以下简称五洋建设)用于公开发行公司债券的2012年至2014年年度财务报表出具了审计报告。五洋建设在编制2012年至2014年年度财务报表时,违反会计准则,通过将所承接工程项目应收账款和应付账款"对抵"的方式,同时虚减企业应收账款和应付账款,导致2012年至2014年年度虚增净利润分别不少于3 052.27万元、6 492.71万元和15 505.47万元。五洋建设应收账款与应付账款"对抵"的处理,对其财务报表相关科目的影响金额远远超出了事务所2013年及2014年财务报表整体层面实际执行的重要性水平,而事务所在未获取充分、适当的审计证据加以验证的前提下,即认可了五洋建设关于应收账款和应付账款"对抵"的账务处理。

此外,该会计师事务所在得知审计报告将用于五洋建设发债目的时,未按照其制定的《审计业务项目分类管理暂行办法》(2013年)的规定将该项目风险级别从C类调整为风险程度更高的B类并追加相应的审计程序。该会计师事务所在审计时未获取充分、适当的审计证据,为五洋建设出具了标准无保留意见的审计报告,出具的审计报告存在虚假记载。该会计师事务所收取相关审计费用60万元。该审计报告作为五洋建设发行公司债的申报材料,并被其募集说明书引用。

根据当事人违法行为的事实、性质、情节与社会危害程度,证监会决定作出如下处罚决定:

一、对该事务所责令改正,没收该事务所业务收入60万元,并处以180万元罚款;

二、对两名签字注册会计师给予警告,并分别处以10万元罚款,分别采取5年的证券市场禁入措施。自宣布决定之日起,5年内不得从事证券业务或者担任上市公司、非上市公众公司董事、监事、高级管理人员职务。

思考:
1. 非上市公司审计报告与上市公司审计报告的主要区别有哪些?
2. 会计师事务所为保证出具合适的审计报告,应主要采取哪些措施?
3. 对于用于发债目的的审计业务,为什么要调高项目的风险级别?
4. 调整项目的风险级别将对审计程序产生何种影响?

第一节 审计报告概述

一、审计报告的概念

审计报告是指注册会计师根据审计准则的规定,在实施审计工作的基础上对被审计单位财务报表发表审计意见的书面文件。审计报告是注册会计师完成审计工作后向委托人提交的最终产品。

注册会计师应当按照审计准则的规定执行审计工作,并只有在实施审计工作的基础上才能出具审计报告，所出具的审计报告必须是书面形式，是一份具有法律效力的文件，具有法定证明力。注册会计师通过对财务报表发表审计意见履行了审计业务约定书中约定的责任。注册会计师应当在审计报告中清楚地表达对财务报表的意见，并通过在审计报告上签名并盖章，表明其对出具的审计报告负责。

审计报告是注册会计师对财务报表是否在所有重大方面按照财务报告编制基础编制并实现合法、公允反映发表审计意见的书面文件。因此，注册会计师应当将已审计的财务报表附于审计报告后，以使财务报表使用者正确理解和使用审计报告。

注册会计师只有在实施审计工作的基础上才能出具审计报告。注册会计师首先要实施风险评估程序，通过了解被审计单位及其环境来识别和评估舞弊或错误导致的重大错报风险，以此作为评估财务报表层次和认定层次重大错报风险的基础。而风险评估程序本身并不足以为发表审计意见提供充分、适当的审计证据，注册会计师还应当对评估的风险设计和实行恰当的应对措施。注册会计师通过实施上述审计程序，获取充分、适当的审计证据，得出合理的审计结论，作为形成审计意见的基础。

二、审计报告的作用

审计报告不仅可以传达审计结果、为其使用者提供依据，还可以反映审计机构、审计人员的工作成果，以及履行工作职责、完成任务的情况。注册会计师签发的审计报告具有鉴证、保护和证明三方面的作用。

1. 鉴证作用

注册会计师签发的审计报告，是以超然独立的第三方身份，对被审计单位财务报表是否合法、公允发表审计意见。这种通过审计报告发表的书面意见具有鉴证作用，得到政府及其各个部门和社会各界的普遍认可。

2. 保护作用

注册会计师通过审计，可以对被审计单位出具不同意见类型的审计报告，以提高或降低财务报表信息使用者对财务报表的信赖程度，能够在一定程度上对被审计单位的投资者、债权人和其他利害关系人的利益起到保护作用。

3. 证明作用

审计报告是对注册会计师审计任务完成情况及其结果的总结。它可以表明审计工作质量并明确注册会计师的审计责任。因此，审计报告可以对审计工作质量和注册会计师的审计责任起到有力的证明作用。

三、审计报告的种类

审计报告可以按以下不同的标准进行分类。

1. 按照审计报告的性质分类

1）标准审计报告

标准审计报告是指格式和措辞基本统一的审计报告。为了规范审计业务，避免理解上的混乱，审计职业界往往通过审计准则将审计报告的格式和措辞进行统一规定。大多数国家对外公布的审计报告都是采用标准形式。

2) 非标准审计报告

非标准审计报告是指可以根据具体情况来决定其具体格式和措辞以及有关内容的审计报告。它可能是对财务报表整体或某些特定项目、账户等发表意见,也可能是就被审计单位是否符合契约或有关管理法规的规定等发表意见。非标准审计报告一般适合于非公布的审计报告。

2. 按照审计报告的使用目的分类

1) 公布目的的审计报告

公布目的的审计报告,一般是用于对企业股东、投资者、债权人等非特定利益关系人公布的附送财务报表的审计报告。

2) 非公布目的的审计报告

非公布目的的审计报告,一般是用于经营管理、合并或业务转让、融通资金等特定目的而实施审计的审计报告。这种审计报告是致送给特定使用者的,如经营者、合并或业务转让的关系人、提供信用的金融机构等。

3. 按照审计报告的详略程度分类

1) 简式审计报告

简式审计报告又称短式审计报告,是指注册会计师对应公布的财务报表进行审计后所编制的简明扼要的审计报告。简式审计报告所反映的内容是多数的非特定利害关系人共同认为的必要审计事项,它具有记载事项为法令或审计准则所规定的特征。简式审计报告一般适用于公布目的。

2) 详式审计报告

详式审计报告又称长式审计报告,是指对审计对象所有重要的经济业务和情况都要作详细说明和分析的审计报告。详式审计报告主要用于指出企业经营管理存在的问题和帮助企业改善经营管理,其内容要较简式审计报告丰富得多、详细得多。详式审计报告一般适用于非公布目的。

第二节　审计意见的形成与审计意见的类型

注册会计师应当就财务报表是否在所有重大方面按照适用的财务报告编制基础编制并实现公允反映形成审计意见。形成的审计意见具体记载于审计报告中。审计报告分为标准审计报告与非标准审计报告。当注册会计师出具的无保留意见的审计报告不附加说明段、强调事项段或任何修饰性用语时,该报告称为标准审计报告。非标准审计报告是指标准审计报告以外的其他审计报告,包括带强调事项段的无保留意见审计报告和非无保留意见审计报告。非无保留意见的审计报告包括保留意见审计报告、否定意见审计报告和无法表示意见的审计报告。

一、注册会计师形成审计意见时应考虑的内容

为了形成审计意见,针对财务报表整体是否不存在由于舞弊或错误导致的重大错报,注册会计师应当得出结论,确定是否已就此获取合理保证。

第十四章 审计报告的编制

1. 按照风险评估准则的规定,是否已获取充分、适当的审计证据

风险导向审计要求注册会计师根据"风险评估—风险识别—风险应对"的理念来实施审计工作,获取充分、适当的审计证据,有效控制审计风险。在得出总体审计结论前,注册会计师还应当根据实施的审计程序和获取的审计证据,评价对认定层次重大错报风险的评估是否仍然适当。

2. 在财务报告的合法性方面①,注册会计师应从以下几个方面评价被审计单位

(1) 选择和运用的会计政策是否符合适用的财务报告编制基础,并适用于被审计单位的具体情况,并在财务报表中给予充分披露。

(2) 管理层所作的会计估计是否合理。

(3) 财务报表反映的信息是否具有相关性、可靠性、可比性和可理解性。

(4) 财务报表反映的信息是否作出充分披露,使财务报表预期使用者能够理解重大交易和事项对被审计单位财务状况、经营成果和现金流量的影响。

3. 在财务报告的公允性方面,注册会计师应从以下几个方面评价被审计单位

(1) 经管理层调整后的财务报表,是否与注册会计师对被审计单位及其环境的了解一致。

(2) 财务报表的列报、结构和内容是否合理。

(3) 财务报表是否真实地反映了交易和事项的经济实质。

二、注册会计师出具标准审计报告应满足的条件

审计准则规定,如果认为财务报表在所有重大方面按照适用的财务报告编制基础编制并实现公允反映,注册会计师应当发表无保留意见。具体考虑以下两个方面内容:

(1) 财务报表已按照适用的财务报告编制基础的规定编制,在所在重大方面公允反映了被审计单位的财务状况、经营成果和现金流量。

(2) 注册会计师已经按照中国注册会计师审计准则的规定计划和实施审计工作,在审计过程中未受到限制。

三、注册会计师出具的非标准审计报告

(一) 注册会计师出具带强调事项段的无保留意见审计报告

强调事项段是指审计报告中含有的一个段落。该段落提及已在财务报表中恰当列报或披露的事项,根据注册会计师的职业判断,该事项对财务报表使用者理解财务报表至关重要。

如果认为有必要提醒财务报表使用者关注已在财务报表中列报或披露,且根据职业判断认为对财务报表使用者理解财务报表至关重要的事项,注册会计师在已获取充分、适当的审计证据证明该事项在财务报表中不存在重大错报的条件下,应当在审计报告中增加强调事项段。强调事项段应当仅提及已在财务报表中列报或披露的信息。

(二) 注册会计师出具非无保留意见审计报告

非无保留意见包括保留意见、否定意见和无法表示意见三种意见类型。当存在下列

---

① 即评价财务报表是否在所有重大方面按照适用的财务报告编制基础编制。

情形之一时,注册会计师应当按照《中国注册会计师审计准则第 1502 号——在审计报告中发表非无保留意见》的规定,在审计报告中发表非无保留意见:

(1) 根据获取的审计证据,得出财务报表整体存在重大错报的结论。

(2) 无法获取充分、适当的审计证据,不能得出财务报表整体不存在重大错报的结论。

注册会计师确定恰当的非无保留意见类型,取决于下列事项:

(1) 导致非无保留意见的事项的性质,是财务报表存在重大错报,还是在无法获取充分、适当的审计证据的情况下,财务报表可能存在重大错报。

(2) 注册会计师就导致非无保留意见的事项对财务报表产生或可能产生影响的广泛性作出的判断。

注册会计师对导致发表非无保留意见的事项的性质和这些事项对财务报表产生或可能产生影响的广泛性作出的判断,以及注册会计师的判断对审计意见类型的影响如表 14-1 所示。

表 14-1　　　　　　　　　　　　非无保留意见类型的判断

导致发表非无保留意见的事项的性质	对财务报表产生或可能产生影响的广泛性	
	重大但不具有广泛性	重大且具有广泛性
财务报表存在重大错报	保留意见	否定意见
无法获取充分、适当的审计证据	保留意见	无法表示意见

1. 注册会计师出具保留意见审计报告

注册会计师审计后认为被审计单位的财务报表整体上是公允的,当存在下列情形之一时,注册会计师应当发表保留意见:

(1) 在获取充分、适当的审计证据后,注册会计师认为错报单独或累计起来对财务报表影响重大,但不具有广泛性。

(2) 注册会计师无法获取充分、适当的审计证据以作为形成审计意见的基础,但认为未发现的错报(如存在)对财务报表可能产生的影响重大,但不具有广泛性。

2. 注册会计师出具否定意见审计报告

注册会计师在获取充分、适当的审计证据后,如果认为错报单独或累计起来对财务报表的影响重大且具有广泛性,注册会计师应当发表否定意见。注册会计师在发表此审计意见时,认定被审计单位的违法是严重的,不公允的情况有重大影响,才可出具此意见。何为重大?这需要注册会计师的专业判断,并不存在一个可以量化的指标。

3. 注册会计师出具无法表示意见的审计报告

注册会计师在审计过程中,若认为自己的审计范围受到限制可能产生的影响非常重大和广泛,不能获取充分、适当的审计证据,以至于无法对财务报表发表意见,应出具无法表示意见的审计报告。此类意见是注册会计师不得已而为之,并不代表被审计单位的财务报表就一定存在不合法、不公允的问题。注册会计师更不能以否定意见代替无法表示的意见。

非无保留意见的类型包括保留意见、否定意见和无法表示意见三种,在具体判断出具哪一种审计意见时取决于两个方面：即事项的性质和影响是否广泛。审计准则规定，注册会计师确定恰当的非无保留意见类型，取决于下列事项：导致非无保留意见的事项的性质，是财务报表存在重大错报，还是在无法获取充分、适当的审计证据的情况下，财务报表可能存在重大错报；注册会计师就导致非无保留意见的事项对财务报表产生或可能产生影响的广泛性作出的判断。

第三节 审计报告的基本内容

不同种类的审计报告，其内容和格式不尽相同，甚至存在较大差异。下面以注册会计师标准审计报告为代表来介绍简式审计报告的基本内容。

注册会计师审计报告应当包括下列基本内容。

一、标题

审计报告的标题统一规范为"审计报告"。在审计实务中，诸如"审计人员的意见""注册会计师的报告"等，有时也可以作为审计报告的标题。

二、收件人

收件人是指按照法律法规或业务约定条款指定审计报告致送的对象，通常为审计业务的委托人，如被审计单位的股东或治理层。审计报告应当载明收件人的全称，如"××股份有限公司全体股东""××有限责任公司董事会""××清算委员会"等。

三、审计意见

该部分应当提及被审计单位的名称，说明财务报表已经审计，指明构成整套财务报表的每一财务报表的名称、日期或涵盖的期间，以及相关财务报表附注（包括重要会计政策和会计估计及其他解释性信息）；应当说明审计意见涵盖由适用的财务报告编制基础所确定的整套财务报表，财务报表在所有重大方面按照适用的财务报告编制基础的规定编制，公允反映了财务报表旨在反映的事项；描述适用的财务报告编制基础及其可能对审计意见的影响。

四、形成审计意见的基础

该部分提供关于审计意见的重要背景，包括：说明注册会计师按照审计准则的规定执行了审计工作；提及审计报告中用于描述审计准则规定的审计人员责任的部分；声明注册会计师按照与审计相关的职业道德要求（指明适用的职业道德要求，如注册会计师职业道德守则），独立于被审计单位，并履行了职业道德方面的其他责任；说明注册会计师是否相信获取的审计证据是充分、适当的，为发表审计意见提供了基础。

五、管理层对财务报表的责任

该部分应当说明管理层负责下列方面：按照适用的财务报告编制基础的规定编制财

务报表,使其实现公允反映,并设计、执行和维护必要的内部控制,以使财务报表不存在由于舞弊或错误导致的重大错报,提及这两种责任有助于向财务报表使用者解释执行审计工作的前提;评估被审计单位的持续经营能力和使用持续经营假设是否适当,并披露与持续经营相关的事项(如适用),对管理层评估责任的说明应包括描述在何种情况下使用持续经营假设是适当的。另外,审计报告中应当使用特定国家或地区法律框架下的恰当术语,而不必限定为"管理层",在某些国家或地区恰当的术语可能是"治理层"。

六、注册会计师对财务报表审计的责任

该部分应当包括:说明注册会计师的目标是对财务报表整体是否不存在由于舞弊或错误导致的重大错报获取合理保证,并出具包含审计意见的审计报告;说明合理保证是高水平的保证,但并不能保证按照审计准则执行的审计在某一重大错报存在时总能发现;说明错报可能由于舞弊或错误导致。在说明错报可能由于舞弊或错误导致时,注册会计师应当从以下两种做法中选取一种:一是描述如果合理预期错报单独或汇总起来可能影响财务报表使用者依据财务报表作出的经济决策,则通常认为错报是重大的。二是根据适用的财务报告编制基础,提供关于重要性的定义或描述。

该部分也应包括:第一,说明在按照审计准则执行审计工作的过程中,注册会计师运用职业判断,并保持职业怀疑。第二,通过说明注册会计师的责任,对审计工作进行描述。这些责任包括:①识别和评估由于舞弊或错误导致的财务报表重大错报风险,设计和实施审计程序以应对这些风险,并获取充分、适当的审计证据,作为发表审计意见的基础。由于舞弊可能涉及串通、伪造、故意遗漏、虚假陈述或凌驾于内部控制之上,未能发现由于舞弊导致的重大错报的风险高于未能发现由于错误导致的重大错报的风险。②了解与审计相关的内部控制,以设计恰当的审计程序,但目的并非对内部控制的有效性发表意见。当注册会计师有责任在财务报表审计的同时对内部控制的有效性发表意见时,则应略去此引号内的表述。③评价管理层选用会计政策的恰当性和作出会计估计及相关披露的合理性。④对管理层使用持续经营假设的恰当性得出结论。同时,根据获取的审计证据,就可能导致对被审计单位持续经营能力产生重大疑虑的事项或情况是否存在重大不确定性得出结论。如果注册会计师得出结论认为存在重大不确定性,审计准则要求注册会计师在审计报告中提请报表使用者关注财务报表中的相关披露;如果披露不充分,则应发表非无保留意见。注册会计师的结论是基于截至审计报告日可获得的信息的,但未来的事项或情况可能导致被审计单位不能持续经营。⑤评价财务报表的总体列报(包括披露)、结构和内容,以及财务报表是否公允反映相关交易和事项。第三,若《中国注册会计师审计准则第1401号——对集团财务报表审计的特殊考虑》适用,则通过说明以下事项,进一步描述注册会计师在集团审计业务中的责任:①注册会计师的责任是就集团中实体或业务活动的财务信息获取充分、适当的审计证据,以对合并财务报表发表审计意见。②注册会计师负责指导、监督和执行集团审计。③注册会计师对审计意见承担全部责任。

此外,该部分还应包括:说明注册会计师与治理层就计划的审计范围、时间安排和重大审计发现等事项进行沟通,包括沟通注册会计师在审计中识别的值得关注的内部控制缺陷;对于上市实体财务报表审计,指出注册会计师就已遵守与独立性相关的职业道德要求向治理层提供声明,并与治理层沟通可能被合理地认为影响注册会计师独立性的所有

关系和其他事项,以及相关的防范措施(如适用);对于上市实体财务报表审计,以及决定按照相关审计准则的规定沟通关键审计事项的其他情况,说明注册会计师从与治理层沟通过的事项中确定哪些事项对本期财务报表审计最为重要,因而构成关键审计事项。注册会计师应当在审计报告中描述这些事项,除非法律法规禁止公开披露这些事项,或在极少数情形下,注册会计师合理预期在审计报告中沟通某事项造成的负面后果超过在公众利益方面产生的益处,因而决定不应在审计报告中沟通该事项。

七、按照相关法律法规的要求报告的事项(如适用)

除审计准则规定的注册会计师责任外,如果注册会计师在对财务报表出具的审计报告中履行其他报告责任,应当在审计报告中将其单独作为一部分,并以"按照相关法律法规的要求报告的事项"为标题,或使用适合该部分内容的其他标题,除非其他报告责任涉及的事项与审计准则规定的报告责任涉及的事项相同。当涉及相同的事项时,其他报告责任可以在审计准则规定的同一报告要素部分列示。需要注意的是,若将其他报告责任在审计准则要求的同一报告要素部分列示,审计报告必须清楚区分其他报告责任和审计准则要求的报告责任。若审计报告将其他报告责任单独作为一部分,则前述审计准则的有关要求应当置于"对财务报表出具的审计报告"标题下,而将"按照相关法律法规的要求报告的事项"部分置于"对财务报表出具的审计报告"部分之后。

八、注册会计师的签名和盖章与会计师事务所的名称、地址和盖章

审计报告应当由项目合伙人和另一名负责该项目的注册会计师签名和盖章,并应当在对上市实体整套通用目的财务报表出具的审计报告中注明项目合伙人,以进一步增强对审计报告使用者的透明度。不仅如此,还应载明会计师事务所的名称、地址,并加盖公章。在某些情形下,法律法规可能允许在审计报告中使用电子签名。

九、报告日期

审计报告应当注明报告日期。审计报告的日期向审计报告使用者表明,注册会计师已考虑其知悉的、截至审计报告日发生的交易和事项的影响(至于注册会计师对审计报告日后发生的交易和事项的责任,有关期后事项的审计准则作出了相应的规定)。审计报告日应是注册会计师完成外勤审计工作之日,而不是被审计单位财务报表截止日或财务报表批准之日(即经认可的有权机构确定整套财务报表已经编制完成并声称对此负责的日期,因为财务报表需经董事会或类似机构批准后方可对外报出),也不是审计报告完稿、印发之日。报告日期不应早于注册会计师获取充分、适当的审计证据,并在此基础上对财务报表形成审计意见的日期。

在确定审计报告日期时,注册会计师应当确信已获取下列两方面的审计证据:①构成整套财务报表的所有报表(包括相关附注)已编制完成。②被审计单位的董事会、管理层或类似机构已经认可其对财务报表负责。

注册会计师签署审计报告的日期通常与管理层签署已审计财务报表的日期为同一天,或晚于管理层签署已审计财务报表的日期。

第四节 审计报告的参考格式

审计报告分为标准审计报告和非标准审计报告。

一、标准审计报告

当注册会计师出具的无保留意见的审计报告不附加说明段、强调事项段或任何修饰性用语时,该报告称为标准审计报告。标准审计报告包含的审计报告要素齐全,属于无保留意见,且不附加说明段、强调事项段或任何修饰性用语。

标准审计报告的参考格式①,如表14-2所示。

表14-2   标准审计报告

审计报告

ABC 股份有限公司全体股东:

(一) 审计意见

我们审计了 ABC 股份有限公司(以下简称 ABC 公司)财务报表,包括2021年12月31日的资产负债表,2021年度的利润表、现金流量表、股东权益变动表以及相关财务报表附注。

我们认为,后附的财务报表在所有重大方面按照企业会计准则的规定编制,公允反映了 ABC 公司2021年12月31日的财务状况以及2021年度的经营成果和现金流量。

(二) 形成审计意见的基础

我们按照中国注册会计师审计准则的规定执行了审计工作。审计报告的"注册会计师对财务报表审计的责任"部分进一步阐述了我们在这些准则下的责任。按照中国注册会计师职业道德守则,我们独立于 ABC 公司,并履行了职业道德方面的其他责任。我们相信,我们获取的审计证据是充分、适当的,为发表审计意见提供了基础。

(三) 关键审计事项

关键审计事项是我们根据职业判断,认为对本期财务报表审计最为重要的事项。这些事项的应对以对财务报表整体进行审计并形成审计意见为背景,我们不对这些事项单独发表意见。

按照审计准则《在审计报告中沟通关键审计事项》的规定描述每一关键审计事项

(四) 其他信息

按照审计准则《注册会计师对其他信息的责任》的规定报告。

(五) 管理层和治理层对财务报表的责任

ABC 公司管理层(以下简称管理层)负责按照企业会计准则的规定编制财务报表,使其实现公允反映,并设计、执行和维护必要的内部控制,以使财务报表不存在由于舞弊或错误导致的重大错报。

在编制财务报表时,管理层负责评估 ABC 公司的持续经营能力,披露与持续经营相关的事项(如适用),并运用持续经营假设,除非管理层计划清算 ABC 公司、终止运营或别无其他现实的选择。治理层负责监督 ABC 公司的财务报告过程。

(六) 注册会计师对财务报表审计的责任

我们的目标是对财务报表整体是否不存在由于舞弊或错误导致的重大错报获取合理保证,并出具包含审计意见的审计报告。合理保证是高水平的保证,但并不能保证按照审计准则执行的审计在某一重大错报存在时总能发现。错报可能由于舞弊或错误导致,如果合理预期错报单独或汇总起来可能影响财务报表使用者依据财务报表作出的经济决策,则通常认为错报是重大的。

在按照审计准则执行审计工作的过程中,我们运用职业判断,并保持职业怀疑。同时,我们也执行以下工作:

---

① 本书所涉及的审计报告均不包含"按照相关法律法规的要求报告的事项"部分。

(续表)

(1) 识别和评估由于舞弊或错误导致的财务报表重大错报风险,设计和实施审计程序以应对这些风险,并获取充分、适当的审计证据,作为发表审计意见的基础。由于舞弊可能涉及串通、伪造、故意遗漏、虚假陈述或凌驾于内部控制之上,未能发现由于舞弊导致的重大错报的风险高于未能发现由于错误导致的重大错报的风险。

(2) 了解与审计相关的内部控制,以设计恰当的审计程序,但目的并非对内部控制的有效性发表意见。

(3) 评价管理层选用会计政策的恰当性和作出会计估计及相关披露的合理性。

(4) 对管理层使用持续经营假设的恰当性得出结论。同时,根据获取的审计证据,就可能导致对ABC公司持续经营能力产生重大疑虑的事项或情况是否存在重大不确定性得出结论。如果我们得出结论认为存在重大不确定性,审计准则要求我们在审计报告中提请报表使用者注意财务报表中的相关披露;如果披露不充分,我们应当发表非无保留意见。我们的结论基于截至审计报告日可获得的信息。然而,未来的事项或情况可能导致ABC公司不能持续经营。

(5) 评价财务报表的总体列报(包括披露)、结构和内容,并评价财务报表是否公允反映相关交易和事项。

我们与治理层就计划的审计范围、时间安排和重大审计发现等事项进行沟通,包括沟通我们在审计中识别出的值得关注的内部控制缺陷。

我们还就已遵守与独立性相关的职业道德要求向治理层提供声明,并与治理层沟通可能被合理认为影响我们独立性的所有关系和其他事项,以及相关的防范措施(如适用)。

从与治理层沟通过的事项中,我们确定哪些事项对本期财务报表审计最为重要,因而构成关键审计事项。我们在审计报告中描述这些事项,除非法律法规禁止公开披露这些事项,或在极少数情形下,如果合理预期在审计报告中沟通某事项造成的负面后果超过在公众利益方面产生的益处,我们确定不应在审计报告中沟通该事项。

×××会计师事务所	中国注册会计师:×××
(盖章)	(项目合伙人)(签名并盖章)
	中国注册会计师:×××
	(签名并盖章)
中国××市	二〇二二年×月×日

二、非标准审计报告

非标准审计报告是指标准审计报告以外的其他审计报告,包括带强调事项段的无保留意见审计报告和非无保留意见审计报告。非无保留意见审计报告包括保留意见审计报告、否定意见审计报告和无法表示意见的审计报告。

当出具非无保留意见审计报告时,注册会计师应当在注册会计师的责任段之后、审计意见段之前增加说明段,清楚地说明导致发表意见或无法发表意见的所有原因,并在可能情况下,指出其对财务报表的影响程度。

(一) 带强调事项段的无保留意见审计报告

注册会计师在审计意见后增加强调事项段不影响已发表的审计意见,其目的是提醒财务报表使用者关注这些事项,而不是为减轻自身责任所作的开脱。

以往审计实践中,存在滥用强调事项的情况,其不但降低了注册会计师沟通所强调事项的有效性,而且也存在以强调事项段不合理替代说明段而变更审计意见类型的嫌疑。同时,与财务报表中的列报或披露相比,在强调事项段中包括过多的信息,可能隐含着这些事项未被恰当列报或披露。因此,审计准则规定强调事项段的使用限制在财务报表已列报或披露的事项上,具体包括以下内容:

(1) 异常诉讼或监管行动的未来结果存在不确定性。

(2) 提前应用(在允许的情况下)对财务报表有广泛影响的新会计准则。

(3) 存在已经或持续对被审计单位财务状况产生重大影响的特大灾难。

(4) 相关部门要求采用的财务报告编制基础不可接受,管理层同意在财务报表中作出额外披露时。

(5) 强调可能导致对持续经营能力产生重大疑虑的事项或情况存在重大不确定性的事实,并提醒财务报表使用者关注财务报表附注中的相关披露。

(6) 提醒财务报表使用者关注财务报表附注中有关修改原财务报表的详细原因和注册会计师提供的原审计报告。

(7) 提醒审计报告使用者关注财务报表按照特殊目的编制基础编制。

带强调事项段的无保留意见审计报告的参考格式,如表14-3所示。

表14-3　　　　　　　带强调事项段的无保留意见审计报告

审计报告
ABC股份有限公司全体股东: (一) 审计意见(略) (二) 形成审计意见的基础(略) (三) 强调事项 　　我们提醒财务报表使用者关注,如财务报表附注×所述,ABC公司在2021年发生亏损××万元,在2021年12月31日,流动负债高于流动资产××万元。ABC公司已在财务报表附注×充分披露了拟采取的改善措施,但其持续经营能力仍然存在重大不确定性。 (四) 其他信息(略) (五) 管理层和治理层对财务报表的责任(略) (六) 注册会计师对财务报表的责任(略) ××会计师事务所　　　　　　　　　　　　　　　中国注册会计师×××(签名并盖章) (盖章) 中国××市　　　　　　　　　　　　　　　　　中国注册会计师×××(签名并盖章) 　　　　　　　　　　　　　　　　　　　　　　二〇二二年×月×日

案例 14-1

背景与情境: ABC会计师事务所指派注册会计师A和B审计某市机场股份有限公司2021年财务报表时,发现报表附注中披露了下列诉讼事项:本公司原总经理涉嫌贷款诈骗犯罪被市公安局于2020年1月24日立案侦查,并经市人民检察院批准于2020年3月1日被公安局逮捕。市公安局侦查上述案件结束后,已移送市人民检察院并由其提起公诉。2021年4月24日和4月11日,市中级人民法院先后两次开庭审理涉嫌贷款诈骗案件。截至2022年3月3日,市中级人民法院尚未作出判决。根据本公司聘请的常年法律顾问以及专项法律顾问的律师意见,涉嫌贷款诈骗是个人行为;上述案件涉及经济犯罪嫌疑,应当根据最高人民法院有关规定,将案件移送检察机关,或者依法中止诉讼;上述案件不是正常的贷款纠纷案件,而是贷款诈骗案件和违法发放贷款案件,且本公司未在上述银行开设银行账户,也未收到上述银行任何贷款,更未使用过上述银行贷款,犯罪嫌疑人非法签订贷款合同已经触犯刑律,是非法、无效的,本公司不应当依照非法无效的贷款合同承担归还贷款本息的责任。

问题: 在不考虑其他条件的前提下,注册会计师应当出具何种类型的审计报告?并请代为编制该审计报告。

分析提示: 注册会计师应当出具带强调事项段的无保留意见审计报告,具体格式如表14-4所示。

表 14-4　　**ABC 会计师事务所出具的带强调事项段的无保留意见审计报告**

<table>
<tr><td colspan="2" align="center">审计报告</td></tr>
<tr><td colspan="2">某市机场股份有限公司全体股东:
(一)审计意见
　　我们审计了后附的某市机场股份有限公司(以下简称机场股份)财务报表,包括2021年12月31日的资产负债表及合并资产负债表、2021年度的利润表及合并利润表、现金流量表及合并现金流量表、所有者权益变动表及合并所有者权益变动表以及财务报表附注。
　　我们认为,某市机场股份公司财务报表在所有重大方面按照企业会计准则的规定编制,公允反映了机场股份 2021 年12月31日的财务状况以及2021年度的经营成果和现金流量。
(二)形成审计意见的基础(略)
(三)强调事项
　　我们提醒财务报表使用者关注,如财务报表附注十所述,机场股份原总经理因涉嫌贷款诈骗罪被市公安局逮捕,并被市人民检察院提起刑事诉讼。该案中涉嫌被诈骗的两家贷款银行相继起诉机场公司,要求机场公司返还借款本金、利息及罚息等共计人民币 247 788 194.36 元(利息及罚息计至起诉之日)。截至 2022 年 3 月 3 日,相关人民法院对上述案件已裁定中止审理或正在审理中,尚未作出最终判决。由于机场股份从未办理和使用上述贷款,根据法律顾问等方面的意见,涉嫌贷款诈骗为个人行为,与深圳机场无关。本段内容不影响已发表的审计意见。
(四)其他信息(略)
(五)管理层和治理层对财务报表的责任(略)
(六)注册会计师对财务报表的责任(略)</td></tr>
<tr><td>×××会计师事务所
(盖章)</td><td>中国注册会计师×××(签名并盖章)

中国××市中国注册会计师×××(签名并盖章)
二〇二二年×月×日</td></tr>
</table>

(二)保留意见审计报告

1. 保留意见的概念

保留意见是指注册会计师对财务报表的反映有所保留的审计意见。一般是由于某些事项的存在,使无保留意见的条件不完全具备,影响了被审计单位财务报表的表达,因而注册会计师对无保留意见加以修正,对影响事项提出保留意见,并表示对该意见负责。

2. 保留意见的出具

当由于财务报表存在重大错报而发表保留意见时,注册会计师应当根据适用的财务报告编制基础在审计意见段中说明:注册会计师认为,除导致保留意见的事项段所述事项产生的影响外,财务报表在所有重大方面按照适用的财务报告编制基础编制,并实现公允反映。

当无法获取充分、适当的审计证据而导致发表保留意见时,注册会计师应当在审计意见段中使用"除……可能产生的影响外"等措辞。

当注册会计师发表保留意见时,在审计意见段中使用"由于上述解释"或"受……影响"等措辞是不恰当的,因为这些措辞不够清晰或没有足够的说服力。

应当指出的是,只有当注册会计师认为财务报表就其整体而言是公允的,但还存在对财务报表产生重大影响的情形,才能出具保留意见审计报告。如果注册会计师认为所报告的情形对财务报表产生的影响极为严重,则应出具否定意见审计报告或无法表示意见的审计报告。因此,保留意见审计报告被视为注册会计师在不能出具无保留意见审计报告的情况下最不严厉的审计报告。

(1) 因会计政策选用不恰当而出具的保留意见审计报告的参考格式,如表 14-5 所示。

表 14-5　　　　　　　会计政策选用不恰当而出具的保留意见审计报告

审计报告
ABC 股份有限公司全体股东: (一) 保留意见 　　我们审计了后附的 ABC 股份有限公司(以下简称 ABC 公司)财务报表,包括 2021 年 12 月 31 日的资产负债表,2021 年度的利润表、现金流量表和股东权益变动表以及财务报表附注。 　　我们认为,除"形成保留意见的基础"部分所述事项产生的影响外,ABC 公司的财务报表在所有重大方面按照企业会计准则的规定编制,公允反映了 ABC 公司 2021 年 12 月 31 日的财务状况以及 2021 年度的经营成果和现金流量。 (二) 形成保留意见的基础 　　如财务报表附注×所述,ABC 公司 2021 年×月购入的×类固定资产没有计提折旧。如果按照 ABC 公司固定资产折旧政策,应当计提折旧费用×万元。相应地,ABC 公司 2021 年 12 月 31 日的累计折旧应当增加×万元,固定资产账面净值减少×万元,2021 年度净利润减少×万元。 (三) 管理层和治理层对财务报表的责任(略) (四) 注册会计师对财务报表的责任(略) ××会计师事务所　　　　　　　　　　　中国注册会计师×××(签名并盖章) (盖章) 　　　　　　　　　　　　　　　　　中国××市中国注册会计师×××(签名并盖章) 　　　　　　　　　　　　　　　　　　　　　　　　　　　二〇二二年×月×日

(2) 因财务报表披露不充分而出具的保留意见审计报告的参考格式,如表 14-6 所示。

表 14-6　　　　　　　因财务报表披露不充分而出具的保留意见审计报告

审计报告
ABC 股份有限公司全体股东: (一) 保留意见 　　我们审计了后附的 ABC 股份有限公司(以下简称 ABC 公司)财务报表,包括 2021 年 12 月 31 日的资产负债表,2021 年度的利润表、现金流量表和股东权益变动表以及财务报表附注。 　　我们认为,除"形成保留意见的基础"部分所述事项产生的影响外,ABC 公司的财务报表在所有重大方面按照企业会计准则的规定编制,公允反映了 ABC 公司 2021 年 12 月 31 日的财务状况以及 2021 年度的经营成果和现金流量。 (二) 形成保留意见的基础 　　2021 年 12 月 14 日,ABC 公司将账面价值为×万元的存货作为抵押品,向×银行借款×万元,但未在财务报表中对抵押事项予以披露。 (三) 管理层和治理层对财务报表的责任(略) (四) 注册会计师对财务报表的责任(略) ××会计师事务所　　　　　　　　　　　中国注册会计师×××(签名并盖章) (盖章) 　　　　　　　　　　　　　　　　　中国××市中国注册会计师×××(签名并盖章) 　　　　　　　　　　　　　　　　　　　　　　　　　　　二〇二二年×月×日

第十四章 审计报告的编制

(3) 因审计范围受到限制而出具保留意见审计报告的参考格式,如表 14-7 所示。

表 14-7　　　　　因审计范围受到限制而出具保留意见的审计报告

审计报告
ABC 股份有限公司全体股东: (一) 保留意见 　　我们审计了后附的 ABC 股份有限公司(以下简称 ABC 公司)财务报表,包括 2021 年 12 月 31 日的资产负债表、2021 年度的利润表、现金流量表和股东权益变动表以及财务报表附注。 　　我们认为,除"形成保留意见的基础"部分所述事项产生的影响外,ABC 公司的财务报表在所有重大方面按照企业会计准则的规定编制,公允反映了 ABC 公司 2021 年 12 月 31 日的财务状况以及 2021 年度的经营成果和现金流量。 (二) 形成保留意见的基础 　　ABC 公司 2021 年 12 月 31 日的应收账款余额为×万元,占资产总额的×%。但由于 ABC 公司未能提供债务人地址,我们无法实施函证,且无法实施其他审计程序,以获取充分、适当的审计证据。 (三) 管理层和治理层对财务报表的责任(略) (四) 注册会计师对财务报表的责任(略) ××会计师事务所　(盖章)　　　　　　　中国注册会计师×××(签名并盖章) 中国××市　　　　　　　　　　　　　　中国注册会计师×××(签名并盖章) 　　　　　　　　　　　　　　　　　　　　　　　　　　二○二二年×月×日

案例 14-2

背景与情境: 某会计师事务所于 2023 年 1 月 20 日接受甲公司委托对其实施 2022 年报审计业务。甲公司是一电脑销售企业,注册会计师小张带领审计项目组于当日进驻甲公司后发现该公司仓库存货已于 2022 年 12 月 31 日盘点完毕,由于存货数量巨大,被审计单位拒绝重新盘点存货,注册会计师也无法实施存货监盘。审计工作按预先设定时间实施后,负责其他项目审计的项目组其他成员反馈的情况是,除存货外的其他项目都取得充分、适当的审计证据,不存在问题。由此,项目组负责人注册会计师小张认为,尽管报表上显示存货金额占资产总额的 30% 左右,但被审计单位报告年度末刚实施过存货盘点,盘点记录也比较齐全,因此不再对存货实行监盘而直接予以认定,决定出具标准审计报告。

问题: 注册会计师小张决定出具标准审计报告是否合适?为什么?

分析提示: 注册会计师职业道德守则要求注册会计师在执业过程中要保持职业谨慎,收集到充分、适当的审计证据后才能形成审计意见。案例中项目组由于审计范围受限,无法实施存货监盘,对占资产总额 30% 左右的存货项目无法获取充分、适当的审计证据,就不能形成审计意见。审计准则要求,在承接审计业务后,如果注意到管理层对审计范围施加了限制,且认为这些限制可能导致对财务报表发表保留意见或无法表示意见,注册会计师应当要求管理层消除这些限制。如果管理层拒绝消除限制,除非治理层全部成员参与管理被审计单位,注册会计师应当就此事项与治理层沟通,并确定能否实施替代程序以获取充分、适当的审计证据。如果无法获取充分、适当的审计证据,注册会计师应当通过下列方式确定其影响:①如果未发现的错报(如存在)可能对财务报表产生的影响重大,但不具有广泛性,应当发表保留意见。②如果未发现的错报(如存在)可能对财务报表产生的影响重大且具有广泛性,以至于发表保留意见不足以反映情况的严重性,应当在可行时解除业务约定(除非法律法规禁止)。注册会计师应当在解除业务约定前,与治理层沟通在审计过程中发现的、将会导致发表非无保留意见的所有错报事项。③如果在出具审计报告之前解除业务约定被禁止或不可行,应当发表无法表示意见。

(三)否定意见审计报告

1. 否定意见的概念

否定意见是指与无保留意见相反,注册会计师提出否定财务报表公允地反映被审计单位财务状况、经营成果和现金流量的审计意见。

2. 否定意见的出具

注册会计师经过审计后,如果认为财务报表未按照适用的会计准则和相关会计制度的规定编制,未能在所有重大方面公允地反映被审计单位的财务状况、经营成果和现金流量,注册会计师应当出具否定意见审计报告。

当出具否定意见审计报告时,注册会计师应当在意见段中使用"由于上述问题造成的重大影响""由于受到前段所述事项的重大影响"等专业术语。

应当指出的是,只有当注册会计师认为财务报表存在重大错报会误导使用者,以至于财务报表的编制不符合使用的会计准则和相关会计制度的规定,未能从整体上公允反映被审计单位财务状况、经营成果和现金流量,注册会计师才出具否定意见的审计报告。否定意见审计报告的参考格式,如表14-8所示。

表14-8　　　　　　　　　　否定意见审计报告

审计报告
ABC股份有限公司全体股东:
(一)否定意见
我们审计了后附的ABC股份有限公司(以下简称ABC公司)财务报表,包括2021年12月31日的资产负债表,2021年度的利润表、现金流量表和股东权益变动表以及财务报表附注。
我们认为,由于"形成否定意见的基础"部分所述事项的重要性,ABC公司的财务报表没有在所有重大方面按照企业会计准则的规定编制,未能公允反映ABC公司2021年12月31日的财务状况以及2021年度的经营成果和现金流量。
(二)形成否定意见的基础
如财务报表附注×所述,ABC公司的长期股权投资未按企业会计准则的规定采用权益法核算。如果按权益法核算,ABC公司的长期投资账面价值将减少×万元,净利润将减少×万元,从而导致ABC公司由盈利×万元变为亏损×万元。
(三)管理层和治理层对财务报表的责任(略)
(四)注册会计师对财务报表的责任(略)
××会计师事务所　　　　　　　　　　　　中国注册会计师×××(签名并盖章)
(盖章)
中国××市　　　　　　　　　　　　　　　中国注册会计师×××(签名并盖章)
二〇二二年×月×日

(四)无法表示意见的审计报告

1. 无法表示意见的概念

无法表示意见是指注册会计师说明其对被审计单位的财务报表不能发表意见,也即对财务报表不能发表包括无保留、保留和否定的审计意见。

2. 无法表示意见的情形

如果审计范围受到限制,可能产生的影响非常重大和广泛,不能获取充分、适当的审计证据,以至无法对财务报表发表意见,注册会计师应当出具无法表示意见的审计报告。

当出具无法表示意见的审计报告时,注册会计师应当删除注册会计师的责任段,并在意见段中使用"由于审计范围受到限制可能产生的影响非常重大和广泛""我们无法对上述财务报表发表意见"等专业术语。

只有当审计范围受到限制可能产生的影响非常重大和广泛,不能获取充分、适当的审计证据,以至于无法确定财务报表的合法性与公允性时,注册会计师才应当出具无法表示意见的审计报告。无法表示意见不同于否定意见,它通常仅适用于注册会计师不能获取充分、适当的审计证据。如果注册会计师发表否定意见,必须获取充分、适当的审计证据。无论是无法表示意见还是否定意见,都只有在非常严重的情形才适用。

无法表示意见的审计报告的参考格式,如表 14-9 所示。

表 14-9　　　　　　　　　　　**无法表示意见的审计报告**

审计报告

ABC 股份有限公司全体股东:

(一) 无法表示意见

我们审计了后附的 ABC 股份有限公司(以下简称 ABC 公司)财务报表,包括 2021 年 12 月 31 日的资产负债表,2021 年度的利润表、现金流量表和股东权益变动表以及财务报表附注。

我们不对后附的 ABC 公司财务报表发表审计意见。由于"形成无法表示意见的基础"部分所述事项的重要性,我们无法获取充分、适当的审计证据以作为发表审计意见的基础。

(二) 形成无法表示意见的基础

ABC 公司未对 2021 年 12 月 31 日的存货进行盘点,金额为×万元,占期末资产总额的 40%,我们无法实施存货监盘,也无法实施替代审计程序以对期末存货的数量和状况获取充分、适当的审计证据。

(三) 管理层和治理层对财务报表的责任(略)

(四) 注册会计师对财务报表的责任(略)

××会计师事务所　　　　　　　　　　　中国注册会计师×××(签名并盖章)

(盖章)

中国××市　　　　　　　　　　　　　　中国注册会计师×××(签名并盖章)

二〇二二年×月×日

第十四章 审计报告的编制

课 堂 测 试

班级_____ 姓名_____ 学号_____ 日期_____ 分数_____

一、单项选择题(每题 7 分,共计 56 分)

1. 下列各项中,不属于审计报告的要素的是(   )。
   A. 审计报告后附的财务报表和附注
   B. 形成审计意见的基础
   C. 管理层对财务报表的责任
   D. 注册会计师对财务报表审计的责任

2. 下列有关审计报告日期的说法中,正确的是(   )。
   A. 注册会计师签署审计报告的日期必须与管理层签署已审计的财务报表为同一天
   B. 注册会计师签署审计报告的日期通常与财务报表报出日为同一天
   C. 注册会计师签署审计报告的日期可以晚于财务报表报出日
   D. 注册会计师签署审计报告的日期通常与管理层签署已审计财务报表的日期为同一天,也可以晚于管理层签署已审计财务报表的日期

3. 下列各项中,会导致注册会计师发表否定意见的是(   )。
   A. 在获取充分、适当的审计证据后,注册会计师认为错报单独或汇总起来对财务报表影响重大,但不具有广泛性
   B. 注册会计师无法获取充分、适当的审计证据以作为形成审计意见的基础,但认为未发现的错报对财务报表可能产生的影响重大,但不具有广泛性
   C. 在获取充分、适当的审计证据后,注册会计师认为错报单独或汇总起来对财务报表的影响重大且具有广泛性
   D. 注册会计师无法获取充分、适当的审计证据以作为形成审计意见的基础,但认为未发现的错报对财务报表可能产生的影响重大且具有广泛性

4. 下列有关审计意见类型的说法中,错误的是(   )。
   A. 如果认为有必要对财务报表整体发表非无保留意见时,不应在同一审计报告中对按照相同财务报告编制基础编制的单一财务报表或者财务报表特定要素、账户或项目发表无保留意见
   B. 非无保留意见是指保留意见、否定意见或无法表示意见
   C. 保留意见被视为注册会计师在不能发表无保留意见情况下最严厉的审计意见
   D. 因审计范围受到限制而发表保留意见还是无法表示意见,取决于无法获取的审计证据对形成审计意见的重要性

5. 下列有关强调事项段的说法中,错误的是(   )。
   A. 强调事项段是对已在财务报表中恰当列报或披露,并且根据注册会计师的职业判断对财务报表使用者理解财务报表至关重要的事项的强调

B. 强调事项段是对已在财务报表列报或披露但是列报或披露的内容不恰当,并且根据注册会计师的职业判断对财务报表使用者理解财务报表至关重要的事项的强调

C. 强调事项段不能代替发表非无保留意见的情形

D. 强调事项段对审计意见没有影响

6. 下列事项中,不会导致注册会计师在审计报告中增加强调事项段的是( )。

   A. 异常诉讼或监管行动的未来结果存在不确定性
   B. 提醒财务报表使用者注意财务报表按照特殊目的编制基础编制
   C. 与使用者理解注册会计师的责任或审计报告相关的情形
   D. 法律法规规定的财务报告编制基础不可接受,但其是基于法律或法规作出的规定

7. 下列有关其他事项段的说法中,错误的是( )。

   A. 其他事项段是指未在财务报表中列报或披露的事项,根据注册会计师的职业判断,该事项与财务报表使用者理解审计工作、注册会计师的责任或审计报告相关的段落
   B. 针对注册会计师除根据审计准则的规定以外的其他报告责任,注册会计师不可以通过增加其他事项段来说明
   C. 增加其他事项段,不涉及注册会计师可能被要求实施额外的规定的程序并予以报告,或对特定事项发表意见的情形
   D. 如果拟在审计报告中增加其他事项段,注册会计师应就该事项和拟使用措辞与管理层沟通

8. 下列有关强调事项段和其他事项段的说法中,错误的是( )。

   A. 过于广泛地使用强调事项段,可能会降低注册会计师对强调事项所作沟通的有效性
   B. 特定情况下,注册会计师可能认为有必要在审计报告中增加其他事项段,解释为何不能解除业务约定
   C. 拟在审计报告中增加强调事项段,无需就该事项和拟使用的措辞与治理层沟通
   D. 拟在审计报告中增加其他事项段,注册会计师应当就该事项和拟使用的措辞与治理层沟通

二、多项选择题(每题11分,共计44分)

1. 下列各项中,属于财务报表审计意见类型的有( )。

   A. 保留意见   B. 否定意见
   C. 无法表示意见   D. 无保留意见

2. 下列有关审计报告的要素的说法中,正确的有( )。

   A. 注册会计师通常将审计报告致送给财务报表使用者,一般是被审计单位的股东或治理层
   B. 在对上市实体整套通用目的财务报表出具的审计报告中应当注明项目合伙人
   C. 审计报告应当包含标题为"注册会计师对财务报表审计的责任"的部分
   D. 审计报告应当载明被审计单位的名称和地址,并加盖被审计单位公章

3. 下列各项中,可能属于审计范围受到限制的情形有( )。

A. 注册会计师无法实施特定程序,只能通过替代程序获取证据
B. 被审计单位的会计记录已被毁坏
C. 重要组成部分的会计记录已被政府有关机构无限期地查封
D. 管理层阻止注册会计师对特定账户余额实施函证

4. 下列各项中,可能需要增加强调事项段的情形有(   )。
A. 在财务报表日至审计报告日之间发生的重大期后事项
B. 异常诉讼或监管行动的未来结果存在不确定性
C. 存在已经或持续对被审计单位财务状况产生重大影响的特大灾难
D. 在允许的情况下,提前应用对财务报表有重大影响的新会计准则

第十五章

大数据环境下的审计

知识导航

大数据环境下的审计
- 大数据审计概述
  - 大数据审计的背景
  - 大数据审计的意义
- 大数据环境对传统审计的影响
  - 大数据环境对审计取证模式的影响
  - 大数据环境对审计流程的影响
  - 大数据环境对审计方法的影响
  - 大数据环境对审计作业模式的影响
  - 大数据环境对审计规范的影响
  - 大数据环境对审计人才需求的影响
- 区块链与审计
- 展望

学习目标

1. 理解大数据审计的背景和意义。
2. 了解大数据环境对传统审计模式和审计方法的影响。
3. 熟悉区块链与审计之间的关系。

政府审计部门用"大数据"挽回损失 1 300 万元

某审计局在部门经济责任审计项目中,重点关注了该部门掌管的众多专项资金中的物联网产业扶持资金,充分利用"大数据"发现、核实政府产业扶持专项资金被骗取,且通过各级联动追回了 1 300 万元的资金。在对获扶持企业的申报资料比对检查过程中,审计人员发现多家企业虽然经营范围、申报项目不同,但其联系电话却相同,经进一步分析发现其申报资料也存在疑点。审计人员通过国家工商企业信用公开的外部数据,从企业工商登记信息、联系方式、股东信息等着手分析,发现多家企业是由同一伙人所控制的现象,且通过不同项目申报并获得物联网专项资金近 1 300 万元。审计人员进一步查询涉及企业的地税等众多数据,发现这些企业是无经营收入、无税收、无业务人员的异常企业。为此,审计人员对这些企业申报扶持资金的资料进行了逐项检查,并外调查询相关信息,发现其提供的合同协议等资料普遍存在造假情况。最终得出结论：相关人员存在通过对企业的收购和更名注册资金等方式，以虚假项目申报物联网专项资金的违法行为。由于审计及时上报并移送相关部门，被骗取的资金已全部追回，为国家挽回了重大损失。

从引例可见，大数据时代，审计环境发生了变化，审计的对象、内容和方法都发生了巨大变化。数据类型和数据来源的多样化推动了审计技术方法的创新，审计中的数据分析方法和现代技术在审计中的应用，大大提高了审计的效率和效果。

思考：

如何积极探索和创新大数据时代审计信息化建设的方式方法？

第一节 大数据审计概述

一、大数据审计的背景

随着科技和社会的发展及信息技术和计算机网络的兴起，各行各业的数据量不断增加，伴着结构化数据、文字、图像、音视频等半结构化和非结构化数据的大量涌现，数据规模、数据种类极速增长，大数据时代已经来临。数据价值日益凸显，经济社会已经进入大数据时代。数据获取手段、数据处理技术的改进导致了"大数据"爆发。而随着数据生产的要素化，数据科学、数据科技的不断发展和数据价值的深度挖掘及应用，一场大数据革命正在进行，它将带动国家战略及区域经济发展，企业转型升级，社会管理及个人工作、生活等各个领域的创新和变革。如何真正应用好大数据，发挥大数据的作用，是当前所有人都在共同研究和探索的问题。伴随着大数据技术的发展、应用和实践，形成了庞大的大数据信息系统，如何鉴证大数据信息是否合法、安全、真实、可靠给审计带来了巨大难题，从而促进了审计技术与模式的变革。

国务院于2014年8月印发了《促进大数据发展行动纲要》，明确提出"大数据是以容量大、类型多、存取速度快、应用价值高为主要特征的数据集合，正快速发展为对数量巨大、来源分散、格式多样的数据进行采集、存储和关联分析，从中发现新知识、创造新价值、提升新能力的新一代信息技术和服务业态"。

政府资源计划（GRP）的应用使得金融、财政、海关、税务等关系国计民生的重要部门开始广泛运用计算机、数据库和网络等进行管理，政务信息全面数据化。财务业务一体化思想使得企业资源计划（ERP）在企业经营管理中得到广泛运用，经济业务的发生会自动驱动采购与付款系统、生产系统和销售与收款系统等采集电子数据，并将电子数据存储于业务数据仓库之中。而财务共享服务中心的理念与架构则直接驱动企业财务数据与业务数据进一步集中存储于"财务云"之中，即业务数据与财务数据全面"云化"。

审计署发布的《"十三五"国家审计工作发展规划》指出，我国将推进以大数据为核心的审计信息化建设，到2020年实现对经济社会各类主要信息数据的全归集，基本建成数字化审计指挥平台、大数据综合分析平台、审计综合作业平台、模拟仿真实验室和综合服务支撑系统，构建国家和省级审计数据系统，形成"国家审计云"，推动实现审计全覆盖。大数据应用于审计工作既符合国家的发展战略，也符合审计工作自身发展的需要。推进基于大数据的审计信息化建设是应对未来各种挑战及实现审计全覆盖的必由之路。

大数据审计是指审计机关遵循大数据理念,运用大数据技术方法和工具,利用数量巨大、来源分散、格式多样的经济社会运行数据,开展跨层级、跨地域、跨系统、跨部门和跨业务的深入挖掘与分析,提升审计发现问题、评价判断、宏观分析的能力。与传统审计相比,大数据审计的对象非常复杂、抽象,所使用的技术方法更复杂高级,需要对数据的洞察更敏锐、更深刻。

大数据是信息化发展的必然趋势,大数据审计是审计机关适应时代发展的必然选择。2014年,审计署成立电子数据审计司,先后出台了有关审计业务电子数据管理、审计业务电子数据远程联网管理、建设特派办数据分析网和共享审计业务电子数据等的规定,明确了数据采集、管理、使用、安全等各环节要求,初步构建了较为完备、规范的大数据审计体系;地方各级审计机关也结合实际情况构建了大数据审计体系,取得了较好的成效。2016年,世界审计组织大会批准成立大数据审计工作组,中华人民共和国审计署担任工作组主席成员。

二、大数据审计的意义

在时代背景下,审计环境发生了翻天覆地的变化,审计的对象、内容和方法都发生了巨大的变化。审计数据呈现出数据体量大、数据类型多样性、数据价值密度低、数据处理速度快等大数据独有的特点,数据采集技术的飞速发展也将促进被审计单位的数据来源多样化。审计需要采集的数据,不仅包括数据库中的结构化电子数据,还包括一些会议记录、会议决议、办公会通知、办公文件,以及一些政策、内部控制手册、各个系统使用手册等非结构化数据;既有来自本单位的数据,也有来自关联企业、政府及金融机构以及互联网平台等其他类型数据。纸质材料将减少,审计对象更多体现为电子数据。

大数据时代,审计人员是否仍然能够按照传统审计处理逻辑开展审计工作?审计取证模式、审计流程、审计方法和审计作业模式是否应当发生变革?审计规范和审计人才应如何适应大数据时代发展的要求?如何更快地适应审计工作环境的变化,更迅速、准确地处理数据,积极探索和创新大数据时代审计信息化建设的方式方法,以应对海量信息给审计带来的机遇和挑战?这些问题都是摆在审计人员面前亟待解决的重要课题。

第二节 大数据环境对传统审计的影响

一、大数据环境对审计取证模式的影响

审计取证模式是指为实现特定审计目标而采取的审计策略、方式与方法。传统审计取证模式表现为以纸质材料等为切入点,通过检查纸质材料以获取审计线索或审计证据,这导致审计将面临如下制约因素:

(1) 审计效率低下,审计质量得不到保证。

(2) 纸化办公的实施,部分审计证据没有以纸质形式存在,审计范围被迫缩小,审计风险提高。

(3) 绝大部分内部控制手段被固化于信息系统之中,传统审计手段不能测试出内部控制的设计缺陷与执行缺陷。

为了适应大数据时代的发展要求,审计取证切入点必然应转向被审计单位的信息系统和底层电子数据。即对被审计单位信息系统进行审计以获取有关内部控制有效性的证据,运用数据分析技术与方法提高审计工作的效率,改善审计工作的效果。以被审计单位的信息系统作为审计取证切入点,其目的是测试被审计单位内部控制执行的有效性和保障被审计单位底层电子数据的真实可靠,为数据审计工作开展夯实基础;而以被审计单位底层电子数据作为审计取证切入点,是指运用数据采集、数据存储、数据标准化以及其他数据库技术构建审计数据库,并结合审计目标、法律法规、审计经验、数据分析方法或数据挖掘方法等构建数据分析模型,形成数据分析报告,进而延伸取证。

案例 15-1

背景与情境:政府审计人员在对公立医院审计时,为了控制数据风险,对医院提供的原始数据进行了符合性测试,核对了财务报表、业务报表中的相关数据,分析了数据库日志,将数据的人工修改行为作为重点进行了筛查,对信息系统的应用权限管理情况进行了审计,发现该医院部分模块员工的权限过大,未进行有效的内部控制,可能存在风险。例如,药库管理子系统中,药库药品的出入库单可由任意药库员工编制,且无须经过审核等程序,即可进入药品出库流程;处方管理系统未合理限制开单权限,医疗技术科室的医务人员也可开出处方。

对筛查出的疑点,审计人员进行了重点分析核实。针对人工修改数据的疑点,审计人员发现某科室主任的直系亲属在住院期间,曾经发生的床位费、护理费等费用被该科室护士人工多次冲销。经审计人员确认,该行为未经医院同意,属于违规减免,相关责任人员受到了处理。针对医疗技术科室具有开单权限的现象,该审计组调取了处方数据,筛选出了所有医技科室违规开出的处方。针对药库管理权限失控问题,审计组证实该院未实行重要岗位分离制度,授权随意,药品管理混乱,存在大量纸质未入系统的借药单据,期末盘点只核对药品总价,还有部分在12月31日零点盘点结束后几分钟内入库。据此,审计组将该院药品管理情况上报,建议对药品管理进行深入分析。

问题:以被审计单位的信息系统作为审计取证切入点,主要目的是什么?

分析提示:信息系统是内部控制的载体。信息系统是否安全,关系到内部控制的有效性。案例中审计人员对信息系统的应用权限进行了测试,从而发现部分员工权限过大的问题,然后经过进一步的核实,找到了问题的根源。根据信息系统审计中发现的薄弱环节,如权限控制问题、有效性验证问题,以及发现的内部控制制度问题为突破口,来查找具体问题。

二、大数据环境对审计流程的影响

在审计取证模式变革的引领下,大数据时代总体审计流程将发生以下变革:首先,审计人员需要开展信息系统审计,验证信息系统的可靠性。其次,通过采集被审计单位底层电子数据构建数据审计平台,开展数据分析并撰写数据分析报告,即数据审计。最后,根

第十五章 大数据环境下的审计

据数据分析报告延伸取证,进而完成终结审计并出具审计意见。数据审计流程可分为审计平台构建阶段、审计数据分析阶段、数据分析报告撰写阶段和审计延伸取证阶段。

三、大数据环境对审计方法的影响

传统手工环境下,审计人员常用的审计方法包括检查法、观察法、重新计算法、外部调查法、分析法、鉴定法等,是账项基础审计、制度基础审计和风险导向审计背景下的产物,主要应对以纸质材料为主的会计凭证、账簿和经济业务活动证明材料等。面对被审计单位越来越复杂的电子数据,审计人员必须在传统审计技术方法的基础上,开发新的审计技术以应对大数据时代思维方式转变所带来的挑战。

大数据时代,数据类型和数据来源的多样化将推动审计技术方法实现创新,审计技术方法的变革主要体现为数据分析方法和现代技术在审计中的广泛应用。例如,广州市审计局采用无人机航拍及遥感技术,对饮用水源保护区基础环境状况及管理现状进行识别和分析,仅用一个多月的时间就发现了大量饮用水源保护方面的违规行为。

(一)数据分析方法在审计中将得到广泛应用

大数据时代,数据具有结构多样化特征。既有来自数据库的结构化数据,也有来自网站、办公自动化系统等的文本、音频和视频等半结构化和非结构化数据。常规数据分析方法和数据挖掘方法可以实现对结构化数据的有效处理,但面对半结构化数据和非结构化数据,审计人员需要开发新的数据分析方法加以应对。根据信息技术的应用程度,数据分析方法可以划分为常规数据分析方法、数据挖掘方法和新兴大数据审计方法。

案例 15-2

背景与情境:审计人员在审计定点医疗机构是否存在医疗项目收费超出国家规定标准的问题时,根据医院信息管理系统(HIS)中的住院、门诊病人收费明细数据和国家诊疗项目收费标准进行关联查询,查询超出诊疗项目目录标准的收费明细数据;然后用编写好的 SQL 语句,按照超出标准的收费明细数据,逐一查询;再将查询结果逐一进行现场疑点核实,即可得出医疗项目超过物价部门核定标准多收取患者医疗服务费的信息。

问题:在审计中如何运用大数据进行数据分析?

分析提示:这是一个采用大数据来核查医保基金、超标准收费的违规问题的成功案例。案例中审计人员将国家规定的标准和定点医疗机构的医疗收费项目数据信息进行比对,然后运用现代信息技术查出了违规问题,同时也大大提高了审计的效率。

(二)现代技术在审计中的应用将逐步深入

审计工作需要大量的审计判断,因此,审计对于现代技术的运用落后于其他行业,在很大程度上制约了审计工作效率的提高。随着社会思维方式、生产方式和生活方式的转变,审计思维方式也将发生重大变化。GPS 卫星定位、无人机、航天遥感、扫描、光学字符识别(OCR)、面部识别技术、签名算法、区块链和云计算等现代技术低成本和高效率的特性会推动其在审计中的运用,并对审计工作产生深远影响,提高审计工作的效率,改善审计工作的效果。

大数据时代传统审计取证模式、审计流程、审计技术与方法的应用将面临诸多困境,而这些应用困境的出现将会制约审计工作效率的提高和效果的改善。为适应大数据时代的要求,审计将发生系统性变革,即审计取证模式的变革、审计流程的变革、审计技术与方法的变革,以及随之而来的审计作业模式变革、审计规范体系变革和审计人才需求变革。

四、大数据环境对审计作业模式的影响

在大数据时代下,为走出审计效率与效果相对低下的困境,审计人员务必引入区块链、人工智能等现代技术以改进或变革审计作业模式,未来将形成多种审计作业模式并存的局面。

（1）区块链的不可篡改、分布式账本、时间戳以及网络共识等特征符合审计发展的方向。为减少数据获取成本,提高数据分析的可靠性,区块链技术开始应用于审计领域,可以将其称为"区块链＋审计"。

（2）互联网技术的引入实现了对被审计单位的远程网上审计,互联网审计应运而生。

（3）无人机、智能机器人等人工智能技术的引入,将大幅度提升审计的智能化程度,可以将其称为"人工智能＋审计"。

（4）随着人工智能审计的进一步发展,可以自动实现信息系统审计、数据式审计、大数据审计和联网审计等,这又将进一步改变审计的作业模式,促进持续审计作业模式的实现。

未来审计作业模式的变革可能是全方位的,审计作业模式的未来发展将呈现出多维度的交叉复合状态。

五、大数据环境对审计规范的影响

审计准则与规范是审计人员开展审计工作时必须遵循的行为规范与要求,是审计人员执行审计业务、获取审计证据、形成审计结论、出具审计报告的专业标准。为了满足信息系统审计的需要,国外制定了一系列与信息系统审计相关的审计准则、规范与指南,如COSO内部控制框架、国际信息系统审计协会(ISACA)制定的信息系统和技术控制目标(COBIT)、国际内部审计师协会(IIA)发布的全球技术审计指南(GTAG)等。尽管大数据审计越来越重要,但目前仍缺少大数据审计的审计准则、规范与指南,这限制了大数据审计的广泛应用。因此,尽快制定大数据审计的相关审计准则、规范与指南已成为今后大数据审计研究与应用的一项重要任务。

六、大数据环境对审计人才需求的影响

随着以审计数据分析为中心的审计思维模式的变革和现代技术在审计中的广泛应用,审计人员既要精通纷繁复杂的审计业务,又要掌握计算机技术、具有信息化思维,还要通过不断的实践、创新,从而成为合格的计算机审计人才。大数据时代要求审计人员应当完善数学、统计学、计算机和数据方法等方面的技能,以适应未来的职业需求。

（一）人才结构要有战略性调整

根据发展需要,引进计算机专业人才,提高审计机关计算机专业人才的比重。计算机审计人才统一管理分配,优化分配机制,注重各审计组或审计项目的计算机审计人员的分配与调整。

（二）培养有战略性思维的计算机审计团队

注重计算机审计人员的业务素质培养，使其拥有结合审计业务的宏观思考能力，并能将大数据思维方式融入其中。这就要求计算机审计人员不但只是做计算机专业相关的工作，也要参与到整个审计项目的始末。

（三）强化培养数据分析团队

要加大培训力度，完善培训体系，改善培训方式，加快知识更新。典型项目及时总结推广，结合审计案例和分析模型，进行仿真模拟案例教学，学用结合。

第三节 区块链与审计

全球范围内，区块链技术正在走向应用普及阶段，并成为数字经济的重要组成部分。

作为全球数字经济的引领者，我国政府高度重视区块链的发展，我国2016年颁布的《"十三五"国家信息化规划》，标志着区块链技术正式被提到国家战略层面，其中强调了需要加强区块链等新技术的创新、试验和应用，以抢占新一代信息技术主导权。

区块链（block chain）是分布式数据存储、点对点传输、共识机制、加密算法等计算机技术的新型应用模式。它是一种按照时间顺序将数据区块以顺序相连的方式组合成的一种链式数据结构，并以密码学方式保证的不可篡改和不可伪造的分布式账本。区块链审计是指将区块链模式应用于大数据审计，与大数据审计的融合。

根据中心化程度的不同，区块链模式一般分为公有链、联盟链和私有链三种类型。允许任何节点自由加入，查看链上任意信息，无中心机构和中心服务器的区块链称为公有链；只有授权节点能够加入，根据授予权限查看链上信息，通常用于几个机构或几个公司之间的区块链称为联盟链；所有区块链节点被一家机构或公司掌控，所有节点按内部权限、程序和规则开展工作，这样的区块链称为私有链。

将这三种类型引入审计工作中，根据实际需要可以应用于不同场景：公有链一般用于联合国官方审计机构组建的全球性质的区块链审计联盟；联盟链一般用于社会中介审计组织的审计联盟，典型的如由国际四大会计师事务所共同构建的区块链财务审计报告平台；私有链一般用于单个国家审计机关、行政事业单位、公司等组织的审计，内部审计均可采用私有链模式。从目前的应用情况来看，私有链兼联盟链模式仍是一种大数据联网审计模式，把"线下"审计及综合管理业务同步放在"线上"开展，各节点信息充分共享，一般业务活动遵循共识机制决策，涉及国家利益、公共利益、人民利益及创新创业等方面时，由中心节点进行调控，确保审计的独立性、客观性、公正性。

审计行业与账簿技术的演化息息相关。区块链技术本质上提供了一种分布式的信息记录方式，改变了原有简单账本和复式账本所代表的中心化的信息交互模式，从而推动审计行业朝着半自动乃至自动审计阶段发展。审计的对象由原有的会计报表及相关资料变化为记录信息的区块。审计重点由单纯的数据准确性转变为对数据及产生、存储数据的系统安全性的关注。审计人员的角色由验证数据的正确性与真实性转变为验证数据生产系统与环境的独立性与正确性，确保在这样的环境下存储的数据真实、准确、可靠。审计实施的时间由传统的定期、事后审计转为实时审计，审计人员可以通过异地登陆的形式实现审计,从而能够更加独立、自主地发挥审计职能。审计的独立性和权威性在区块链技术应用后得到大幅提升,审计的效率也得到大幅提升。

第四节 展 望

将大数据应用于审计领域尚处于新兴阶段,许多技术仍在研究阶段,或者是在试用阶段,还不够成熟。相关的信息系统、信息平台也仍在不断完善和构建的阶段,审计规范体系尚待进一步完善,大数据技术在审计领域还有很大的潜力尚待挖掘。

紧密围绕国家和审计署的规划指导,适应大数据时代新形势,推动大数据审计发展,是审计发展的必然趋势,也是实现审计监督全覆盖的必经之路。大数据审计使得跨行业、跨领域、跨地区、多维度、多层次审计得以实现,使得复杂性、隐蔽性问题更容易被发现,使得有共性、趋势性问题能够得到预警并通过相关手段得到预防,使得可视化领导层决策成为现实。

参考文献

[1] 中国注册会计师协会. 审计(2022年度注册会计师全国统一考试辅导教材)[M]. 北京:中国财政经济出版社,2022.
[2] 中国注册会计师协会. 会计(2022年度注册会计师全国统一考试辅导教材)[M]. 北京:中国财政经济出版社,2022.
[3] 陈汉文. 审计理论与实务[M]. 北京:中国人民大学出版社,2019.
[4] 黄良杰,肖瑞利. 审计[M]. 大连:东北财经大学出版社,2013.
[5] 王砚书,董丽英. 审计实训教程[M]. 大连:东北财经大学出版社,2018.
[6] 刘雪清. 财务报表审计模拟实训[M]. 大连:东北财经大学出版社,2018.
[7] 宋常,王玉涛. 审计学[M]. 北京:中国人民大学出版社,2022.
[8] 陈伟. 大数据审计[M]. 北京:中国人民大学出版社,2021.
[9] 王光远,黄京菁. 审计学[M]. 大连:东北财经大学出版社,2011.